Peter James e plusieurs années passées aux États-Unis en tant que scénariste et producteur de cinéma, il est retourné s'installer en Angleterre où il est propriétaire d'une société de production. Peter James compte parmi les auteurs de romans policiers les plus lus du Royaume-Uni et dispose d'une renommée internationale. *Comme une tombe* (éditions du Panama, 2006), son premier ouvrage mettant en scène le commissaire Roy Grace, a reçu le prix Polar international 2006 du Salon de Cognac et le prix Cœur Noir 2007. Les aventures de Roy Grace se poursuivent avec *La mort leur va si bien* (2007), et *Mort… ou presque* (2008), publiés aux éditions du Panama, ainsi que, chez Fleuve Éditions, *Tu ne m'oublieras jamais* (2010), *La mort n'attend pas* (2011), *À deux pas de la mort* (2012), *Aux prises avec la mort* (2013). Ses derniers livres chez le même éditeur sont *Que ta chute soit lente* (2014), *Des enfants trop parfaits* (2014) et *Que sonne l'heure* (2015), tous repris chez Pocket.

Retrouvez toute l'actualité de l'auteur sur :
www.peterjames.com

DES ENFANTS
TROP PARFAITS

DU MÊME AUTEUR
CHEZ POCKET

LE CRIME PARFAIT
DES ENFANTS TROP PARFAITS

LES ENQUÊTES DE ROY GRACE

COMME UNE TOMBE
LA MORT LEUR VA SI BIEN
MORT… OU PRESQUE
TU NE M'OUBLIERAS JAMAIS
LA MORT N'ATTEND PAS
À DEUX PAS DE LA MORT
AUX PRISES AVEC LA MORT
QUE TA CHUTE SOIT LENTE

PETER JAMES

DES ENFANTS TROP PARFAITS

*Traduit de l'anglais
par Raphaëlle Dedourge*

Titre original :
PERFECT PEOPLE

Pocket, une marque d'Univers Poche,
est un éditeur qui s'engage pour la préservation
de son environnement et qui utilise du papier fabriqué
à partir de bois provenant de forêts gérées
de manière responsable.

Le Code de la propriété intellectuelle n'autorisant, aux termes de l'article L. 122-5, 2° et 3° a, d'une part, que les « copies ou reproductions strictement réservées à l'usage privé du copiste et non destinées à une utilisation collective » et, d'autre part, que les analyses et les courtes citations dans un but d'exemple et d'illustration, « toute représentation ou reproduction intégrale ou partielle faite sans le consentement de l'auteur ou de ses ayants droit ou ayants cause est illicite » (art. L. 122-4).
Cette représentation ou reproduction, par quelque procédé que ce soit, constituerait donc une contrefaçon, sanctionnée par les articles L. 335-2 et suivants du Code de la propriété intellectuelle.

© 2011, Peter James.
© 2014, Fleuve Éditions, département d'Univers Poche,
pour la traduction française.
ISBN : 978-2-266-25852-4

*Pour Tony Mulliken,
à qui je dois tellement.*

1

En cette fin d'après-midi d'avril, à trente milles marins à l'est du cap Cod, un jeune couple avec bagages, visage fermé, s'agrippe à la rampe de l'héliport du navire de plaisance sur lequel ils viennent de se poser.

Tous deux savent qu'il est trop tard pour hésiter.

Le *Serendipity Rose* a quarante ans. Repeint plusieurs fois, il a l'air d'un vieux travesti peinturluré. Battant pavillon panaméen – un pavillon de complaisance –, il fend les eaux fraîches. Le filet de fumée qui s'échappe de sa cheminée jaune s'effiloche en quelques secondes. Il navigue lentement, mais pas trop, pour rester stable, sans destination précise, son but étant de caboter au-delà des douze milles marins, en dehors des eaux territoriales américaines – là où les lois ne s'appliquent pas.

John Klaesson, trente-cinq ans environ, vêtu d'une veste en lin, d'un pantalon, de chaussures bateau en cuir, a plutôt l'allure d'un alpiniste ou d'un explorateur que d'un chercheur. Un mètre quatre-vingt-trois, mince, musclé, cheveux blonds coupés court, yeux bleus, regard doux mais déterminé, petites lunettes ovales, ce beau Scandinave aux traits sérieux a le teint hâlé de ceux qui vivent en Californie.

Emmitouflée dans un long manteau beige, en pull, jean et bottes en daim noir à semelles de crêpe, Naomi, sa femme, essaie de garder l'équilibre. Ses cheveux blonds mi-longs, coupés à la mode, coiffés-décoiffés, fouettent son joli visage, accentuant son côté garçon manqué. Elle est beaucoup plus pâle que d'habitude.

À quelques mètres au-dessus de leurs têtes, l'hélicoptère reprend de l'altitude, crachant un épais nuage de fumée poisseuse. Son ombre écrasante glisse sur le paquebot. John se sent comme un cachalot échoué. Il courbe l'échine pour résister aux éléments et se protéger du bruit assourdissant, il enlace sa femme pour la maintenir debout et étreint sa frêle silhouette, enveloppée dans son doux manteau. Il est proche d'elle, désespérément proche, et protecteur.

Et responsable.

Le vent souffle si fort qu'il peine à respirer. Les embruns voilent ses lunettes, le stress et les particules toxiques lui assèchent la gorge. Des mèches de Naomi viennent cingler son visage. Le pont se dérobe sous ses pieds, puis le repousse, comprimant son estomac dans sa cage thoracique.

Malgré le vrombissement des moteurs, il entend quelqu'un approcher. C'est la première fois qu'il prend l'hélicoptère. Une heure de turbulences au-dessus de l'Atlantique ne lui a pas donné envie de renouveler l'expérience. Il a eu mal au cœur, comme dans ces attractions foraines qui font tourner la tête dans un sens et le ventre dans l'autre. Les vapeurs toxiques n'arrangent rien. Ni les odeurs de peinture et de vernis. Ni les vibrations du sol.

Naomi passe un bras autour de sa taille, et se cramponne à lui, sous sa veste. Il sait à quoi elle pense, parce qu'il pense à la même chose. Ce sentiment inconfortable de toucher au but. Jusqu'à maintenant, c'était une simple option, ils pouvaient changer d'avis à n'importe quel moment. Plus maintenant. Il la regarde tendrement. *Je t'aime tellement, Naomi. Tu es tellement courageuse. Parfois, je me dis que tu es beaucoup plus courageuse que moi.*

L'hélicoptère s'incline, monte en régime, les lampes sous le châssis clignotent, il prend son envol au-dessus des flots – et les abandonne. John le suit des yeux quelques instants, puis se concentre sur les vagues grises, couronnées d'écume, qui grondent à perte de vue.

— Ça va ? Suivez-moi, s'il vous plaît.

L'air grave, une Philippine en combinaison blanche les accueille, prend leurs bagages et leur ouvre une porte.

Ils la suivent à l'intérieur, à l'abri. La porte claque violemment derrière eux. Le calme et la chaleur les surprennent. Une carte océanique est accrochée au mur ; les odeurs de peinture et de vernis semblent plus fortes. Le sol bourdonne sous leurs pas. Naomi serre la main de John. Elle n'a jamais eu le pied marin, même les bateaux-mouches lui donnent le mal de mer. Et aujourd'hui, elle ne peut rien prendre pour se soulager. Elle va devoir faire sans médicaments. John presse à son tour sa main, pour essayer de la rassurer, de *se* rassurer.

A-t-on pris la bonne décision ?

C'est une question qu'il s'est posée un millier de fois. Et qu'il se posera encore pendant plusieurs années. Tout ce qu'il peut faire, c'est continuer à convaincre Naomi, et à se convaincre, que, oui, ils ont pris la bonne décision.

Oui.

La bonne décision.

2

Dans la brochure de cette clinique flottante, la cabine qui allait être leur domicile pendant le prochain mois avait été décrite comme une « suite présidentielle ». Elle comportait un lit *king size*, un minuscule canapé, deux petits fauteuils et une table ronde, sur laquelle se trouvait une corbeille de fruits, le tout grand comme une chambre d'hôtel. Suspendue dans un coin, une télévision était branchée sur CNN. La connexion n'était pas bonne. Le discours de Barack Obama était à peine compréhensible.

La salle de bains en marbre, bien qu'exiguë, aurait pu être qualifiée de luxueuse si elle ne tanguait pas autant et si Naomi parvenait à vider la trousse de toilette de John sans avoir à se cramponner. Un produit tomba par terre et se mit à rouler ; elle s'agenouilla et se releva rapidement, nauséeuse.

— Je peux t'aider ? proposa John.

Elle secoua la tête. Déséquilibrée par un violent à-coup, elle atterrit sur le lit, juste à côté de l'ordinateur ouvert.

— Je pense que j'ai quatre minutes pour défaire nos bagages avant d'être vraiment malade.

— Moi aussi, j'ai mal au cœur, dit John.

Il jeta un coup d'œil à la brochure de sécurité qui

indiquait les zones de rassemblement et expliquait comment enfiler le gilet de sauvetage.

— Pourquoi est-ce que tu ne prends pas quelque chose ? Toi, tu peux, lui dit-elle.

— Si tu ne peux pas, je n'en prends pas. Je souffrirai avec toi.

— Martyr !

Elle tourna la tête, se pencha et l'embrassa sur la joue, réconfortée par sa peau chaude, hâlée, et par son parfum capiteux. Réconfortée par son mental d'acier et sa force physique.

Adolescente, elle avait toujours été attirée, au cinéma, par les personnages forts, intelligents et discrets. Le genre de père qu'elle aurait voulu avoir. Quand elle avait aperçu John, il y avait huit ans de cela, dans la queue d'un télésiège à Jackson Hole, dans le Wyoming, elle avait vu en lui les qualités qu'elle recherchait : beauté et force intérieure.

Elle l'embrassa de nouveau.

— Je t'aime, John.

Quand il plongea ses yeux dans les siens, tantôt verts, tantôt marron, toujours brillants et incroyablement confiants, son cœur palpita.

— Naomi, je t'adore et je t'admire.

Elle sourit.

— Moi aussi, je t'admire. Tu ne sais pas à quel point !

Un silence agréable s'installa. Il leur en avait fallu du temps, après la mort de Halley, pour que tout redevienne normal entre eux. À plusieurs reprises, durant les deux premières années – les plus sombres –, Naomi avait eu peur que leur couple ne résiste pas à l'épreuve.

Halley avait pleinement profité de sa petite enfance. Ils l'avaient appelé ainsi en hommage à la comète, car John avait déclaré que c'était un enfant rare, comme on en conçoit tous les soixante-quinze ans, et encore ! Ils ne savaient pas qu'il était né avec une bombe à retardement en lui.

Naomi conservait une photo de Halley dans son sac à main. Sur celle-ci, il avait trois ans, portait une salopette, et ses cheveux blonds étaient emmêlés, comme si on venait de les essorer. Il arborait un grand sourire coquin. Ses deux dents de devant manquaient – chute de balançoire.

Longtemps après la mort de Halley, John n'avait pas su, ou avait refusé, de faire son deuil, d'en parler, et s'était consacré à son travail, aux échecs et à la photographie. Il lui arrivait de sortir pendant des heures, qu'il pleuve, qu'il vente ou qu'il neige, et de prendre des photos de tout et de rien.

Naomi avait essayé de retravailler. Grâce à un ami à Los Angeles, elle avait décroché un temps partiel dans une agence de presse, mais avait démissionné deux semaines plus tard, incapable de se concentrer. Sans Halley, tout lui semblait inutile, dépourvu de sens.

Ils avaient fini par suivre une thérapie qui s'était terminée récemment.

— Comment te sens-tu à propos de... ? lui demanda John.

— Du fait qu'on soit ici ?

— Oui, maintenant qu'on y est.

Le plateau posé sur le chevet, sur lequel se trouvaient une bouteille d'eau minérale et deux verres, glissa de plusieurs centimètres, puis stoppa net.

— Ça me paraît soudain très réel. Je suis super stressée. Et toi ?

Il lui caressa tendrement les cheveux.

— Si, à n'importe quel moment, tu veux qu'on arrête, ma chérie...

Ils avaient contracté un énorme prêt bancaire pour

financer ce projet et avaient dû emprunter 150 000 dollars de plus à la mère de Naomi et à sa grande sœur, Harriet, qui vivaient en Angleterre et avaient insisté pour les aider. Cet argent, 400 000 dollars au total, avait déjà été transféré et n'était pas remboursable.

— On a pris notre décision, dit-elle, il faut qu'on s'y tienne. On n'est pas obligés de...

Ils furent interrompus par quelqu'un qui toquait à la porte.

— *Room service.*

La porte s'ouvrit, et une petite femme de chambre philippine, au physique agréable, en combinaison blanche et tennis en toile, leur sourit.

— Bienvenue à bord, monsieur et madame Klaesson. Je m'appelle Leah, je serai votre hôtesse de cabine. Que puis-je faire pour vous ?

— Nous avons tous les deux le mal de mer, dit John. Ma femme a-t-elle le droit de prendre quelque chose ?

— Oh, bien sûr ! Je vous apporte ça tout de suite.

— Vraiment ? dit-il, surpris. Je pensais que les médicaments...

La jeune femme de chambre ferma la porte et revint moins d'une minute plus tard avec deux minuscules patchs et quatre bracelets. Remontant ses manches, elle montra les deux siens ainsi que le petit patch collé derrière son oreille.

— Mettez-les, et vous ne serez plus malades, dit-elle en leur indiquant le positionnement adéquat.

Peut-être était-ce psychologique, peut-être cela marchait-il vraiment, Naomi n'aurait su le dire, mais le fait est que, quelques minutes plus tard, elle se sentait un peu mieux. Juste assez pour recommencer à défaire leurs bagages. Elle se leva et contempla, par l'un des deux hublots, l'océan de plus en plus sombre. Puis elle se détourna : la vue des vagues lui donnait la nausée.

John se concentra sur son ordinateur portable. Ils avaient une habitude quand ils voyageaient ensemble : Naomi défaisait les bagages, et lui la laissait faire. Il était nul pour emballer et déballer. Elle regarda, dépitée, le contenu de leur valise répandu autour de John, qui s'était mis en quête de son adaptateur. Des vêtements avaient été jetés sur un fauteuil, d'autres gisaient par terre. Les yeux rivés sur son écran, John ignorait tout du chaos qu'il avait créé.

Naomi sourit, ramassa un tas de cravates et secoua la tête. Inutile de se mettre en colère.

John tripotait ses nouveaux bracelets et son patch, sans noter la moindre amélioration. Histoire de faire abstraction du roulis, il se consacra à sa partie d'échecs avec un certain Gus Santiano, qu'il avait rencontré sur un site dédié, et qui vivait à Brisbane, en Australie.

Il jouait avec ce gars depuis deux ans, mais ils ne s'étaient jamais rencontrés, et John ne savait pas à quoi il ressemblait. L'Australien était particulièrement fort, mais il mettait de plus en plus de temps à jouer et avait tendance à prolonger une situation désespérée, refusant de s'avouer vaincu. John commençait à s'ennuyer et à vouloir changer d'adversaire. L'Australien venait de faire un nouveau coup inutile.

Va te faire…

John l'avait mis en échec. Sa reine, ses deux fous et une tour étaient tombés. Le gars n'avait plus la moindre chance. Pourquoi n'abandonnait-il pas la partie ? Il lui écrivit un mail dans ce sens, puis connecta son téléphone à son ordinateur pour l'envoyer. Mais il n'y avait pas de réseau.

Il se souvint qu'ils étaient en pleine mer. Il y avait

un téléphone satellitaire à côté du lit, mais, à 9 dollars la minute, Santiano allait devoir patienter.

Il ferma son dossier « échecs », ouvrit sa messagerie et passa en revue les dizaines de mails qu'il avait téléchargés le matin sans avoir eu le temps de les lire, sans savoir comment il enverrait et recevrait ses messages pendant un mois. À l'université de Californie du Sud, où se trouvait son laboratoire de recherches, il recevait en moyenne cent cinquante mails par jour. Aujourd'hui, il y en avait près de deux cents.

— C'est incroyable, chéri ! Tu te souviens d'avoir lu cette information ?

John leva la tête et vit qu'elle parcourait la brochure.

— J'allais la relire dans une minute.

— Ils n'ont que vingt cabines pour les « clients ». Je suis contente de savoir qu'on est des « clients » et non des « patients ». Le bateau pouvait transporter cinq cents passagers, mais les deux étages où se trouvaient les cabines ont été complètement réaménagés pour accueillir les ordinateurs. Ils ont cinq cents superordinateurs à bord ! C'est génial ! Pourquoi, à ton avis, en ont-ils besoin d'autant ?

— La génétique génère de gros calculs. C'est en partie pour cela que ça coûte si cher. Fais voir ?

Elle lui tendit la brochure. Il observait la photo qui montrait une longue rangée de caissons bleus, et un technicien en blanc qui regardait quelque chose sur un écran. Revenant au début du fascicule, il reconnut immédiatement le scientifique qu'il avait vu en photo sur son site, à la télé et dans la presse généraliste et spécialisée. Même s'il la connaissait plus ou moins, il relut sa biographie.

Le docteur Leo Dettore avait été un enfant prodige. À seize ans, il avait obtenu une licence en biologie de l'Institut de technologie du Massachusetts avec les félicitations du jury, puis il avait décroché un double doctorat en médecine à l'université de Stanford, suivi d'un cycle de recherches en biotechnologie à l'université de Californie du Sud et à l'Institut Pasteur, avant d'identifier et de faire breveter la modification d'une enzyme essentielle permettant une réplication ultra-fidèle des gènes, rendant obsolète la réaction en chaîne par polymérase. Cette découverte avait fait de lui un milliardaire. Il avait reçu le prix MacArthur, puis, au grand dam de la communauté scientifique, il avait refusé le prix Nobel, affirmant que tous les prix étaient politiques.

Le généticien avait une nouvelle fois provoqué l'ire de l'*establishment* médical en faisant breveter, pour l'une des premières fois, des gènes humains, et en luttant contre les lois l'empêchant de déposer ses brevets.

Leo Dettore était l'un des scientifiques les plus riches du monde, et le plus controversé, mis au pilori par les dirigeants religieux des États-Unis et d'autres pays. Il s'était vu retirer le droit de pratiquer la médecine aux États-Unis après avoir mené des expériences génétiques sur des embryons formés, et il défendait bec et ongles ses convictions.

Et c'était lui qui toquait à la porte de leur cabine.

3

Naomi ouvrit la porte et fut accueillie par un homme immense, en combinaison blanche et tennis en toile – l'uniforme sur ce bateau. Il tenait une enveloppe kraft à la main. Reconnaissant le scientifique, John se leva.

Il fut surpris par sa taille. Le généticien était beaucoup plus grand qu'il ne le pensait. Il mesurait une bonne tête de plus que lui, deux mètres au moins. Il reconnut sa voix, désarmante mais déterminée, et son accent du sud de la Californie qu'il avait entendus si souvent aux cours de leurs conversations téléphoniques ces derniers mois.

— Monsieur et madame Klaesson ? Je suis Leo Dettore. J'espère que je ne vous dérange pas.

L'homme à qui ils avaient cédé toute leur fortune, dont 150 000 dollars qui ne leur appartenaient pas, serra la main de Naomi avec conviction, sans se presser, plongeant ses yeux gris clair, alertes, brillants, chaleureux, dans les siens. Elle esquissa un sourire, en jetant un coup d'œil effaré aux tas de vêtements qu'elle n'avait malheureusement pas eu le temps de ramasser.

— Non, vous ne nous dérangez pas du tout. Entrez ! dit-elle.

— Je voulais juste venir me présenter et vous donner de la documentation à lire. Je suis ravi de vous rencontrer enfin, docteur Klaesson, dit le généticien en baissant la tête pour entrer dans la cabine.

— Moi aussi, docteur Dettore.

La poignée de main du scientifique était énergique. C'est lui qui initia le mouvement, comme il gérait visiblement tout le reste. John sentit un léger flottement entre eux. Dettore lui adressait un sourire entendu, comme s'ils avaient conclu un pacte secret. Peut-être parce qu'ils étaient tous deux scientifiques et qu'ils en savaient beaucoup plus que Naomi.

Sauf que ce n'était pas du tout le credo de John. Naomi et lui avaient pris cette décision ensemble, en connaissance de cause, sur un pied d'égalité. Il ne lui cacherait rien et ne déformerait jamais la réalité. Jamais.

Mince et bronzé, l'allure latine, Leo Dettore était un homme charmant qui dégageait une immense confiance en lui. Il avait des dents parfaites, des cheveux bruns magnifiques, impeccablement coiffés en arrière, et d'élégants fils argentés aux tempes. À soixante-deux ans, il en paraissait dix de moins.

Naomi l'observa attentivement, cherchant une faille chez cet inconnu à qui ils confiaient leur avenir. Étudiant son visage et son langage corporel, elle fut d'abord déçue. Il avait cette aura que seuls ont les gens riches, qui ont réussi – elle en avait croisé, dans sa carrière d'attachée de presse. Ce je-ne-sais-quoi que seul l'argent semble pouvoir offrir. Il avait l'air trop lisse, trop télégénique. Il ressemblait trop à un candidat à la Maison-Blanche en campagne, à un capitaine d'industrie embobinant ses actionnaires. Mais, bizarrement, plus elle le regardait, plus elle lui faisait confiance. Car il semblait y avoir quelque chose de sincère en lui.

Elle remarqua ses mains. Il avait les doigts fins. Pas ceux d'un homme politique ou d'un homme d'affaires. Ceux d'un vrai chirurgien. Longs, poilus, avec des ongles immaculés. Elle aimait aussi sa voix, la trouvait honnête et apaisante. Et sa présence était rassurante. Puis elle se souvint d'avoir découvert son portrait, deux mois plus tôt, en couverture de *Time Magazine* ainsi légendé : *Le Frankenstein du XXIe siècle ?*

— Je suis très intrigué par votre travail, docteur Klaesson, dit Dettore. Peut-être pourrons-nous en parler ces prochains jours ? J'ai lu l'article que vous avez publié dans la revue *Nature* il y a quelques mois. En février, non ?

— Oui, c'est bien cela.

— Les gènes du « chien virtuel ». Admirable travail.

— C'était ambitieux, dit John. Nous travaillons sur ce projet depuis près de quatre ans.

John avait mis au point une simulation informatique montrant l'évolution d'un chien pendant mille générations, en utilisant un certain nombre de marqueurs.

— Et vous concluez que les chiens sont tellement liés aux humains qu'ils sont voués à évoluer. Que plus l'homme dominera le monde, plus ils deviendront intelligents. J'aime bien cette idée. Je trouve ce raisonnement ingénieux.

John était flatté qu'un scientifique de l'envergure de Dettore ait lu son article et l'ait apprécié.

— Nous avons simplement développé quelques algorithmes mettant en lumière combien la maîtrise de l'interaction des gènes détermine l'étape cinétiquement limitante de l'adaptation, répondit-il modestement.

— Et vous ne pouvez pas encore simuler l'évolution de l'homme sur mille générations ?

— Les paramètres seraient différents. Sans aborder la difficulté d'un tel programme, aucun ordinateur n'est capable, dans notre cadre universitaire, de gérer ce genre d'informations. Je...

Dettore l'interrompit :

— Je pense que nous devrions en discuter. Si cela pouvait être bénéfique pour vos recherches, j'aimerais faire une donation.

— Je serais ravi d'en parler avec vous, dit John, excité à l'idée de voir de réelles avancées dans son travail.

Mais il ne voulait pas être distrait pour le moment. Sur ce bateau, c'était Naomi qui était prioritaire, pas ses recherches.

— Bien. Nous en aurons tout le temps les prochaines semaines. (Il marqua une pause, regarda John puis Naomi.) Toutes mes condoléances pour la perte de votre fils.

Elle se voûta, bouleversée, comme chaque fois qu'elle devait en parler.

— Merci, dit-elle, la voix brisée par l'émotion.

— Dure épreuve, ajouta-t-il en fixant Naomi de ses yeux gris. Les gens qui n'ont jamais perdu un enfant ne peuvent pas comprendre.

Naomi hocha la tête.

Dettore se recueillit et se tourna vers John pour l'inclure dans la conversation.

— Mon ex-femme et moi avons perdu deux enfants. Le premier à un an, d'une maladie génétique héréditaire, et le second à six ans, d'une méningite.

— Je l'ignorais, toutes mes condoléances. Tu ne me l'avais pas dit, s'étonna Naomi en se tournant vers John.

— Je ne le savais pas non plus, dit-il. Je suis navré.

— C'est normal que vous l'ignoriez. Nous n'en

parlons pas. Nous préférons garder ces histoires pour nous. Mais… ajouta le généticien en présentant ses mains ouvertes, c'est en grande partie pour cette raison que je suis ici. Dans la vie, certaines choses qui ne devraient pas arriver arrivent. Des choses dont nous n'avons pas besoin, et que la science peut désormais éviter. C'est essentiellement ce que nous faisons dans cette clinique.

— C'est également la raison pour laquelle nous sommes là, dit Naomi.

Dettore sourit.

— Bref, comment s'est passé votre voyage ? Vous avez décollé de Los Angeles hier soir ?

— Nous avons pris un vol de jour et dîné avec des amis à New York. Nous apprécions particulièrement les restaurants new-yorkais, dit John.

— Mon mari s'intéresse à la gastronomie. Sauf qu'il aborde chaque plat d'un point de vue scientifique, intervint Naomi. Tout le monde se régale, mais, pour lui, il y a toujours quelque chose qui cloche.

Elle sourit tendrement à son époux.

Celui-ci secoua la tête et se défendit en lui rendant son sourire.

— La cuisine est une science. Je ne paie pas un chef pour qu'il fasse des essais dans mon assiette.

— Vous me direz ce que vous pensez de la nourriture à bord, dit Dettore.

— Pour le moment, je ne pense pas pouvoir avaler quoi que ce soit, regretta Naomi.

— Mal de mer ?

— Un peu.

— Les prévisions ne sont pas bonnes pour les prochaines heures, mais nous devrions avoir beau temps demain.

S'ensuivit un silence gêné. Puis le bateau se souleva

soudain et le généticien dut s'appuyer contre le mur pour se stabiliser.

— Voilà ce que je vous propose. Ce soir, vous vous détendez et vous dînez dans votre cabine. Naomi, j'aimerais que vous remplissiez ce questionnaire médical, dit-il en lui tendant une enveloppe. Il y a également un formulaire que vous devrez signer tous les deux. Une infirmière va venir vous faire une prise de sang chacun. Nous avons déjà analysé les échantillons que vous nous avez envoyés et défini vos génomes respectifs. Nous commencerons à les étudier demain matin. Pouvez-vous venir dans mon bureau à 10 heures ? En attendant, puis-je faire quelque chose pour vous ?

Naomi avait un million de questions à lui poser mais, à ce moment précis, une seule idée l'obsédait : ne pas vomir.

Dettore sortit de sa poche une petite boîte qu'il tendit à Naomi.

— Il faudrait que vous preniez un cachet deux fois par jour, pendant les repas. Ce sont des médicaments pour faciliter la conception. Si vous voulez me parler de quoi que ce soit, appelez-moi, vous connaissez mon numéro. Bonne soirée et à demain.

L'instant d'après, il était parti.

Naomi regarda John.

— Il a été gâté par la nature, ou est-ce qu'il a un bon chirurgien esthétique et un super dentiste ?

— Qu'est-ce que tu penses de lui ? dit John avant de dévisager sa femme, alarmé.

Naomi était vert pâle, de grosses gouttes coulaient sur ses joues.

Elle lâcha la petite boîte et se précipita dans les toilettes.

4

Journal intime de Naomi

J'arrive à peine à écrire. J'ai déjà vomi deux fois. Il est 3 heures du matin. La troisième piqûre m'a fait mal au bras. Trois prises de sang. Pourquoi l'infirmière avait-elle besoin d'en faire autant ? Elle était très gentille et s'est excusée. Tout le monde semble très gentil. John avait commandé un énorme dîner, mais nous n'y avons pas touché. Rien que l'odeur le rendait malade – moi aussi !

La cabine vibre à cause des moteurs. L'infirmière, Yvonne, une jolie jeune femme noire, nous a expliqué que, quand la mer est calme, le bateau se laisse dériver, et parfois ils jettent l'ancre la nuit, mais quand elle est agitée, le bateau est plus stable avec les moteurs en marche.

J'ai appelé maman dans la soirée, brièvement, à 9 dollars la minute ! – pour lui dire que nous y étions. J'ai aussi appelé Harriet. Elle est très contente pour nous. Je ne sais pas quand nous serons en mesure de rembourser les 150 000 dollars qu'elles nous ont prêtés. John touchera peut-être une ou deux bourses scientifiques, et il a un projet de livre pour les Presses universitaires de l'Institut de technologie du Massachusetts. Mais on ne peut pas dire que leurs à-valoir soient mirobolants !

J'ai l'impression d'être en cavale. J'imagine que nous le sommes. Je n'arrête pas de peser le pour et le contre. De chercher un juste milieu entre la déontologie médicale, les limites acceptables de la science, la responsabilité individuelle et le bon sens. Tout est très flou.

John aussi est réveillé, il n'arrive pas à dormir. Nous venons d'avoir une longue discussion sur ce que nous sommes en train de faire, ce que nous ressentons, etc. Et, bien sûr, nous avons parlé de ce que nous ressentirions si ça marchait – il y a 50 % de risques d'échec. Mais on reste optimistes. Même si l'énormité de la chose m'effraie. Je vais bien parce que ce n'est pas encore fait. Quand bien même nous ne devrions pas revoir l'argent, nous pouvons encore changer d'avis. Nous avons deux semaines pour cela.

Mais je pense que nous allons nous lancer.

5

Assis sur un canapé en cuir en demi-cercle, dans le bureau magistral du docteur Dettore, face à un grand écran plat fixé au mur, John et Naomi parcouraient le document qui venait de s'afficher.

Klaesson, Naomi. Troubles des anomalies génétiques. Page 1/16.

Assis à côté de Naomi, vêtu, comme chaque fois, d'une combinaison blanche et de tennis, le docteur Dettore tapa quelque chose sur le clavier posé sur la table basse en acier brossé qui se trouvait devant eux, et la première page de la liste apparut.

1. **Troubles bipolaires**
2. **Trouble du déficit de l'attention avec ou sans hyperactivité**
3. **Maniaco-dépression**
4. **Anxiété**
5. **Hyalinose segmentaire et focale**
6. **Hypernasalité**
7. **Alopécie**
8. **Cardiomyopathie**

9. **Atrophie du nerf optique**
10. **Rétinite pigmentaire**
11. **Alpha 1-antitrypsine**
12. **Syndrome de Marfan**
13. **Carcinome rénal**
14. **Ostéopétrose**
15. **Diabète sucré**
16. **Lymphome de Burkitt**
17. **Maladie de Crohn**
…/…

— J'ai les gènes de toutes ces maladies ? s'exclama Naomi, choquée.

Dettore répondit avec une pointe d'humour dans la voix.

— Oui, vous avez des gènes qui prédisposent à toutes ces maladies. Je ne veux pas vous effrayer, madame Klaesson, mais la liste fait seize pages.

— Je ne connais pas la moitié d'entre elles, toi oui ? demanda-t-elle à John, qui fixait l'écran, inexpressif.

— Non, pas toutes.

Naomi regarda l'épais formulaire qui se trouvait sur la table devant eux. Des pages et des pages de petites cases à cocher.

— Croyez-moi, vous ne voulez absolument pas que vos enfants héritent de ces gènes, dit Dettore.

Naomi leva les yeux vers l'écran. Elle avait du mal à se concentrer. *Rien ne se passe comme prévu*, songea-t-elle, luttant contre la nausée. Elle avait la gorge sèche et un mauvais goût dans la bouche. Elle avait bu une tasse de thé et réussi à avaler deux bouchées de biscotte depuis son arrivée, la veille. La mer était plus calme ce matin, comme le médecin l'avait prévu, mais le navire semblait tanguer tout autant.

— Qu'est-ce qu'un carcinome rénal ? demanda-t-elle.
— Un cancer du rein.
— Et l'ostéopétrose ?
— Celui-là m'emballe tout particulièrement, dit-il.
Elle le dévisagea, horrifiée.
— Qu'est-ce qui vous emballe ?
— C'est une maladie congénitale extrêmement rare, également connue sous le nom de maladie d'Albers-Schönberg ou de « maladie des os de marbre », qui entraîne un épaississement des os. On s'est longtemps demandé si c'était héréditaire ou non. Maintenant, grâce à la génétique, on sait que c'est le cas. Vous connaissez quelqu'un, dans votre famille, qui en a souffert ?

Elle répondit par la négative.
— Le diabète, oui. Mon grand-père était diabétique.
Le docteur Dettore appuya sur une touche et passa à la page suivante. La liste était interminable. Naomi n'en croyait pas ses yeux. Quand ils atteignirent la fin du document, elle dit :
— Il y a eu des cancers des ovaires dans ma famille. Une tante est morte à moins de quarante ans. Je n'ai pas vu ce gène.

Dettore remonta trois pages plus haut, et tendit le doigt.

Elle vit la mention du gène et hocha la tête.
— Cela veut dire que j'en suis porteuse ?
— Vous êtes porteuse de tous les gènes que vous venez de voir.
— Comment se fait-il que je sois encore en vie ?
— Il y a une grande part de hasard avec les gènes. La maladie de Dreyens-Schlemmer, qui a tué votre fils, peut être présente chez certains individus comme vous-même et votre mari, sans que vos vies soient menacées. C'est uniquement lorsque vous avez un enfant, et qu'il

hérite du gène de Dreyens-Schlemmer de ses deux géniteurs, que la maladie se déclare. D'autres groupes de gènes peuvent s'exprimer par le biais de toutes sortes de facteurs, que nous avons toujours du mal à identifier. L'âge, le tabac, l'environnement, le stress, un choc, un accident… Tout cela peut déclencher certaines maladies. Mais il est possible d'être porteur de tous ces gènes et de ne jamais contracter les maladies en question.

— Mais je les transmettrai à chacun de mes enfants ?

— Pour certains, oui, je confirme. La moitié environ. L'autre moitié des gènes du bébé seront ceux hérités du père. Et nous allons maintenant parcourir cette liste.

Naomi essaya de prendre du recul et de réfléchir objectivement.

Schizophrénie. Maladie cardiaque. Dystrophie musculaire. Cancer du sein. Cancer des ovaires.

— Docteur Dettore, maintenant que vous avez identifié tous les gènes dont je suis porteuse, pouvez-vous intervenir, je veux dire… Je sais que vous pouvez agir pour que je ne les transmette pas à notre enfant, mais pourriez-vous faire en sorte qu'ils ne m'affectent pas ? Les supprimer de mon génome ?

— Pas pour le moment. Mais nous y travaillons. Toute l'industrie biotechnique planche sur le sujet. Ce sera possible de neutraliser certains d'entre eux dans quelques années, mais, pour les autres, il faudra attendre plusieurs décennies. Je suis désolé, mais votre patrimoine, vous le devez à vos parents. Et vous pouvez rendre un grand service à votre enfant en le débarrassant de ces gènes.

Naomi réfléchit quelques instants. La situation était tellement bizarre, eux trois sur ce canapé, au milieu de l'océan Atlantique, sur le point de cocher des petites cases, comme s'il s'agissait d'un quiz dans un magazine ou d'une enquête de satisfaction. Quatre-vingts cases par page, trente-cinq pages, soit près de trois mille questions. Trois mille choix.

Ses yeux se brouillèrent.

— Madame Klaesson, dit gentiment Dettore. Il est primordial que vous soyez en pleine possession de vos moyens. Les conséquences de vos décisions vous affecteront, vous et votre enfant, et vous allez avoir l'opportunité de créer un enfant dont rêvent la plupart des parents, un enfant sans maladie héréditaire et, selon vos choix, avec d'autres qualités.

Il marqua une pause pour les laisser prendre la mesure de ses propos.

Naomi avala sa salive et hocha la tête.

— Tout cela ne rimera à rien si vous n'aimez pas votre enfant. Si vous n'êtes pas à l'aise avec les décisions que vous êtes sur le point de prendre, vous aurez de gros problèmes par la suite, parce qu'il vous faudra vivre avec. J'ai refusé les requêtes de plusieurs parents. Il m'est même arrivé de les rembourser à la dernière minute, en comprenant qu'ils ne seraient pas capables de s'élever au niveau de leur enfant, ou parce que leurs intentions n'étaient pas les bonnes.

Naomi lâcha la main de John et se dirigea, d'un pas incertain, vers le hublot.

— Chérie, faisons une pause, le docteur Dettore a raison.

— Je vais bien, répondit-elle en souriant. Vraiment. J'ai juste deux ou trois choses à clarifier.

Elle avait lu les centaines de pages de documentation sur la clinique, lu et relu leur site Web et d'autres sites sur le sujet et s'était plongée dans plusieurs publications scientifiques qui, comme les articles de John, étaient souvent trop techniques, si bien qu'elle n'en comprenait qu'une infime partie. Mais les nausées l'empêchaient de se concentrer.

Yvonne, l'infirmière, lui avait conseillé, quand elle se sentait mal, de fixer un point à l'horizon. C'était ce qu'elle faisait à présent, mais ses yeux furent attirés par une mouette qui semblait se laisser porter au-dessus du bateau.

— Docteur Dettore...
— Leo, appelez-moi Leo, je vous prie.
— OK, Leo.

Elle hésita et prit son courage à deux mains.

— Leo, pourquoi êtes-vous si impopulaire dans la presse et auprès de vos collègues ? Le reportage paru dans *Time Magazine* était dur envers vous, j'ai trouvé.
— Vous connaissez Zhuangzi, Naomi ?
— Non.
— Zhuangzi disait : « Ce que la chenille appelle la mort, le papillon l'appelle renaissance. »
— Ma chérie, nous considérons la métamorphose de la chenille en papillon comme une transition d'une grande beauté, intervint John. La chenille, elle, la vit comme une expérience traumatisante. Elle pense être en train de mourir.

Dettore sourit.

— Autrefois, les dirigeants politiques, ou le pape, jetaient les scientifiques en prison quand ils travaillaient sur un sujet qui ne leur plaisait pas. Ça ne m'émeut guère de me faire clouer au pilori par des journalistes. La question que je ne vous ai pas posée, à tous les deux, c'est : pourquoi faites-vous ceci ? Je pourrais simplement éliminer le groupe de gènes responsables de la maladie de Dreyens-Schlemmer, et votre enfant serait bien portant. Pourquoi voulez-vous prendre le dessus sur la nature et offrir d'autres avantages à votre enfant ?

— Nous voulons simplement éradiquer les mauvais gènes, dit Naomi. Comme vous le savez, la douleur ne disparaît jamais. Nous ne pourrions traverser une épreuve similaire une deuxième fois.

— C'est très simple, dit John, Naomi et moi ne sommes pas riches. Ni elle ni moi n'avons une haute opinion de nous-mêmes. Nous ne nous considérons pas comme Miss et Mister Univers, ni comme Monsieur et Madame Je-sais-tout. Nous pensons simplement avoir un devoir envers notre fils ou notre fille : lui donner le meilleur.

Il jeta un coup d'œil à Naomi qui, après une seconde d'hésitation, acquiesça.

— Vous êtes la preuve vivante que le Génie est sorti de la lampe. Vous offrez ce service et, bientôt, d'autres cliniques le feront. Nous ne voulons pas que notre enfant soit atteint de cancer, de diabète, qu'il souffre de schizophrénie ou de tout autre trouble ayant affecté des membres de ma famille ou de celle de Naomi. Nous ne voulons pas qu'il ou elle nous dise, dans quarante ans, que nous savions que c'était possible – vu que j'étais scientifique –, que nous avons eu l'opportunité de lui offrir une fabuleuse chance dans la vie, et que nous ne l'avons pas saisie parce que nous étions trop radins.

Dettore sourit.

— J'ai une liste d'attente de trois ans. Je ne peux pas vous donner de noms, mais plusieurs personnalités américaines sont venues dans cette clinique. Certains sont jaloux, d'autres sont effrayés parce qu'ils ne comprennent pas. Le monde est en train de changer, et les gens n'aiment pas le changement. Très peu d'entre eux ont la faculté d'anticiper. Un bon joueur d'échecs peut prévoir les cinq, voire les dix coups suivants. Mais que peuvent prévoir M. et Mme Tout-le-monde ? Notre espèce n'est pas douée pour regarder vers l'avenir. Beaucoup plus pour analyser le passé. Nous pouvons modifier les moments qui ne nous ont pas plu, nous pouvons nous réinventer. Mais rien dans l'avenir ne peut être modifié ou réinventé. La plupart des gens sont prisonniers de l'avenir, comme ils sont prisonniers de leurs gènes. Seuls ceux qui viennent dans ma clinique peuvent changer le cours des choses.

Naomi retourna s'asseoir sur le canapé en pensant à ce qu'il venait de leur dire. Elle éprouva une vague sensation de faim, ce qui était bon signe : elle commençait à aller mieux.

— Ces 50 % de risques de rejet... Si cela arrive, combien de temps faut-il attendre avant de réessayer ? Ou si je fais une fausse couche ?

— Six mois. Le temps que le corps reprenne des forces après le traitement que vous avez suivi.

— Nous avons payé pour trois tentatives, trois visites dans votre clinique, est-ce bien cela ? Au-delà, nous devrions repayer ?

— Je suis sûr que cela ne se produira pas, dit Dettore, affable.

— Je ne vous ai pas demandé quels étaient les éventuels effets secondaires pour notre enfant.

Dettore fronça les sourcils

— Effets secondaires ?

— Dans la vie, tout est donnant, donnant, dit-elle. Ce que vous faites avec les gènes... Y a-t-il des inconvénients ?

Il hésita. L'ombre d'un doute plana sur son visage.

— Le seul inconvénient, si on peut en parler en ces termes, c'est que votre enfant grandira plus vite, intellectuellement et physiquement.

— Beaucoup plus vite ?

Dettore secoua la tête.

— Non, mais ce sera visible.

— Pourriez-vous nous renseigner, Naomi et moi, sur la légalité de cette opération ? demanda John. Je sais que c'est autorisé ici, parce que le bateau n'est pas régi par la législation américaine, mais qu'en sera-t-il quand nous rentrerons chez nous ?

— Les lois changent tout le temps, différents pays tentent de cerner le sujet, et les arguments scientifiques et religieux sur la moralité de l'entreprise varient. C'est pour cela que je pratique offshore, en attendant que les tensions s'apaisent. Vous n'enfreignez aucune loi en concevant votre enfant ici.

— Pourrons-nous retourner librement aux États-Unis ? s'enquit Naomi.

— Vous pourrez aller n'importe où en toute liberté, dit Dettore. Mais je vous conseille fortement de ne pas en parler, de ne participer à aucune controverse.

— Merci, dit-elle en regardant une nouvelle fois sa liste de gènes défaillants à l'écran.

Un minuscule ovule contenait dans son génome vingt mille gènes environ, ce qui ne représentait qu'une infime partie de l'ADN. Pour le reste ? Les scientifiques l'appelaient autrefois « l'ADN poubelle », mais il était désormais accepté qu'il jouait un rôle sur la façon dont ces vingt mille gènes s'exprimaient. Certains influençaient même la personnalité. Chaque cellule humaine contenait des groupes de gènes, déterminant la couleur des yeux, la longueur des bras, la rapidité des apprentissages, les maladies mortelles.

Y avait-il des gènes du comportement ?

Pour alléger un peu l'atmosphère, elle demanda d'un ton narquois, en jetant un regard oblique à son mari :

— Dites-moi, docteur Dettore... Leo... Dans cette liste de cases à cocher, y a-t-il le gène du « rangement » ?

6

Journal intime de Naomi

J'ai aperçu deux autres passagers, un homme et une femme. Lui ressemble un peu à George Clooney en plus jeune, elle à Angelina Jolie. Pourquoi les femmes naturellement belles me filent-elles des complexes ? John a demandé au docteur Dettore combien d'autres couples, ou « patients », se trouvaient à bord, mais il a refusé de répondre. Il dit qu'il ne peut pas parler des autres. Secret médical. Mais je suis curieuse. John aussi.

Donc, apparemment, tout le monde est désormais à bord, en route pour cette étrange croisière, et nous nous dirigeons vers les Caraïbes, où la météo sera plus clémente. Nous passerons deux nuits près de Cuba. Le docteur Dettore nous a expliqué que Cuba n'avait signé aucun traité sur les embryons humains, que nous pourrons donc accoster. Il a ajouté que John aurait une meilleure connexion téléphonique là-bas. Mais nous ne serons pas autorisés à descendre du bateau, ce qui est dommage, j'aurais bien aimé visiter Cuba.

Hier soir, j'ai enfin réussi à manger correctement – une salade et du poisson. John avait des mails urgents à traiter, il a utilisé le téléphone par satellite.

81 dollars pour neuf minutes ! Je l'ai laissé travailler et suis allée me promener sur le pont mais, comme il y avait trop de vent, je suis redescendue. L'atmosphère est vraiment étrange. Ces couloirs interminables, étroits, ponctués de portes... Parfois, on dirait un vaisseau fantôme. Qui nous emporte. Il fallait que je marche pour me changer les idées. Toute cette concentration, aujourd'hui. Toutes ces questions, ces groupes de gènes qu'on peut supprimer ou améliorer – il suffit de cocher une case. L'énormité des choix m'a fait réaliser à quel point la vie humaine est une loterie. Le pauvre petit Halley avait tiré une mauvaise pioche.

Ce sera très différent pour le nouveau bébé. Nous avons choisi son sexe. Nous avons dit au docteur Dettore que nous voulions un garçon et, même si ça peut sembler idiot à ce stade, John et moi avons commencé à discuter de son prénom. Notre préféré, c'est Luke. Ce n'est pas définitif, mais John aime beaucoup ce nom, et il me plaît de plus en plus. Luke. Comme « luck », la chance.

Il nous portera chance.

7

— Il existe des études sur la façon dont le métabolisme, l'énergie et le sommeil s'intègrent dans le rythme circadien et influencent profondément la vie et la réussite de l'enfant, dit Leo Dettore. Naomi, vous êtes-vous déjà demandé, par exemple, comment font les P-DG et les dirigeants politiques pour travailler autant en dormant moins que nous ? Ce qui nous intéresse nous, c'est le groupe de gènes responsables de nos rythmes circadiens. Nous pouvons le reconfigurer en « neurones pacemaker » permettant la synchronisation du corps humain. En manipulant ces gènes, vous pourrez réduire le risque de maladies cardiaques, d'accumulation des graisses, d'inflammation, de diabète, et même limiter le besoin de sommeil à deux heures par nuit.

Naomi survola la liste. Ils avaient coché douze des deux cents cases proposées jusqu'à présent. C'était leur deuxième matinée sur le bateau, et la troisième séance avec le docteur Dettore. La mer était calme, et les nausées de Naomi avaient disparu. Aujourd'hui, elle était capable de mieux se concentrer.

Il faisait chaud à l'extérieur mais, dans le bureau, la climatisation était plus forte que la veille. Avec son petit haut en coton léger et son jean, Naomi avait froid.

Et elle avait de plus en plus mal à la cuisse droite, à l'endroit où, un peu plus tôt, l'infirmière avait réalisé la première des quinze injections quotidiennes censées *booster* sa fertilité. L'aiguille semblait avoir été conçue pour anesthésier un éléphant.

— Un bébé qui ne dormirait que deux heures par nuit, ce serait un vrai cauchemar, dit-elle. Vous avez des enfants, vous n'êtes pas sans savoir que…

Assis à côté d'elle sur le canapé, Dettore leva les mains au ciel.

— Absolument ! Ce serait un calvaire, je suis tout à fait d'accord, Naomi. Mais, en tant que parents, vous ne seriez pas touchés. Votre enfant aurait un rythme normal jusqu'à ses quinze ans environ, puis, entre quinze et dix-huit ans, il dormirait de moins en moins. Ce serait un réel avantage pour ses études, et cela lui permettrait d'entrer dans la vie active avec une véritable avance sur ses pairs.

Naomi regarda autour d'elle, en tripotant sa montre. 10 h 50. À la vitesse où ils progressaient, il leur faudrait des mois pour boucler la liste.

— N'est-ce pas dangereux de modifier les rythmes de sommeil ? Comment savoir si ça ne lui causera pas de désordres psychologiques ? s'inquiéta-t-elle.

— Le manque de sommeil peut causer des troubles psychologiques, bien entendu, Naomi. Ce que je vous propose est différent. Pour votre fils, deux heures seraient équivalentes à huit. Vous offririez à votre enfant quinze ans de vie éveillée. Un beau cadeau. Imaginez tout ce qu'il pourra lire, apprendre, accomplir…

Naomi jeta un coup d'œil à John, dont l'expression restait indéchiffrable. Elle se tourna vers le généticien.

— Pour le moment, nous n'avons coché aucune case susceptible de faire de lui une bête de cirque.

Nous avons pris des décisions sur sa taille, afin qu'il soit grand, comme John, plutôt que petit, comme moi, parce que c'est handicapant, pour un homme, d'être de petite taille. À part cela, nous avons essayé d'éliminer les gènes porteurs de maladies. Nous ne voulons pas choisir la forme de son nez ni la couleur de ses yeux et de ses cheveux. Nous préférons laisser faire le hasard.

John nota quelque chose sur son BlackBerry en hochant la tête.

Dettore but son verre d'eau minérale.

— Oubliez la question du sommeil pour l'instant. Nous y reviendrons plus tard. Passons au groupe de gènes suivant, qui affectera ses capacités physiques – musculature, ossature, système nerveux. Nous pouvons réorganiser certains groupes pour améliorer sa coordination. Cela l'aidera dans des sports comme le tennis, le squash, le base-ball et le golf.

John se tourna vers Naomi.

— Je pense que c'est intéressant. On n'a rien à perdre.

— Non, je ne suis pas du tout à l'aise. Pourquoi voudrais-tu intervenir ?

— Nous ne sommes pas particulièrement sportifs, dit John. Pourquoi ne pas lui donner un petit coup de pouce ? Cela reviendrait à le *coacher* avant sa naissance.

— Avant même sa conception, le corrigea-t-elle sèchement. Je vais t'expliquer pourquoi ça me dérange. Si on fait en sorte qu'il soit surdoué en sport, il sera meilleur que tous ses camarades et ne trouvera personne avec qui jouer. Je ne souhaite pas engendrer Superman. Je veux que mon fils soit normal et en bonne santé.

Après quelques secondes de réflexion, John accepta son point de vue.

— Tu as raison, je ne l'avais pas vu de cette façon.

Elle se frotta les mains, en partie pour se réchauffer, en partie par nervosité.

— Cela étant dit, le groupe suivant m'intéresse – nous intéresse, dit-elle au généticien. Nous avons lu les documents que vous nous avez donnés hier soir. Je veux parler des gènes responsables du niveau d'énergie.

— Vous êtes en mesure d'optimiser l'efficacité de la conversion d'oxygène et de modifier la réaction métabolique, n'est-ce pas ? enchaîna John. Ce qui veut dire, si je ne m'abuse, que notre fils pourrait convertir plus d'énergie en mangeant moins que la plupart des gens, et mieux gérer ses réserves ?

— C'est exactement de cela qu'il s'agit, confirma Dettore. Maximisation des nutriments, meilleure conversion des sucres lents, des sucres rapides, des protéines, meilleur stockage et meilleure utilisation, meilleur contrôle du niveau d'insuline, le tout sans creuser l'appétit.

Naomi hocha la tête.

— Ce sont de bonnes choses. Il pourra ainsi rester en forme et n'aura pas de problème de poids. Je suis à l'aise avec ces modifications, plus qu'avec les cycles de sommeil.

John se pencha vers la cafetière en inox qui se trouvait sur la table et dit en souriant :

— Ma chérie, tu dors trop.

— Pas du tout ! J'ai besoin de ces heures.

— C'est exactement ce que je suis en train de dire. Si personne ne te réveille, tu peux facilement dormir neuf, voire dix heures. Le docteur Dettore a raison : en un sens, tu gâches trop d'heures d'éveil.

— Mais j'aime dormir !

— Si tes gènes étaient programmés de façon à ce

que tu n'aies besoin que de deux heures, tu aimerais dormir deux heures, ma chérie !

— Je ne pense pas.

Elle regarda par le hublot. Un cargo flottait à l'horizon, très haut, comme en apesanteur.

— Il faut que vous compreniez mon raisonnement, docteur… Leo. Je ne veux pas que mon enfant meure de la maladie qui a tué notre fils. C'est très bien si vous pouvez également éliminer les autres gènes néfastes, que John et moi comptons dans notre génome, comme le cancer de la prostate, du pancréas, la dépression et le diabète. Je veux donner à notre fils des avantages dans la vie, bien sûr, comme n'importe quel parent, mais je ne veux pas qu'il soit trop différent des autres, vous comprenez ? Je ne veux pas faire de lui un spécimen.

Dettore se redressa, croisa les bras et se balança d'avant en arrière, comme un enfant.

— Naomi, je vous comprends. Vous voulez que votre gosse soit normal, talentueux dans certains domaines, avec quelques moments de fulgurance, c'est ça ?

— Euh… oui, je pense. Tout à fait.

— Cela m'irait très bien, sauf qu'il y a autre chose que vous devez prendre en compte. Il faut comparer le monde d'aujourd'hui à ce qu'il sera quand votre fils sera adulte. Vous avez vingt-huit ans et le monde est plus ou moins comme quand vous étiez petite. Mais dans vingt-huit ans ? s'exclama-t-il en écartant les bras. Je peux vous affirmer que le monde sera différent. Il y aura une sous-classe génétique et un fossé plus important qu'on ne l'imagine. Comparez vos connaissances, vos outils et les avantages dont vous bénéficiez à ceux d'une jeune femme pauvre travaillant dans une rizière en Chine ou dans la brousse en Angola.

Dettore se leva, se dirigea vers son bureau et tapa

quelque chose sur son clavier. Une carte du monde apparut à l'écran. Il y avait des zones roses, mais la plupart des pays étaient en blanc.

— Il y a sept milliards de personnes sur cette planète. Savez-vous combien savent lire et écrire ? interrogea-t-il en regardant John, puis Naomi.

— Non, je l'ignore, observa-t-elle.

— Si je vous dis que 23 % des Américains, la nation la plus avancée, technologiquement parlant, sont illettrés, cela vous met-il sur la voie ? Aux États-Unis, quarante-quatre millions de personnes ne savent pas lire, pour l'amour de Dieu ! Cela fait moins d'un milliard de personnes sachant lire dans le monde. Moins de 20 % de la population. Ce qui correspond aux zones en rose sur la carte. Dans le tiers-monde, dans les zones non urbanisées, les gens reçoivent moins d'informations dans leur vie entière que celles contenues dans le *LA Times* d'aujourd'hui.

Un téléphone sonna. Le généticien regarda l'écran, mais ignora l'appel. Quelques secondes plus tard, la sonnerie cessa.

— Naomi, dit-il d'une voix douce, vous ne voulez peut-être pas l'admettre, mais vous faites d'ores et déjà partie d'une race dominante. Je ne pense pas que vous ayez envie d'échanger votre vie contre celle de la plupart des gens sur cette planète. Je ne pense pas que vous voudriez que votre enfant soit élevé dans les steppes russes, dans une plantation de thé de l'Himalaya, ou dans une yourte du désert de Gobi. Je me trompe ?

— Bien sûr que non.

— Mais vous seriez prête à prendre le risque que votre fils soit, au final, un produit du tiers-monde, intellectuellement parlant ?

Elle le dévisagea en silence.

— Ce sont les premiers balbutiements, dit Dettore. Mais, dans trente ans, tous les enfants des familles, ou des nations, qui pourront se le permettre seront génétiquement supérieurs. Prenons les options présentées dans cette liste. Pour le moment, ce sont de simples options, mais quand nous vivrons dans un monde où toutes les femmes enceintes y auront accès, laisserez-vous toutes les cases vides ? Jamais de la vie ! À moins de vouloir un enfant défavorisé. Un enfant incapable de rivaliser avec ses congénères.

— Je vais vous dire ce qui me dérange vraiment. Et je sais que ça tracasse aussi John, car nous en avons discuté ensemble, pendant des heures, ces derniers mois, depuis que vous avez accepté notre dossier. C'est l'aspect... « eugénique » de la chose. Le terme est historiquement connoté.

Posé au bord de son bureau, Dettore se pencha vers Naomi.

— Si, nous, êtres humains, n'essayons pas d'améliorer les gènes de notre descendance parce que, il y a quatre-vingts ans de cela, un cinglé nommé Hitler a tenté de le faire, nous avons beau avoir gagné la guerre, Hitler aura gagné la paix. Edward Gibbon a dit : « Tout ce qui est nécessité humaine rétrograde si elle n'avance pas », assena-t-il, très solennel. Et il avait raison. Toute civilisation, toute génération qui n'avance pas finit par décliner.

— Et n'est-ce pas Einstein qui a dit que, s'il avait su que son travail mènerait à la bombe atomique, il aurait préféré devenir horloger ? répliqua Naomi.

— Je vous l'accorde, concéda Dettore. Et si Einstein était devenu horloger, nous vivrions aujourd'hui dans un monde où notre avenir serait l'eugénisme selon Hitler.

— Et non l'eugénisme selon vous ? lança Naomi.

Elle regretta immédiatement sa remarque.

— Je suis désolée, je ne voulais pas...

— Je pense qu'elle essayait de dire que c'était sa perspective contre la vôtre, intervint John.

— Pas de souci, ça se tient, et Naomi n'est pas la première à faire la comparaison. J'ai été traité d'Antéchrist, de néonazi, de Frankenstein... La liste est longue. J'espère juste avoir plus d'humanité que Hitler, et peut-être un peu plus d'humilité aussi.

Il esquissa un sourire si désarmant que Naomi eut honte de l'avoir offensé.

— Je ne voulais pas être bassement...

Le généticien se leva et saisit gentiment sa main.

— Naomi, perdre Halley a été pour vous un enfer. Et vous vous apprêtez à traverser une nouvelle période difficile. Ces quatre semaines à bord vont être physiquement et psychologiquement éprouvantes. Il est essentiel que vous disiez tout ce que vous avez sur le cœur et que vous écoutiez vos émotions, si vous changez d'avis, si vous souhaitez partir. Nous allons devoir être honnêtes l'un envers l'autre, OK ?

— Merci, soupira-t-elle.

Il lâcha sa main, mais continua à soutenir son regard.

— Le monde est en train de changer, Naomi, et si vous êtes ici, John et vous, c'est parce que vous êtes suffisamment intelligents pour vous en rendre compte.

Il y eut un long silence. Naomi contempla l'océan et le cargo toujours posé sur l'horizon. Elle se tourna vers son mari, vers le généticien, baissa les yeux sur le formulaire, pensa à Halley, et se souvint pourquoi ils étaient là.

La maladie de Dreyens-Schlemmer affecte le système immunitaire d'une façon similaire, mais de manière beaucoup plus agressive que le lupus, cela fait partie de ces maladies auto-immunes. Dans le cas de

Halley, c'était comme si ses défenses étaient devenues acides et avaient dévoré ses organes internes. Il était mort après deux jours de hurlements continus, aucun médicament ne parvenant à le soulager. Il avait saigné de la bouche, du nez, des oreilles et du rectum.

La maladie de Dreyens-Schlemmer avait été identifiée en 1978 par deux scientifiques de l'université de Heidelberg, en Allemagne. Parce qu'elle était rare – elle affectait moins de cent enfants dans le monde simultanément –, la découverte avait un intérêt purement universitaire. Les laboratoires pharmaceutiques n'étaient pas intéressés parce qu'ils ne pourraient jamais rentrer dans leurs frais. Le seul moyen de la combattre consisterait à éliminer lentement et progressivement ces gènes des patrimoines génétiques. La plupart des gens qui en étaient porteurs avaient des enfants en bonne santé. Ce n'était que quand, par un hasard extrême, deux porteurs de ces gènes récessifs concevaient un enfant ensemble que les problèmes pouvaient survenir. Ni John ni Naomi n'avaient eu de cas dans leur famille. Mais, après la naissance de Halley, ils avaient découvert qu'ils étaient tous les deux porteurs de ce gène. Ce qui voulait dire qu'il y avait un risque sur quatre que leur prochain enfant en soit affecté.

Naomi leva les yeux vers Dettore.

— Vous vous trompez, dit-elle. Le monde est peut-être en train de changer, mais je ne suis pas assez intelligente pour savoir comment. Peut-être que je ne veux pas le savoir. J'ai trop peur.

8

Dans le club de gym désert, John courait sur le tapis de course, il était 6 h 50. Des gouttes de transpiration ruisselaient sur son visage et son corps. Ses lunettes étaient embuées. Il avait du mal à déchiffrer les informations défilant sur le téléviseur installé au mur – CNN rappelait les indices NASDAQ à la fermeture de la Bourse.

Aussi loin qu'il s'en souvienne, John avait toujours eu soif de connaissances. Petit, il aimait regarder les têtards devenir de minuscules grenouilles – les pattes qui grandissent, la queue qui se détache... À chaque vacances scolaires, il suppliait sa mère de quitter Örebro, leur petite ville de province, au centre de la Suède, pour Stockholm, où ils s'éternisaient au musée d'histoire naturelle et au musée national des sciences et de la technologie. À dix-huit ans, il avait passé un été à Londres pour améliorer son anglais, et il avait arpenté, pendant trois mois, le musée des sciences, et celui d'histoire naturelle.

John admirait les grands scientifiques d'autrefois – Archimède, Copernic, Galilée, Newton, Pasteur, dont les travaux avaient donné naissance, selon lui, au monde moderne. Il admirait aussi les grands hommes de la physique et des mathématiques du XXe siècle, comme Einstein, Fermi, Oppenheimer, von Neumann, Feynman, Schrödinger, Turing, dont les recherches définiraient, selon lui, notre avenir. Tous avaient pris d'énormes risques pour leur époque et mis en jeu leur renommée.

Si l'on avait demandé à John quelle était son ambition, il aurait répondu qu'il n'avait aucune envie d'être riche, mais qu'il adorerait que son nom figure, un jour, dans la liste des grands hommes de sciences. À l'âge de dix ans, quelques semaines après la mort de son père – un doux rêveur qui n'avait jamais réussi en affaires et était parti criblé de dettes –, il avait recensé ce qu'il voulait accomplir dans la vie :

a - être un scientifique respecté ;
b - laisser un monde meilleur que celui dans lequel je suis né ;
c - prolonger l'espérance de vie des gens ;
d - prendre soin de maman ;
e - éradiquer la douleur dans le monde ;
f - être un bon père.

Quand John déprimait, il relisait cette liste. À un certain moment, dans son adolescence, il l'avait recopiée de son petit carnet rouge à son ordinateur, et ainsi de suite chaque fois qu'il avait changé de matériel. Quand il la parcourait, il souriait. Mais elle le rendait triste, aussi.

J'ai trente-six ans et je n'ai rien réussi.

Il culpabilisait surtout de ne pas mieux s'occuper de sa mère. En tant que fils unique, il se sentait responsable d'elle. Quand il avait eu dix-huit ans, juste avant son départ pour l'université d'Uppsala, elle s'était mariée avec un inspecteur d'académie, un veuf qui était venu lui rendre visite au collège où elle enseignait les mathématiques. Un homme discret et respectable, tout le contraire du père de John. Cinq ans plus tard, il était mort d'un infarctus, et sa mère vivait seule depuis ce jour-là. En dépit d'un début de cécité dû à une dégénérescence maculaire, elle était farouchement indépendante.

Enfant, John adorait la science-fiction, ses théories et ses questionnements. Pourquoi la vie sur Terre ? Comment certains animaux ou insectes avaient-ils acquis leurs caractéristiques ? Pourquoi des créatures, comme la fourmi et le cafard, avaient apparemment cessé d'évoluer des millions d'années plus tôt, alors que d'autres, comme les êtres humains, continuaient toujours ? Pourquoi, chez certains animaux, le cerveau avait-il arrêté de grandir il y avait des centaines de milliers d'années ? L'intelligence nuisait-elle à la survie ? Les humains finiraient-ils par se détruire parce qu'ils devenaient trop intelligents ?

Ou, comme il l'étudiait dans son laboratoire, les hommes risquaient-ils de se détruire parce que les technologies qu'ils mettaient au point progressaient plus rapidement que leur propre cerveau ? Fallait-il envisager d'évoluer plus vite et mieux pour les rattraper ?

Le bateau pencha soudain. John perdit l'équilibre et s'agrippa à la rampe pour ne pas tomber du tapis de course. Par une porte ouverte, il vit l'eau du petit bassin éclabousser le sol. Il n'avait pas été aussi malade que Naomi, mais il n'était pas non plus complètement habitué au tangage et au roulis.

Naomi et lui n'avaient pas bien dormi la nuit précédente. Des questions les taraudaient. Oui, ils voulaient offrir à leur fils tous les avantages que leurs propres parents auraient souhaité leur offrir. Mais ils ne voulaient pas que celui-ci soit trop différent des autres enfants et incapable de tisser des liens avec eux.

Et c'était là le vrai problème. Dettore les poussait à choisir toujours plus d'options. John ignorait que certaines propositions étaient scientifiquement envisageables. Parfois, il était tenté. S'ils le souhaitaient, ils pourraient faire de Luke quelqu'un de vraiment incroyable !

Mais non merci.

Luke ne serait pas le rat de laboratoire que l'on peut euthanasier si, au final, il se révèle trop différent de ce qui était prévu.

Il ne voulait pas jouer avec la vie de son fils. Et pourtant, c'était ce qui l'avait hanté toute la nuit, faire un enfant, c'était un pari sur l'avenir, le fruit de hasards génétiques. Dettore leur offrait un moyen de réduire les risques, pas de les augmenter. En étant frileux, condamnaient-ils leur fils à une vie médiocre ?

La machine bipa et l'écran clignota pour lui annoncer qu'une minute de plus venait de s'écouler. Il s'entraînait encore plus dur que d'habitude. Il voulait être au top. Il savait la vraie raison de cet acharnement, mais avait du mal à se l'avouer.

Je veux que mon fils soit fier de moi. Je veux qu'il ait un père en pleine forme, pas un vieux croûton.

Le pont G, au fin fond du navire, était complètement désert.

Son seul compagnon était son reflet qui tressautait sur les quatre murs couverts de miroirs, le reflet d'un homme grand et élancé, en tee-shirt blanc, short de sport bleu et baskets. Un homme grand et élancé, épuisé, et cerné.

Les jeunes gens ont des visions, les vieillards ont des songes.

Cette citation tournoyait dans sa tête, au rythme de sa course, tel un mantra.

Je suis peut-être venu ici avec une vision, se dit-il, *mais, à présent, je me sens davantage comme un religieux qui commence à questionner sa foi.*

Si on ne choisit pas assez d'options pour Luke, si on ne saisit pas cette opportunité de faire de lui quelqu'un de spécial, le regretterai-je ? Finirai-je comme ce vieil homme qui rêve à ce qui aurait pu se passer si seulement il avait eu du courage ?

9

Journal intime de Naomi

Ceux qui ne l'ont pas vécu ne peuvent pas imaginer la douleur. Quand l'infirmière me pique, chaque matin, pour stimuler ma production d'ovules, j'ai l'impression qu'elle me transperce le fémur. J'ai essayé de discuter des autres patients avec Yvonne, mais elle se referme instantanément, comme si elle avait peur.

John est incroyable, très attentionné, et il ne me met aucune pression. Pour tout dire, nous n'avions pas été aussi ouverts, l'un envers l'autre, depuis la naissance de notre pauvre Halley. Je me serre contre lui toutes les nuits, avec une envie irrépressible de lui faire l'amour, mais c'est interdit. Nous avons dû arrêter deux semaines avant de venir ici, et nous ne pourrons recommencer que plusieurs semaines après notre départ. C'est dur. Nous avons besoin de cette proximité.

Je trouve cet endroit de plus en plus étrange, l'atmosphère vraiment bizarre. Quand je me promène, je ne croise jamais personne, à part quelquefois un employé qui astique les cuivres. Où sont-ils tous ? Les autres patients sont-ils si timides ? Combien y en a-t-il ? J'aimerais parler à quelqu'un, un autre couple, échanger mes impressions.

400 000 dollars ! Quand je pense à tout cet argent... Sommes-nous égoïstes de l'investir dans un enfant à naître ? Aurions-nous dû le donner pour soutenir les enfants dans le besoin, les défavorisés, ou la recherche médicale, plutôt que pour accueillir une personne de plus sur cette planète ?

Dans des moments comme celui-là, j'aimerais pouvoir prier. Mais j'ai arrêté le jour où Dieu a pris Halley, et je l'en ai informé.

Comment vas-tu, Halley, mon chéri ? Bien ? C'est toi qui devrais nous guider. Tu étais tellement malin. Le plus futé de tous.

Quand je pense à toi, je me dis que je dois continuer. Je pense à ton visage quand l'aiguille pénètre et me fait mordre mon mouchoir. Je pense à toute la souffrance que tu as endurée. Nous voulons un fils, un enfant suffisamment intelligent pour faire quelque chose de bien.

Luke.

Nous espérons que Luke réalisera de grandes découvertes scientifiques, qui changeront le monde. Pour qu'à l'avenir aucun enfant ne doive mourir comme tu es mort.

Aujourd'hui, nous avons parlé des gènes « de ménage ». C'est drôle comme nom ! Il s'agit de l'efficacité de chaque cellule à répliquer son ADN ou à synthétiser des protéines. Rien d'inquiétant. Luke devrait guérir plus vite de ses blessures, ce qui est une bonne chose.

Mais le docteur Dettore travaille tout particulièrement sur l'adrénaline. Il nous a fait remarquer à quel point l'homme a du mal à s'adapter à la vie moderne. L'adrénaline intervient en cas de stress et nous donne un supplément d'énergie pour échapper à un assaillant. C'était tout à fait pertinent quand un tigre à dents de sabre apparaissait à l'entrée de la caverne, mais personne n'a envie de transpirer et de trembler face au percepteur, par exemple. Dans ces cas-là, il faudrait rester calme et détendu, pour que le cerveau fonctionne aussi bien que possible. Rester cool.

Je suis tentée de choisir cette option, tant elle semble évidente. Mais nous ne l'avons pas encore cochée, parce que nous ne voulons pas trop jouer sur les mécanismes de défense de Luke.

Je pense vraiment à lui en tant que « Luke », maintenant. C'est l'une des choses sur lesquelles nous sommes tous les deux d'accord.

Mais il y a un autre problème. Quelque chose de vraiment dérangeant.

10

— La compassion, dit John.

Assise sur un banc de la promenade, Naomi écrivait son journal intime sur son iPhone. Plongée dans ses pensées, elle ne répondit pas.

— La compassion, répéta John, comme s'il réfléchissait à haute voix. Comment définirais-tu ce concept ?

Pendant plus d'une heure, lors de la séance du matin, ils avaient discuté des gènes de la compassion avec le docteur Dettore. À présent, John et Naomi poursuivaient leur réflexion sur le sujet, avant la séance de l'après-midi.

Tandis que le bateau naviguait vers le sud, la météo s'était nettement améliorée. L'air était chaud et la mer d'un calme plat. Ils jetteraient l'ancre à La Havane à 19 heures, mais Dettore leur avait interdit de quitter le navire. Ils étaient là pour faire le plein de carburant et de provisions. Il était indispensable que Naomi soit en bonne santé pendant le mois à venir. Hors de question d'attraper un microbe dans un taxi, une boutique ou un bar, leur avait-il expliqué.

John se leva.

— Marchons un peu, ma chérie, histoire de nous

dégourdir les jambes. L'infirmière est d'avis qu'un peu d'exercice diminuera la douleur.

— Je vais essayer, dit-elle en rangeant son téléphone dans son sac à main et en se levant. Que voulait-il dire par « votre enfant grandira plus vite que les autres » ?

— J'imagine qu'il faisait référence à sa grande intelligence.

— On ne peut pas se contenter d'*imaginer*, John. Il faut qu'on soit sûrs de tout. Il a parlé d'accélérer sa croissance et sa maturité. Je ne veux pas qu'il soit différent des autres enfants au point de ne pas réussir à se faire des amis.

— On repassera tout en revue avant la finalisation.
— J'y tiens.

Traversant le pont en teck, ils virent un poste de secours et une bouée orange sur laquelle était imprimé le nom du bateau. Naomi boitait, elle avait très mal à la jambe, à cause de l'injection du matin. Aujourd'hui, elle était déprimée et vulnérable. Elle prit la main de John et fut rassurée par sa poigne. Elle serra fort, et il serra la main à son tour.

Passant devant plusieurs hublots, elle s'approcha, mais tous étaient des miroirs sans tain. Elle dut se contenter de son propre reflet, son visage pâle et ses cheveux emmêlés par le vent.

— Le secret qui règne ici commence à me taper sur les nerfs, dit-elle.

— Ce serait sans doute pareil dans n'importe quelle clinique. On voudrait que ce soit différent parce qu'on est sur un bateau.

— Tu dois avoir raison. Je me dis juste que ce serait intéressant de rencontrer un ou deux autres couples, pour échanger nos points de vue.

— C'est une démarche très intime. Peut-être que

les autres n'ont pas envie de parler. Peut-être qu'on trouverait ça difficile aussi, si on rencontrait quelqu'un.

Pour le moment, les seules personnes qu'ils avaient vues, en plus de Dettore, étaient un médecin nommé Tom Leu, un bel homme de trente-cinq ans environ, sino-américain, que Dettore avait présenté comme son assistant, Yvonne, leur infirmière, leur femme de chambre, et quelques employés philippins.

Aucun signe du capitaine ou d'éventuels autres officiers, à part une voix dans le haut-parleur, à 9 heures ce matin, donnant, à l'équipage, des instructions concernant les consignes de sécurité.

Toutes les portes d'accès aux quartiers du personnel étaient verrouillées en permanence. À part le couple très élégant, et bien assorti, qu'ils avaient surnommé « George et Angelina », ils n'avaient croisé aucun client.

Lors d'une promenade, la veille au soir, ils avaient vu un hélicoptère approcher, puis repartir. Alors qu'il volait à basse altitude, John avait aperçu le visage d'une femme derrière les vitres teintées. Sans doute un couple qui avait changé d'avis et décidé de quitter le navire, s'étaient-ils dit.

— Tu veux déjeuner ? proposa Naomi.

John secoua la tête. Il n'avait pas faim, mais ce n'était pas à cause du mal de mer. C'était le stress. Il se demandait s'ils faisaient le bon choix.

— Moi non plus. Et si on prenait le soleil ? Il fait assez chaud pour bronzer, suggéra Naomi.

— Tu ne veux pas te baigner ? Essayer de finir notre discussion sur la compassion ?

— Pourquoi pas.

Quelques minutes plus tard, vêtus de peignoirs blancs fournis par la clinique et badigeonnés de crème solaire, ils se dirigeaient vers la poupe du bateau.

Naomi saisit la rampe pour descendre à la piscine, s'arrêta net et se tourna vers John.

George et Angelina étaient installés sur des transats à côté du bassin. Magnifiques, bronzés, maillots élégants et lunettes chic, ils lisaient.

Un instant plus tard, Naomi entendit un clic. Elle dévisagea John, qui rangeait subrepticement quelque chose dans la poche de son peignoir.

— Tu n'as pas pris une photo, quand même ?

Il lui fit un clin d'œil.

— Tu n'aurais pas dû, tu sais que c'est interdit. On pourrait se faire renvoyer si...

— J'ai *shooté* à hauteur de hanches. Personne ne m'a vu.

— Ne recommence pas, je t'en prie.

Ils s'approchèrent du couple et s'assirent sur des transats voisins.

— Bonjour, dit John d'un ton amical.

Pendant plusieurs secondes, aucun ne réagit. L'homme qu'ils avaient surnommé George baissa lentement son livre et, tout aussi lentement, inclina la tête, le visage inexpressif. La femme ne cligna même pas des yeux.

Naomi fit un geste d'incompréhension à John. Celui-ci ouvrit la bouche, comme pour parler, mais se ravisa, enleva son peignoir et alla tremper un pied dans l'eau.

Naomi le rejoignit.

— Sympas, hein ?

— Peut-être qu'ils sont sourds.

Elle rit sous cape.

John descendit l'échelle et se mit à nager.

— Elle est comment ?

— Un vrai sauna !

Naomi trempa un pied avec méfiance, consciente que John avait l'habitude de nager dans les lacs gelés de Suède. Pour lui, dès lors qu'il n'y avait pas d'iceberg, l'eau était chaude.

Dix minutes plus tard, quand ils sortirent, George et Angelina avaient disparu.

Naomi s'allongea sur sa chaise longue, coiffa ses cheveux en arrière, chassa quelques gouttelettes, puis laissa son corps sécher au soleil.

— Je les ai trouvés incroyablement mal élevés, dit-elle.

John s'essuyait les cheveux avec sa serviette.

— Dettore devrait ajouter le gène de la politesse à leur enfant, dit-il en plaisantant.

Il s'assit au bord du siège de Naomi.

— Bon, il faut qu'on prenne notre décision à propos de la compassion d'ici à 15 heures, ce qui nous laisse une heure et demie.

Il caressa la jambe de sa femme, puis ne put s'empêcher de déposer un baiser sur son tibia.

— Ça fait longtemps que tu ne m'as pas léché les orteils. Tu te souviens, quand tu faisais ça ?

— Toi aussi, tu léchais les miens, répliqua-t-elle en souriant. On devient un vieux couple !

Son regard s'assombrit de tristesse.

— Tu me désires toujours autant ?

— De plus en plus, dit John en caressant, d'un geste suggestif, le nombril de Naomi. C'est la vérité. J'adore ton allure, ton odeur, te serrer contre moi. Quand tu es loin de moi, chaque fois que je pense à toi, j'ai envie de toi.

Elle prit sa main et embrassa chacun de ses doigts.

— C'est pareil pour moi. Plus ça va, mieux c'est.

— Concentrons-nous sur la compassion, dit-il.

— Et cette histoire de sensibilité aussi. Quand j'étais dans la piscine, je me disais que...

— Oui ?

Dans la matinée, Dettore leur avait présenté les modifications qu'il pouvait effectuer sur le groupe de gènes responsables de la compassion et de la sensibilité. John considérait la compassion comme une équation mathématique. La compassion était nécessaire à la dimension humaine, mais, quand elle devenait excessive, elle mettait l'individu en danger. Il avait dit à Dettore qu'il était dangereux d'opérer des changements. Le généticien ne partageait pas du tout cet avis.

Pesant chacun de ses mots, Naomi dit :

— Si tu te retrouvais dans la jungle, avec un autre soldat, poursuivi par un ennemi... Si ton compagnon se blessait soudain, trop en tout cas pour pouvoir continuer, que ferais-tu ?

— Je le porterais.

— D'accord. Mais tu ne pourrais pas le porter très longtemps, donc que ferais-tu ? Si tu l'abandonnes, l'ennemi le capturera et le tuera. Si tu restes avec lui, l'ennemi vous tuera tous les deux.

John eut soudain très envie d'une cigarette. Il avait arrêté en même temps que Naomi, quand elle était tombée enceinte de Halley, puis avait repris peu après la mort de leur fils. Il n'avait pas fumé depuis dix-huit mois, mais, chaque fois qu'il était stressé, l'envie se faisait ressentir.

— Je pense que je choisirais la solution darwiniste, qui consiste à abandonner mon ami et à continuer, répondit-il.

— Mais n'est-ce pas pour cela qu'on est ici ? Pour prendre en charge l'avenir de notre enfant, ne pas le laisser prisonnier du déterminisme ? Si on acceptait de modifier les gènes de son cerveau, comme le docteur Dettore nous encourage à le faire – Dieu nous en préserve – et si nous arrivions à concevoir un être humain plus intelligent, ne serait-il pas meilleur que nous pour résoudre les problèmes ? Ne saurait-il pas répondre à la question que nous nous posons ?

— Nous essayons de concevoir une personne en bonne santé, qui aura un peu plus de qualités que la moyenne. C'est tout ce que nous pouvons faire, dit John. Nous ne pouvons pas changer le monde.

— Et si nous modifiions son cerveau, serais-tu pour cocher la case des gènes qui le pousseraient à abandonner son ami et à poursuivre sa route ?

— Si nous voulons vraiment qu'il soit meilleur, il faudrait faire en sorte qu'il puisse prendre des décisions aussi difficiles et vivre avec.

Naomi posa une main sur le bras de John et chercha son regard.

— Ce que tu viens de dire est terrible.

— Qu'est-ce que tu proposes, alors ?

— Si nous venions à reconfigurer l'esprit de notre enfant, je voudrais qu'il grandisse avec un sens de l'honneur tel que nous ne sommes pas capables de le concevoir à présent. N'est-ce pas cela, un être vraiment supérieur ?

John regarda les transats vides en face de lui et l'océan à perte de vue.

— Et que ferait-il, cet être vraiment supérieur ?

— Il resterait avec son ami et serait fier de cette décision. Sachant qu'il n'aurait jamais pu se regarder dans le miroir s'il l'avait abandonné.

— C'est bien joli, dit John, mais un enfant programmé ainsi n'aurait aucun avenir dans le monde réel.

— C'est exactement pour cela que nous ne devons pas toucher aux gènes de la compassion et de la sensibilité. Nous devons laisser Luke hériter des nôtres, au hasard. Nous sommes tous les deux bienveillants. Il ne risque pas grand-chose, n'est-ce pas ?

Un matelot passa à côté d'eux. Il portait une boîte à outils et une combinaison blanche tachée.

Sous-classe génétique. Les mots de Dettore résonnaient en lui. Dans *Le Meilleur des mondes*, de Huxley, ils mettaient au point des drones pour effectuer les travaux que personne n'avait envie de faire. C'était l'avenir promis aux enfants dont les parents n'auront pas été suffisamment visionnaires pour modifier leurs gènes. Visionnaires et courageux.

11

Journal intime de Naomi

Nous avons quitté Cuba ce soir. John, qui aime bien fumer un cigare de temps en temps, était frustré de ne pas avoir pu descendre du bateau pour en acheter. Le docteur Dettore, qui, j'en suis convaincue, aurait fait un grand homme politique, nous a invités à dîner dans sa salle à manger personnelle. J'ai l'impression que c'est un honneur auquel tous les « clients » ont droit une fois. Nous avons été choyés. John était impressionné par le menu, ce qui est rarissime.

Aujourd'hui, le docteur Dettore nous a demandé comment John et moi nous étions rencontrés. Plus précisément, ce que j'ai ressenti quand j'ai vu John pour la première fois. C'était à Jackson Hole, dans le Wyoming. Je lui ai expliqué que j'adore skier, mais que j'ai le vertige. Bizarrement, avec John, je ne l'avais pas eu. Nous nous sommes rencontrés dans la queue d'un télésiège ; nous avons partagé le même siège. Le courant est tout de suite passé. Puis la remontée mécanique s'est arrêtée au milieu de nulle part, à six cents mètres d'altitude, au-dessus d'un rocher, et s'est mise à osciller dangereusement. Seule, j'aurais eu la peur de ma vie. Mais John m'a fait rire. Il m'a donné des ailes, l'impression que tout était possible.

J'ai raconté cette histoire au docteur Dettore. Mais je ne lui ai pas raconté la suite.

Je ne lui ai pas dit que, quand Halley était mort, j'avais compris pour la première fois que John avait ses limites, comme tout le monde. Que, pendant un certain temps, je l'avais détesté. Il m'avait fait croire qu'il était Dieu, mais, quand la roue avait tourné, il n'avait pas accompli de miracle. Il ne lui restait que ses yeux pour pleurer, comme vous et moi. Il partageait cette impuissance que nous avons tous en commun. Aujourd'hui, je l'aime encore, mais différemment. Je le trouve toujours très attirant. Je me sens en sécurité avec lui. Je lui fais confiance. Mais il ne me donne plus l'impression d'avoir des ailes.

Je me demande si toutes les relations qui durent en arrivent là. À cet état où l'on est bien, l'un avec l'autre. Quand les rêves sont devenus réalité et que l'on prend conscience que le secret de la vie c'est de savoir quand tout va bien.

Quand on est heureux.

J'ai l'impression que le docteur Dettore attend autre chose de la vie. Que, malgré tout son charme, il n'est pas satisfait, pas en paix avec lui-même. En général, je tisse rapidement des liens avec les gens. Même s'il est très aimable, j'ai du mal à entrer en contact avec lui. Parfois, j'ai l'impression qu'il méprise les émotions humaines ordinaires. Qu'il pense que nous devrions être au-dessus d'elles.

Parfois, j'ai l'impression qu'il a des desseins inavoués.

12

Journal intime de Naomi

Bizarre. Sur ce bateau, nous sommes entourés d'appareils technologiques à plusieurs millions de dollars et pourtant, aujourd'hui, mon pauvre John a dû s'installer dans une cabine avec un flacon, une boîte de Kleenex et un choix de DVD pornographiques. J'espère que Luke ne lira jamais ce journal. J'aimerais qu'il ait une idée plus romantique de sa conception. Je veux bien qu'il sache, par exemple, qu'il a été conçu lors d'une croisière aux Caraïbes, mais pas que son père a dû regarder Blanche Fesse et les Sept Mains, *son pantalon sur les chevilles.*

Le Docteur D. a un joli mot pour ça. Semence. Il a dit à John : « Il faut juste que je récolte un peu de votre semence. »

Nous sommes tous les deux très impliqués. Mais je pense souvent qu'on devrait laisser tomber, rentrer à la maison, trouver une autre solution à notre problème. Adopter, contacter une mère porteuse ou un donneur de sperme. Faire une croix sur la parentalité, tout simplement. De nombreux couples vivent sans enfant.

Je pense que le docteur D. est furieux parce que nous n'avons choisi que très peu d'options. Guère plus d'une douzaine sur les trois mille proposées. Nous avons accepté qu'il supprime les gènes porteurs de maladies, nous l'avons autorisé à faire en sorte que Luke mesure un mètre quatre-vingts environ, et nous l'avons autorisé à améliorer son métabolisme afin qu'il reste en forme et en bonne santé. Si nous avions laissé Dettore faire, il aurait créé Superman. Non merci !

Mais il faut dire que le généticien est très clair dans ses explications. Même si John n'a pas compris sa technique pour isoler les meilleurs spermatozoïdes.

Aujourd'hui, la moisson a été bonne. John a donné son sperme et j'ai donné mes ovules. Le docteur D. était enchanté : il y en avait douze. Il m'a dit que les piqûres valaient le coup. Facile à dire. C'est pas lui qui a souffert.

Il va maintenant analyser le code génétique de chaque embryon. Les cellules du plus résistant seront sélectionnées. Si j'ai bien compris, les gènes porteurs de maladies seront supprimés ou neutralisés. Les femmes ont deux chromosomes X. Les hommes un chromosome X et un chromosome Y. En isolant les spermatozoïdes porteurs du chromosome Y, le docteur Dettore veillera à ce que le bébé soit un garçon.

Dit comme ça, c'est pas très romantique, pas vrai ?

Dans quinze jours, si tout se passe bien, nous serons à la maison. Je serai enceinte.

Je me demande ce que je ressentirai à ce moment-là.

13

Naomi n'avait jamais été attirée par l'argent. Assise à côté de John, dans sa vieille Volvo, sur l'autoroute 405, entre l'aéroport et chez eux, elle était plongée dans ses pensées. Ses pieds avaient trouvé refuge dans un monticule de papiers divers et variés : des photocopies, des tracts, un programme, des emballages de chewing-gums et de barres chocolatées, des reçus de stations-service, des tickets de parking, etc. La voiture de John lui servait à la fois de pièce d'archivage et de poubelle. John était indifférent au désordre. Et à la crasse. Sa Volvo était une vraie porcherie.

Grâce à son kit mains libres, il discutait avec un collègue. Naomi sentit la voiture trembler sur la portion de route en travaux. Les belles voitures la laissaient de marbre. Elle était insensible aux charmes des Porsche, Mercedes décapotables et autres Explorer customisées. Pour elle, la voiture était un moyen de locomotion, ni plus ni moins. Et, pourtant, en admirant les collines d'Hollywood en cette fin d'après-midi brumeuse, elle se rendit compte que ces sept années à Los Angeles l'avaient changée, comme la ville change la plupart des gens qui viennent s'y installer.

Los Angeles lui avait donné envie d'être plus riche. C'était irrésistible. Ici, tout le monde finissait par vouloir des choses jamais convoitées auparavant. Par ressentir des émotions jamais ressenties. De la jalousie, par exemple.

Elle adorait leur modeste maison de plain-pied au sud de Pico-Union. Ils possédaient un toit-terrasse et un oranger qui produisait des fruits délicieux, une fois par an ; leur maison était spacieuse et agréable. C'était leur chez-eux, leur sanctuaire. Pourtant, son regard s'attardait parfois avec envie sur les villas des collines d'Hollywood, ou au bord de la mer, à Malibu, et elle ne pouvait s'empêcher de penser que ce devait être de beaux endroits pour élever un enfant.

Elle posa une main sur son ventre. Luke n'était encore qu'une petite graine de deux semaines, mais il irait à l'école dans quelques années. *Pour moi, tu es déjà une personne, Luke. Qu'est-ce que tu en dis, tu es content ? Moi aussi.*

Quand Halley était né, tout le monde lui avait dit que les meilleures écoles se trouvaient à Beverly Hills, et que tout parent soucieux de l'avenir de son enfant devait s'y installer – à moins de vouloir que son fils ne devienne un dealer de crack armé jusqu'aux dents. Mais comment seraient-ils en mesure de s'offrir une maison à Beverly Hills ?

Les sources de revenus de John étaient très limitées. Il était en train d'écrire un livre, mais rares étaient les livres spécialisés qui devenaient des best-sellers. Son dernier ouvrage, qui avait été très bien accueilli par la presse universitaire, ne s'était guère vendu qu'à deux mille exemplaires, et cela l'avait rempli de joie.

Elle allait devoir relancer sérieusement sa carrière, décida-t-elle. Après la mort de Halley, elle avait accepté quelques missions d'attachée de presse indépendante, quand elle s'était sentie suffisamment forte pour canaliser ses émotions. La semaine suivante, elle commençait un travail de deux mois, la promotion du nouveau film d'Oliver Stone, mais, après cela, rien. Il était temps pour elle d'appeler tous ses contacts dans les grands studios et chez les indépendants, à la télé, voire d'envisager un poste en interne, après l'accouchement. Quelque part où sa carrière pourrait évoluer, chez Showtime ou HBO, chez MTV ou Comedy Central. Si elle était un jour mutée à la production, elle pourrait vraiment gagner de l'argent.

Assez pour emménager à Beverly Hills.

Malgré la crise, elle avait de l'espoir.

Bien sûr, ils ne resteraient pas forcément à Los Angeles. John espérait être titularisé à l'université de Californie du Sud l'année prochaine, mais ce n'était pas garanti. Si ça marchait, ils resteraient à Los Angeles pendant un certain temps, probablement toute sa carrière, si ce n'était pas le cas, ils pourraient tout aussi bien changer de ville, ou de pays. Même si elle se plaisait aux États-Unis, elle rêvait de retourner en Angleterre, non loin de sa mère et de sa sœur aînée, Harriet.

Ils se sentaient déphasés. Ils n'avaient guère échangé dans l'avion.

Elle avait tenté de regarder un film mais avait fini par zapper de chaîne en chaîne, incapable de se concentrer. Elle n'avait pas réussi non plus à se plonger dans le livre qu'elle avait acheté à l'aéroport : *L'enfant à naître, prendre soin de son fœtus*.

Après quatre semaines dans un cocon, en pleine mer, le retour à la réalité était difficile pour tous les deux. Neuf mois de grossesse. Et ils ne devaient absolument rien dire à leurs amis. Ils allaient devoir compter leurs sous. Et s'organiser sur des milliers de plans.

Sa première grossesse s'était bien passée, sans plus. Pour certaines de ses amies, elle avait été idyllique, pour d'autres cauchemardesque. Naomi avait eu des hauts et des bas, des nausées au début, et elle avait été très fatiguée les derniers mois, d'autant plus que la canicule avait duré de début juin à fin août. Elle avait lu dans un magazine que, pour le deuxième enfant, la grossesse était beaucoup plus facile. Elle l'espérait.

John raccrocha.

— Tout va bien ? lui demanda-t-elle.

— Oui, à peu près, enfin, je pense. Ils ont rencontré un problème avec mon logiciel d'évolution et personne n'a trouvé de solution. Je vais devoir aller à la fac demain.

— Demain, c'est dimanche ! s'exclama-t-elle. C'est obligatoire ?

— J'en aurai pour une demi-heure. Et il faut que j'envoie des tonnes de trucs à Dettore. Il a l'air sérieux quand il dit qu'il va nous aider. Sa compagnie dépense des milliards en recherches. Il pourrait financer mon département pendant les trente prochaines années avec son argent de poche !

— Je sais ce que tu entends par « une demi-heure ». Tu vas rentrer à la maison vers minuit.

John sourit, puis posa une main sur le ventre de sa femme.

— Comment va-t-il ?

— Bien. Sage comme une image.

Elle sourit et couvrit la main de John.

— Je ne veux pas rester seule demain. Je suis à plat et stressée par… Tu sais… Faisons un truc ensemble. Je sais que tu dois t'occuper de ton travail, mais on pourrait faire une balade dans les canyons, non ? Ou aller se recueillir sur la tombe de Halley. Ça fait plus d'un mois. Je veux la refleurir.

— OK, faisons ça. Et pourquoi pas une balade. Ce

sera chouette d'aller quelque part où le sol ne bouge pas.

— J'ai le mal de terre, dit Naomi en sortant de son sac la brochure que le docteur Dettore lui avait donnée.

Elle l'ouvrit, mais fut aussitôt prise de nausées. Elle ferma les yeux et respira à fond, luttant contre une soudaine envie de vomir. Elle regarda John, sans rien dire. Quatorze jours.

Était-ce possible qu'elle ait déjà des nausées ?

Le téléphone de John sonna et il décrocha. C'était Sarah Neri, une jeune doctorante motivée qui avait récemment rejoint son équipe.

— Désolée, j'ai raté ton appel, dit-elle.

— Pas de souci. Tu as trouvé des informations ?

— Oui, il y a des tas d'infos sur un site lié au Lloyd's Register, la société de classification maritime britannique. Le *Serendipity Rose* a un « jumeau » géré par une compagnie maritime. Tout est sur leur site. Je t'envoie le lien.

— Fais-moi un résumé maintenant.

Sarah Neri s'exécuta. Il raccrocha et fit un rapide calcul mental.

Le *Serendipity Rose* pesait 25 000 tonnes et disposait de quatre moteurs de 6 000 chevaux.

Sarah avait recherché pour lui le prix du carburant. Le navire consommait environ 17 000 gallons par jour. Il ajouta le coût de la maintenance, de l'assurance, des taxes et du kérosène pour l'hélicoptère. Le salaire de Dettore. De ses deux assistants. Trois infirmières. Deux laborantins. Sans oublier le personnel navigant. Le total avoisinait les 2 000 000 de dollars par an, si les Philippins étaient rémunérés au minimum syndical.

20 000 dollars par jour, au bas mot, et c'était peut-être en dessous de la réalité. Naomi et lui avaient déboursé 400 000 dollars. Ils avaient été accueillis

durant trente jours. 13 300 dollars par jour. Ils n'avaient vu qu'un couple – George et Angelina –, et un autre était parti à leur arrivée. Pendant les deux premières semaines, Dettore avait passé la majeure partie de son temps avec Naomi et lui. Pendant la quinzaine suivante, après l'insémination, ils ne l'avaient vu qu'une fois par jour, brièvement, pour une visite de courtoisie. Trois couples simultanément, cela semblait une bonne moyenne. Ce qui représentait 39 900 dollars par jour. Rien n'indiquait qu'ils avaient des patients tout le temps. À ce prix-là, Dettore ne couvrait pas ses dépenses.

Inutile de dire qu'il ne faisait aucun profit. Pourquoi ? Si son objectif n'était pas le profit, quel était-il ?
— John !
Naomi le tira brusquement de ses pensées.
— Quoi ?
— Tu as raté la sortie.

14

Dix semaines plus tard, au septième étage du célèbre hôpital Cedars-Sinai, l'obstétricien semblait particulièrement distrait. Naomi sentait qu'il avait la tête ailleurs. Blouse blanche et tennis blanches – comme le personnel du bateau –, le docteur Rosengarten était un petit homme mince, efféminé, qui approchait la cinquantaine. Naomi remarqua qu'il parlait du nez. Légèrement dégarni, il était blond décoloré, et son bronzage tirait trop sur le jaune pour être naturel.

Il ne lui était pas, à proprement parler, désagréable, mais trop distant pour qu'elle l'apprécie. Et elle trouvait les meubles Louis XIV dorés, les rideaux à pompons et les objets d'art en jade et onyx ridicules dans un bâtiment aussi moderne. Ce cabinet médical ressemblait à un boudoir, ce qui était sans doute l'effet recherché – ce style pompeux devait en impressionner certains.

Alors que la prise en charge avait été très complète sur le bateau, Naomi avait été surprise d'apprendre que le docteur Dettore ne prévoyait aucun suivi. Il lui avait juste donné une brochure intitulée « Conseils post-conception » et avait suggéré quelques livres et sites Internet sur des sujets aussi généraux que l'alimentation, le bien-être spirituel, les vitamines et compléments alimentaires. Quand ils étaient descendus de l'hélicoptère à l'aéroport de LaGuardia, ils étaient sortis de sa vie. Il souhaitait être informé de la naissance, pour ses statistiques, et reverrait Luke pour ses trois ans.

Naomi ne pouvait s'empêcher de se demander si le manque d'intérêt de Dettore venait du fait qu'ils avaient sélectionné peu d'options. Elle l'avait trouvé charmant, mais avait senti une pointe de froideur et d'impatience vers la fin de leur séjour. Elle avait été étonnée qu'il n'ait pas recommandé un obstétricien ou un pédiatre à Los Angeles – il leur avait dit de consulter leur médecin de famille. Vu le prix de l'opération, elle s'attendait à un suivi plus complet.

Leur médecin leur avait suggéré de voir le même obstétricien que pour Halley, à Santa Monica. Mais sa meilleure amie, Lori Shapiro, lui avait dit que c'était hors de question, et pas seulement parce qu'il lui fallait tourner la page. Lori était mariée à un radiologue incroyablement riche, prénommé Irwin, qui connaissait tous les médecins de la région. Le docteur Rosengarten était celui qu'il leur fallait. C'était lui qui s'était occupé de l'accouchement de ses trois enfants, et elle les avait convaincus que c'était le meilleur de la ville en récitant la liste interminable des stars ayant fait appel à ses services.

Naomi et John étaient contents d'aller ailleurs. Soulagés de couper les ponts avec le passé. Découvrant le décor, John était également heureux que son poste d'universitaire lui permette de bénéficier d'une excellente mutuelle.

Une immense blonde californienne rachitique, aimable comme une porte de prison – la secrétaire de Rosengarten –, ouvrit la porte et articula quelques mots à l'attention du gynécologue.

— Vous allez devoir m'excuser, l'une de mes patientes est sur le point d'accoucher avec trois semaines d'avance. Chut ! dit-il en portant l'index à sa bouche. Je ne peux pas vous dire son nom, mais ce sera dans tous les journaux demain. Je reviens tout de suite !

Il leur adressa un sourire condescendant et disparut pour la troisième fois.

John lui aurait volontiers mis son poing dans la figure. Blouse ouverte, le ventre couvert de gel, Naomi était allongée sur une table d'examen.

— Le docteur Rosengarten est très demandé aujourd'hui, expliqua l'infirmière.

— Vous m'en voyez fort désolé, ironisa John en prenant la main de Naomi, les yeux rivés sur un écran noir et blanc.

— Je lui transmettrai, dit-elle sans saisir la pointe de cynisme.

Plusieurs minutes plus tard, l'obstétricien réapparut.

— Bon, OK, je vous confirme la viabilité du fœtus, monsieur et madame Klaesson. Tout a l'air normal, il a douze semaines, il est en bonne santé, et l'examen de la clarté nucale est parfait.

Le docteur Rosengarten marqua un temps d'arrêt pour qu'ils puissent digérer l'information.

— Voulez-vous connaître le sexe du bébé ?

Naomi et John échangèrent un regard complice. Elle esquissa un pâle sourire et regarda au loin. Depuis plusieurs semaines, elle souffrait de nausées épouvantables. Elle avait vomi juste avant le rendez-vous. Sortant un mouchoir, elle s'épongea les lèvres – elle salivait en permanence.

Malgré le double vitrage et les sept étages, des travaux dans la rue faisaient un bruit assourdissant. À travers un léger nuage de poussière, elle regarda le mur en béton gris du Beverly Center et songea qu'elle devrait profiter des soldes d'été pour s'acheter un nouveau soutien-gorge et des tenues plus amples. Elle n'avait pas encore pris de poids, même si ses seins étaient plus volumineux et très douloureux. Elle se souvint que la prise de poids commencerait un mois plus tard environ.

John lui serra la main. Elle regarda de nouveau la minuscule silhouette mouvante. Elle vit les bras, les jambes, et, quand Rosengarten le leur signala, elle put même distinguer un pied.

— Je pensais que vous ne pouviez pas connaître le sexe avant au moins seize semaines, dit-elle.

Le docteur parut blessé.

— Avec *notre* équipement, douze semaines suffisent, fanfaronna-t-il en croisant les bras, comme un enfant triomphant, en regardant la Barbie orientale qui faisait office d'assistante. Vous avez probablement lu ça dans des manuels. Ils ne servent à rien, pas vrai ? dit-il en regardant son infirmière.

Celle-ci hocha la tête.

— Si vous avez des questions, demandez-moi, ne perdez pas votre temps à lire des inepties.

Naomi tourna la tête vers John, stressée. Il pressa doucement sa main.

C'était bizarre pour elle d'être de nouveau enceinte. À certains moments, entre les nausées, elle était heureuse, mais écrasée par le poids des responsabilités. Elle savait que John espérait beaucoup de Luke. Elle aussi.

— Je peux réécouter les battements de son cœur ? demanda-t-elle.

— Bien entendu.

Le docteur Rosengarten posa la sonde sur son abdomen et la déplaça pour trouver le cœur. Fascinée, Naomi écouta les pulsations rapides. Quelques instants plus tard, le médecin regarda sa montre et mit fin à l'échographie.

— Très bien, madame Klaesson, vous pouvez vous redresser.

L'infirmière vint lui essuyer le ventre.

En se levant, elle fut soudain prise de panique.

Qu'avons-nous fait ? Et si ça tournait mal ?

— Le bébé est normal ? s'inquiéta-t-elle.

La maudite secrétaire réapparut dans l'embrasure de la porte. Le médecin lui fit un signe, puis se retourna vers Naomi, toujours distrait.

— Absolument.

— Vous en êtes sûr ?

— D'après ce que je vois, à ce stade, il est en bonne santé. Vous n'avez aucun souci à vous faire. Vos nausées sévères – vous souffrez d'hyperémèse gravidique – vont s'estomper. Détendez-vous et profitez de votre grossesse. C'est une période fantastique pour vous.

Mon bébé est en bonne santé ! Il se porte bien, il bouge en moi.

Elle ferma les yeux, luttant contre une forte envie de vomir.

Je vais être une super maman, et John fera un super papa, je te le promets. Nous allons tout faire pour que tu aies une vie géniale, pour profiter de tous les avantages que le docteur Dettore t'a offerts. Tu sais que tu es spécial ? Incroyablement spécial. Tu es le bébé le plus spécial au monde.

— Au fait, fit John, vous ne nous avez pas dit.

Le docteur Rosengarten consulta sa montre. La séance était clairement terminée.

— Dit quoi ?

— Le sexe du bébé.

— Vous êtes sûrs de vouloir le connaître ?
Il les regarda tous les deux.
— Oui, dit Naomi.
— Moi aussi, appuya John en souriant à Naomi.
— OK, félicitations, vous attendez une fille.

15

Ceinture attachée, perdue dans ses pensées, Naomi était à peine consciente qu'ils quittaient le parking. Au volant, John s'arrêta devant un guichet. Il faisait une chaleur étouffante dans le véhicule, et les papiers, à ses pieds, crissaient à chacun de ses mouvements. John baissa sa vitre et tendit le ticket à l'employé. Celui-ci l'étudia comme un douanier vérifiant le passeport d'un terroriste présumé, puis leva la barrière. John remonta sa fenêtre.

Naomi transpirait.

À peine étaient-ils dans la rue qu'une palme, qui s'était détachée d'un palmier, vint balayer leur pare-brise. La voiture fut secouée par une bourrasque. Les gratte-ciel roses, entre lesquels ils passèrent, lui donnèrent l'impression d'entrer dans un canyon. Naomi leva les yeux, comme pour échapper à cette prison. Au-dessus de leurs têtes, des nuages noirs se bousculaient dans un couloir étroit. Une goutte d'eau tomba sur le pare-brise et roula.

Le matin, ils avaient annoncé à la télévision que le temps ne serait pas habituel pour un mois de juillet. Depuis sept ans qu'ils vivaient à Los Angeles, les saisons n'étaient plus que l'ombre d'elles-mêmes.

Selon l'opinion générale, le réchauffement planétaire

était la cause de tous les désordres. Les scientifiques avaient détraqué la nature, ils étaient responsables. Les scientifiques étaient devenus les nouveaux hérétiques. D'abord la bombe, puis la pollution, puis les OGM, et ensuite ? Les bébés sur mesure ?

Naomi était terrorisée.

OK, félicitations, vous attendez une fille.

S'il n'avait pas réussi à concevoir un garçon, s'il avait été incapable de réaliser une opération aussi simple, que fallait-il en conclure sur M. « Appelez-moi Leo » Dettore ?

Mon Dieu, qu'avons-nous fait ?

La vieille Volvo grise et sale sortit du parking, tourna à gauche, puis encore à gauche, et s'arrêta au croisement avec La Cienega. John mit son clignotant à droite, vers le sud.

Naomi sortit son iPhone de son sac à main et consulta rapidement son agenda de l'après-midi. Après la promotion du film d'Oliver Stone, elle enchaînait avec six semaines pour Bright Spark Productions, qui lançait une série de documentaires sur les jeunes réalisateurs. Le premier épisode serait diffusé sur la chaîne Bravo dans quinze jours.

À 14 h 30, elle avait rendez-vous à l'école de cinéma de l'université de Californie de Los Angeles. Il était 12 h 20. Sa voiture était chez eux, mais elle devait faire un crochet par son bureau pour prendre quelques documents. Vingt-cinq minutes de route, si la circulation n'était pas trop mauvaise. Il lui faudrait environ une demi-heure sur place pour trouver ce dont elle avait besoin. Ce qui lui laissait trente minutes pour aller jusqu'à la faculté. Elle n'avait pas beaucoup de marge. Elle détestait être en retard à ses rendez-vous professionnels.

— Mais quel connard, ce type ! s'exclama John,

brisant le silence qui s'éternisait depuis qu'ils avaient quitté le cabinet du docteur Rosengarten. Quel incapable !

Naomi se tut. À 17 heures, elle devait prendre un verre à l'hôtel Four Seasons avec une amie journaliste qui travaillait pour le magazine *Variety*. Elle ne pouvait pas annuler, mais elle ne savait pas comment elle survivrait à cet après-midi. Elle baissa sa vitre. La bouffée d'air frais, quoique pollué, lui fit du bien. L'odeur du vieux plastique chauffé qui régnait dans l'habitacle l'indisposait. John se raidit. Un semi-remorque était en train de les doubler.

Son téléphone sonna. Il refusa l'appel. Elle l'en remercia en silence.

Quelques minutes plus tard, le sien sonna aussi. Elle l'éteignit avec une pointe de culpabilité, car c'était sans doute quelqu'un du bureau, mais elle n'était pas capable d'avoir une conversation professionnelle à ce moment précis.

— Tu penses comme moi ? finit-elle par dire.
— Il se trompe.

John écrasa la pédale d'accélérateur et tourna plus vite que prévu, faisant une queue-de-poisson à un bus qui klaxonna.

— Il doit se tromper, concéda-t-elle.
— Personne ne peut savoir à douze semaines, dit-il. C'était idiot de sa part de l'affirmer.
— Il est arrogant. Il s'en fout, de nous. On n'est rien pour lui. Si l'un de nous deux était célèbre, il n'aurait pas fait cette erreur. Il n'aurait pas osé.

Au croisement entre San Vincente et Wilshire, le bus lui collait au train.

— Il avait la tête ailleurs.
— On devrait demander un deuxième avis.

John traversa le carrefour avec Olympic Boulevard sans dire un mot.

— On prendra un deuxième avis, confirma-t-il. C'est un con. Il a fait une erreur. On ne peut pas savoir avant seize semaines, les livres sont formels. On ira consulter quelqu'un d'autre quand tu en seras à seize semaines.

— Je ne veux pas attendre quatre semaines de plus. C'est trop long. Il faut que je sache, John. Il faut que l'*on* sache.

— J'ai lu sur Internet qu'il existe un test sanguin, mais je ne suis pas sûr qu'il soit fiable. Ce n'est peut-être pas possible d'être certain à 100 % avant seize semaines. Je pense qu'on ne devrait pas paniquer.

— Je suis inquiète, dit Naomi. Si Dettore s'est trompé sur le sexe, peut-être qu'il s'est trompé sur tout le reste. Il doit bien y avoir un moyen de connaître le sexe du bébé sans attendre un mois, non ? Avec le test ADN dont tu parles, ce serait possible ?

— Ce test sanguin mis à part, les autres méthodes sont invasives. J'ai lu des tas de trucs sur le Web à propos des tests pouvant être effectués sur le fœtus. Chaque fois, il y a une probabilité de fausse couche. Faible, mais avons-nous vraiment envie de la risquer ?

Avait-elle envie de prendre des risques ? Elle essayait désespérément de décider. Si Rosengarten s'était trompé, c'était complètement idiot de paniquer. Mais...

— S'il s'est trompé, on retournera à la clinique et on mettra Dettore devant le fait accompli.

— Tu penses que Dettore nous dira la vérité, qu'il passera aux aveux ?

John faillit dire quelque chose, puis sombra de nouveau dans le silence.

— Il... Il n'a pas de raison de... balbutia-t-il.

— De raison de quoi ? demanda Naomi, la gorge nouée.

— De nous faire concevoir une fille alors que nous avons demandé un garçon.

— Appelle-le, dit-elle. Tu as son numéro, appelle maintenant.

Ils étaient à moins de cinq cents mètres de chez eux, mais John se gara devant un petit supermarché, composa le numéro sur son BlackBerry et porta l'appareil à son oreille.

Naomi fixait son visage.

— Ici, John Klaesson, je souhaiterais parler au docteur Dettore de toute urgence. Demandez-lui de me rappeler sur mon portable.

Il laissa son numéro et raccrocha.

— Messagerie ? demanda-t-elle.

— Oui. Sur la côte Est, ils ont trois heures d'avance sur nous. Il est 12 h 20 ici, soit 15 h 20 sur le bateau. Peut-être y a-t-il un problème avec le standard. Il m'est arrivé de devoir essayer plusieurs fois, ces derniers mois.

— Je n'ai pas vu de standard sur le bateau, John.

Il reposa son téléphone sur son socle.

— Il y a beaucoup de choses que l'on n'a pas vues.

Elle ne trouva rien à répondre à cela.

16

À dix-huit ans, John dut effectuer un choix déterminant dans sa vie. Il savait qu'il voulait faire carrière dans la recherche universitaire, mais il avait du mal à choisir son domaine de prédilection. Il était tiraillé entre son amour pour la biologie et sa fascination pour les mathématiques, la physique et les technologies.

Pour lui, il y avait quelque chose de mystique dans les problèmes mathématiques. Parfois, il lui semblait entrer dans une nouvelle dimension, relever un défi lancé par une intelligence supérieure. Comme si ces équations faisaient partie d'un puzzle cosmique, qui, une fois achevé, donnerait la clé de l'existence.

En biologie aussi, il y avait des clés pour résoudre l'énigme de la vie, seulement, elles étaient plus limitées. Le monde de la génétique le fascinait, mais il se résumait à de simples mécanismes. Il avait l'impression que la génétique pouvait permettre de tout comprendre de l'être humain, sauf la question qui le hantait : pourquoi existons-nous ?

Et, au final, il trouvait les biologistes trop obtus. Rares étaient ceux qui croyaient à l'idée même d'un dieu ou à une forme d'intelligence supérieure. Il s'était rendu compte que les mathématiciens et les physiciens étaient plus ouverts d'esprit, c'est pourquoi il avait fini par opter pour l'informatique.

Mais quand il avait commencé, à l'université d'Uppsala – la meilleure de Suède –, il n'avait pas compris que, malgré la révolution technologique, la vie des chercheurs n'avait guère changé. Ses études terminées, il prit conscience qu'il devrait constamment se battre pour trouver des subventions. Ceux qui n'étaient pas employés par un grand groupe ou un institut ne disposaient de fonds que pour une période déterminée – trois ans, en général. Au lieu de se concentrer sur leurs recherches, les universitaires consacraient une partie de leur énergie à écrire des lettres aux sociétés, instituts, fondations, et à remplir des dossiers pour essayer de trouver le prochain financement.

Et John en était de nouveau à ce point-là.

Il était resté à Uppsala pour son doctorat et son post-doctorat, mais il avait fini par se sentir à l'étroit en Suède. En hiver, les journées étaient trop courtes à son goût. À vingt-six ans, il avait eu l'opportunité de rejoindre l'université du Sussex, en Angleterre, pour y enseigner, tout en travaillant dans un labo avec l'équipe de recherches en sciences cognitives. Cette équipe était dirigée par Carson Dicks, que John considérait comme un véritable visionnaire depuis qu'il avait fait sa connaissance, le scientifique ayant enseigné une année à Uppsala.

John avait tellement aimé ce domaine et Carson Dicks qu'il avait fait abstraction du salaire de misère. En revanche, il avait trouvé déprimante l'indifférence qui régnait en Grande-Bretagne envers les chercheurs. Trois ans plus tard, Carson Dicks avait accepté un poste dans un établissement de recherches gouvernemental. Un peu plus tard, à vingt-neuf ans, John s'était vu offrir un poste susceptible de le titulariser à l'université de Californie du Sud, avec son propre laboratoire, dans un département dirigé par Bruce Katzenberg – un autre scientifique qu'il admirait immensément. Il avait sauté sur l'occasion.

À l'université de Californie du Sud, John travaillait sur la création et l'étude de formes de vie virtuelle. C'était un projet de rêve, qui conjuguait physique et biologie. Six ans plus tard, il était sur le point d'être titularisé, et son vœu aurait certainement été exaucé si Katzenberg n'avait pas quitté le département.

Un an plus tôt, ce dernier avait été débauché par un chasseur de têtes, pour une société de logiciels de la Silicon Valley qui lui avait fait une offre que même Dieu n'aurait pas pu refuser, comme le lui avait avoué son collègue en s'excusant. À présent, le projet se terminait dans moins d'un an, le financement s'annonçait délicat, John n'était pas sûr d'être titularisé, ses collègues non plus, et certains commençaient à postuler ailleurs.

John avait grandi à Örebro, une adorable petite ville universitaire dans le centre de la Suède, construite autour d'une rivière et d'un château médiéval ceint de douves. En été, il traversait un parc en vélo pour aller à l'école et, en hiver, il s'y rendait à ski. Il aimait les randonnées, les grands espaces, le sentiment de liberté. À Los Angeles, il se sentait parfois oppressé.

Et, plus encore que Naomi, il souffrait du manque de contraste entre les saisons. Les journées étaient longues, les étés magnifiques, mais l'automne, et l'hiver, surtout la neige, lui manquaient terriblement. Bien entendu, ils pouvaient aller skier le week-end ou prendre un avion pas très cher pour Telluride, Park City ou n'importe quelle station, mais, ce qu'il aurait voulu, c'était regarder par la fenêtre la neige tomber, recouvrir le jardin et les véhicules. Le printemps aussi lui manquait. Et ici, il n'avait pas le sentiment de faire partie d'une communauté.

C'était peut-être le propre des grandes villes.

Il quitta Jefferson Park au niveau de l'entrée numéro huit, fit signe au gardien et se gara. Il mit sa sacoche à ordinateur sur son épaule, retourna vers Jefferson et traversa McClintock, pas très loin de l'auditorium The Shrine. Le coin était tranquille dans la journée, mais, la nuit, les étudiants et les enseignants se déplaçaient en groupe, ou escortés par un membre de la sécurité, pour rejoindre le parking. C'était ce genre de quartier.

Dieu merci, ils n'avaient jamais été victimes de la violence qui règne parfois à Los Angeles, et ils y pensaient rarement. Le plus dur, c'était le souvenir de Halley. Son fantôme planait sur la ville. Le pire, c'était à Santa Monica. Pendant presque une année, à l'hôpital Saint-John, qui était devenu leur résidence secondaire, ils s'étaient relayés au chevet de Halley, dormant sur un lit d'appoint, tandis que son état se détériorait. Espérant un miracle qui n'était jamais arrivé.

Parfois, rien que l'évocation de Santa Monica l'attristait. Il avait espéré que la vie reprendrait ses droits, quand Luke serait là, qu'ils regarderaient de nouveau vers l'avenir, au lieu d'être hantés par les ombres du passé, mais avec ce que le docteur Rosengarten leur avait annoncé, leurs espoirs de nouveau départ étaient réduits à néant.

Nom de Dieu, dans quel pétrin je nous ai mis !

Plongé dans ses pensées, il entra dans le bâtiment à quatre étages et prit l'ascenseur jusqu'au troisième, qui hébergeait le département des sciences cognitives. Plusieurs étudiants discutaient dans le couloir, des visages familiers, mais deux seulement dont il connaissait le nom. C'était l'heure du déjeuner. En temps ordinaire, il aurait été en train de prendre sa pause, au lieu d'arriver si tard.

Une jolie étudiante sino-américaine lui bloqua soudain le passage.

— Hé, professeur Klaesson, est-ce que je pourrais vous parler ? J'ai un vrai problème avec un truc que vous avez dit en cours jeudi dernier sur le darwinisme neuronal, et il faut absolument...

— Pourrait-on se voir plus tard, Mei-Ling ?

— Pas de souci. Je passe à votre bureau ?

— Vers 16 heures ?

Il n'avait aucune idée de son agenda pour l'après-midi, mais il ne pouvait parler à personne à présent. Il avait besoin d'être seul.

Pour réfléchir. Pour réussir à joindre le docteur Leo Dettore.

— Très bien, dit-elle.

— Parfait.

Il s'engagea de nouveau dans le couloir bordé de grands casiers métalliques d'un côté et de portes de l'autre, recouvert d'un linoléum brillant.

La dernière porte à gauche donnait sur une salle avec dix ordinateurs, dont quatre étaient utilisés. Penché en arrière sur son siège, un étudiant bullait, une canette de Coca à la main. Un autre contemplait son écran, avachi. Sarah Neri, sa jeune assistante, une rouquine ébouriffée, était collée à son écran, pour mieux étudier un graphique. John passa sur la pointe des pieds et se réfugia dans son bureau, fermant la porte derrière lui.

Même si elle manquait un peu d'âme, c'était une pièce agréable, de taille généreuse, avec des meubles modernes. Sa fenêtre, en hauteur, donnait sur une cour et d'autres bâtiments du campus. Il y avait des documents partout, y compris sur les chaises et le sol, un Mac et un clavier, un tableau blanc couvert d'algorithmes griffonnés et un diagramme à peine compréhensible, d'après une illustration réalisée pour un étudiant.

Sans enlever sa veste, il s'assit, sortit son ordinateur portable de son sac et téléchargea les fichiers sur lesquels il avait travaillé la veille à la maison, avant de vérifier son agenda de l'après-midi.

— Merde ! s'exclama-t-il à voix haute.

Il avait complètement zappé un rendez-vous, à 18 heures, avec une journaliste du quotidien *USA Today* qui voulait écrire un papier sur leur département. Saul Haranchek aurait dû s'y rendre, vu qu'il avait remplacé Katzenberg après son départ, mais Saul n'était pas à Los Angeles et il avait demandé à John de le représenter. Il n'avait pas besoin de ça, pas aujourd'hui – il voulait rentrer tôt, retrouver Naomi.

Il essaya de joindre Dettore, mais tomba de nouveau sur son répondeur. Il appela Naomi à son bureau.

Elle semblait abattue.

— Tu as essayé de joindre Dettore ?

— Oui, et je vais continuer.

— As-tu réfléchi à propos d'un deuxième avis ?

— Je veux lui parler d'abord. Je suis désolé, mais je vais rentrer un peu tard ce soir, je dois faire une interview.

— Pas de souci, j'avais complètement oublié que j'avais une projection. J'ai envie d'y aller comme de me pendre. Je ne serai pas rentrée avant 21 heures. Qu'est-ce qu'on mange ce soir ?

— Tu veux qu'on sorte ? On pourrait aller dans un resto mexicain ?

— Je ne suis pas sûre que la cuisine mexicaine, ce soit une bonne idée pour moi, en ce moment. On en reparle plus tard ?

— Oui.

— Je t'aime.
— Moi aussi.

Le cœur gros, il raccrocha, puis ouvrit sa messagerie. Il écrivit à Dettore un message courtois, l'informant du diagnostic du docteur Rosengarten, et lui demandant de l'appeler de toute urgence.

Il envoya le mail, puis se dirigea vers sa fenêtre. Malgré le vent frais et les averses, plusieurs personnes étaient assises dehors, sur les bancs, avec leur déjeuner. Deux ou trois fumaient. Des étudiants. Pas encore adultes, mais plus tout à fait adolescents. Ils avaient la vie devant eux. Savaient-ils ce qui les attendait ?

Il regarda un groupe de jeunes en tenues décontractées, avec des coupes branchées, qui riaient et jouaient, insouciants. Leurs parents n'avaient pas modifié leur patrimoine génétique. Mais, quand viendrait leur tour, que feraient-ils ?

Savaient-ils qu'ils étaient la dernière génération d'enfants de la Providence ? Qu'ils deviendraient une sous-classe génétique, aussi intelligents soient-ils ? Qu'ils allaient devoir faire des choix pour que leurs enfants soient infiniment plus intelligents, plus forts, et en meilleure santé qu'eux ?

Quels choix feraient-ils ?

Il se détourna, terrorisé. Et si ce n'était pas Rosengarten qui s'était trompé ? Si c'était Dettore ? Combien d'autres erreurs avait-il commises ?

Douze semaines. Jusqu'à quand était-il possible d'avorter ? Seize semaines ? Dix-huit ?

À 16 h 30, il essaya encore de joindre le docteur Dettore, laissant un deuxième message, beaucoup plus ferme que le premier. Il appela aussi le docteur Rosengarten et informa sa secrétaire qu'il souhaitait lui parler au plus vite.

À 18 heures, il n'avait toujours pas eu de réponse.

Il appela Naomi à son bureau, mais on lui répondit qu'elle était en réunion. Il regarda sa montre. À la clinique offshore, il devait être 21 heures. Furieux, John allait rappeler quand son téléphone sonna. Il décrocha brutalement, mais ce n'était pas Dettore.

C'était la journaliste de *USA Today*, une certaine Sally Kimberly, à la voix enjouée. Elle était coincée dans les embouteillages sur l'autoroute 101 et ne serait là que dans quinze minutes. Le photographe était-il arrivé ?

— Je ne savais pas qu'il y aurait un photographe.

— Il fera vite. Un ou deux clichés au cas où on en aurait besoin.

Trente-cinq minutes plus tard, elle toquait à sa porte. Le photographe était déjà en train de ranger son matériel.

Dettore ne l'avait pas rappelé, le docteur Rosengarten non plus.

17

Comme c'était l'heure de l'apéritif, les lumières du bar de l'hôtel étaient tamisées, et Chopin passait en boucle dans les enceintes, comme si un pianiste se cachait dans l'une des alcôves, derrière les palmiers en pots. La climatisation était trop forte, mais les tables et chaises étaient bien disposées, et le lieu était propice aux conversations. Pour tout dire, John avait invité la journaliste en ce lieu parce que c'était l'un des rares endroits, près du campus, à servir de l'alcool.

Sally Kimberly s'engagea dans la porte à tambour. Il la suivit. C'était une jeune femme polie et posée, une petite trentaine d'années, tailleur classique. Elle était un peu grassouillette, mais elle avait un joli visage, une allure très agréable, et elle semblait altruiste, contrairement à certains journalistes qu'il avait eu l'occasion de rencontrer.

Il jeta un coup d'œil à ses mains pour voir si elle était fiancée ou mariée. Elle portait plusieurs anneaux, mais pas à l'annulaire. Mus par un instinct de reproduction profondément ancré dans leurs gènes, les hommes ne peuvent s'empêcher de vérifier ce genre de choses. John ne faisait pas exception, et il en était conscient. Ce qu'il regardait en premier chez une femme, c'était l'annulaire.

Elle choisit une table dans un coin, tout au bout de la pièce, loin du bar et des haut-parleurs, de façon à ce que l'enregistrement soit meilleur, précisa-t-elle. Elle commanda un verre de chardonnay, et lui une pinte de bière. Il avait besoin d'alcool pour se calmer ; la journée avait été difficile, et la perspective de cette interview ne le réjouissait pas.

USA Today était un quotidien à gros tirage. Un bon article augmenterait ses chances d'être titularisé, et il attirerait peut-être l'attention d'éventuels sponsors pour son département. Mais il savait que certains scientifiques avaient eu de mauvaises expériences avec la presse et qu'il fallait se méfier des médias.

Sally Kimberly posa son petit Dictaphone sur la table, sans l'allumer.

— Votre femme ne s'appelle-t-elle pas Naomi ?
— Naomi ? Oui !
— Je viens de faire le lien ! Elle est attachée de presse pour la télévision, non ? Naomi Klaesson !
— Pour le cinéma et la télévision, oui.
— Vous n'allez pas le croire ! Nous avons travaillé ensemble, il y a six ans, sur une série consacrée à la biologie pour Discovery Channel !
— Ça alors ! s'exclama John en essayant désespérément de se souvenir si Naomi lui avait, ou non, parlé d'elle.

C'était possible. Il avait une très mauvaise mémoire des noms.

— Elle est super, j'ai adoré travailler avec elle. Elle était enceinte... Je suis désolée, dit-elle en prenant aussitôt conscience de sa maladresse. Ce n'est pas très diplomate de ma part... J'ai su, pour votre fils... Toutes mes condoléances. Excusez-moi d'avoir abordé le sujet.
— Pas de souci.

— Alors, comment va Naomi ? dit-elle après une courte pause.

— Oh, très bien, merci ! C'est du passé maintenant.

Et il faillit ajouter : *Figurez-vous qu'elle est de nouveau enceinte !* Mais il s'en garda bien.

— Elle est toujours attachée de presse ?

— Oui. En ce moment, elle travaille pour Bright Spark.

— Je les connais ! Il faut que j'appelle Naomi et qu'on déjeune ensemble. J'adore son sens de l'humour !

John sourit.

Leurs boissons arrivèrent. Ils continuèrent à discuter de tout et de rien, des avantages et des inconvénients de vivre à Los Angeles, des différentes tablettes et liseuses sur le marché... Sally Kimberly sirotait son vin blanc, tandis que John descendait sa bière. Gagné par le plaisir de la conversation, avec l'impression d'échapper, momentanément, à ses problèmes, il en commanda une deuxième. Il y avait quelque chose de sincère et de vulnérable en elle. John se demanda comment elle faisait pour survivre dans le monde impitoyable de la presse écrite.

Elle était célibataire et avait du mal à rencontrer un homme qui ne soit pas totalement imbu de lui-même, ou cinglé, lui avait-elle confié. Et son langage corporel indiquait, très subtilement, mais sans l'ombre d'un doute, qu'il lui plaisait. Lui aussi la trouvait de plus en plus attirante. Il fallait qu'il reste sur ses gardes. En huit ans de vie commune, il n'avait jamais trompé Naomi. Même s'il lui était arrivé de draguer dans des fêtes, il n'avait jamais été tenté. Avec cette jeune femme, il allait devoir la jouer serré. La séduire, oui, mais sans aller plus loin.

Soudain, il se rendit compte que son verre était de nouveau vide.

— Je vous offre un chardonnay ?

La journaliste regarda le sien, quasiment plein.

— Non, ça va, merci.

Grisé par l'alcool, les problèmes de grossesse de Naomi lui paraissaient plus faciles à comprendre et à accepter. Tout le monde peut se tromper, surtout en médecine. Rosengarten était pressé, il ne s'était pas concentré, c'était prétentieux de sa part d'affirmer pouvoir déterminer le sexe prématurément. Il regrettait de ne pas avoir demandé à l'obstétricien comment il pouvait être si sûr de lui, mais ils avaient été pris de court, Naomi et lui, et n'avaient rien trouvé à redire.

— OK, juste pour moi, alors. Il me faut du carburant pour répondre à vos questions.

Il remarqua un froncement de sourcils réprobateur. Mais peut-être l'avait-il rêvé.

— Vous avez un accent, dit-elle, très léger.

— Suédois.

— Bien sûr.

— Vous êtes déjà allée en Suède ?

— Eh bien, il est possible que l'on m'envoie à Stockholm pour un article sur les prix Nobel.

— Vous allez recevoir le Nobel de journalisme ?

Elle éclata de rire.

— J'aimerais bien.

— C'est une ville magnifique, construite sur l'eau. Je vous donnerai le nom des restaurants incontournables. Vous aimez le poisson ?

— Oui.

— C'est le meilleur endroit du monde pour en manger.

— Il est meilleur qu'à Los Angeles ?

— Vous plaisantez ?

— Il y a de bons restaurants de poisson, ici, dit-elle, sur la défensive.

— Vous m'en direz des nouvelles, quand vous aurez mangé du poisson à Stockholm.

Elle lui jeta un regard de convoitise, qui, sans ambiguïté aucune, voulait dire : *Emmenez-moi là-bas*.

Il lui sourit, puis détourna la tête, entra enfin dans le champ de vision de la serveuse et commanda une nouvelle pression.

Sally Kimberly se pencha et alluma son Dictaphone.

— Je pense qu'on devrait commencer, ça vous va ?

— Allez-y, dit-il, je vais faire de mon mieux pour ne pas me compromettre !

Il savait que les bières lui étaient montées à la tête – il les avait bues trop vite. Il fallait qu'il ralentisse, qu'il se contente de quelques gorgées, pas plus.

Elle éteignit l'appareil, rembobina et appuya sur « *play* ».

— Je vérifie, dit-elle.

John s'entendit dire : « de mon mieux pour ne pas me compromettre ! »

Elle ralluma l'appareil.

— Ma première question, professeur Klaesson, concerne les raisons qui vous ont décidé à devenir chercheur en sciences.

— Je pensais que vous vouliez discuter du département et de notre travail ?

— C'est juste pour avoir un peu le contexte.

— D'accord.

— L'un de vos parents était-il scientifique ? reprit-elle avec un sourire d'encouragement.

— Non, il n'y a pas d'autre scientifique dans notre famille. Mon père était représentant de commerce.

— S'intéressait-il à la science ?

John secoua la tête.

— Pas le moins du monde. Son truc, c'était la pêche et les jeux d'argent. Il était incollable sur les cannes, les bouchons, les leurres, les appâts, les mains de poker et les courses de chevaux. Il pouvait dire où le poisson se trouvait à quelle heure, à cinquante kilomètres à la ronde, et quel cheval courait quelle course, partout dans le monde. On peut dire qu'il avait une approche scientifique de ses deux passions.

— Pensez-vous qu'il y ait une analogie entre la pêche et les méthodes de recherche scientifique ? demanda-t-elle.

John était partagé. D'un côté, il voulait lui faire plaisir, de l'autre, ce n'était pas vraiment ce dont il souhaitait parler.

— Je pense que ma mère a exercé une plus grande influence sur moi. Elle était professeure de mathématiques. Tout l'intéressait. C'était une femme dotée d'un grand sens pratique. Elle pouvait démonter un moteur électrique pour me montrer son fonctionnement, puis discuter avec moi des écrits religieux d'Emanuel Swedenborg. Je pense qu'elle m'a transmis son insatiable curiosité.

— J'ai l'impression que vous avez hérité de ses gènes, plutôt que de ceux de votre père.

Sa remarque le ramena brusquement à Dettore.

— Peut-être, dit-il, évasif.

Comment Dettore pouvait-il s'être trompé ? Comment ? Mais comment ?

— Professeur Klaesson, pourriez-vous décrire en deux phrases les tenants et les aboutissants des travaux de votre équipe ?

— Volontiers. Vous vous y connaissez un peu en matière de construction du cerveau humain ?

Son expression se durcit une fraction de seconde,

juste assez pour qu'il saisisse le message : *Ne me prenez pas pour une idiote.*

— J'ai intitulé ma thèse « La nature de la conscience », dit-elle

Il faillit tomber de sa chaise.

— Vraiment ? Où ça ?

— À l'université de Tulane.

— Je suis impressionné.

Il était également très surpris. Il ne s'attendait pas à ce qu'elle en sache plus que le commun des mortels sur le sujet.

— Vous ne vous adressez pas à une inculte.

— À aucun moment je n'ai...

Elle se pencha en arrière et dit d'une voix enjouée :

— Bien sûr que si ! Je l'ai bien vu !

Il leva les mains, en signe de reddition.

— OK ! J'ai eu une dure journée, n'en jetez plus, ça suffit !

Sa bière arriva. Il la saisit avant que la serveuse n'ait eu le temps de la poser et but une longue gorgée.

— Bon. Pour répondre à votre question, nous examinons les organes humains, le cerveau en particulier, pour essayer de mieux comprendre les évolutions jusqu'à ce jour, et anticiper les évolutions à venir.

— En espérant, entre autres choses, comprendre ce qu'est la conscience humaine ?

— Exactement.

— Peut-on parler de « darwinisme neuronal » pour décrire vos logiciels de simulation ?

— Ça, c'est la formule d'Edelman. Je dirais que non. Il y a une différence notable.

Il but une autre gorgée de bière. Une trace sur le verre de ses lunettes commençait à l'agacer. Il les ôta et les nettoya avec un mouchoir.

— Vous avez dû aborder le sujet à l'université de

Tulane. On parle de darwinisme neuronal quand on construit un robot sans programme, qui apprend à partir de ses propres expériences, comme les humains, le but étant de construire des machines pensantes en imitant le fonctionnement du cerveau humain. Ce n'est pas cela que nous faisons. Notre domaine de recherche est différent.

Il leva ses lunettes vers une source lumineuse. N'étant pas totalement satisfait, il continua à les frotter.

— Notre méthodologie consiste à simuler informatiquement l'évolution sur plusieurs millions d'années et à fabriquer des répliques virtuelles de cerveaux primitifs pour voir si, en répliquant la sélection naturelle, nous pouvons arriver à des modèles beaucoup plus complexes, plus proches des nôtres. Dans le même temps, nous fabriquons des modèles virtuels du cerveau humain actuel et le faisons évoluer sur plusieurs milliers d'années, dans l'avenir.

— Il y a quelque chose qui m'intrigue, professeur Klaesson.

— Appelez-moi John.

— John, d'accord, merci. Vous fabriquez des répliques virtuelles de cerveaux primitifs, c'est bien cela ?

— Tout à fait.

— Vous remontez jusqu'à quand ? Paléolithique ? Jurassique ? Cambrien ?

— Bien avant. Jusqu'à l'Archéen.

La troisième bière le grisait agréablement. Il remarqua, stupéfait, qu'il en avait déjà bu les deux tiers. Il savait qu'il devait ralentir, mais il aimait vraiment cette sensation de flottement.

— Et quand vous comprendrez enfin comment s'est formé le cerveau humain, vous comprendrez la conscience ?

— Pas nécessairement. Vous brûlez des étapes.
— Moi ? dit-elle d'un ton cynique. Vous allez éteindre votre ordinateur un jour en disant : « Maintenant que je sais comment le cerveau humain s'est formé, je vais rentrer chez moi pour nourrir le chat. » Et voilà ?

John répondit à son sourire.

— D'après votre méthode, pour comprendre comment le cerveau s'est formé, vous devez avoir un modèle virtuel dans votre ordinateur. La prochaine étape consistera à l'améliorer, n'est-ce pas ? Comment ? En ajoutant de la mémoire ? En créant une interface avec les humains ?

— Hé ! Vous allez un peu vite en besogne.

— Pas du tout, professeur Klae… John. Je ne fais que citer un article que vous avez publié il y a trois ans.

Il hocha la tête. Il s'en souvenait.

— Ah ! Oui, OK. Je vois que vous vous êtes documentée. Mais ce n'était pas le sujet de l'article. C'étaient des hypothèses.

Il prit soudain conscience que l'interview dérivait dangereusement. Il fallait qu'il reprenne les choses en main.

— Écoutez-moi. Concernant ces spéculations sur l'avenir… Je serais ravi d'en parler avec vous, mais en *off*.

— Comment ça se passe par ici ? Je vous apporte un nouveau verre ? s'enquit la serveuse, qui était apparue à côté de lui.

John remarqua que le verre de la journaliste était presque vide.

— Bien sûr, dit-il. Sally ? Un autre ?

Elle hésita.

— Vous avez encore un peu de temps ? Je ne vous retiens pas ?

Il regarda sa montre. 19 h 30. Naomi ne serait pas à la maison avant 21 heures.

— J'ai le temps, dit-il.

— OK, alors je vais reprendre un verre de chardonnay.

John regarda son verre vide. Étudiant, en Suède, il descendait facilement six pintes. Et la bière était plus forte.

— La même chose. Vivons dangereusement !

Sally se pencha en avant et coupa son Dictaphone.

— On est entre nous. Dites-moi ce que vous prévoyez pour l'avenir. Ça m'intéresse au plus haut point.

Il ne comprendrait jamais pourquoi il s'était lancé sur le sujet. Peut-être était-ce l'alcool qui lui avait fait baisser la garde. Peut-être était-ce l'espoir que, s'il lui faisait quelques confidences, elle rédigerait un meilleur papier sur lui. Peut-être était-ce juste le réflexe d'un homme flatté par une jeune femme qui semblait vraiment intéressée. Peut-être était-ce simplement pour relâcher la pression. Bref. Il se sentait bien. C'était une amie de Naomi. Il pouvait lui faire confiance.

— L'avenir, ce sont les bébés sur mesure.

— Le clonage ?

— Non, la sélection des gènes de l'enfant.

— Dans quel but ?

— Pour permettre à l'homme de prendre le contrôle sur la nature. Adapter l'évolution à nos besoins. Vivre plusieurs centaines, voire milliers d'années, plutôt que soixante-dix ans.

— Je ne suis pas à l'aise avec cette notion de bébés sur mesure, dit-elle. Je sais que cela finira par arriver, mais c'est effrayant. Quand est-ce que ce sera possible ? Dans dix ans ?

— C'est d'ores et déjà possible.

— Je ne vous crois pas. Du moins, ce n'est pas ce que j'ai entendu dire.

L'alcool faisait son effet ; il se sentait bien en compagnie de cette femme de plus en plus attirante. Il était détendu, peut-être trop. Et le secret lui pesait. Il ne risquait rien à discuter avec une amie de Naomi, n'est-ce pas ? Il vérifia que le Dictaphone n'était pas allumé.

— C'est *off*. Strictement entre nous, on est d'accord ?

— Absolument.

— Vous ne vous adressez pas aux bonnes personnes.

— À qui devrais-je parler ?

— À moi, dit-il en bombant le torse.

18

L'immeuble tanguait sérieusement. L'espace d'un instant, le sol se souleva et John pensa qu'il était de retour sur le bateau de Dettore. Puis le mur se rapprocha et lui poussa le coude ; John renversa sa tasse sur sa chemise.

Il fit quelques pas de côté, dans le flou le plus complet. Il fallait qu'il dessoûle d'une façon ou d'une autre. Tant qu'il était au bar, tout allait bien, mais la balade à l'extérieur l'avait grisé.

Il ne se souvenait pas de tout. Il y avait un trou noir entre son arrivée au bar et maintenant – café à la main, dans le couloir de la fac, près de son bureau. Il ne se souvenait pas d'avoir dit au revoir à la journaliste. Quand était-elle partie ?

Combien de verres avait-il descendus ?

Pas tant que ça, si ? Quelques bières et deux whiskies, pour se détendre. Doux Jésus ! Il n'avait rien mangé de la journée, c'était ça le problème, conclut-il soudain. Il avait zappé le déjeuner après le rendez-vous avec le docteur Rosengarten. Et, maintenant, il était... Il regarda sa montre... Oh, mon Dieu ! Presque 22 h 15. Il avait passé plus de trois heures avec la journaliste. Ce n'était pas comme s'ils avaient couché ensemble... Ils n'avaient fait que parler. Il voulait juste qu'elle écrive un bon papier, pour les aider à trouver de nouveaux financements. Rien de plus.

Sauf qu'un malaise indéfinissable le hantait. Il avait l'impression d'avoir fait une bourde, une terrible erreur. Pas une proposition indécente, ça non. Même s'il avait le vague souvenir de l'avoir accompagnée jusqu'au parking, où leurs lèvres s'étaient malencontreusement rencontrées quand elle l'avait soudain embrassé sur la joue.

Ce n'était pas ça qui l'inquiétait. Il ouvrit la porte de son bureau, alluma la lumière et posa la tasse, à moitié vide, sur sa table de travail. Il tomba lourdement dans son fauteuil, qui bascula vers l'arrière.

Il écouta sa messagerie. Il y avait un message du docteur Rosengarten, reçu à 18 h 50. La voix courtoise et nasillarde de l'obstétricien l'informait qu'il était sur le point de quitter son cabinet.

John fut satisfait qu'il ait pris la peine de le rappeler personnellement. Il essaierait de le joindre le lendemain matin. Il écouta les autres messages. Il y en avait deux, reçus plus tôt dans la journée : un ami de l'université d'Uppsala venait lui rendre visite à Los Angeles en automne, et sa mère lui reprochait de ne pas lui avoir téléphoné après l'échographie. C'était le petit matin, en Suède, trop tôt pour les rappeler.

Il raccrocha et consulta ses mails. Il en avait reçu une douzaine, mais rien d'important. Aucun signe de Dettore.

Le salaud.

Soudain, il regarda autour de lui avec la sensation que quelque chose avait disparu, sans trop savoir de quoi il s'agissait. Peut-être était-ce juste le fait que le photographe avait tout déplacé.

Son téléphone portable sonna. Il sursauta. C'était Naomi. Elle semblait effrayée, vulnérable.

— Tu es où ?

— Bureau, au bureau. Me mets en route.

Tout est ma faute, songea-t-il. *Nous voilà dans de beaux draps, à cause de moi.*

— Suis désolé, 'tais bloqué par cette interview. Elle te connaît. On sort ? Messicain... Mexicain ? Ou chou... Sushis ?

Il savait qu'il avait du mal à articuler, mais il n'arrivait pas à se contrôler.

— John, tout va bien ?

— Bien sûr, che... je t'assure.

— Tu es ivre ? J'ai l'impression que tu es ivre, John.

Il contempla son téléphone, espérant une aide de l'au-delà.

— Non, je...

— Tu as parlé à Dettore ?

Très lentement, choisissant chacun de ses mots, John dit :

— Non, il... Enfin je... Demain... J'essaierai.

Oh, non !

John ferma les yeux. Naomi pleurait.

— J'arrive, ma chérie, me mets en route.

— Ne prends pas le volant, John. Je vais venir te chercher.

— Pourrais prendre un taxi. Appeler...

Quelques instants plus tard, d'un ton plus déterminé, elle dit :

— Je viens te chercher. Ce n'est pas le moment de jeter de l'argent par les fenêtres. On prendra quelque chose à emporter. J'arrive dans vingt minutes.

Elle raccrocha.

John plongea dans une sorte de torpeur. Il avait un mauvais pressentiment. Il manquait bel et bien quelque chose dans cette pièce. Mais quoi ?

Ce n'était pas ça, son mauvais pressentiment. Ce n'était pas non plus le diagnostic du docteur Rosengarten ni le fait que Dettore était injoignable.

Il ne se souvenait plus de ce qu'il avait dit à la journaliste, à cette jeune femme sympathique, gentille, affable. Il avait la sensation de lui avoir fait quelques confidences, de lui en avoir un peu trop dit, du moins plus qu'il ne l'aurait souhaité.

Mais rien n'avait été enregistré, n'est-ce pas ?

19

Journal intime de Naomi

Je n'arrive pas à dormir. John ronfle comme un ours. Ça faisait longtemps que je ne l'avais plus vu dans cet état. Pourquoi s'est-il soûlé comme ça ? Nous avons tous les deux été très remués par le diagnostic du docteur Rosengarten, mais boire comme un trou, ça n'a jamais rien arrangé.

Et il avait du rouge à lèvres sur le visage.

J'ai discuté avec ma mère et avec Harriet. Toutes les deux ont appelé pour savoir comment s'était passée l'échographie. Je leur ai dit que l'obstétricien était confiant, que tout allait bien. Harriet nous a prêté toutes ses économies. Que pouvais-je lui dire d'autre ? Tout va bien, sauf que... Ah oui ! Petit détail... Ce n'est pas un garçon, mais une fille.

Ne dit-on pas que les gènes du sexe de l'enfant sont les plus faciles à manipuler ? On sait que les femmes ont deux chromosomes X et les hommes un X et un Y. N'importe quel labo du monde sait comment les séparer. Si le docteur Dettore n'a pas réussi cette simple opération, qu'a-t-il fait avec le reste ?

Et, en supposant que tout soit correct, comment une fille grandira-t-elle avec les gènes que nous avons sélectionnés ? Nous avions en tête un garçon d'un mètre quatre-vingts, avec des caractéristiques physiques propres à son sexe.

Rien ne se passe comme prévu.

John est quasiment sûr que le docteur Rosengarten s'est trompé. C'est possible. Je n'ai pas apprécié sa façon de se comporter avec nous. Comme John l'a dit, on n'est rien pour lui, on n'est pas assez importants.

Mon Dieu, j'espère que c'est lui qui s'est trompé.

Et il y a autre chose qui me dérange. Sally Kimberly. Elle lui aurait dit que nous étions amies. C'est faux. Nous avons travaillé ensemble, ça oui, et, d'habitude, je m'entends bien avec tout le monde, mais, elle, c'était une garce. Une vraie salope. Et nous n'avons jamais caché notre inimitié réciproque.

Pour tout dire, il y a peu de gens que je déteste autant que Sally Kimberly.

Et ce soir John a des traces de son rouge à lèvres sur le visage.

20

Naomi était réveillée, John l'entendait cligner des yeux. La lumière du radio-réveil lui semblait intense ; elle plongeait la pièce dans une ambiance bleue spectrale qui l'agaçait. Une sirène hurla dans le lointain – solo lugubre et discordant qui rythmait les nuits de Los Angeles.

Il avait la migraine. Il fallait qu'il boive, qu'il prenne un cachet, et qu'il dorme, surtout. Il sortit du lit, attrapa son verre d'eau vide et alla dans la salle de bains, fit couler l'eau froide et avala deux cachets de paracétamol, avant de retourner dans la chambre.

— Qu'est-ce qui nous attend ? demanda soudain Naomi.

John chercha sa main et la serra, mais elle ne lui rendit pas ce geste de soutien.

— Peut-être devrions-nous songer à un avortement.

— John, ça m'est égal que nous attendions un garçon ou une fille. Tout ce que je veux, c'est un enfant en bonne santé. J'aurais été parfaitement heureuse sans connaître le sexe, en sachant qu'il ou elle est normal(e). Plein de parents refusent de savoir. Je ne veux pas avorter. Ce serait ridicule. On n'avorte pas parce que c'est une fille et qu'on voulait un garçon.

Un silence inconfortable s'installa. Le problème était beaucoup plus grave, et ils le savaient pertinemment.

— Parfois, c'est difficile de joindre quelqu'un sur un bateau, dit-il. Les satellites ne font pas forcément le relais. J'essaierai de nouveau demain matin.

Une autre ambulance passa, suivie d'un camion de pompiers.

— Je ne veux pas que tu avortes, sauf si…

Elle patienta, puis le pressa :

— Si quoi ?

— Maintenant, ils peuvent dépister toutes sortes de choses sur le fœtus, dans certains labos américains.

Elle alluma sa lampe de chevet d'un geste rageur et s'assit.

— Ce n'est pas un Kleenex, John. Ni un rat de laboratoire, ni un test dans une boîte de Petri.

Elle remonta la couette et croisa les bras pour protéger son ventre.

— C'est mon enfant, notre enfant, qui est en train de grandir à l'intérieur de moi. Je l'aimerai quoi qu'il arrive, qu'il mesure un mètre cinquante ou deux mètres, que ce soit un surdoué ou un handicapé mental.

— Ma chérie, ce n'était pas ce que…

Elle l'interrompit :

— C'est toi qui as eu l'idée en premier, et tu m'as convaincue. Je ne t'en veux pas. Je t'ai suivi en connaissance de cause. Je suis aussi responsable que toi. Ce que j'essaie de te dire, c'est que je ne me défilerai pas. Peut-être que Dettore s'est trompé, peut-être est-ce la nature qui reprend ses droits. Je pense que le jour où les mères avorteront parce qu'elles sentent que leur enfant ne sera pas exactement comme elles l'avaient imaginé, ce sera le début d'une dérive très dangereuse.

John se redressa.

— Si, avant sa naissance, tu avais su que Halley… L'aurais-tu mis au monde, avec le calvaire qui l'attendait ?

Elle garda le silence. Puis, quand il se tourna vers elle, il vit qu'une larme perlait sur sa joue. Il l'essuya avec son mouchoir. Son visage était déformé par la tristesse.

— Je suis désolé, je n'aurais pas dû dire ça.

Pas de réaction.

Il sortit du lit, enfila son peignoir et se rendit dans le couloir. Il se sentait encore plus mal qu'en arrivant. Une fois dans son bureau, il évita soigneusement les piles de documents, les boîtiers de CD, les câbles, les objectifs d'appareils photo et les tas de magazines non lus, alluma la lampe et s'assit. Son ordinateur portable se trouvait toujours dans le sac qu'il avait posé par terre en entrant. Il le prit, l'ouvrit et se connecta à sa boîte mail de l'université.

Quinze nouveaux messages, dont l'un de son partenaire d'échecs, Gus Santiano, à Brisbane, qui le houspillait. *Le mec a du culot*, songea-t-il. Santiano mettait souvent une semaine pour jouer, mais, si John laissait passer plus de deux jours, l'Australien le relançait. *Tu vas devoir attendre*, songea-t-il. Il parcourut les autres messages. Soudain, il ouvrit grands les yeux.

Re : Dr Leo Dettore. Ceci est un message automatique du cabinet du docteur Leo Dettore. Le docteur Leo Dettore est actuellement en déplacement pour une conférence en Italie, il sera de retour le 29 juillet.

Le 29 juillet, c'était demain. Ou, plutôt, aujourd'hui. Il se précipita dans la chambre.

— Le docteur Dettore était à l'étranger, ma chérie. On a reçu un message. Il rentre demain !

Naomi resta de marbre, tandis que des larmes continuaient de rouler sur ses joues.

Après un long silence, elle lâcha enfin, d'une voix très calme :

— C'est un bon coup, Sally Kimberly ?

21

John arriva dans son bureau un peu après 9 heures, transi de froid, agité, déprimé. Il s'assit avec une tasse de café et un verre d'eau, sortit deux comprimés de paracétamol et les avala.

La pluie cognait contre les vitres. La tempête faisait rage, sa veste était mouillée, son pantalon en toile collait à ses jambes, et ses mocassins étaient détrempés – il avait marché dans une flaque relativement profonde.

À 11 heures, il devait faire cours à trente étudiants sur le thème : « Les avancées médicales ayant un impact défavorable sur l'évolution humaine ». Grâce aux progrès scientifiques de ces cent dernières années, que ce soit en matière de soins dentaires et optiques, de transplantations ou de surveillance des maladies chroniques, comme le diabète, ce n'étaient pas les humains les plus forts ni les mieux adaptés qui survivaient.

Autrefois, les gens qui perdaient leurs dents ne survivaient pas, car ils ne pouvaient plus manger. Ceux qui avaient une mauvaise vue se faisaient attaquer par des animaux sauvages ou leurs ennemis. Ce n'était plus le cas. Aujourd'hui, les hommes survivaient malgré leurs faiblesses et les transmettaient à leur descendance. Ceux qui naissaient avec des organes défaillants ou des maladies chroniques se reproduisaient. Chaque année, de plus en plus de gens venaient au monde avec des déficiences. La science était, malgré elle, en train de fausser les principes de sélection naturelle.

Avec ses étudiants, John avait mis au point des programmes informatiques sur l'évolution, avec ou sans l'impact des avancées médicales. Sans impact, les humains seraient aujourd'hui une espèce plus forte. Il leur avait expliqué, que, lors de la prochaine expérience, ils ajouteraient une nouvelle inconnue à leur équation : le génie génétique. C'était le seul moyen de lutter contre l'érosion graduelle de notre espèce. Sans lui, dans dix mille ans, soit un peu plus de trois cents générations seulement, les membres des sociétés aisées seraient dangereusement affaiblis – les logiciels étaient formels.

Jusque-là, il se réjouissait de donner ce cours, mais, au vu des événements des dernières vingt-quatre heures, son enthousiasme l'avait déserté. Il voulait d'abord essayer de tout régler.

L'accusation de Naomi l'avait blessé.

Il cacha son visage dans ses mains.

Elle était dans tous ses états, elle finirait par se calmer. Il n'avait fait que lui parler, aucun doute là-dessus. Mais que lui avait-il dit ?

La journaliste lui avait menti en lui affirmant qu'elle était amie avec Naomi. Pourquoi ? Pour gagner sa confiance ?

Rien n'avait été enregistré, n'est-ce pas ?

Il composa le numéro du docteur Rosengarten et ouvrit sa messagerie pendant la sonnerie.

La secrétaire décrocha. Le docteur Rosengarten était au bloc opératoire toute la matinée. Elle nota le numéro de John en lui confirmant que le docteur le rappellerait dès qu'il serait libre.

Il survola ses nouveaux mails. Dernièrement, il avait contacté différentes universités et institutions, mais personne ne lui avait répondu jusqu'à présent. Dans un an, s'il n'était pas titularisé, il serait au chômage. Ils n'avaient aucune économie de côté, le bébé serait là. Il paniqua. Il lui faudrait au moins un an pour finir son livre, et il n'en vendrait pas assez pour en vivre. Il devrait sans doute changer de domaine, accepter un job en recherche et développement dans une boîte d'informatique de la Silicon Valley. Cette perspective ne le réjouissait pas.

Il était 9 h 20 à Los Angeles, soit 12 h 20 sur la côte Est. Dettore devait être de retour. Il l'appela.

Après quatre sonneries, il tomba sur sa boîte vocale.
Vous êtes bien à la clinique Dettore. Laissez votre nom, votre numéro et votre message, sans oublier de préciser depuis quel pays vous appelez, nous vous rappellerons dans les meilleurs délais.

Il laissa un nouveau message et raccrocha. Sa secrétaire entra avec une pile de courrier ; il lui demanda de lui apporter un autre verre d'eau, puis sortit de son portefeuille la carte de visite de Sally Kimberly et l'appela sur sa ligne directe.

Il tomba directement sur son répondeur.
Bonjour, vous êtes bien sur le répondeur de Sally Kimberly. Je ne peux pas vous répondre pour le moment, mais laissez-moi un message ou appelez-moi sur mon portable.

Il lui demanda de le rappeler de toute urgence, composa son numéro de portable, mais tomba également sur son répondeur. Il laissa un second message.

En raccrochant, il comprit enfin ce qui l'avait dérangé la veille – ce sentiment que quelque chose avait disparu : c'était la photo de Naomi qui se trouvait normalement sur son bureau. L'une de ses photos préférées, prise deux ans plus tôt en Turquie. Bronzée, cheveux blonds éclaircis par le sel et le soleil, elle se tenait, bras écartés, sur la proue d'une goélette, lunettes de soleil sur le front, imitant Kate Winslet dans *Titanic*.

Il se mit à sa recherche. Le photographe, qui avait tout réarrangé, avait dû la déplacer. Mais où l'avait-il posée ?

Sa secrétaire revint. John lui posa la question, mais elle lui certifia ne pas l'avoir touchée. Il se rassit, but une gorgée d'eau et repensa au docteur Rosengarten.

Si ce dernier ne s'était pas trompé, quelles conclusions tirer à propos de Dettore ? Les gènes déterminant le sexe étaient-ils plus difficiles ou plus faciles à modifier que les autres ? Était-ce une simple erreur d'inattention, ou leur bébé serait-il un monstre ?

Il ouvrit son carnet d'adresses et entra un mot clé. Un nom et un numéro de téléphone apparurent. Docteur Maria Annand. Elle était spécialiste de la fertilité à la clinique Cedars-Sinai. Ils étaient allés la consulter, avec Naomi, six mois auparavant, à la demande du docteur Dettore, avant qu'il ne les accepte dans sa propre clinique. Dettore voulait s'assurer que Naomi était toujours fertile avant de leur proposer un rendez-vous.

Il l'appela. Par chance, il réussit à la joindre, alors qu'elle était sur le point de se rendre à une consultation.

— Docteur Annand, j'ai une petite question à vous poser. Quand on demande à choisir le sexe de l'embryon, quel est le risque d'erreur ?

— Vous voulez dire, quand on veut sélectionner les gènes masculins ou féminins ?

— Exactement.

— Cette pratique est fréquente en cas de maladie génétique liée au chromosome X. Il s'agit en général d'une opération préimplantatoire, effectuée lors de la création de l'embryon. Quand les cellules sont au nombre de huit, on prélève une cellule du blastocyste de l'embryon en développement, sans que celui-ci le remarque, et on choisit le sexe de l'enfant. C'est très simple.

— Quelle est la marge d'erreur ?

— Je ne comprends pas votre question.

— Prenons un couple qui veut un garçon. Ils procèdent à l'implantation, mais se rendent compte plus tard qu'ils attendent une fille. Est-ce possible ?

— Très peu probable, dit-elle, sûre d'elle. Il est très rare que l'on se trompe sur le sexe du fœtus. C'est tellement simple.

— Mais ça doit arriver, non ?

— On regarde les chromosomes, on regarde leur numéro. Impossible de faire une erreur.

— Il y a toujours des erreurs en sciences, dit John.

— OK, je vois. Un tel cas s'est présenté récemment. Une clinique spécialisée dans le traitement de la fertilité a confondu les embryons d'un couple de Noirs et d'un couple de Blancs. Ils ont implanté le mauvais embryon. Le couple de Blancs a eu un bébé noir. Ça arrive.

— Le mauvais embryon ? répéta John.

— Oui.

— Vous voulez dire que c'est le seul véritable risque ?

— Je suis désolée, mais je vais devoir filer, je suis en retard.

— Bien sûr, je vous remercie d'avoir pris le temps de me répondre.

— Appelez-moi plus tard si vous voulez en reparler, dit-elle.

— Peut-être. En résumé : la seule probabilité, ce serait une erreur d'embryon.

— Oui. C'est plus probable que de se tromper de sexe.

22

Assez miraculeusement, John réussit à donner son cours. Puis il répondit brièvement aux dizaines de questions pressantes des étudiants, se réfugia dans son bureau et ferma la porte. Une fois assis, il écouta ses messages.

Il y en avait un de Naomi, qui semblait en larmes et paniquée.

— Rappelle-moi, John. Dès que tu as ce message, je t'en supplie.

Il raccrocha. Qu'allait-il bien pouvoir lui dire ?

Il appela le docteur Rosengarten et insista auprès de sa secrétaire afin qu'elle le lui passe immédiatement. Après quelques minutes d'attente, en compagnie des *Quatre Saisons* de Vivaldi, le docteur Rosengarten prit le combiné, comme d'habitude, pressé et irascible.

— C'est à propos du sexe du bébé, dit John. Vous êtes certain que c'est une fille ?

L'obstétricien lui demanda de patienter, vérifia ses notes, puis reprit l'appareil.

— Aucun doute, professeur Klaesson. Votre femme attend une fille.

— Il ne peut pas y avoir d'erreur ?

S'ensuivit un long silence glacial. John attendit, mais le gynécologue ne semblait pas vouloir le rompre.

— Y a-t-il une marge d'erreur dans votre diagnostic ? insista John, désarçonné.

— Non, professeur Klaesson. Il n'y a pas de marge d'erreur. Puis-je faire autre chose pour vous et votre épouse ?

— Non, je... je ne pense pas. Merci.

Exaspéré par l'arrogance de Rosengarten, John raccrocha. Il essaya de joindre Dettore, mais tomba sur son répondeur. Il composa les deux numéros de Sally Kimberly, sans laisser de message. Puis il rappela Naomi.

— John, dit-elle d'une voix étrange, tremblante. Oh, mon Dieu, John, tu as entendu ?

— Entendu quoi ?

— Tu n'as pas vu les infos ?

— Quelles infos ? J'étais en cours.

Il perçut le reste de façon hachée, comme un bulletin spécial provenant d'un poste de radio mal réglé.

— Le docteur Dettore. Hélicoptère. Crash. Dans la mer. Mort.

23

« Un homme, qui se trouvait sur un yacht au large de l'État de New York, a témoigné un peu plus tôt dans la journée. »

Assis sur le canapé avec Naomi, qui lui serrait très fort la main, John fixait la télévision, solennel, dans son costume trois-pièces. À l'écran apparut la photo d'un hélicoptère Bell JetRanger, identique à celui avec lequel ils s'étaient rendus à la clinique de Dettore.

Un homme avec un accent distingué, de la Nouvelle-Angleterre, prit la parole, dans un radiotéléphone.

« J'ai vu... (La connexion s'interrompit.) En rase-mottes, sous les nuages... (Interruption.) S'est transformé en boule de feu, comme une bombe... (Silence.) Puis il est revenu et, mon Dieu... (Il avait la gorge serrée.) C'était horrible. (Interruption.) Des débris dans le ciel. À cinq kilomètres de nous. On s'est rendus sur place. (Interruption.) Rien. Il n'y avait rien. Juste une sensation surnaturelle. C'était horrible, croyez-moi. Disparu. Complètement disparu. »

L'image de l'hélicoptère fut remplacée par une photo du *Serendipity Rose*, et le présentateur prit la parole.

« Le scientifique milliardaire retournait à bord de sa clinique offshore, où il promettait des bébés sur mesure à ceux qui pouvaient s'offrir ses services, qui s'élevaient à plusieurs centaines de milliers de dollars. Le week-end dernier, le docteur Dettore s'était rendu à Rome pour une conférence du *Union of Concerned Scientists*, association de scientifiques engagés, au cours de laquelle il avait, sans ambages, qualifié l'appel du Vatican à réglementer l'expérimentation sur les embryons humains de crime contre l'humanité. »

Le présentateur fit une pause et le fond changea. Apparut une photographie récente de Dettore, sur un podium, derrière une forêt de micros.

« Très controversés, les travaux du docteur Dettore étaient comparés aux programmes eugénistes de Hitler. Le généticien avait récemment fait la une de *Time Magazine*. »

John coupa le son de la télévision, puis fixa l'écran, sous le choc.

— Qu'est-ce qu'on fait, maintenant, John ?

— J'ai appelé la clinique six fois aujourd'hui, en espérant pouvoir parler à quelqu'un d'autre. Son collègue, le docteur Leu, par exemple. Le numéro n'est plus attribué. J'ai envoyé deux mails. Ils me sont revenus.

— Il faut qu'on prenne un deuxième avis.

— J'ai discuté avec le docteur Rosengarten.

— Que dit-il ?

— Il est persuadé de ne pas avoir fait d'erreur.

— Il ne l'admettrait jamais, de toute façon, tu ne crois pas ?

— Non, mais...

Il hésita. Naomi était pâle comme un linge, dans tous ses états. Comment pouvait-il lui donner l'avis du docteur Annand ? Dettore avait probablement fait une erreur, mais pas sur le sexe de l'enfant, peut-être sur l'embryon.

Comment pouvait-il lui annoncer qu'elle portait peut-être l'enfant d'un autre couple ?

— Comment un hélicoptère en vient-il à exploser, John ?

— Je ne sais pas. Ça arrive. Certains moteurs à réaction peuvent s'enflammer.

— Le témoin a parlé de « bombe ».

John se leva et se dirigea vers la cheminée Art déco. Ses yeux se posèrent sur une photo de Halley dans une voiture de police miniature. Il était rayonnant. C'était l'un des rares moments de répit dans sa courte vie. Et, soudain, la colère l'assaillit. Il en voulait à Dettore d'être mort. C'était irrationnel, il le savait, mais il s'en fichait. Il lui en voulait parce qu'il ne financerait jamais son département. Il en voulait au docteur Rosengarten. Il en voulait à Dieu d'avoir sacrifié Halley. Il lui en voulait pour le sort qui s'acharnait sur lui.

Il savait à quoi Naomi faisait allusion.

Une bombe. Il y avait des fous partout. Des fanatiques qui détestaient le progrès, et pour qui seule leur méthode était recevable. Des scientifiques irresponsables, qui prenaient le monde pour leur terrain de jeu, qui pensaient avoir le droit de faire exploser des atolls dans le Pacifique, de concevoir des armes biologiques toujours plus sophistiquées, de jouer avec les gamètes de l'espèce humaine, au nom du progrès.

Et, au beau milieu, il y avait ceux qui voulaient simplement vivre leur vie. Des innocents qui, comme Halley, étaient nés en enfer.

La science pouvait éviter la tragédie de leur fils. Le progrès pourrait, un jour, éradiquer ce genre de maladie. Dettore avait raison de dire qu'empêcher les scientifiques de pratiquer la recherche sur les embryons était un crime contre l'humanité.

— N'oublie jamais pourquoi nous faisons tout cela, Naomi, dit-il, tiraillé entre la colère et la frustration.

Naomi se leva, le rejoignit, et l'enlaça.

— Tu aimeras notre fille, n'est-ce pas ? Quoi qu'il arrive, tu l'aimeras ?

Il se tourna vers elle et l'embrassa du bout des lèvres.

— Bien sûr.

— Je t'aime, dit-elle. Je t'aime et j'ai besoin de toi. Elle semblait affolée, vulnérable. Son cœur se brisa.

— Moi aussi, j'ai besoin de toi.

— Allons au restaurant. Dans un endroit agréable.

— De quoi as-tu envie ? Mexicain ? Chinois ? Japonais ?

— Rien de trop épicé. Et si on allait chez Off Vine ? Il sourit.

— C'est là que je t'ai emmenée la première fois qu'on a dîné ensemble à Los Angeles.

— J'aime bien ce restaurant. Voyons s'ils ont une table de libre.

— Je vais appeler.

— Tu te souviens de ce que tu m'as dit là-bas ? On était assis dans le jardin. Tu m'as dit : l'amour, c'est plus fort qu'un lien entre deux personnes, c'est une forteresse qui protège du reste du monde. Tu t'en souviens ?

— Oui.

— Dorénavant, notre amour sera cette forteresse.

24

Peu avant minuit, Naomi fut malade. Agenouillé auprès d'elle dans la salle de bains, John soutenait son front, comme le faisait sa mère quand il était enfant.

Elle avait vomi tout son dîner, il ne restait plus que de la bile. Et elle était en larmes.

— Ça va aller, lui dit-il gentiment, luttant contre son propre malaise. Ça va aller, ma chérie.

Il lui essuya la bouche avec une serviette humide, épongea ses larmes, et l'aida à retourner se coucher.

— Tu te sens mieux ? lui demanda-t-il, anxieux.

Elle hocha la tête, les yeux exorbités, injectés de sang.

— Elles vont durer encore combien de temps, ces nausées ? gémit-elle. Moi qui pensais que ce n'était que le matin…

— Peut-être est-ce une intoxication alimentaire ?

Elle répondit par la négative. John éteignit la lumière et s'allongea à côté d'elle. Naomi transpirait. Lui aussi avait mal au cœur, à cause de l'odeur.

— Qu'est-ce qui s'est vraiment passé ? demanda-t-elle soudain.

— De quoi tu parles ?

— De l'hélicoptère. Tu penses que c'était une bombe ?

Il y eut un long silence. John l'écoutait respirer. Elle était en train de recouvrer son calme. Au moment où il la pensait profondément endormie, elle le relança.

— Il avait des ennemis.

— Les scientifiques ont souvent des ennemis.

— Tu en as, toi ?

— Je ne suis pas assez connu. Mais, si je l'étais, je suis persuadé que des tas de fanatiques s'élèveraient violemment contre mes théories. Tous ceux qui osent sortir du lot se font des ennemis. Mais il y a un monde entre détester quelqu'un et le tuer.

Quelques instants plus tard, elle reprit :

— Et que va devenir sa clinique, à ton avis ?

— Je n'en sais rien.

— Il doit y avoir quelqu'un pour gérer le volet administratif. Ils vont devoir annuler des rendez-vous. Quelqu'un doit avoir accès à notre dossier, être en mesure de nous dire ce qui s'est passé, non ?

— J'appellerai de nouveau demain matin. J'essaierai de parler au docteur Leu. Il avait l'air au courant.

John ferma les yeux, mais son cerveau tournait à cent à l'heure. Dettore devait avoir consigné dans ses dossiers toutes les informations relatives aux fœtus de ses patientes. Le docteur Leu aurait des réponses à leur apporter. C'était une évidence.

— Peut-être est-ce la décision de Dieu, dit-elle doucement, comme une enfant.

— La décision de Dieu ? Qu'est-ce que tu veux dire par là ?

— Peut-être qu'Il n'était pas d'accord avec ce que nous avons fait… Avec ce que les gens essaient de faire. Peut-être est-ce sa façon de rééquilibrer les choses.

— Tes nausées et la mort de Dettore ?

— Non, je ne parle pas de ça. Ce que je veux dire…

Il y eut un long silence. John sortit du lit. Il avait soif, il fallait qu'il prenne un cachet, qu'il dorme. Il avait surtout besoin de sommeil.

— Peut-être Dieu a-t-Il décidé que nous aurions une fille, et pas un garçon, dit Naomi.

— Depuis quand est-ce que tu parles de Dieu ? Je pensais que tu n'étais plus très impressionnée par Lui…

— Je me disais… Peut-être que Dettore ne s'est pas trompé. Peut-être est-ce Dieu qui est intervenu.

John savait que la grossesse agissait sur les hormones, qui pouvaient jouer des tours au cerveau. C'était sans doute ça.

— Ma chérie, dit-il en s'asseyant au bord du lit. Dettore a merdé. Je ne crois pas à l'intervention divine. Dans notre cas, il s'agit d'une erreur scientifique.

— Et nous ne savons pas à quel point il s'est trompé.

— Nous ne sommes pas sûrs qu'il se soit trompé. Je trouve Rosengarten fort présomptueux. Peut-être a-t-il fait une erreur qu'il ne veut pas admettre. Nous prendrons un deuxième avis. Je pense que nous ne devrions pas trop nous inquiéter pour le moment.

— Pourquoi ne demanderions-nous pas à ce que le génome entier soit analysé ?

— Sans parler du coût, une telle opération n'est pas si facile. Il y a plus de douze mille gènes pour la prostate, sept cents pour les seins, cinq cents pour les ovaires… Ce serait un travail de titan.

— Si Dettore était capable de le faire… Il ne pouvait pas être *si* en avance sur son temps, sans que personne le sache, n'est-ce pas ?

— Il n'est pas rare, dans les domaines scientifiques, que quelqu'un fasse une découverte très en amont – ce que certains n'apprécient pas. Dettore est – était –

incroyablement doué. Et il avait à sa disposition un budget illimité.

Ce que John ne dit pas à sa femme, pour ne pas l'inquiéter, c'était que le médecin avait, sans l'ombre d'un doute, des desseins inavouables. Il ne rentrait pas dans ses frais, avec sa clinique flottante. Il ne se payait pas et travaillait pourtant sans compter.

Était-ce par pur altruisme ? Pour le bien de l'humanité ? Ou...

Il plongea dans un sommeil agité.

Il avait l'impression d'avoir à peine fermé l'œil quand le téléphone sonna.

25

John se réveilla en sursaut, désorienté. Quelle heure pouvait-il bien être ?
6 h 47, lut-il sur le radio-réveil. Naomi bougea.
— Il est quelle heure ? marmonna-t-elle.
Qui pouvait les appeler à cette heure-ci ? La Suède, sans doute. Même si cela faisait huit ans qu'il vivait à Los Angeles, sa mère avait toujours du mal avec le décalage horaire. Les premiers mois, il lui était arrivé d'appeler à 2 ou 3 heures du matin. Après trois sonneries, l'appel bascula sur répondeur.
Il ferma les yeux et se rendormit. À 7 h 05, le téléphone sonna de nouveau.
— Bon sang, maman, on dort ! hurla-t-il.
— C'est peut-être important, balbutia Naomi.
— M'en fous.
La messagerie se déclencha. Et si c'était sa mère ? Et s'il y avait un problème ? Cela pouvait attendre. Cela attendrait. À 9 heures, il avait une réunion à l'université. Il voulait grappiller quelques minutes de sommeil. L'alarme était programmée pour 7 h 15. Il referma les yeux.
Quelques instants plus tard, la sonnerie retentit encore. Les yeux clos, pour se protéger de la lumière

du jour, il sentit le lit bouger. C'était Naomi qui se levait. Les sonneries cessèrent.

— Je vais écouter le répondeur, dit-elle.

— Laisse tomber, ma chérie !

Elle sortit de la chambre et revint quelques instants plus tard.

— C'était KTTV. Une certaine Bobby a laissé trois messages.

— Bobby ? Je ne connais personne de ce nom. Qu'est-ce qu'elle veut ?

— Que tu la rappelles. C'est urgent.

KTTV était une chaîne de télé régionale, filiale de Fox. Il avait répondu à une interview, il y avait quelques mois de cela, dans le cadre d'une émission consacrée à l'évolution.

— Ils ne savent pas quelle heure il est, bordel ?

Même fatigué, même sous l'emprise des cachets, il était à présent complètement réveillé.

Le téléphone se mit de nouveau à sonner.

— Je ne le crois pas ! s'exclama-t-il.

Il décrocha le sans-fil qui se trouvait à côté du lit.

— Bonjour, ici Dan Wagner, de la chaîne KCAL, dit un homme d'une voix entraînante. Puis-je parler au professeur Klaesson ?

— Vous savez quelle heure il est ?

— Euh, oui, il est tôt, mais je me disais que vous pourriez peut-être faire une petite interview pour notre émission du matin.

John raccrocha et se redressa.

— Mais qu'est-ce qui te prend ?

Enveloppée dans une serviette, Naomi le dévisageait, incrédule.

— Peut-être s'agit-il d'une découverte dans ton domaine, d'un truc important. Ce serait l'occasion rêvée pour faire connaître ton département. Tu fais n'importe quoi !

John se leva et se rendit dans la salle de bains. Il enfila son peignoir et se regarda dans le miroir. Avec son teint blafard, ses yeux cernés et ses cheveux ébouriffés, tel un champ de paille fraîchement fauché, il avait l'air d'un fou. Il lui restait une heure pour se préparer, prendre une douche, se raser, avaler un café et se traîner en voiture jusqu'au campus.

Le maudit téléphone se remit à sonner.

— Ne décroche pas ! hurla-t-il à Naomi.

— Mais, John...

— Je te dis de ne pas décrocher !

— Mais qu'est-ce que tu...

— Je n'ai pas dormi, voilà ce que je fabrique, OK ? Je n'ai pas fait l'amour depuis trois mois et ma femme porte l'enfant de je ne sais qui. D'autres questions ?

La sonnerie s'arrêta, puis reprit.

Naomi décrocha.

— Ici Jodi Parker, de KNBC. Suis-je bien chez M. et Mme Klaesson ?

— Je suis... Que puis-je pour vous ?

— Puis-je parler au professeur John Klaesson ?

— C'est à quel sujet ?

— Nous aimerions lui envoyer un chauffeur afin qu'il vienne dans notre studio pour enregistrer une courte interview.

— Je vais vous passer mon mari, dit-elle.

John lui fit signe de raccrocher. La main sur le combiné, Naomi chuchota :

— Prends cet appel.

Il refusa.

— John, pour l'amour de Dieu...

John lui arracha le combiné des mains et raccrocha.

— Pourquoi fais-tu ça ?

John la dévisagea, exaspéré.

— Parce que je suis épuisé, OK ? Épuisé. J'ai un rendez-vous sur le campus à 9 heures et je veux être en pleine possession de mes moyens. Il y aura au moins deux doyens, qui décideront s'ils me titularisent ou pas. Si je ne suis pas titularisé, dans un an, je serai à la rue, à jouer du banjo et à laver les pare-brise pour pouvoir payer les petits pots du bébé. Tu veux que je te fasse un dessin ?

Elle l'enlaça. La fatigue, le stress et les vomissements lui avaient asséché la gorge.

Malgré tout ce qu'ils avaient vécu, la douleur des injections, les discussions, les choix, le manque d'intimité, le chagrin, le prix de l'opération, la mort de Dettore, elle n'avait jamais été aussi terrorisée de sa vie.

Tout était en train de changer. Leur vie, leur foyer, l'univers qu'ils avaient créé, toutes ces bonnes choses, cet amour formidable entre eux, tout lui sembla soudain différent.

John était pour elle un étranger.

Le bébé qui grandissait en elle, si frêle, si dépendant d'elle, serait-il, lui aussi, un étranger ? *Je t'ai vu dans mon ventre, pendant l'échographie, en train de remuer tes petits bras et tes petites jambes. Ça m'est égal que tu sois une fille, et pas un garçon. Je veux juste que tu sois en bonne santé.*

Elle sentit quelque chose bouger, comme si le fœtus réagissait – même si ce n'était que le fruit de son imagination.

— John, murmura-t-elle. Ne laisse pas notre enfant nous détruire. Ne…

Le téléphone se remit à sonner.

Il la serra dans ses bras.

— Il va falloir que l'on soit forts, ma chérie. Toi et moi. Tu te souviens du concept de forteresse ? Je t'aime plus que tout. Je t'en prie, ne décroche pas pendant les dix prochaines minutes. Je ne peux pas me permettre d'être en retard à ce rendez-vous. Rien ne peut être aussi important que la réunion qui m'attend à l'université.

Naomi débrancha le téléphone. John prit une douche, se rasa, l'embrassa sur la joue, attrapa ses clés de voiture, son ordinateur, et sortit au pas de course.

Le journal du matin gisait sur la pelouse humide. John le ramassa, le déroula et en parcourut la une. Il fut attiré par la photo familière. Une belle femme, lunettes de soleil au sommet du crâne, qui affichait l'expression désinvolte qu'ont les femmes riches et sûres d'elles. Et il comprit soudain pourquoi elle lui semblait si familière.

C'était Naomi.

Au-dessus, en deux fois plus grand, figurait un gros plan de son visage, fixant l'appareil, avec une double hélice d'ADN en surimpression.

C'était le journal qu'il recevait chaque matin. *USA Today*. Et, aujourd'hui, il titrait :

UN PROFESSEUR DE LOS ANGELES AVOUE :
NOUS ALLONS AVOIR UN BÉBÉ
SUR MESURE.

26

En s'approchant de l'entrée de l'université, pressé d'aller à sa réunion, John remarqua plusieurs camionnettes de chaînes télévisées. Des journalistes l'attendaient avec des caméras, des appareils photo et des micros. L'un d'eux cria son nom. Puis un autre, plus fort.

— Professeur Klaesson ?

Une voix s'interrogea :

— Vous êtes sûr que c'est lui ?

— C'est le professeur Klaesson !

Une jolie petite brune avec des traits durs, qu'il avait déjà vue quelque part – dans des émissions d'actualité –, lui braqua un micro devant la bouche.

— Professeur Klaesson, pourriez-vous me dire pourquoi vous et votre femme avez pris la décision d'avoir un bébé sur mesure ?

Un autre journaliste lui colla son micro sous le menton.

— Professeur Klaesson, quelle est la date prévue pour l'accouchement ?

Puis un troisième.

— Professeur Klaesson, pourriez-vous nous confirmer que vous et votre femme avez présélectionné le sexe de votre enfant ?

John se fraya un passage et leur répondit calmement, lui-même surpris par sa politesse :

— Je suis désolé, mais c'est personnel, je n'ai rien à déclarer.

Il souffla quand les portes de l'ascenseur se refermèrent sur lui, puis il se mit à trembler.

Nous n'avons pas perdu tous nos instincts, songea John en arrivant, harassé, avec dix minutes de retard, à sa réunion. Avant le langage verbal, l'homme faisait confiance à ce qu'il voyait : le langage du corps. La façon dont on se tient, assis ou debout, la position de nos bras, de nos mains, les mouvements de nos yeux révèlent à peu près tout.

Quand il entra dans cette salle, John eut l'impression que la Terre ne tournait plus tout à fait sur le même axe.

Les dix collègues avec lesquels il travaillait depuis deux ans et demi, qu'il connaissait plutôt bien, semblaient bizarres, ce matin. Comme s'il s'était introduit dans un club très fermé. Murmurant une excuse à propos de son retard, il prit place à la table de conférences, sortit son BlackBerry de sa poche, son ordinateur de son sac, et les plaça devant lui. Ses collègues patientèrent en silence. John n'avait pas envie d'être là. Ce qu'il aurait voulu, c'était s'expliquer avec cette maudite journaliste.

Sally Kimberly. *Il faut que j'appelle Naomi et qu'on déjeune ensemble !*

Il lui en voulait à mort. Rien n'avait été enregistré. Elle n'avait pas le droit d'imprimer un seul mot de ce qu'il lui avait dit.

— Ça va, John ? s'enquit Saul Haranchek, avec son accent nasal de Philadelphie.

John acquiesça.

Neuf paires d'yeux, peu convaincus par sa réponse,

le dévisagèrent, mais personne ne fit de commentaire, et ils commencèrent la réunion. Ils discutèrent d'abord de leurs programmes, puis, comme souvent ces derniers mois, tous évoquèrent de ce qu'ils avaient sur le cœur. Que deviendrait le département l'année prochaine ? Qu'adviendrait-il de chacun d'eux ? Saul Haranchek serait titularisé, mais, pour les autres, l'avenir n'était pas radieux. Aucune des agences gouvernementales, institutions, associations caritatives, entreprises ou universités qu'ils avaient approchées n'avait témoigné d'intérêt pour leurs travaux.

John se contenta d'écouter. Avec la une du journal ce matin, et vu la réaction de ses collègues, il n'était plus sûr d'avoir le moindre avenir dans la recherche universitaire.

Il ne savait pas non plus si son couple survivrait.

À 9 h 30, il enfonça son téléphone dans sa poche, prit son sac, son ordinateur, et se leva.

— Je suis désolé, veuillez m'excuser, je...

Et il sortit de la salle en laissant sa phrase en suspens.

Les yeux brillants de larmes, il retourna dans son bureau en priant pour ne pas tomber sur l'un de ses étudiants, ouvrit la porte, et la referma derrière lui. Une pile de courrier l'attendait, ainsi que trente et un nouveaux messages sur son répondeur.

Et cinquante-sept nouveaux mails. Mon Dieu.

Son téléphone sonna. C'était Naomi. Elle semblait dépassée par les événements.

— Je suis bombardée d'appels, même au bureau. Ta nouvelle maîtresse a fait du bon boulot, mon numéro professionnel circule.

— Nom de Dieu, Naomi, ce n'est pas ma maîtresse ! hurla-t-il, avant d'être rongé par les remords.

Ce n'était pas sa faute à elle, elle ne méritait pas

ce qui leur arrivait. Il ne pouvait s'en prendre qu'à lui-même. *Quel idiot !*

— Je suis désolé, ma chérie, je...

Elle lui avait raccroché au nez. *Merde.* Il l'appela sur sa ligne directe, mais c'était occupé. Il fixa désespérément son téléphone, son ordinateur, les murs de son bureau. À côté de la pile de courrier se trouvait une enveloppe matelassée, comportant quelque chose de rigide. L'adresse avait été écrite à la main.

Curieux, il l'ouvrit avec le coupe-papier en argent que Naomi lui avait offert à Noël et sortit l'objet protégé par deux fiches cartonnées et des élastiques.

Il s'agissait de la photo encadrée de Naomi, celle qu'il avait prise en Turquie. La photo qui faisait la une de *USA Today*.

Il y avait également une enveloppe et, à l'intérieur, une petite note manuscrite, sans adresse ni numéro de téléphone, pliée en deux.

Salut John ! Ravie d'avoir fait ta connaissance. Merci de me l'avoir prêtée ! Cordialement, Sally Kimberly.

Quelle garce ! Mais quelle salope !

Sa porte s'ouvrit. Saul Haranchek entra.

— Est-ce que je peux... te déranger quelques instants, John ? dit-il en se balançant sur ses baskets usées et en se frottant nerveusement les doigts, comme s'il allait lui annoncer la fin du monde.

John le regarda, interdit.

— Tu en as des secrets, dis-moi. Je... Nous... Enfin, je veux dire... Aucun de nous... ne savions... n'aurions pu imaginer que Naomi et toi...

Il se tordait les mains, embarrassé.

— Ta vie privée ne me regarde pas, mais je... Quelqu'un m'a montré le journal. *USA Today*.

Il secoua la tête nerveusement.

— Si tu ne veux pas en parler, n'hésite pas à me le dire, OK ?

— Je ne veux pas en parler, dit John.

Hochant la tête comme un automate, Saul Haranchek se retourna vers la porte.

— OK, d'accord...

— Saul. Ce n'est pas ce que je voulais dire. C'est juste que... J'imagine que je ne serai jamais titularisé maintenant, pas vrai ?

Son téléphone sonna.

— Tu veux décrocher ?

John répondit, au cas où ce serait Sally Kimberly. Ce n'était pas le cas. C'était une certaine Barbara Stratton, qui voulait faire une petite interview radio en direct. Il lui répliqua, plus poliment qu'il ne l'aurait cru possible, qu'il n'était pas disponible, et raccrocha.

— Saul, je me suis comporté comme un con.

— C'est vrai, ce que j'ai lu ? Vous êtes allés chez Dettore ?

Le téléphone sonna de nouveau. Il ignora l'appel.

— Oui, c'est vrai.

Haranchek posa sa main sur le dossier d'une chaise.

— Oh non...

— Tu as entendu parler de lui ?

— Il a passé deux ans dans cette université, à la fin des années 1980. Mais je ne sais rien d'autre sur lui. Juste ce que j'ai lu. Et il vient de mourir, non ?

— Oui. Tu as une opinion sur son travail ?

— C'était un gars intelligent. Il avait un QI exceptionnel. Mais un coefficient intellectuel élevé ne fait pas de vous un grand homme. Pas même une bonne personne. Ça permet juste de faire des trucs, dans sa tête, que les autres ne peuvent pas faire.

John écoutait.

— Ce ne sont pas mes affaires. J'ai peut-être tort

de te poser des questions. Le vrai problème, John, c'est que cet article tend à te décrédibiliser en tant que scientifique et, par là même, à décrédibiliser notre département.

— La réalité n'est pas du tout telle que le journal la présente, Saul. Tu sais à quel point les journalistes peuvent la déformer. Ils adorent affirmer que la science est plus avancée qu'elle ne l'est réellement.

Son collègue lui jeta un regard dubitatif.

— Tu veux que je démissionne ? C'est ce que tu sous-entends ?

Haranchek secoua la tête, catégorique.

— Absolument pas. Hors de question. Le *timing* est malheureux, mais n'en parlons plus.

— Je suis désolé, Saul. Que puis-je faire pour sauver mes chances de titularisation ?

Haranchek regarda sa montre.

— Il faut que je retourne à la réunion.

— Présente-leur mes excuses, tu veux bien ?

— Je ferai ça pour toi.

Il ferma la porte. John regarda de nouveau le mot de Sally Kimberly.

Il lui en voulait, mais, surtout, il s'en voulait d'avoir été aussi stupide. Il avait été gentil avec elle, lui avait fait des confidences avec l'espoir qu'elle écrirait un bon article sur son département. Comment avait-il pu être aussi naïf ?

Il se prépara un café et s'assit. Son téléphone sonna. C'était Naomi, elle avait la voix brisée.

— John, tu as écouté les infos ? Ça date d'une demi-heure.

— Non. Que s'est-il passé ?

— Le docteur Dettore a été assassiné par des fanatiques religieux. Ils ont revendiqué l'attentat, affirmant que Dettore travaillait pour Satan. Ils s'appellent les

Disciples du Troisième Millénaire. Ils disent avoir posé une bombe dans l'hélicoptère. Et ils ont annoncé que toutes les personnes impliquées dans des manipulations génétiques seraient une cible légitime pour eux. J'ai très peur, John.

27

Dans la petite salle de montage, Naomi visionnait une version non définitive du premier épisode d'une nouvelle série sur des survivants à une catastrophe, dont elle devait assurer la promotion. Quand le film fut terminé, elle rentra chez elle.

Il fallait qu'elle se concentre, qu'elle fasse abstraction de la mort du docteur Dettore, de ses craintes liées à sa grossesse, et de ses doutes quant à un possible écart de conduite de John avec cette salope de Sally Kimberly.

Et qu'elle passe outre les regards inquisiteurs de ses clients et collègues. Elle ne savait pas qui avait lu l'article, qui ne l'avait pas lu. Certains devaient être au courant, de toute évidence, mais personne n'en avait parlé, ce qui était pire. Lori était la seule amie à l'avoir contactée.

— Mais quelle formidable nouvelle ! avait-elle lancé d'une voix légèrement différente, comme si son enthousiasme était forcé, comme si elle cherchait, en vain, à masquer sa désapprobation.

— Tu ne nous avais pas dit !

Ces deux derniers jours, sa vie avait basculé. Elle attendait une fille, et non un garçon. Dettore était mort. Des fanatiques religieux les avaient menacés.

Son visage faisait la une du premier quotidien américain. Et elle ne pouvait plus faire confiance à son mari.

Elle aurait tant aimé être en Angleterre. Avec sa mère et sa sœur. John disait toujours que le couple était une forteresse contre le monde extérieur, mais il avait tort. La seule forteresse, c'était son propre corps. Sa chair et son sang. Elle ne pouvait faire confiance qu'à elle-même. À personne d'autre. Pas même à son mari.

Elle se rappela un poème qu'elle avait lu dans le temps, qui disait qu'on n'est jamais aussi bien que chez soi. C'était là-bas qu'elle voulait être maintenant. Chez elle. En Angleterre. Dans sa vraie patrie.

Merde.

Elle freina brusquement. Sa vieille Toyota s'arrêta près d'une borne à incendie. Elle contempla le tableau, horrifiée. Des voitures, des camionnettes et des camions stationnaient devant chez eux, cernant leur maison. Une foule de journalistes s'agitait sur leur pelouse, brandissant micros et caméras.

Elle fut surprise de constater que la Volvo de John était garée sous leur porche. Il était 18 h 20. John rentrait en général vers 20 heures, au plus tôt. Les journalistes s'approchèrent d'elle, telle une meute d'animaux sauvages. Elle tourna dans l'allée et se gara à côté de la voiture de John. Quand elle ouvrit sa portière, ils se mirent à aboyer :

— Madame Klaesson !

— Hé, Naomi, regardez par ici !

— Qu'est-ce que ça fait de porter le premier bébé sur mesure, madame Klaesson ?

— La mort du docteur Dettore aura-t-elle des conséquences sur...

— Quelle a été votre réaction quant à la mort du docteur Dettore, madame Klaesson ?

Elle se fraya un passage, sans desserrer les lèvres.

Elle ouvrit la porte moustiquaire. En short et débardeur, John la pressa d'entrer et claqua la porte derrière elle.

— Dis-leur de partir ! jappa-t-elle, furieuse.

— Je suis désolé.

Il essaya de l'embrasser, mais elle détourna le visage si vivement qu'il effleura à peine sa joue.

La pluie avait cessé dans la matinée, et ce jeudi après-midi s'annonçait très chaud, avec une canicule prévue pour le week-end. John avait allumé la climatisation ; la température était très agréable à l'intérieur. John, qui s'immergeait dans la musique quand il avait des problèmes, avait mis la *Symphonie n° 5* de Mahler.

— Ignore ces connards. Ils vont finir par se lasser et partir. On ne doit pas les laisser jouer avec nos nerfs.

— Facile à dire, John.

— Je vais te préparer un cocktail.

— Je n'ai pas le droit de boire.

— Ah oui, tu veux quoi ? Un *smoothie* ?

Quelque chose, dans sa voix et son expression, la toucha. Elle se souvint que c'était l'une des choses qu'elle adorait chez lui. Autant il pouvait être exaspérant, autant il était parfois d'une naïveté désarmante.

Ils se dévisagèrent. Un couple en état de siège, voilà ce qu'ils étaient. Cela ne servait à rien de se mettre en colère. Ils n'avaient pas le droit de se disputer, d'être divisés. Il fallait qu'ils trouvent la force de faire face.

— Ah oui, dit-elle, calmée. Prépare-moi un cocktail sans alcool qui me fera oublier tous mes soucis. Je vais me changer.

Quelques minutes plus tard, vêtue d'un simple tee-shirt long, elle regarda à travers un store. Certains journalistes discutaient, d'autres téléphonaient. Deux d'entre eux fumaient. Un groupe partageait ce qui ressemblait à des hamburgers, empilés dans un grand sac.

Bande de salopards, songea-t-elle. *Vous ne pourriez pas juste nous laisser tranquilles ?*

Dans le hall, la musique était encore plus forte. Entendant des bruits de glaçons en provenance de la cuisine, elle s'y dirigea.

John se tenait devant l'évier, pieds nus. Il avait sorti un verre à cocktail, une bouteille de vodka, des olives, et une bouteille de Martini et était en train de secouer le *shaker*. Il ne l'entendit pas entrer.

Elle remarqua un glaçon tombé par terre et le ramassa. Sans réfléchir, elle s'approcha, glissa la main dans le short de John et pressa le glaçon contre ses fesses.

Il hurla, lâcha le *shaker* et se retourna, tombant dans ses bras.

— Nom de Dieu ! Tu m'as foutu une de ces trouilles...

Sans savoir ce qui lui passait par la tête, elle eut soudain très envie de lui, là, maintenant. Elle baissa son short, s'agenouilla et prit son sexe dans sa bouche. Agrippant ses fesses, elle le tint fermement quelques instants, puis caressa son corps mince et musclé, tandis qu'il haletait de plaisir. Il enfonça ses doigts dans la jungle de ses cheveux et renversa sa tête. Elle était terriblement excitée.

Elle tendit ses lèvres vers lui, se releva et l'embrassa goulûment, les bras autour de son cou, l'invitant à s'allonger par terre, sur elle. Ils roulèrent en s'embrassant, nourris du désir l'un de l'autre. Désormais nu, John retira son tee-shirt et la pénétra. Elle sentit son énorme – merveilleux – sublime – incroyable – membre la combler.

Elle l'invita à pousser encore plus fort, l'enserrant comme un étau, poussant contre lui tandis qu'il allait et venait de plus en plus profondément, enivrée qu'elle était par le parfum de sa peau, de ses cheveux, de son eau de Cologne. Ils ne risquaient plus rien ainsi. Dans leur forteresse, ils ne faisaient qu'un – un être fort, d'une incroyable beauté. Délirante, elle gémit quand il la prit dans ses bras, écrasant son corps contre les carreaux froids de la cuisine, s'enfonçant de plus en plus loin en elle, jusqu'à ce que tous deux se mettent à vibrer. Elle l'entendit crier et resserra encore son étreinte, murmurant de plaisir, priant pour que ce moment ne s'arrête jamais, pour qu'ils restent encastrés l'un dans l'autre, intimement soudés jusqu'à la fin des temps.

Ils restèrent longtemps allongés, les yeux dans les yeux, sourire aux lèvres, étonnés par la puissance de ce qu'ils venaient de vivre.

28

Un peu plus tard, la maison embaumait le charbon et le bois brûlé. Sur la terrasse, John s'occupait du barbecue. Les deux steaks de thon qu'il avait achetés marinaient sur la table de la cuisine. Naomi mélangeait une salade, profitant d'un rare moment de tranquillité. Elle se sentait en paix avec elle-même. Toutes ses peurs étaient rangées – provisoirement – dans un coin de son cerveau.

Je retrouve enfin un semblant de vie normale.

Le téléphone sonna. Concentré sur les braises, John ne réagit pas. Elle hésita à laisser le répondeur se déclencher, puis songea soudain que c'était peut-être la clinique de Dettore, et décrocha.

— Allô ?

Elle n'entendit d'abord que des interférences.

— Allô ? répéta-t-elle, espérant un appel depuis un bateau. Allô ? Allô ?

Une voix féminine, avec un fort accent américain, du Midwest sans doute, demanda d'un ton agressif :

— Je suis bien chez les Klaesson ?

— C'est de la part de qui ? répondit Naomi, sur ses gardes.

— Madame Klaesson ? Vous êtes madame Klaesson ?

— Qui êtes-vous ?

— Madame Klaesson ? répéta la femme, très insistante.

— Qui êtes-vous, je vous prie ?

— Vous êtes maléfique, madame Klaesson. Le mal incarné.

Et elle raccrocha. Naomi fixa le combiné, sous le choc. Ses mains se mirent à s'agiter. Elle reposa le téléphone mural sur son socle. Elle tremblait de tout son corps alors que, par la fenêtre, le soleil du soir dessinait des ombres parfaites dans leur jardin.

Elle fut tentée d'appeler John, mais se ravisa. C'était juste une folle. Une folle à lier.

Vous êtes maléfique, madame Klaesson. Le mal incarné.

La voix de la femme résonnait dans sa tête. La colère s'empara d'elle.

— C'est prêt ! lança John, dix minutes plus tard, en lui présentant une table dressée pour un dîner aux chandelles sur la terrasse.

Il découpa le thon, son plat préféré, et lui montra que la cuisson était exactement comme elle l'aimait, à point à l'extérieur, rosé au centre.

— Le thon continue à cuire hors du feu, et ça, les gens ne le savent pas. C'est tout le secret ! dit-il fièrement.

Elle sourit pour éviter d'avoir à lui dire que l'odeur l'indisposait et qu'il lui faisait toujours la même réflexion quand il préparait ce plat.

Assis en face d'elle, il recouvrit son assiette de mayonnaise à la moutarde – sa touche personnelle – et servit Naomi en salade.

— Santé !

Il leva son verre comme l'aurait fait un chef d'orchestre.

Elle se redressa, trinqua, puis courut vomir aux toilettes.

Quand elle revint, elle constata qu'il l'avait attendue pour manger.

— Ça va ?

Elle secoua la tête.

— J'ai juste besoin de...

De petits pois.

Elle se leva.

— J'ai juste besoin de quelque chose pour calmer...

Elle ouvrit le freezer et sortit un sachet de petits pois surgelés, qu'elle apporta à table.

— Tu veux des petits pois ? Tu veux que je te les prépare ?

Elle déchira le sachet, détacha un pois de la masse congelée et le mit dans sa bouche, laissa la glace fondre, puis le croqua. Ça lui fit du bien. Elle en prit plusieurs autres. Elle se sentait mieux.

— Ils sont bons, dit-elle, mais mange ton repas, ne le gâche pas.

Il lui prit la main.

— Tu sais, les femmes ont des envies, pendant leur grossesse. C'est peut-être ton cas.

— Ce n'est pas une envie, glapit-elle d'un ton plus sec qu'elle ne l'aurait souhaité. Je veux juste grignoter quelques petits pois surgelés, c'est tout.

Le téléphone sonna. John se leva.

— Ne décroche pas ! aboya-t-elle.

Il la dévisagea, stupéfait.

— C'est peut-être...

— Ne décroche pas ! Laisse sonner !

John haussa les épaules et retourna à sa place. Il attaqua son steak de thon, tandis que Naomi mâchait ses petits pois, un par un.

— Tu as passé une bonne journée ? lui demanda-t-il.

— Lori a appelé. Elle avait lu l'article.
— Et ?
— Pourquoi as-tu parlé à cette harpie ? Toute la ville est au courant. Les États-Unis sont au courant. Le monde entier, sans doute. J'ai l'impression d'être une bête de foire. Comment allons-nous faire pour élever notre enfant normalement, ici ?

John observait son assiette, gêné.
— Peut-être qu'on devrait déménager, aller en Angleterre ou en Suède, quelque part.
— La pression va retomber.

Elle le fixa.
— Tu le penses vraiment ? Tu ne crois pas que Sally Kimberly et toutes les chaînes de télé et de radio du pays ont mis une croix dans leur calendrier à la date prévue pour l'accouchement, dans six mois ?

Il ne répondit rien. Il songeait : *qui sont ces maudits Disciples du Troisième Millénaire ?*

Il existait toutes sortes de fanatiques, aux États-Unis. Des gens persuadés que leurs convictions religieuses leur donnaient le droit de tuer. Il repensa au visage de ses collègues à la réunion. L'énormité de la chose ne l'avait percuté que ce matin : avec Naomi, ils s'étaient engagés dans un projet que le monde n'était pas prêt à accepter. Tout se serait bien passé s'il n'en avait pas parlé.

Maintenant, le génie était sorti de la lampe. Une portière claqua. Rien d'inhabituel sauf que... Tous deux sursautèrent. C'était différent. Peut-être d'autres journalistes. John se leva et traversa le hall d'entrée, jusqu'au salon, d'où il regarda par la fenêtre, sans allumer les lumières. Il vit plusieurs véhicules de presse, mais il y en avait un nouveau, un véhicule gris, sans inscription, garé juste devant chez eux, sous un réverbère. C'était une vieille camionnette poussiéreuse, avec une aile enfoncée. Les portières arrière étaient ouvertes et trois personnes, un homme et deux femmes, déchargeaient des sortes de pancartes. La petite foule de journalistes leur avait fait de la place et les observait, méfiante.

John sentit sa gorge se nouer.

L'homme était grand et mince, avec de longs cheveux blancs en catogan et des vêtements usés. Les deux femmes étaient mal habillées, elles aussi. La grande avait de longs cheveux bruns, la petite rondouillette une coupe en brosse. Ils levèrent chacun une pancarte, mais John ne parvint pas à lire les messages.

Il se souvint qu'il gardait une paire de jumelles dans son bureau. Il lui fallut quelques minutes pour les retrouver dans le désordre ambiant. Il les sortit de leur étui, retourna dans le salon, et fit le point.

Sur l'une d'elles, il put lire : NON À LA GÉNÉTIQUE. Sur une autre : FAITES CONFIANCE À DIEU, PAS À LA SCIENCE. La troisième disait : DES ENFANTS DE LA PROVIDENCE, PAS DE LA SCIENCE.

Puis il entendit la voix de Naomi, tremblante, juste derrière lui.

— Oh, non ! John, fais quelque chose. Je t'en prie, fais quelque chose. Appelle la police.

— Ignore-les, dit-il d'un ton faussement détaché, pour lui cacher qu'il était aussi perturbé qu'elle. C'est juste une bande de loufoques. Ce qu'ils veulent, c'est qu'on parle d'eux. Ils espèrent qu'on appellera la police, pour qu'il y ait une confrontation. Ignore-les, ils partiront.

Mais, le lendemain matin, les protestataires étaient toujours là. Un second véhicule, un vieux break vert, une Ford LTD en bout de course avec des vitres teintées, les avait rejoints. Deux femmes, qui n'avaient pas l'air commodes, brandissaient des pancartes.

SEUL DIEU PEUT DONNER LA VIE.

AVORTE IMMÉDIATEMENT DE CE SUPPÔT DE SATAN !

29

John avait un vieux copain de classe, Kalle Almtorp, de l'époque où ils vivaient à Örebro, qui était désormais attaché à l'ambassade de Suède à Washington. Ils se voyaient rarement, mais restaient en contact par mail. Kalle était bien informé.

John l'avait appelé pour en savoir davantage sur la mort du docteur Dettore et la disparition de sa clinique flottante. Il lui avait également demandé s'il pouvait trouver des informations sur l'organisation qui se présentait comme les Disciples du Troisième Millénaire.

Ce matin, John avait reçu près de deux cents mails, ainsi que des dizaines de messages sur ses répondeurs, chez lui et au bureau. Leur histoire de bébé sur mesure avait fait le tour du monde. Même la Suède était au courant. Des amis et des membres de leur famille avaient essayé de les joindre, ainsi que trois attachés de presse les suppliant d'accepter leurs services, affirmant que leur histoire pouvait générer beaucoup d'argent.

Kalle Almtorp lui avait répondu en suédois – ils communiquaient toujours dans leur langue maternelle.

Il n'avait guère plus d'informations sur la mort du docteur Dettore que ce qui figurait dans les journaux. L'hélicoptère et le bateau étaient immatriculés au Panama, et l'accident avait eu lieu en haute mer.

Mais, parce que le pilote et Dettore étaient américains, l'Agence américaine de sécurité aérienne s'intéressait au dossier. Des recherches avaient débuté, dans l'espace aérien et en mer, et un bateau de sauvetage avait été envoyé sur place. Pour le moment, il était impossible de communiquer avec le *Serendipity Rose*, et aucun débris n'avait été localisé.

Concernant l'organisation qui se faisait appeler les Disciples du Troisième Millénaire, Kalle ne disposait d'aucune information non plus. Ce pouvait être une mauvaise blague, un détraqué ayant pris connaissance de l'accident, peut-être un fanatique religieux. Mais il conseillait cependant à John et à Naomi d'être extrêmement vigilants pendant quelque temps. Il reviendrait vers lui quand il en saurait davantage.

John lui envoya une courte réponse pour le remercier.

C'est alors que son attention fut attirée par un message de son ancien mentor, en Angleterre.

John, ça fait un bail, j'imagine que tu as été totalement conquis par le soleil de la Californie, mais d'après ce que l'ai lu sur Internet, tu as ouvert la boîte de Pandore avec cette histoire de bébé sur mesure, et je me suis dit que tu aurais peut-être envie de bouger. Je te propose une superbe opportunité. Un financement public, la campagne anglaise, la sécurité de l'emploi, et suffisamment d'argent pour mener à bien tes recherches. L'établissement est idéal. Un campus de quatre-vingts hectares dédié à six cents chercheurs. Un accélérateur de particules en construction, qui rivalisera avec le CERN. Un département de micro-écriture – la machine peut écrire trois cents lignes sur un cheveu humain. Je viens juste d'être recruté pour créer un nouveau département et nous recherchons activement de brillants scientifiques dans le domaine du virtuel. Je peux t'offrir ton propre labo, un équipement de pointe et une totale liberté.

Bref, dis-moi comment tu te portes, vieux Viking, et donne-moi de tes nouvelles.

Carson Dicks

Professeur du département
de sciences virtuelles
Laboratoire de recherches de Morley Park,
Storrington, Sussex de l'Ouest,
Royaume-Uni

John se pencha en arrière dans son fauteuil et contempla le message, songeur. S'il en parlait à Naomi, il connaissait déjà sa réponse : elle ferait n'importe quoi pour retourner en Angleterre. Chez elle.

Mais, pour lui, l'offre était moins attirante. Il avait déjà vécu dans le Sussex. L'expérience ne lui avait pas déplu. Londres n'était pas loin. Il y avait la mer. Il y avait Brighton, une jolie ville animée, et la campagne était magnifique.

Mais c'était l'Angleterre. Il faisait tout le temps moche. Le comportement à l'égard des scientifiques était déplorable. Il avait du mal à croire qu'un pays ayant connu tant d'inventions spectaculaires accorde aussi peu d'intérêt à sa communauté de chercheurs. Peut-être ne serait-il pas titularisé à l'université de Californie du Sud – à cause de Sally Kimberly –, mais rien ne l'empêchait de rester aux États-Unis, de vendre son âme au diable et d'accepter un boulot dans le privé, dans une boîte de logiciels ou dans l'industrie pharmaceutique.

Il s'entendait bien avec Carson Dicks. Mais l'idée

de retourner en Angleterre ne l'emballait pas. Même s'il avait conscience que ce serait une bonne réponse à leurs déboires actuels.

Il choisit ses mots pour dire au professeur qu'il était content d'avoir de ses nouvelles et qu'il réfléchirait à sa proposition.

30

Journal intime de Naomi

Lori et Irwin sont adorables avec nous. Je pense qu'ils n'approuvent, ni l'un ni l'autre, notre projet, mais ils n'en montrent rien. Ils ont insisté pour qu'on s'installe dans leur maison d'hôtes jusqu'à ce que les choses se calment.

Ils possèdent une magnifique propriété sur Lago Vista, près de Coldwater Canyon Drive. Elle surplombe le canyon et le Beverly Hills Hotel, avec une vue sur l'océan à droite et sur Los Angeles à gauche. Et leur chambre d'hôtes est incroyable – plus grande que notre maison !

On a l'impression d'être à la campagne, on voit des animaux sauvages et, de l'autre côté du canyon, un immense domaine. Irwin dit qu'il a été construit par Aaron Spelling (le créateur de Dynastie *!), mais Lori n'est pas sûre. Elle pense que cet endroit est plus à l'est. Peu importe. La villa doit faire cinq mille mètres carrés et il y a deux courts de tennis. Il faut que je me renseigne sur cet endroit – je sais à qui demander –, mais je n'arrête pas d'oublier.*

Le docteur Dettore est mort il y a quatre jours ; il y a trois jours, nous faisions la une du quotidien

USA Today. *C'est très dur. Où que j'aille, j'ai l'impression que les gens me dévisagent. Même dans ma voiture, arrêtée à un feu rouge, je me demande s'ils ont lu l'article. Personnellement, est-ce que je me souviendrais du visage d'une femme vue en photo quatre jours plus tôt ? Qu'est-ce qui fait que les gens se souviennent ? Tous les attachés de presse du monde aimeraient connaître la réponse. Peut-être suis-je parano, mais je crois que certains clients me regardent de travers pendant nos rendez-vous.*

John n'a toujours pas réussi à joindre le Serendipity Rose. *Les mails lui reviennent et le téléphone est en dérangement. Kalle Almtorp, son copain qui travaille à l'ambassade de Suède à Washington, dit que les gardes-côtes américains n'ont trouvé aucune trace de l'hélicoptère ni du bateau. Parfois, je n'arrive pas à croire que le docteur Dettore soit mort. C'était une figure tellement emblématique. À d'autres moments, j'ai l'impression que John et moi sommes victimes d'une conspiration.*

John ne va pas bien. Ça m'inquiète, parce qu'il a toujours été optimiste. D'habitude, il sait quoi faire. En ce moment, il a l'air perdu.

Enceinte de Halley, je n'ai jamais eu aucune de ces envies que les femmes enceintes sont censées avoir. Mais ce truc avec les petits pois surgelés me rend folle ! Je me réveille au milieu de la nuit, j'ouvre le congélateur et je prends une poignée de petits pois. Irwin nous a invités au restaurant The Ivy hier soir, et j'ai réussi à convaincre le serveur de m'apporter une assiette de petits pois non décongelés – ils étaient incroyablement bien présentés, comme des huîtres, sur un lit de glace pilée.

Serais-je en train de devenir folle ? Allons bon !

31

Cet endroit était vraiment à tomber, pensa Naomi en s'allongeant sur un transat au bord de la piscine en marbre de la propriété d'Irwin et Lori Shapiro. Le ciel était d'un bleu parfait et le soleil réchauffait agréablement son corps.

Dimanche midi. Irwin avait proposé à John une partie de golf. Naomi avait soutenu cette initiative. John avait besoin de prendre l'air et d'oublier ses problèmes pendant quelques heures. Il était très stressé – il avait gigoté toute la nuit, et elle avait remarqué qu'il peinait à se concentrer dans la journée. Il semblait perdu, incertain, lui qui avait toujours été si fort mentalement. Certes, il lui arrivait de vivre dans son monde, parfois, mais elle ne l'avait jamais vu perdre le contrôle de la situation. Elle se faisait du souci pour lui.

Elle regardait Chase et Britney, les deux petites filles des Shapiro, jouer dans la piscine avec un fauteuil gonflable, et leur fils, Cooper, chasser les insectes dans les herbes folles près du patio. Il avait six ans, il était né trois semaines après Halley. Si Halley n'était pas mort, peut-être serait-il ici, coiffé d'un chapeau trop grand pour lui, un bambou à la main, à courir après les insectes avec Cooper, songea-t-elle, le cœur gros.

Lori cria :

— On part dans dix minutes !

Elles avaient prévu de déjeuner chez Barney avec une autre amie de Lori. Elle descendit de son transat à contrecœur et entra dans l'immense salon, où la télévision était allumée en permanence. Debout devant une demeure de style colonial, requalifiée en scène de crime, un policier s'adressait, avec le plus grand sérieux, à un journaliste. Des véhicules d'urgence étaient garés tout autour d'eux.

— C'est horrible, dit Lori, en levant les yeux de la liste qu'elle venait de rédiger pour sa domestique hispanique. Tu as vu ça ?

— Non, qu'est-ce qui s'est passé ?

— Change-toi, je te raconterai dans la voiture.

*

Vingt minutes plus tard, alors qu'elles patientaient à un feu rouge, dans la Mercedes décapotable noire de Lori, sur Coldwater Canyon Drive, Naomi dit :

— Assassinés ? Avec leurs bébés ? C'étaient eux, dans le reportage à la télé ?

— Oui. Tu veux qu'on passe chez toi, histoire de voir si les cinglés sont toujours là, ce matin ?

Naomi regarda sa montre, inquiète.

— On a le temps ?

— Bien sûr, Marilyn a toujours une demi-heure de retard.

— OK, dit-elle sans conviction.

Chaque matin, Naomi allait jusqu'au bout de leur rue pour constater, exaspérée, que les cinq illuminés avec leurs pancartes campaient toujours devant chez eux. Elle était soulagée de vivre chez Lori et Irwin. Ils disposaient d'un portail électrique, de caméras de vidéosurveillance, et de panneaux RIPOSTE ARMÉE placardés tout autour de leur propriété.

— Que s'est-il passé exactement ?

Le feu passa au vert. Lori tourna et accéléra sur Sunset Boulevard.

— Le gars, Marty Borowitz, était richissime. Irwin a d'ailleurs eu l'occasion de le rencontrer une fois. Il possédait une chaîne de centres commerciaux et une chaîne de motels. Il a été retrouvé mort avec sa femme et leurs jumeaux de un an dans leur voiture carbonisée, dans l'allée devant chez eux. Le véhicule aurait été piégé. C'est horrible.

— Ils savent pourquoi ?

— Ils ne l'ont pas dit.

Elles tournèrent sur South Doheny, passèrent devant l'hôtel Four Seasons, croisèrent Wilshire et Olympic et arrivèrent à Pico. Les yeux dans le vague, regardant tantôt la route et les voitures, tantôt le paysage, Naomi garda le silence, perdue dans ses pensées.

Il y avait tant de violence dans le monde, tant de haine. Leur fils était mort d'une atroce maladie. Ils avaient tout fait pour offrir une vie meilleure à leur futur bébé, mais il y avait toujours des gens convaincus qu'ils avaient le droit de vous tuer ou de vous chasser de chez vous parce qu'ils désapprouvaient votre comportement.

Les illuminés dans leur camionnette grise et leur vieux break étaient toujours sur le trottoir, devant chez eux – le type bizarre au catogan et les deux femmes, qui s'étaient autoproclamées gardiennes de leurs propres certitudes. Les équipes de journalistes étaient parties, sauf deux. Dans l'un des véhicules, un photographe assis au volant les mitrailla avec son téléobjectif. Une jeune femme sortit du second en brandissant un petit micro.

— Tu veux qu'on entre ? demanda Lori en ralentissant.

— Non.

— On devrait le faire, pour leur montrer qu'on s'en fout. Tant qu'ils penseront qu'ils vous ont chassés de chez vous, ils seront persuadés d'avoir gagné.

— Peut-être bien qu'ils ont gagné, dit Naomi. Je voulais juste être mère, tu sais. Je n'ai jamais signé pour devenir une martyre.

— Si c'est ce que tu ressens, tu devrais te dépêcher d'avorter. Car Dieu sait qu'il va falloir que tu sois courageuse, pas simplement maintenant, mais pendant les vingt prochaines années, voire plus. Tu vas peut-être être confrontée à l'hostilité des gens toute ta vie. Mais je ne t'apprends rien, n'est-ce pas ?

— Gare-toi sous le porche, dit Naomi.

Lori obéit et elles sortirent de la voiture.

— Madame Klaesson ? Je suis Anna Marshall du…

Lori se tourna vers elle et hurla, avec une violence qui surprit même Naomi :

— Va te faire foutre, connasse !

La jeune femme recula de plusieurs mètres.

Naomi prit le courrier et, quelques instants plus tard, elles étaient à l'intérieur, en sécurité.

Naomi dévisagea Lori.

— Sacrément efficace.

— Il faut leur parler dans une langue qu'ils comprennent.

Elle rit, mal à l'aise.

— Et les religieux ne nous ont pas mordues.

— Ils sont sans doute végétariens, plaisanta Naomi.

Elle passa en revue son courrier, puis se rendit dans le salon et regarda par la fenêtre. Elle n'avait jamais ressenti de haine, à proprement parler. Du dégoût, oui, de la colère, voire une fureur aveugle aussi. Mais, la haine, c'était nouveau pour elle. Et c'était ce qu'elle éprouvait envers ces gens et leurs messages. Une haine profonde dont elle ignorait l'origine.

À 17 heures, après le déjeuner et une séance de shopping sur Rodeo Drive où Naomi avait été incapable de s'enthousiasmer pour quoi que ce soit, elles rentrèrent chez Lori. John les attendait, livide. Il simula un certain entrain, mais Naomi avait remarqué que quelque chose clochait.

Quelques minutes plus tard, dans l'intimité de leur chambre d'amis, il raconta à Naomi :

— J'ai eu un appel de Kalle Almtorp. Le couple qui a été assassiné avec leurs jumeaux, les Borowitz, tu as vu les infos ?

— Oui, que s'est-il passé ?

— Ça n'a pas été relayé dans les médias, mais le FBI prend au sérieux la revendication des Disciples du Troisième Millénaire, ceux qui ont assassiné le docteur Dettore.

Naomi tomba sur le canapé, les jambes tremblantes.

— Mon Dieu...

John sortit les mains de ses poches, sur le point d'ajouter quelque chose, mais se ravisa.

— Comment... Enfin... Il en est sûr ?

— Oui.

Il fit le tour du canapé et agrippa le dossier.

— Carson m'a proposé du boulot en Angleterre.

— Carson Dicks ? Du boulot ? En Angleterre ?

— Si j'accepte, je pourrais commencer tout de suite. Je pense que... Avec tout ce qui se passe... Peut-être qu'on devrait songer à quitter les États-Unis.

— Je n'ai même pas besoin d'y réfléchir, répondit-elle.

32

Confortablement installée sur la banquette en cuir, épuisée par les onze heures de vol transatlantique, Naomi se laissait bercer par les mouvements de l'imposante Mercedes venue les chercher à l'aéroport d'Heathrow, à Londres. John avait posé son ordinateur portable ouvert sur ses genoux, mais il était lui aussi affalé, les yeux clos.

Cela faisait longtemps qu'elle n'était pas rentrée chez elle. Elle avait oublié à quel point l'Angleterre était verte, comparée à Los Angeles. Elle était immensément soulagée d'être de nouveau sur le sol anglais. Tout semblait si calme… Même la circulation sur l'autoroute paraissait beaucoup plus fluide que sur les trois-voies californiennes.

Elle avait hâte de voir sa mère et sa sœur. Elle avait également très envie de Marmite, cette pâte à tartiner typiquement britannique – envie qui s'était déclenchée vingt-quatre heures plus tôt.

L'hôtesse du vol Virgin Airlines avait dû la prendre pour une folle quand elle lui avait demandé des petits pois surgelés, puis de la Marmite.

Carson Dicks leur avait envoyé un chauffeur – Naomi lui en était reconnaissante. Ils roulaient vers le Sussex et descendraient dans un hôtel de Brighton.

Le lendemain, John avait rendez-vous au laboratoire de recherches de Morley Park, avec Dicks et sa nouvelle équipe. Il allait devoir retourner à Los Angeles pour boucler ses dossiers et gérer leur déménagement vers l'Angleterre.

Pendant ce temps-là, elle chercherait une maison à louer. Tout allait si vite qu'elle avait du mal à suivre. Cela faisait tout juste deux semaines que l'article avait été publié dans *USA Today*. Deux semaines que leur vie avait basculé.

Sa mère disait toujours que les choses qui devaient arriver arrivaient. Naomi n'y croyait pas ; selon elle, chacun contrôlait sa destinée. Mais elle était de nature optimiste. Il fallait juste garder la foi. Tôt ou tard, tout finissait par s'arranger.

Comme pour eux.

Qu'est-ce que tu en penses, Phoebe ?

Ils n'avaient pas encore consulté. Ils attendraient deux semaines de plus. Mais ils s'étaient fait à l'idée d'avoir une fille. En évoquant des noms féminins la veille au soir, dans l'avion, ils étaient tombés d'accord sur Phoebe.

Dans la mythologie grecque, Phoebe était une Titanide. Immense et forte. Son prénom lui irait comme un gant.

Naomi se tourna et observa les véhicules qui les suivaient, sur la M23, au cas où... Il y avait une camionnette bleue juste derrière eux, sur la voie du milieu. Mais elle mit son clignotant et prit la sortie suivante. Une petite voiture de sport les suivait désormais. Puis, au loin, elle remarqua une petite berline verte et un Range Rover rouge, qui roulaient moins vite qu'eux.

Elle savait que c'était de la paranoïa. Dans l'avion,

elle avait remonté l'allée en dévisageant chaque passager.

À quoi ressemblait un Disciple du Troisième Millénaire ?

Elle baissa légèrement sa vitre, créant un courant d'air. Août. L'été anglais. Il faisait lourd. Le ciel se couvrait. Elle crut reconnaître les signes avant-coureurs d'une averse. Mais ça lui était bien égal. La pluie, c'était un enfer à Los Angeles, mais, en Angleterre, c'était la routine. Qu'il pleuve jour et nuit ! Tant que John et elle pouvaient vivre ici, elle était prête à sacrifier le soleil.

Ils roulaient vers le sud. Elle distingua les collines verdoyantes des South Downs. Ils avaient fait un court séjour ici, peu après être tombés amoureux. Elle avait emmené John en Angleterre, d'abord à Bath pour qu'il rencontre sa mère et sa sœur, Harriet, qui avaient été charmées, puis ils étaient venus dans le Sussex afin qu'elle rencontre Carson Dicks et les amis de John. Il l'avait exhibée comme un trophée, mais cela ne l'avait pas dérangée. Ils baignaient dans la félicité.

Et elle prit soudain conscience qu'elle était de nouveau heureuse. Plus heureuse que quand...

La douleur la saisit sans crier gare. Comme un diable à ressort expulsé de sa boîte. Tous ses muscles se contractèrent, se tordirent, rebondirent. Prise de convulsions, elle sursauta si violemment que sa ceinture de sécurité lui entailla la peau. Elle hurla, puis émit une série de grognements inquiétants, de plus en plus puissants, tandis que la douleur se démultipliait. Elle ferma les yeux et se mordit la lèvre. La Mercedes donna un coup de volant, et l'ordinateur portable de John tomba par terre. Réveillé en sursaut, celui-ci la dévisagea, hagard, pensant, un instant, qu'ils avaient eu un accident. Puis il vit l'expression sur le visage de Naomi. Et entendit sa voix.

— Ma chérie ? Ma chérie ?

C'était de pire en pire, comme un coup de poignard chauffé à blanc.

— Je t'en prie... Oh... Je t'en prie... Non... Non !
— Arrêtez-vous ! hurla John.

Le chauffeur freina. Quelqu'un klaxonna.

— Aide-moi, aide-moi, aide-moi...

Ils étaient en train de se garer sur le bas-côté. Un camion passa à quelques centimètres d'eux.

Elle avait le teint gris et les traits tirés. Elle était en larmes. Du sang coulait de sa bouche. Elle fulminait comme un animal en cage. Ses cheveux volaient au vent. Les gémissements s'accéléraient.

Du sang coule de sa bouche. Mon Dieu. Elle est en train de mourir. Oh mon Dieu, qu'est-ce que tu lui as fait, Dettore ?

— Ma chérie... Ma chérie... Naomi chérie...

Les grognements cessèrent. Le sang coulait de sa lèvre, et non de sa bouche. Elle tourna son visage vers lui, les yeux dans le vague, comme si elle voyait une présence surnaturelle. Il n'arrivait pas à déchiffrer ses émotions, entre la douleur et la haine. Peut-être un mélange des deux. Puis elle se mit à chuchoter :

— Aide-moi, je t'en prie, aide-moi, John. Je ne peux pas... Je ne veux pas. Je ne supporterai pas une nouvelle... Aaaaaahhhhhh...

Elle se projeta violemment en avant, ses yeux se révulsèrent, et elle se mit à gémir pendant trente secondes, une minute peut-être, John ne savait plus. Il était incapable de réfléchir, de comprendre ce qui se passait en elle. Était-elle en train de faire une fausse couche ? Mon Dieu.

Il posa une main sur son front moite.

— Ma chérie, tout va bien, tout va bien se passer.

Elle marmonna quelque chose d'incohérent en tournant la tête de droite à gauche, et il ne parvint pas non plus à interpréter son regard de démente.

— Ma chérie, dit-il, calme-toi, je t'en prie, calme-toi, dis-moi ce qui se passe.

Elle essaya de parler, mais sa voix resta coincée dans sa gorge, elle se mit à grogner de nouveau, puis se mordit le poignet, en fermant les yeux très fort.

John se tourna vers le chauffeur.

— Il nous faut une ambulance ou bien... Il y a un hôpital pas loin ?

— À Crawley. À dix minutes d'ici. Peut-être moins. C'est un grand hôpital.

— Allez-y ! dit John. Roulez aussi vite que possible. Je paierai toutes les amendes. Démarrez, je vous en prie !

33

Dans une salle blanche, séparée des urgences par un simple rideau, Naomi était allongée sur une table d'examen en cuir, sous surveillance – un arsenal d'appareils électroniques bipait, tandis que les écrans dessinaient des graphiques.

À côté d'elle, John fixait son électroencéphalogramme avec anxiété. Les lumières phosphorescentes accentuaient la pâleur du visage de Naomi et lui donnaient un air fantomatique. John se faisait un sang d'encre. À ce moment précis, une fausse couche lui était bien égale. Tout ce qu'il voulait, c'était qu'elle survive. Et il se sentait impuissant.

Sur les étagères étaient alignés flacons, ampoules et seringues stériles. Dans la pièce flottait une odeur de désinfectant. Une infirmière en blouse bleue ajusta une perfusion. Une autre annonça :

— Pression systolique à 80, en hausse.

Naomi fixait John, hagarde, blafarde. Elle alternait moments de calme, convulsions et hurlements.

Pourvu que tout se passe bien. Pourvu qu'il ne lui arrive rien. Pourvu que...

Une autre infirmière entra.

— Professeur Klaesson ?

— Allez chercher un médecin, nom de Dieu !

s'exclama-t-il. Ma femme est en train de perdre notre bébé. Allez chercher l'obstétricien de garde !

Son badge indiquait : ALISON SHIPLEY, INFIRMIÈRE EN CHEF.

Elle tenait à la main un dossier.

— Monsieur Klaesson, puis-je vous poser quelques questions ?

— Allez me chercher un obstétricien, bordel !

Sans ciller, l'infirmière esquissa un sourire compréhensif.

— Monsieur Klaesson, le docteur Sharpus-Jones vient de sortir de la salle d'opération. Il sera là dans quelques minutes.

— John.

C'était Naomi. Si calme, si sereine…

Il la regarda.

— Ce sont de simples formalités d'admission, dit l'infirmière.

— John, calme-toi, je t'en prie, dit Naomi, le souffle court. Je vais bien, maintenant. Vraiment.

John regarda l'attirail de tubes, puis embrassa le front humide de sa femme. Tout ce qu'il voulait, c'était qu'elle ne souffre plus.

— Je t'aime.

— Moi aussi, chuchota-t-elle en lui tendant la main.

Il la prit et la serra fort.

— Tout va bien, promis, juré, craché.

Le rideau s'ouvrit soudain, et un homme de grande taille en blouse blanche et sabots blancs entra, un masque autour du cou.

— Madame Klaesson ?

Naomi hocha la tête.

Il jeta un coup d'œil à John, puis se concentra sur Naomi.

— Je suis désolé de vous avoir fait attendre. Comment allez-vous ?

— Je vais bien.

John se retint de crier : *Non, tu ne vas pas bien, tu es à l'agonie, dis la vérité !*

Il se contenta de regarder Sharpus-Jones procéder à un examen externe, autour de l'abdomen, puis interne, tout en lui posant des dizaines de questions sur ses antécédents. Parfois Naomi répondait directement, parfois elle consultait John avant.

Retirant ses gants, l'obstétricien déclara :

— Bon, la bonne nouvelle, c'est que votre col est fermé et que vous ne saignez pas, ce qui veut dire que vous n'êtes pas en train de…

Il fut interrompu par une violente convulsion de Naomi, qui l'obligea à reculer de plusieurs mètres. Elle tendit les bras en l'air, s'arc-bouta, ses yeux se révulsèrent et elle laissa échapper un hurlement déchirant.

Quelques secondes plus tard, une équipe la hissait sur une civière pour l'évacuer.

— Vous l'emmenez où ? demanda John, paniqué.

Personne ne lui répondit. Il suivit le mouvement, mais, au bout de quelques mètres seulement, Alison Shipley le retint par le bras.

— Attendez-nous ici.

— Hors de question !

John l'obligea à lâcher prise et courut après le groupe. L'obstétricien lui bloqua le passage.

— Professeur Klaesson, je vous en prie, je comprends votre inquiétude, mais il va falloir nous attendre ici.

C'était un ordre, pas une suggestion. C'était dit avec gentillesse et fermeté : non négociable.

— Où l'emmenez-vous ? Qu'allez-vous lui faire ?

— D'abord une échographie, et je verrai ensuite.

Peut-être faudra-t-il que je l'opère pour voir ce qui se passe à l'intérieur. Il vaut mieux pour tout le monde que vous restiez ici.

John sortit appeler la mère de Naomi. Il avait besoin de partager sa détresse avec quelqu'un.

*

Une heure plus tard, Sharpus-Jones le rejoignait, toujours en blouse blanche, le masque autour du cou, l'air préoccupé. John paniqua. Il allait se lever quand l'obstétricien s'assit à côté de lui.

— On n'est pas passés loin.

John était pendu à ses lèvres.

— Êtes-vous médecin, professeur Klaesson ?

— Non, scientifique.

— OK, on a dû procéder à une laparotomie d'urgence.

Il leva une main pour le rassurer.

— Il s'agit d'une petite incision au niveau de l'abdomen, également appelée incision de Pfannenstiel. Votre femme se porte bien, tout va bien. La douleur était causée par un kyste sur l'ovaire droit qui avait vrillé et empêchait l'afflux sanguin, de sorte que l'ovaire s'était gangrené. Elle a probablement eu ce kyste dermoïde toute sa vie, et je suis surpris qu'il n'ait pas été remarqué lors des précédentes échographies. Je ne sais pas non plus si vous saviez que votre femme avait une anomalie congénitale au niveau des organes reproducteurs.

— Une anomalie ? Quel genre ?

— Elle a un double utérus.

— Un double utérus ? Qu'est-ce que cela veut dire ?

John réfléchissait à toute allure. *Pourquoi le docteur Dettore ne le leur avait-il pas dit ? Il avait dû s'en rendre compte. Peut-être avait-il préféré le leur cacher. Pourquoi Rosengarten ne leur avait-il rien dit non plus ? La réponse était simple : il était pressé et avait la tête ailleurs.*

— Ce n'est pas si rare. Une femme sur cinq cents présente ce genre d'anomalie, même si, pour votre femme, ce n'était pas immédiatement visible. Bref, votre épouse se porte bien et les bébés aussi.

— *Les* bébés ?

— Elle en a un de chaque côté.

Voyant l'expression de John, il hésita, puis précisa :

— Votre femme attend des jumeaux. Un garçon et une fille. Vous le saviez, n'est-ce pas ?

34

Journal intime de Naomi

Des jumeaux ! Maman et Harriet sont aux anges. Pour ma part, je suis toujours sous le choc. J'ai eu assez de surprises comme ça, je ne sais pas trop quoi en penser. J'essaie de prendre conscience de ce que cela implique, des jumeaux. Un site Internet détaille, semaine après semaine, ce à quoi il faut s'attendre pendant la grossesse et la première année. Ça ne va pas être facile.

Le week-end dernier, Harriet a apporté un article parlant d'une « épidémie de jumeaux ». Selon le journaliste, elle serait due à ces spécialistes de la fertilité qui inséminent plusieurs ovules dans l'utérus. J'ai tenté d'expliquer à Harriet que ça ne s'était pas passé ainsi, à la clinique de Dettore, qu'il ne devait y avoir qu'une seule fécondation. Mais je ne pense pas qu'elle ait vraiment écouté.

J'ai l'impression qu'elle est un peu jalouse. Elle a trente-deux ans, fait une belle carrière dans la finance, mais elle est célibataire. Je sais, pour avoir eu plusieurs conversations avec elle au fil des ans, qu'elle n'a pas tellement envie d'avoir des enfants. Peut-être espère-t-elle que maman lui mettra moins la pression, après l'arrivée des jumeaux !

Parfois, la nuit, quand je ne dors pas, je pense à Halley, dans son minuscule cercueil, dans ce joli cimetière non loin de Sunset Boulevard. Il est tout seul. Lori fleurit sa tombe une fois par semaine pour nous. Je me demande s'il se sent encore plus seul, maintenant que nous sommes partis.

Quand j'étais enceinte de Halley, j'ai plutôt bien profité de ma grossesse. Sauf de l'accouchement, qui, il faut l'avouer, était un enfer. Je me sentais bien, enjouée, confiante. En ce moment, je ne ressens rien de tout cela. Je suis juste lourde, maladroite, malade tout le temps, et faible. J'ai très peur de ce qui se passe réellement à l'intérieur de moi. Quand John essaie de me remonter le moral, me cache-t-il quelque chose ? J'ai toujours eu confiance en lui. Dettore et lui ont-ils signé un pacte secret ? Parfois, il semble aussi choqué que moi, mais, l'instant suivant, c'est presque comme s'il était content.

La seule personne avec qui j'aie vraiment discuté, c'est Rosie. On se connaît depuis nos dix ans. Rosie Miller, aujourd'hui Whitaker. Elle a toujours été beaucoup plus terre à terre que moi. John serait furieux s'il savait que je lui ai dit. Nous nous étions promis de n'en parler à personne, mais il fallait que je me confie à quelqu'un pour ne pas devenir folle. Je dois dire que sa réaction m'a surprise. Rosie, qui est généralement optimiste, s'est montrée inquiète quand je lui ai avoué ce qu'on avait fait.

Pourquoi des jumeaux, docteur Dettore ? Avez-vous fait une erreur ? Est-ce un choix délibéré ? Saurai-je un jour la vérité ?

35

— Et voici la fabuleuse chambre parentale. Vous n'en trouverez pas beaucoup, des comme ça, s'enflamma Suzie Walker.

À la traîne derrière sa sœur et sa mère, Naomi rejoignit l'agent immobilier dans un immense espace agrémenté de poutres en chêne. Le soleil inondait cette pièce orientée plein sud, avec vue sur les champs et les douces collines des Downs.

— Il faut le voir pour le croire, poursuivit Suzie Walker. Vous pourriez chercher pendant les trente prochaines années, vous ne retrouveriez jamais une vue comme celle-ci.

— Ce doit être exposé à tous les vents, non ? s'enquit Harriet.

Enfant, Naomi n'avait cessé d'admirer sa grande sœur. Harriet avait toujours été plus belle qu'elle et, maintenant, avec son carré noir de jais et son visage typiquement anglais, elle était plus belle que jamais. Elle avait du savoir-vivre, avait toujours été mûre pour son âge et savait s'habiller pour chaque occasion. Aujourd'hui, elle portait une veste Barbour toute neuve, une écharpe en tweed Cornelia James très *gentleman farmer*, et un jean enfoncé dans des bottes en caoutchouc vertes, comme si elle avait vécu à la campagne toute sa vie, alors qu'elle quittait rarement Londres.

Leur mère Anne, en revanche, semblait aussi désemparée que cette terrible nuit où, il y avait dix-huit ans de cela, elle était rentrée dans la chambre de Naomi pour lui annoncer que son père était monté au ciel. Son visage était toujours joli, mais elle faisait plus que son âge, elle avait des cheveux gris, une coupe vieillotte et, si Harriet savait s'habiller selon les circonstances, leur mère, elle, était toujours trop formelle. Ce jour-là, elle portait un élégant manteau noir et des escarpins – elle aurait tout aussi bien pu aller à un cocktail.

— Quand on veut une vue dégagée, il faut s'attendre à ce que ça souffle un peu, je vous l'accorde, concéda Suzie Walker. Mais, le vent, c'est un avantage. Ça assèche les terres. Et à cette hauteur, vous ne risquez pas d'être inondés.

Naomi avait un vrai coup de cœur. Elle regarda sa mère et sa sœur en espérant que ce soit le cas pour elles aussi. En tant que cadette, elle avait, au fond d'elle, besoin de leur approbation.

L'agent était toute menue, tirée à quatre épingles, avec de longs cheveux châtain clair. Naomi lui trouvait un air de poupée en porcelaine. La semaine précédente, elle avait visité huit maisons à louer dans la région, toutes plus horribles les unes que les autres. Trois jours plus tôt, démoralisée, elle s'était affalée dans le fauteuil de la minuscule agence de Suzy Walker, située près du château en ruines de Lewes, dans le Sussex de l'Est.

L'agent avait porté un doigt à ses lèvres avant de lui avouer, sur le ton de la confidence, qu'elle connaissait une propriété absolument magnifique, qui n'était pas encore officiellement sur le marché, mais qu'elle aimerait lui montrer, car elle pensait qu'elle pouvait correspondre à ses critères. Le loyer était raisonnable, quoique en haut de la fourchette que s'était fixée Naomi, et tous ceux qui visiteraient l'endroit en tomberaient immédiatement amoureux.

La ferme Dene se trouvait au bout d'un chemin de terre de sept cents mètres, au milieu de champs de blé, au cœur des Downs, à sept kilomètres de Lewes. Il s'agissait d'une grange en bois transformée en maison familiale avec quatre chambres, et d'un grenier à blé indépendant, converti en garage pour deux véhicules.

Perchée sur une colline, elle offrait une vue dégagée à des lieues à la ronde. Le hameau le plus proche était à trois kilomètres.

L'endroit était isolé, ce qui avait à la fois ses avantages et ses inconvénients. La ferme la plus proche était à presque un kilomètre. Naomi serait-elle à l'aise, toute seule, ici ? La nuit, en particulier ?

L'avantage, c'était qu'ils seraient tranquilles – pas de voisins pour poser des questions embarrassantes sur leurs bébés quand, et si, de nouveaux articles devaient sortir sur le sujet. Sans compter que ce serait un paradis pour les enfants.

Naomi s'y voyait élever sa famille à long terme. Il y avait six mille mètres carrés d'espaces verts – un jardin, des pelouses, des arbustes, et un verger de pommiers, poiriers, pruniers et cerisiers encore jeunes. Elle s'imaginait organiser des barbecues avec les amis sur la terrasse. Allumer le poêle à bois pour chauffer l'immense salon-salle à manger. Regarder la neige tomber sur un paysage blanc à perte de vue. Tout paraissait tellement calme, ici, qu'elle s'y sentait en sécurité.

John partagea sa joie quand elle lui décrivit la demeure en détail, au téléphone. Il avait un mois pour retourner à Los Angeles, poser sa démission et organiser leur déménagement. Il lui confia que le nombre de bibelots accumulés ces six dernières années était hallucinant. Elle lui conseilla de jeter tout ce qui ne lui tenait pas à cœur.

— Et qui est donc le propriétaire ? demanda Harriet en admirant l'immense lit à baldaquin en acajou sculpté, de style indien.

— Comme je l'expliquais à votre sœur mercredi, la maison appartient à Roger Hammond, la personne qui a mené à bien cette rénovation. Il vient de partir en Arabie saoudite pour un contrat de trois ans. Il pense s'installer en Australie avec sa famille à la fin du contrat, ce qui, évidemment, constituerait une opportunité d'achat – un incroyable investissement, d'autant plus que le garage pourrait être transformé en studio indépendant. Ce genre de bien ne se trouve sur le marché immobilier qu'une fois tous les dix ans, et encore.

— La salle de bains est bien pensée, souligna Harriet. Deux lavabos, c'est très pratique.

L'agent les accompagna dans le couloir.

— Et, bien entendu, la chambre que vous allez découvrir serait parfaite pour vos jumeaux !

Après avoir fait le tour de toutes les pièces, Suzie Walker leur proposa de se promener librement et retourna dans sa voiture.

Assise à la table en chêne massif de la cuisine, devant la cuisinière en fonte, à l'ancienne, rouge vif, Naomi interrogea sa sœur et sa mère.

— Alors ?

— Il y a beaucoup de rangements dans la cuisine et de beaux placards, fit remarquer leur mère.

— Que feras-tu, quand il neigera ? demanda sa sœur.

— Eh bien, on passera quelques jours en autarcie. Je

pense que je trouverai ça assez romantique ! répondit Naomi en souriant.

— Pas si tu dois voir un médecin en urgence.

— Comment sont les écoles de la région ? C'est ça qu'il faut prendre en compte, conseilla sa mère.

— Ce qu'il faut prendre en compte, c'est l'isolement, assena sa sœur. John sera au travail toute la journée. Tu vas survivre en ne discutant qu'avec des moutons ?

— J'aime bien les moutons, dit Naomi.

— Il va vous falloir un chien, ma chérie, dit sa mère.

— Les chiens, c'est contraignant, protesta Harriet. Qui s'en occupera quand vous voyagerez ?

— J'aime bien les chiens, dit Naomi. Ils ne jugent personne.

36

Quelque chose tremblait dans la gorge de John, un muscle qu'il n'arrivait pas à contrôler. Il avait des spasmes au niveau du ventre. John n'arrivait pas à se poser. Il avait hâte que tout cela soit terminé mais, en même temps, il avait vraiment peur. Peur pour Naomi et pour les bébés. Peur de ce qui les attendait.

Ils lui avaient donné une chaise pour qu'il puisse s'asseoir à côté de la table d'opération. Il caressait le front de Naomi en fixant le champ qu'ils avaient installé pour les empêcher de voir ce qui se passait de l'autre côté.

Ils attendaient que la péridurale fasse effet. John jeta un œil à l'horloge blanche accrochée au mur du bloc opératoire. Cinq minutes s'étaient écoulées. Il sourit à Naomi.

— Comment te sens-tu, ma chérie ?

Elle semblait si vulnérable, dans cette blouse trop grande pour elle, sous perfusion, avec ce petit bracelet en plastique à son nom accroché au poignet… Une minuscule bulle de salive apparut à la commissure de ses lèvres. John l'épongea avec un mouchoir.

— Ça va, dit-elle à voix basse. Je serai contente quand…

Elle esquissa un sourire, puis avala sa salive, nerveuse.

Elle avait les yeux grands ouverts. À ce moment précis, ils semblaient à la fois verts et marron. Son sourire s'évanouit, éclipsé par le doute.

— Moi aussi, dit-il, je serai content quand...

Quand quoi ? Quand l'attente sera terminée ? Quand les bébés seront nés et qu'on saura enfin ce que Dettore a vraiment trafiqué ? Quand on verra les conséquences de nos choix ?

— Qu'est-ce qu'ils font ? demanda-t-elle.

— Ils attendent.

John se leva. Le bloc opératoire fourmillait de silhouettes en blouses vertes, qui discutaient derrière leurs masques, comme à un cocktail. Il essaya de se rappeler leurs fonctions. L'obstétricien et son chef, le pédiatre, l'anesthésiste et son assistant, des infirmières et une sage-femme. Une lumière blanche aveuglante éclairait le ventre proéminent de Naomi. Des appareils électriques surveillaient ses fonctions vitales.

L'anesthésiste, un certain Andrew Davy, avenant et professionnel, posa un coton sur l'abdomen de Naomi.

— Vous sentez quelque chose ?

Elle répondit par la négative.

Il la piqua ensuite avec un petit instrument pointu.

— Et maintenant ?

Elle secoua de nouveau la tête.

Il vaporisa de l'eau sur son ventre, de part et d'autre de son nombril. Naomi ne cilla pas.

— OK, dit l'anesthésiste en se tournant vers l'obstétricien. Pour moi, c'est bon.

Quarante-cinq ans environ, solidement bâti, le docteur Des Holbein était obstétricien à l'Hôpital royal du Sussex. Lunettes, cheveux bruns, coupés très court, visage sérieux, il aurait pu passer pour un banquier chaleureux. Comme les autres, il ignorait tout de leur passage par la clinique de Dettore. Mais, ces cinq derniers mois, c'était lui qui avait réussi à garder leur moral à flot, en particulier celui de Naomi.

Les visites chez le médecin, et les allers-retours à la clinique et à l'hôpital avaient rythmé leur quotidien.

Naomi avait eu une grossesse difficile. John s'était renseigné sur cette histoire de double utérus. Avec Naomi, ils s'étaient demandé, des milliers de fois, pourquoi le docteur Dettore leur avait caché cette anomalie. Et pourquoi il avait implanté deux ovules.

Et pourquoi le docteur Rosengarten, à Los Angeles, n'avait pas vu qu'ils attendaient des jumeaux. Des Holbein leur avait expliqué qu'à ce stade de développement, s'il n'avait pas été au courant du second utérus, si le garçon était caché par la fille au moment de l'échographie, et s'il avait été pressé, comme Rosengarten l'avait semblé, il avait facilement pu passer à côté.

John restait en contact avec son ami Kalle Almtorp. Le FBI ne savait toujours pas qui avait tué Dettore et n'avait trouvé aucune trace du *Serendipity Rose*. Il était possible, comme il l'avait confié à John, que les Disciples du Troisième Millénaire, s'ils existaient vraiment, l'aient coulé après l'attentat, tuant le personnel à bord. Mais ils ne savaient pas non plus qui avait assassiné Marty et Elaine Borowitz, malgré la revendication de ces mêmes Disciples du Troisième Millénaire, qui semblaient avoir surgi de nulle part, frappé, avant de se volatiliser sans crier gare.

Le FBI et Interpol n'avaient pas l'ombre d'une piste. Kalle avait suggéré à John de faire profil bas, d'éviter la presse, de se mettre sur liste rouge et de rester vigilant à chaque instant. Il avait ajouté que c'était une bonne idée d'avoir quitté les États-Unis.

En Angleterre, ils avaient décidé de ne parler à personne de leur séjour à la clinique de Dettore, à part à la mère et à la sœur de Naomi. Certains anciens collègues de John, et certaines amies de Naomi, avaient lu l'article relayé par les agences de presse, mais tous deux avaient réussi à minimiser l'affaire en disant que les médias s'étaient trompés et emballés pour rien, comme à l'accoutumée.

À partir de la dix-huitième semaine, au lieu de disparaître, les nausées s'étaient aggravées. Incapable de garder quoi que ce soit dans l'estomac, malgré ses envies de petits pois surgelés et de sandwichs à la Marmite, Naomi s'était mise à vomir tout le temps. Souffrant de déshydratation sévère, ses taux de sels minéraux, sodium et potassium, étaient au plus bas, elle avait été admise à l'hôpital à quatre reprises au cours des deux mois suivants.

Arrivée à sa trentième semaine, Naomi avait souffert de pré-éclampsie, une forme d'hypertension liée à la grossesse. On décela des protéines dans son urine, et ses mains et ses chevilles se mirent à enfler exagérément, au point qu'elle dut renoncer à porter des chaussures.

À trente-six semaines et demie, le docteur Holbein avait proposé une césarienne, parce qu'un dysfonctionnement du placenta causerait la mort des bébés ou une hémorragie interne. Naomi n'avait pas été difficile à persuader. John non plus.

Les conversations dans le bloc opératoire s'interrompirent soudain, et les silhouettes en blouses se regroupèrent autour de Naomi. John s'assit et lui prit la main. Il avait la gorge sèche. Il tremblait.

— C'est parti, dit-il.

Des instruments s'entrechoquèrent. Les silhouettes se penchèrent sur la table d'opération. Les yeux qui dépassaient des masques semblaient très concentrés. John tourna la tête pour regarder ce qui se passait.

Quand Des Holbein donna un coup de scalpel à la base de l'énorme arrondi, il détourna le regard.

— Qu'est-ce que tu as vu ? le pressa Naomi.

L'obstétricien passa la tête au-dessus du petit rideau vert.

— Vous voulez assister à la naissance de vos bébés ? demanda-t-il d'un ton engageant.

Encouragé par la voix de Des Holbein, John questionna Naomi :

— Qu'est-ce que tu en dis, ma chérie ?
— Et toi ? Tu voudrais ?
— Oui, j'aimerais bien.
— Moi aussi.

Quelques instants plus tard, l'anesthésiste détachait le champ vert.

— Vous pouvez lui maintenir la tête pour qu'elle voie mieux, conseilla Holbein à John.

Celui-ci obéit. Ils découvrirent un océan de draps verts et les mains et avant-bras gantés des chirurgiens. Quelques instants plus tard, la minuscule Phoebe Anna Klaesson, couverte de *vernix caseosa* et de sang, poussait son premier cri, les yeux grands ouverts, reliée par son cordon ombilical, fermement maintenue par une main gantée. Elle venait de quitter l'univers chaud et rythmé du ventre de sa mère pour celui, froid et silencieux, du bloc opératoire.

Totalement fasciné, John la regarda passer d'un rose violacé à un rose vif.

Ce cri. Le doux bruit de la vie. Leur bébé. Leur création ! La joie et la peur l'assaillirent simultanément. Des souvenirs de la naissance de Halley tourbillonnèrent dans sa tête. Toute cette fierté, tout cet espoir…

Je t'en prie, Phoebe, ne tombe pas malade. Tu seras en bonne santé. Mon Dieu, oui, je le sais !

L'obstétricien soutenait toujours Phoebe, tandis qu'une silhouette accrochait deux pinces au cordon, afin qu'une troisième puisse le couper.

Le docteur Holbein posa le bébé et son cordon dans le drap vert stérile que la sage-femme lui tendait. Puis il enveloppa Phoebe et l'approcha de Naomi.

— Votre fille est magnifique !

Phoebe poussa un cri.

— Écoutez-moi ça ! Si c'est pas un signe de bonne santé !

John avait les larmes aux yeux.

— Bravo, ma chérie, chuchota-t-il.

Mais elle était tellement émerveillée par sa fille qu'elle ne l'entendit pas.

L'obstétricien confia Phoebe à la sage-femme, qui la passa à son tour au pédiatre, debout près de deux petites tables d'opération mobiles, éclairées par des lampes très puissantes.

— Et, maintenant, l'autre bébé. Il se trouve plus haut et plus loin, annonça le chirurgien en retournant vers l'abdomen. Ça ne va pas être aussi facile. Et il se présente par le siège.

John, qui soutenait toujours la nuque de Naomi, sentit son anxiété revenir. Concentré, l'obstétricien se mit à palper l'intérieur du ventre de Naomi. John remarqua, dans son regard, que quelque chose ne se passait pas bien. Le médecin commença à transpirer.

L'ambiance dans la pièce changea. Tout le monde avait l'air tendu. Sans interrompre son examen, il dit un mot à l'infirmière, à voix basse, de façon à ce que John ne puisse pas l'entendre. Une goutte de sueur tomba sur ses lunettes.

Soudain l'anesthésiste déclara :

— Nous rencontrons quelques difficultés. Je pense que vous devriez nous laisser, monsieur Klaesson.

Holbein confirma d'un signe de tête :

— Oui, c'est une bonne idée.

— Qu'est-ce qui se passe ? demanda John en regardant Naomi, qui semblait avoir perdu le peu de couleurs qu'il lui restait.

— C'est très compliqué et le rythme cardiaque du bébé vient de chuter. Ce serait mieux que vous patientiez dans la salle d'attente.

— Je préfère rester.

L'anesthésiste et l'obstétricien échangèrent un regard. John ne quittait pas des yeux le docteur Holbein. Le bébé allait-il mourir ?

L'anesthésiste raccrocha le rideau vert. John embrassa Naomi.

— Ne t'en fais pas, ma chérie, tout va bien se passer.

Elle lui serra la main. Il se leva. Le docteur Holbein s'approcha de sa patiente.

— Je m'étais limité à une petite incision horizontale, mais je vais devoir pratiquer une incision verticale, maintenant. Je suis désolé, Naomi.

Elle hocha vaguement la tête.

— La péridurale ne monte pas assez haut, intervint l'anesthésiste.

— 60 ! s'exclama soudain son assistant, alarmé.

L'équipe fut prise de panique.

— Je ne peux pas attendre, décida le chirurgien.

— Il faut que je l'endorme, laisse-moi une minute ! riposta l'anesthésiste en haussant le ton.

— Nom de Dieu, le bébé est déjà en hypoxie ! assena le chirurgien avec autorité.

John assistait à la joute verbale, horrifié.

L'anesthésiste se débattait avec une seringue et une ampoule.

— Je vais devoir commencer maintenant, si on veut sauver le bébé ! cria Holbein, à bout.

— Attends un peu, nom de Dieu, je dois l'intuber et l'endormir !

L'obstétricien, qui suait à grosses gouttes, souleva le rideau vert et exposa le ventre de Naomi.

— Il te faut combien de temps ?

— Deux minutes.

— On ne les a pas.

Il s'approcha de Naomi.

— Je suis désolé, mais, si vous voulez qu'on sauve le bébé, je vais devoir vous faire un peu mal. Ça va aller ?

— Ne lui faites pas mal, dit John. C'est beaucoup plus important que...

— Ça va aller, l'interrompit-elle. Faites ce qu'il faut pour sauver le bébé, je vous en prie, je vais tenir le coup.

— Je ne veux pas que vous lui fassiez mal, répéta John.

— Je pense que vous devriez sortir, trancha le chirurgien.

L'anesthésiste chassa l'air de l'aiguille, nettoya le bras de Naomi et piqua.

Quelques secondes plus tard, John vit le chirurgien inciser l'abdomen de sa femme de bas en haut, du pubis au nombril, d'un geste régulier, accompagné d'un puissant jet de sang.

Enfonçant ses ongles dans la chair de John, Naomi hurla plusieurs fois. Terrorisé par son impuissance, John se leva, mais tout commença à tourner autour de lui. Il se sentit partir.

L'anesthésiste enfonça la tubulure dans le cathéter posé sur le poignet de Naomi ; celle-ci se calma instantanément. Quelques secondes plus tard, les yeux grands ouverts, mais dans le vague, elle cessa de respirer.

L'anesthésiste prit la sonde que lui tendait son assistant et entreprit d'intuber Naomi.

Mais le tube en plastique ne voulait pas descendre dans sa gorge.

— Je n'y arrive pas, souffla-t-il.

Transpirant abondamment, il tira, s'y reprit à deux fois, mais dut le retirer de nouveau, avec l'élégance d'un pêcheur qui arrache l'hameçon d'un brochet.

John perdit connaissance.

37

John avait l'impression d'avoir un couperet dans le crâne. Il était conscient d'être allongé, avec quelque chose de froid sur l'œil droit. Il ouvrit le gauche, mais, dans un premier temps, ne distingua rien de précis. La lumière étant trop forte, il le referma.

— Comment vous sentez-vous ? s'enquit une voix féminine, d'un ton léger.

Il rouvrit l'œil et réussit à faire le point. Il distingua le visage d'une jeune femme qu'il reconnut vaguement. Elle était jolie, avec ses cheveux blonds ondulés. C'était la plus jeune des sages-femmes. Il se souvint qu'elle s'appelait Lisa.

Et tout lui revint. Paniqué, il essaya de se redresser.

— Mon Dieu, que s'est-il passé ?

— Restez allongé, reposez-vous, je n'ai pas envie que ça gonfle davantage.

Elle tenait à la main une sorte de gant rempli de glace.

— Ma femme ! Comment va-t-elle ?

— Très bien, dit gaiement Lisa. Et vos bébés aussi. Tout le petit monde se porte à merveille.

— Vraiment ? Où sont-ils ? Où est-elle ?

La joie lui fit tourner la tête. Puis la lame du couperet s'enfonça un peu plus et la douleur lui donna envie de vomir. Il voulut se lever, mais l'effort le terrassa. Tout ce qu'il pouvait faire, c'était fermer l'œil et rester allongé.

La sage-femme reposa la glace. L'effet anesthésiant lui fit le plus grand bien.

— Votre femme est en salle de repos, sous anesthésie générale, il faudra quelques heures avant qu'elle ne reprenne ses esprits. Vos bébés dorment en soins intensifs.

— C'est un garçon, le second ?

— Un adorable petit garçon.

Il essaya de nouveau de se redresser, mais la pression contre son œil était trop forte.

— Ma femme va bien, vraiment ?

La jeune sage-femme hocha vigoureusement la tête.

Le soulagement l'envahit. Il distingua le bruit d'une porte qui s'ouvre, puis la voix de l'obstétricien.

— Vous allez avoir un bel œil au beurre noir, dites-moi, professeur Klaesson ! plaisanta-t-il.

John l'entendit approcher et le vit entrer dans son champ de vision, sans charlotte ni masque.

— Quatre points de suture et un œil au beurre noir. Vous pourrez dire à tout le monde que vous n'avez pas laissé votre femme souffrir seule, pendant l'accouchement !

John esquissa un sourire.

— Je suis vraiment...

— Écoutez, mon vieux, je suis désolé pour le coup de chaud, mais c'est terminé. Votre femme se porte bien, et vos bébés sont resplendissants. Comment vous sentez-vous ?

— Un peu secoué.

— Encore désolé pour la pression, mais il n'y avait pas d'alternative, et votre femme m'avait donné son accord. Le second bébé était en train de manquer d'oxygène et je devais le sortir rapidement, sinon, nous l'aurions perdu, c'est sûr.

— Je peux les voir ?

— Vous vous êtes bien amoché. Quand vous avez perdu connaissance, vous êtes tombé sur l'angle de la table et sur le matériel de l'anesthésiste. Il faudra faire une radio pour vérifier que tout est nickel. Ensuite, vous retrouverez Naomi et les jumeaux dans votre chambre.

Conscient que sa voix était un peu bizarre, comme s'il avait bu, John demanda :

— Vous avez parlé de soins intensifs ?

Le chirurgien acquiesça.

— Pourquoi ? le pressa John.

— C'est tout à fait normal pour des bébés prématurés. Votre fille pèse 2,650 kilos et votre fils 2,430 kilos. C'est un bon poids pour des jumeaux à trente-six semaines. Ils sont en pleine forme, remarquablement robustes, si vous voulez mon avis. Ils respirent seuls. Par chance, la toxémie ne les a pas affectés.

Il adressa à John un sourire entendu qui le mit mal à l'aise. Savait-il ? Avait-il lu un article dans un journal anglais ? Se souvenait-il de leurs noms et de leurs visages ?

Le médecin tourna les talons et sortit de son champ de vision.

— Je suis attendu au bloc. Je repasserai ce soir prendre des nouvelles de Naomi.

John entendit la porte se refermer.

— Vous n'êtes pas le premier à tomber dans les pommes, dit Lisa.

— C'était tellement brutal... Je ne peux pas croire...

— Votre femme va bien, les bébés aussi. C'est l'essentiel, non ?

John réfléchit longuement avant de répondre.

Jusqu'à présent, tout semblait tellement irréel... Bien sûr, Naomi avait souffert pendant des mois, mais, tant que les bébés étaient à l'intérieur, il s'était dit qu'un beau jour il découvrirait que le diagnostic était erroné, que c'était une grossesse fantôme.

Son cerveau fonctionnait au ralenti, mais la réalité – l'irréversibilité de la situation – le rattrapa enfin. Ils avaient mis au monde deux êtres humains dont les gènes avaient peut-être été modifiés, à leur insu, par le docteur Dettore. Et, à part prier pour que leurs enfants grandissent bien, ils ne pouvaient rien faire.

Il regarda la jeune infirmière souriante et, en guise de réponse, hocha la tête sans conviction.

38

Toujours migraineux, John observa, derrière la vitre, Luke et Phoebe qui dormaient sur le dos, intubés, dans leurs draps blancs. Ils étaient encore plus petits qu'il ne l'avait imaginé, plus fripés, et plus roses, avec leurs petites mains en étoiles de mer.

Encore plus beaux. Tellement incroyables !

Il avait la gorge nouée et les larmes aux yeux en découvrant ces petits êtres, copies miniatures de Naomi et de lui-même, dans leur berceau en Plexi, entourés d'appareils ultra-performants.

Sur leurs petits visages ratatinés, il lut le lien de parenté. Luke ressemblait à Naomi. Il se reconnaissait dans Phoebe. Ç'aurait dû être l'inverse, mais peu importait. L'essentiel, c'était qu'il avait désormais la confirmation que ses pires craintes étaient infondées : ces enfants étaient les leurs, sans l'ombre d'un doute.

Il ferma les yeux, apaisé. Pendant des mois, ç'avait été sa plus grande peur. Naomi doutait aussi, malgré tout ce qu'il lui avait dit pour essayer de la rassurer.

Mais de nouveaux soucis les attendaient : le docteur Dettore avait-il commis d'autres erreurs, voire effectué, à leur insu, d'autres modifications ?

Ils étaient en bonne santé ! Forts. *Remarquablement robustes*, selon l'obstétricien.

Il repensa à Halley, au sens des responsabilités qui l'avait écrasé à sa naissance, à tous les espoirs qu'il avait placés en lui, avant de savoir qu'il portait, dans son organisme, une bombe à retardement. Il se sentit encore plus responsable de ces deux-là, conscient du risque qu'il leur faisait courir. Il pria pour que Dettore ne se soit pas trompé sur le gène pour lequel ils l'avaient consulté. Les yeux fermés, Phoebe leva sa petite main en étoile de mer, ouvrit les doigts, puis les referma. Quelques instants plus tard, Luke l'imita. John eut l'impression qu'ils lui faisaient signe.

Salut papa ! Salut papa !

Il sourit.

— Bienvenue, Luke et Phoebe, mes petits poussins. Vous êtes notre avenir, à maman et à moi. Nous allons vous aimer comme aucun enfant n'a jamais été aimé, chuchota-t-il.

Une nouvelle fois, dans leur sommeil, Phoebe, puis Luke, levèrent leur petite main et ouvrirent leurs doigts, avant de les refermer.

John retourna dans la chambre de Naomi et s'assit à côté d'elle en attendant qu'elle soit suffisamment réveillée pour être conduite, dans une chaise roulante, jusqu'à leurs enfants.

39

L'air de la montagne est incomparable. Il ne contient pas toutes ces merdes qu'on nous oblige à respirer.

En bas, c'est un dépotoir, cher ami, et je ne parle pas juste de la qualité de l'air.

Bien sûr, ça n'a pas toujours été le cas. Et, un jour, tout redeviendra comme avant. On pourra se promener dans les rues et respirer le parfum des fleurs.

Sérieusement, quand est-ce que vous avez senti une fleur, en ville, pour la dernière fois ?

Peut-être dans un parc, encore faut-il que le parc soit suffisamment grand et que les fleurs sentent suffisamment fort. Et elles étaient sans doute génétiquement modifiées.

On ne peut pas s'empêcher de tout modifier, pas vrai ? Dans les supermarchés, les myrtilles sont grosses comme des pommes, les pommes grosses comme des melons, et les tomates... Vous voyez de quoi je veux parler ? Ces trucs énormes, mutants. Ils mettent des gènes de porc dedans, pour qu'elles gardent leur couleur, pour qu'elles restent mûres plus longtemps, mais ça n'a pas été marqué sur l'étiquette.

Je te le dis, cher ami, quand tu descends de la montagne, les plaines et les vallées, ce sont des dépotoirs. Tu entres dans un monde que tu penses connaître, mais tu te trompes, crois-moi. Écoute ça. Dans une certaine chaîne de hamburgers, ils mettent du polyester dans leurs pains pour les faire gonfler. Ils te font bouffer du polyester et, toi, tu te dis que si ce pain a l'air tellement bon, c'est qu'il va te faire du bien !

Ils sont cyniques à ce point, les scientifiques, cher ami.

Tu sais à quoi ça sert, la science ? Les scientifiques prétendent que c'est une histoire de connaissances mais, la vérité, c'est que c'est une histoire de pouvoir et de mort, et surtout de vanité et de cupidité. Les gens n'inventent pas des trucs pour le bien commun. Ils le font pour satisfaire leur ego.

Tout le monde aime la science. Tous les leaders politiques. Ils espèrent que la science permettra de guérir du sida, mais ils oublient que c'est la science qui l'a créé. Les scientifiques ont trouvé des remèdes à la peste bubonique et à la variole, mais ça a débouché sur quoi ? La surpopulation.

Le Seigneur savait gérer la surpopulation. Il avait trouvé le juste équilibre, jusqu'à ce que les scientifiques s'en mêlent.

Penses-y, cher ami, la prochaine fois que tu descends dans la vallée et que tu as du mal à respirer. Qui est responsable ? Dieu ou les scientifiques ?

Souviens-toi de l'épître de saint Paul à Timothée : « Garde le dépôt, en évitant les discours vains et profanes, et les disputes de la fausse science dont font profession quelques-uns, qui se sont ainsi détournés de la foi. »

Ainsi se termine le 17e Tract du Quatrième Niveau de la Loi des Disciples du Troisième Millénaire.

Dans une pièce aussi spartiate qu'une cellule monacale, là-haut, dans les Rocheuses, à quarante-cinq

kilomètres au nord de Denver, le jeune Disciple, qui effectuait ses quarante jours de solitude, assis sur un simple tabouret en bois devant un ordinateur, apprenait chaque tract par cœur. Il répétait inlassablement les mots qui étaient arrivés par mail une heure plus tôt, et qui seraient bientôt effacés.

Tout devait être appris par cœur. Rien ne devait être écrit. *Règle numéro quatre.*

Il s'appelait Timon Cort. Il était roux, les cheveux rasés, un tee-shirt blanc propre, un pantalon en toile gris, des sandales et des lunettes ovales. Deux fois par jour, il parcourait en courant les trois kilomètres jusqu'en bas du domaine privé et remontait sans s'arrêter. Pendant deux heures, il effectuait ses exercices de musculation. Il consacrait le reste de son temps, comme on le lui avait inculqué, entre l'apprentissage, la lecture de la Bible, les prières et le sommeil.

Il était béatement heureux.

Pour la première fois en vingt-neuf ans, il avait trouvé un sens à sa vie. On avait besoin de lui. Il avait un objectif.

Quand il descendrait de la montagne, à la fin de son initiation, il passerait le Grand Rite. S'il réussissait, il deviendrait Disciple à part entière. Il serait marié à Lara, une femme dont il n'aurait pas même osé rêver, avec ses longs cheveux bruns et sa peau chaude et soyeuse, avec laquelle il avait passé une nuit avant de se retirer dans cette montagne, une nuit qui l'aidait à traverser la solitude, mais qui le tourmentait. Parfois, au lieu de prier, il comptait les jours. Et, après, il priait pour demander pardon à Dieu.

Le Grand Rite, puis l'amour éternel de Dieu, exprimé par Lara. Il faut comprendre ce que c'est d'être aimé et désiré, après avoir entendu, pendant des années, que vous n'étiez bon à rien. Après avoir été ignoré par votre père parce que votre frère est tellement plus intelligent, tellement plus doué pour le base-ball et le football, et la vie en général. Ignoré par votre mère, parce que vous n'avez pas choisi l'une des carrières dont elle rêvait pour vous. Parce que vous avez été attrapé en train de voler des babioles dans une supérette. Parce que vous avez été expulsé six mois pour trafic de cannabis.

Ignoré par vos camarades de classe qui vous trouvaient bizarre, parce que vous étiez trop petit, trop faible physiquement, et que vous n'aviez jamais rien d'intéressant à dire. Par vos professeurs, convaincus que vous n'arriveriez jamais à rien, devant lesquels vous ne pouviez que bégayer en tentant de leur prouver que vous n'étiez pas aussi idiot qu'ils le pensaient.

Tout allait changer maintenant. Les Disciples l'aimaient. Jésus l'aimait. Lara l'aimait.

Tout ce qu'il avait à faire, c'était apprendre les Quarante Tracts. Puis descendre de la montagne et réussir le Grand Rite de Passage – le meurtre d'une créature de Satan au nom du Seigneur. On lui donnerait un nom. Peut-être s'agirait-il d'un enfant, d'une famille entière ou de plusieurs familles. Le monde serait meilleur une fois son geste accompli.

Et Dieu lui donnerait Lara en récompense. Ils passeraient le reste de leur vie dans la main droite de Dieu. Et rejoindraient ensuite Sa demeure.

40

Journal intime de Naomi

John jure que Phoebe est son portrait craché et que Luke me ressemble. Désolée, mais ce n'est pas du tout mon avis. Tout ce que je vois, c'est M. Grosses Joues et Mlle Mignonne. M. Grognon et Mlle Sage. M. Bruyant et Mlle Calme.

Ils ont cinq semaines.

Je commence seulement à réaliser ce qu'on aurait dû demander au docteur Dettore. Le gène des bébés qui dorment vingt-quatre heures sur vingt-quatre, jusqu'à ce qu'ils deviennent adultes. Celui des bébés qui n'ont pas besoin de manger.

Je suis épuisée. Chaque jour, depuis que Luke et Phoebe sont à la maison, chaque jour, depuis quatre semaines, j'ai l'impression de gravir l'Everest. Je n'ai même pas eu le temps de prendre un bain. Je ne plaisante pas ! Je saute dans la douche quand John est là, et c'est tout. Je passe mon temps à leur laver le visage, à les nourrir, à les changer, à remplir et à vider la machine à laver, à repasser le linge. Et, pour ne rien gâcher, Luke a eu des coliques et a hurlé non-stop toute la première semaine.

J'ai pleuré de joie quand nous sommes rentrés de

la maternité. Je me souviens d'avoir ressenti la même chose quand l'infirmière nous avait tendu Halley, et quand nous avions soudain compris que c'était notre bébé. À nous seuls ! Quel incroyable sentiment.

Maman est ici, elle m'aide bien (enfin, parfois) et Harriet est venue passer deux jours, ce qui m'a bien soulagée aussi. Sinon, les visites se succèdent de manière ininterrompue. C'est sympa de voir tout le monde, mais ça me fait encore plus de travail. C'est comme si le concept de jumeaux était fascinant, comme si nos bébés étaient des bêtes de foire.

La mère de John vient de Suède la semaine prochaine. Elle est gentille, mais elle ne voit plus très bien, ce sera un poids plutôt qu'une aide. On ne peut pas la laisser seule dans une maison qu'elle ne connaît pas plus d'une minute. Mais elle est tellement contente de voir ses petits-enfants, Dieu la bénisse !

Nos finances, qui ne se portaient déjà pas à merveille, sont désormais dans le rouge. Il faut tout acheter en double. J'aurais bien voulu contribuer aux dépenses, mais impossible de reprendre un travail en ce moment. Je ne fais que les nourrir. Et ils grandissent à un rythme incroyable. Le pédiatre est surpris, mais il dit que c'est bon signe.

Je commence vraiment à regretter d'avoir choisi un endroit aussi isolé. J'aimerais voir autre chose que des moutons et des oiseaux, des branches se balançant au vent. Quand les visiteurs partent, je souffle, mais je trouve le temps long jusqu'à ce que John rentre à la maison.

Pour lui, tout va bien, il passe sa journée dans le monde réel, discute avec ses collègues, déjeune avec eux, puis rentre retrouver ses jouets préférés – ses deux bébés et sa petite femme.

Tiens, il y en a un qui pleure. Ce qui veut dire que

l'autre ne va pas tarder à s'y mettre. Tétée et change. Tétée et change. Mes seins sont à vif. J'ai l'impression d'être une vache à lait. D'être leur domestique. Dans mon souvenir, Halley n'était pas aussi épuisant.

Je parle comme si j'étais à bout ? Eh bien, je le suis. Des jumeaux, ce n'est pas deux fois plus dur : c'est dix fois plus dur.

41

— Qu'est-ce que tu regardes, John ?
Sa voix le fit sursauter.
— Qu'est-ce que tu essaies de voir ?
Elle venait d'interrompre sa rêverie sur fond de musique New Age.
Il prit une photo, puis se tourna vers Naomi.
— Phoebe te ressemble tellement, maintenant !
— Tu ne réponds pas à ma question, répliqua-t-elle.
Il la dévisagea d'un air étonné, puis jeta un coup d'œil à la pièce. Cette chambre était vraiment jolie. Belle hauteur sous plafond, poutres apparentes, lucarne orientée ouest... Elle était lumineuse et aérée, même quand le ciel était couvert, comme aujourd'hui. Ils l'avaient décorée eux-mêmes, avec des rideaux pastel à rayures et une frise à motif « jungle » sur les murs.

C'était samedi matin. John avait annulé sa traditionnelle partie de tennis avec Carson Dicks, en voyant à quel point Naomi était exténuée. Ce week-end, il voulait l'aider au maximum. Contrairement à Naomi, Anne Walters, sa mère, n'était pas bonne cuisinière, et les appareils électroménagers lui étaient pour la plupart étrangers.

Elle menait une existence sans histoire, travaillant

dans une galerie d'art consacrée aux aquarellistes de sa région, inconnus du grand public.

Certains jours, elle était en pleine possession de ses moyens, mais, à d'autres moments, elle semblait vivre dans son monde.

Baissant son appareil photo, John passa un bras autour de Naomi et l'enlaça. À travers son pull en laine, il sentit ses côtes. Elle avait perdu beaucoup de poids, ces derniers mois. Dehors, les arbres et arbustes ployaient sous le vent de mars, et la pluie cognait contre le toit. La chaleur des radiateurs ondulait devant les vitres. Il la serra fort, d'un geste protecteur, tout en regardant Luke et Phoebe qui dormaient, emmitouflés dans leurs pyjamas, chacun dans son berceau, à quelques centimètres l'un de l'autre. Il esquissa un sourire fatigué, en contemplant leurs visages innocents et leurs mains minuscules. Luke babilla. Quelques secondes plus tard, Phoebe lui fit écho.

Une odeur lactée, qu'il adorait, flottait dans la pièce. L'odeur du talc, des vêtements propres, des petits draps, des couches et, surtout, l'odeur de leur peau. Le parfum de ses enfants.

L'infirmière qui était venue leur rendre visite s'était émerveillée de leur prise de poids et de leur santé en général. Deux beaux bébés en pleine forme, magnifiques, et en bonne santé, avait-elle dit à John et à Naomi.

Pour le moment.

Pour le moment.

Une peur obscurcissait l'horizon de sa vie. Quand seraient-ils assurés que leurs enfants se portaient bien ? Quand verraient-ils si Dettore avait réussi ou échoué ? Quelle bombe à retardement portaient-ils en eux ?

Bien sûr, il savait que tous les parents redoutaient le pire pour leur bébé, que certains avaient les mêmes appréhensions qu'eux. Mais personne n'avait décidé ce qu'ils avaient fait.

Au-dessus de sa tête, un mobile en forme de manège, suspendu à une poutre, se balançait légèrement dans le courant d'air. Ils avaient fixé des arches de jeux sur chaque berceau. Partout, il était écrit que les bébés devaient savoir s'en servir à un mois. Pour le moment, ils n'avaient montré aucun signe d'intérêt. Cela ne voulait rien dire, bien sûr, John n'avait pas de souci à se faire. Du moins, pas encore.

— Tu cherches un signe ? insista Naomi, pressante. Tu attends qu'une marque apparaisse sur leur front, comme une étiquette, pour dire au monde entier que ces bébés ne sont pas comme les autres ?

Il essaya de l'embrasser, mais elle le repoussa.

— Ma chérie, j'aime bien passer du temps avec eux. J'adore les regarder, leur parler, comme ils recommandent de le faire dans les livres, comme on l'a fait avec Halley. Mettre de la musique, jouer avec eux quand ils sont réveillés, t'aider à les nourrir, changer leurs couches. Être avec eux, tout simplement !

— J'ai demandé à ma mère si elle me parlait quand je dormais, dit Naomi. Jamais. Elle ne m'a jamais mis de la musique. Et, pourtant, j'ai survécu. Je dois être l'exception qui confirme la règle.

Phoebe bougea, puis Luke l'imita. Celui-ci tendit sa petite main. John approcha un doigt, et Luke l'attrapa et le serra pendant plusieurs secondes. C'était l'une des sensations les plus incroyables au monde.

— Tu as vu ? murmura-t-il.

Elle sourit en hochant la tête, tandis que Luke continuait à serrer le doigt de son père. Quand il le lâcha, John se pencha et caressa leurs deux visages.

— Papa et maman sont là, dit-il. Comment allez-vous, mes petits anges ?

Phoebe ouvrit soudain les yeux et, au même instant, Luke en fit autant. C'était troublant, se dit John, de constater à quel point ils étaient synchrones. Les deux bébés l'observaient.

— Bonjour, Luke, bonjour, Phoebe. Bonjour, mes petits anges, dit-il en bougeant légèrement.

Tous deux le suivirent du regard et esquissèrent un minuscule sourire, qu'il leur rendit. Puis il agita l'un des jouets sur l'arche de Luke. Tous deux continuèrent à le fixer, mais leur sourire disparut.

Il agita l'arche de Phoebe, pour l'encourager à tendre la main et à jouer, mais, comme son frère, elle se contenta d'observer son père. Quelques instants plus tard, comme s'ils s'ennuyaient, ils fermèrent les yeux simultanément.

Naomi sortit de la pièce. John la suivit et tira la porte derrière lui, la laissant entrouverte.

Tandis qu'ils descendaient l'escalier, les deux bébés ouvrirent les yeux en même temps, puis les refermèrent.

42

— Félicitations, John ! Je lève mon verre à tes premiers mois chez nous ! s'exclama Carson Dicks.

John buvait rarement le midi. Il ne déjeunait d'ailleurs pas très souvent à l'extérieur, préférant manger un sandwich dans son bureau. Mais, aujourd'hui, Dicks, qui voulait discuter d'une expérience avec lui, l'avait invité au pub du coin.

Petit, dodu, la cinquantaine, des cheveux crépus et ébouriffés, une barbe mal taillée, des verres de lunettes épais comme des culs de bouteilles, Carson Dicks était l'archétype du savant fou.

John leva son verre.

— Santé !

— *Skål !*

John sourit.

— *Skål !*

Il but une gorgée de sauvignon blanc chilien.

— Alors, tu te plais à Morley Park ?

John détacha un morceau de sole de l'arête centrale avec une précision chirurgicale.

— Je suis très heureux. J'ai une bonne équipe, l'ambiance est studieuse, sans le poids de la bureaucratie.

— Exactement. C'est ce que j'aime. Il faut parfois être diplomate, comme partout, mais, ici, il n'y a pas d'interférence entre notre travail et la politique. Nos départements sont très disparates, mais il y a une véritable unité, tout le monde avance dans le même sens, travaille ensemble et partage les mêmes objectifs.

Il fit une pause pour enfourner un beignet de crevettes entier dans sa bouche, puis reprit, tout en mâchant :

— Certains œuvrent pour la santé, d'autres pour la défense, et d'autres encore pour quelque chose de plus impalpable, de plus controversé aussi : le bien commun.

Il posa sur John un regard lourd de sens.

— Et comment définirais-tu le bien commun ? demanda John, soudain mal à l'aise.

Dicks avala une gorgée de vin. Un bout de beignet était prisonnier dans sa barbe. John ne put s'empêcher de le fixer, espérant le voir se détacher.

— C'est quelque chose dont nous n'avons pas encore parlé. Beaucoup de gens, ici, ont lu ce malheureux entretien que tu as accordé aux États-Unis. Mais, en bons Britanniques que nous sommes, nous ne voulons pas t'embarrasser en abordant le sujet.

— Pourquoi ne l'as-tu pas mentionné plus tôt ?

Dicks haussa les épaules.

— J'attendais que tu le fasses. Je te respecte en tant que scientifique. Je suis persuadé que tu n'aurais rien fait sans réfléchir et enquêter en amont.

Il arracha un bout de pain et le beurra.

— Et, bien entendu, je sais que la presse se trompe souvent. Les bébés sur mesure, c'est impossible pour le moment, n'est-ce pas ?

Il interrogea John avec un grand sourire, attendant sa confirmation.

— Absolument. Ils se sont trompés, fit John en éclatant d'un rire forcé.

— Comment vont Luke et Phoebe ?
— Ils se portent à merveille.
— Et Naomi ?
— Elle est épuisée, mais heureuse d'être de retour en Angleterre.

Ils mangèrent en silence, puis Dicks reprit :
— Si, un jour, tu veux parler de quoi que ce soit, John, en toute confiance, tu peux t'adresser à moi. Tu le sais, pas vrai ?
— Merci, je t'en suis reconnaissant.

Dicks prit son verre.
— Tu te souviens de ce qu'a dit Einstein, dans les années 1930 ? Pourquoi la science ne nous procure-t-elle que si peu de bonheur ?
— Avait-il une réponse ?
— Oui. Il disait que c'était parce que nous n'avions pas encore appris à bien nous en servir.

Il regarda de nouveau John avec insistance.

John baissa les yeux, tenté de boire pour dissiper son malaise. Mais il était déjà un peu éméché et avait décidé de ne jamais plus se confier à qui que ce soit, même à un homme comme Carson Dicks.

Il se remémora, comme il devait le faire régulièrement, pourquoi Naomi et lui avaient pris cette décision. Et pensa aux deux magnifiques enfants qu'ils avaient mis au monde. Des enfants qui, sans l'aide de la science, ne seraient jamais nés.

— Einstein s'est trompé sur de nombreux points, dit-il.

Carson Dicks sourit.

43

En quittant le parking avec son boss, les mains dans les poches, manteau boutonné pour se protéger du vent de mars, John remarqua qu'il ne marchait pas droit. Il entra dans le hall décrépit du bâtiment de quatre étages en briques rouges, le B11, dans lequel se trouvait le Centre de vie artificielle.

Il n'avait pas réussi à s'en tenir à un seul verre. Avec Carson, ils avaient descendu deux bouteilles, suivi d'un digestif chacun. Malgré l'alcool, ils avaient esquissé les grandes lignes du projet que John développerait ces trois prochains mois. Il ne savait pas trop comment Carson s'était débrouillé pour les ramener en voiture à la fac. Son collègue était un gros buveur, peut-être avait-il davantage d'expérience.

— C'est l'anniversaire de Caroline, le week-end prochain, dit Dicks. Nous organisons un petit dîner samedi. Vous êtes libres, avec Naomi ?

— Ce serait avec plaisir, je vais vérifier avec ma secrétaire, merci pour l'invitation !

Sur les murs écaillés avaient été accrochés plusieurs notices relatives à la sécurité, un panneau jaune RISQUES DE RADIATIONS, une affiche présentant un concert, une autre annonçant un vide-grenier, et une liste de noms pour une excursion en bus de trois jours, en Suisse, afin de visiter le laboratoire scientifique du CERN.

Plutôt que de prendre l'ascenseur, lent et branlant, ils grimpèrent les quatre étages à pied. Arrivés en haut, Carson Dicks passa un bras autour de ses épaules, d'un geste paternaliste.

— N'oublie pas, John. Si tu veux me parler de quoi que ce soit, je suis là.

— Merci beaucoup, j'apprécie ton soutien.

— Je suis juste content de t'avoir dans mon équipe. L'Angleterre a perdu trop de bons scientifiques au profit des États-Unis, ces cinquante dernières années. On est heureux de leur en avoir piqué un !

Il lui donna une tape amicale dans le dos et s'en retourna dans son bureau. John entra dans le laboratoire B111-404, tout en longueur, rempli d'ordinateurs, dont sept étaient occupés par des membres de son équipe, trop concentrés pour remarquer son retour.

Dans son bureau, il enleva son manteau, et, d'une façon ou d'une autre, rata la patère fixée derrière la porte. Il assista, surpris, à une longue glissade.

— Oups ! dit-il en se penchant pour le ramasser.

Il était bien éméché. Ce n'était pas bon. Un long après-midi de travail l'attendait, avec, pour commencer, l'analyse très complexe de plusieurs algorithmes.

Mais, comme il avait pris l'habitude de le faire, plusieurs fois par jour, il appela d'abord Naomi.

— Allô, chérie ? Comment ça va ?

Elle lui répondit froidement. Il comprit qu'il aurait dû attendre de dessoûler.

— Luke vient de vomir et Phoebe hurle. Tu l'entends ?

— Ouais.

— Voilà comment ça va.

— Ah, d'accord.

— Qu'est-ce que tu veux dire par « Ah, d'accord » ?
Il réfléchit.
— Je… voulais juste dire… que je rentrerai tôt à la maison. Oh ! Et Carson nous a invités à dîner samedi. C'est l'anniversaire de Caroline.
Il y eut un long silence
— Bien sûr.
Elle acceptait à contrecœur. John savait que Naomi trouvait la femme de Carson trop cérébrale.
— Ma chérie, je pense qu'on devrait y aller. Si tu n'y vois pas d'inconvénient…
— Je n'y vois pas d'inconvénient.
— Super. Je rentre à 18 heures.
— 18 heures ? Je ne crois que ce que je vois.
— Je suis sérieux, chér…
Il entendit un clic. Elle lui avait raccroché au nez.
Merde.
Il reposa le combiné. Les effets euphorisants de l'alcool commençaient à s'estomper. Il se sentit lourd, fatigué, légèrement migraineux. Il se leva et marcha vers la fenêtre. La pièce n'était pas immense, mais elle était suffisamment grande pour contenir son bureau, ses rangements et ses livres, et pour recevoir un petit groupe de visiteurs.

Sous ses fenêtres, le chantier de l'édifice en verre et en acier qui accueillerait le plus grand accélérateur de particules de Grande-Bretagne venait de débuter.

Il regarda deux hommes portant un casque de chantier attacher une poutre métallique au crochet d'une grue. Des ouvriers. Des drones. Une sous-classe génétique. L'expression de Dettore lui revenait souvent à l'esprit. Dans l'avenir, certains seraient-ils élevés pour réaliser les tâches manuelles ? Dettore avait-il raison ? Une classe génétique serait-elle créée pour pourvoir aux besoins des autres ? Comment les choses se passaient-elles actuellement ? Pourquoi certains devenaient-ils ouvriers ? Le hasard, les circonstances, la sélection naturelle ?

Serait-ce pire de créer délibérément des ouvriers ? Certains le pensaient. Mais était-ce si terrible d'y penser ? À quoi ressemblerait le monde si tous les enfants étaient éduqués de façon à devenir des scientifiques ? Ne serait-ce pas irresponsable de la part de la science ? Avoir le pouvoir de créer un monde équilibré et, au lieu de cela, choisir de rendre tout le monde intelligent ? Certains idéalistes aimaient cette idée, en réalité, ce serait un désastre.

Mais comment l'idée serait-elle reçue par l'opinion publique ?

Il s'assit. Il avait envie d'un café, mais il avait déjà bu deux doubles espressos au pub. *Je n'ai qu'à m'échauffer avec des trucs faciles,* songea-t-il. *Parcourir mes mails en attendant que les effets de l'alcool se dissipent.*

Il jeta un coup d'œil aux vingt nouveaux messages reçus pendant sa pause déjeuner. Des infos en interne, ennuyeuses pour la plupart. Puis il vit celui envoyé par Kalle Almtorp, qui contenait une pièce jointe.

John, je viens de recevoir ceci. Je suis désolé, je pensais que les choses s'étaient tassées, mais il semblerait que ce ne soit pas le cas.

John ouvrit la pièce jointe. C'était un article du *Washington Post* daté du jour.

ASSASSINAT D'UNE FAMILLE DE BÉBÉS SUR MESURE PAR LES DISCIPLES DU TROISIÈME MILLÉNAIRE.

Il lut, terrorisé.

La police de Philadelphie prend au sérieux la revendication du mouvement religieux « Les Disciples du Troisième Millénaire », dans le cadre de l'assassinat du magnat de l'immobilier de Washington Jack O'Rourke, de sa femme Jerry et de leurs jumeaux. Comme après l'assassinat de Sharon Tate par la communauté de Charles Manson, leurs corps mutilés ont été découverts à leur domicile, dans un manoir isolé, estimé à 10 millions de dollars, dans leur propriété ultra-sélecte de Leithwood, en Virginie. L'année dernière, le même groupement avait revendiqué la mort du généticien milliardaire Dr Leo Dettore, du businessman de Floride Marty Borowitz, de sa femme Elaine et de leurs jumeaux. Malgré une intense chasse à l'homme dans le monde entier, aucune trace de ce mouvement n'a été trouvée jusqu'à présent.

Un icone indiquait la présence d'une photo. John cliqua. Quelques instants plus tard, l'image apparut. Il s'agissait d'un bel homme de trente-cinq ans environ et d'une belle femme de moins de trente ans. Il les reconnut instantanément. Il les avait croisés sur le bateau de Dettore. Aucun doute. C'était le couple qui les avait ignorés au bord de la piscine du *Serendipity Rose*. Le couple que Naomi et lui avaient surnommé, pour plaisanter, George et Angelina.

44

George et Angelina.
Assis à son bureau, John fixait les deux photos du couple, ouvertes sur son ordinateur.

Celle de Kalle était une photo de mariage. En costume trois pièces blanc, Jack O'Rourke ressemblait encore plus à George Clooney. Chevelure bouclée, sa femme Jerry portait une superbe robe blanche. Sur cette photo, elle ressemblait moins à Angelina Jolie – elle était plus mince, avec une expression plus dure. Comme sur le bateau, ils transpiraient l'arrogance, conscients de leur beauté, de leur richesse et de leur possibilité de s'offrir tout ce qu'ils voulaient, même des enfants parfaits.

L'autre image était un agrandissement de la photo qu'il avait prise subrepticement à bord du *Serendipity Rose*. Un couple allongé sur des transats au bord de la piscine : la ressemblance était évidente. C'étaient bien eux.

Des jumeaux. Eux aussi avaient eu des jumeaux ?

Il avala sa salive avec difficulté. Ses mains tremblaient. Il cliqua sur un autre icone. Une image s'ouvrit – celle d'une allée menant à une imposante villa à colonnades.

C'était un couple incroyable, d'une extrême gentillesse. Ils s'adoraient et étaient les parents les plus attentionnés du monde avec leurs jumeaux de deux mois, a déclaré Betty O'Rourke, la mère du défunt, depuis Scottsville. Ils avaient envie de fonder une famille depuis longtemps et étaient vraiment ravis de l'arrivée de leurs magnifiques jumeaux.

La porte de John s'ouvrit, et sa secrétaire entra avec du courrier à signer. John cliqua sur une autre fenêtre, celle de son agenda hebdomadaire, puis parapha chaque lettre, sans vraiment les parcourir, pressé de voir sa secrétaire partir, afin de reprendre sa lecture. Dès qu'elle eut fermé la porte derrière elle, il termina l'article. Puis le relut.

Doué en affaires, Jack O'Rourke avait réussi à bâtir un empire immobilier d'une valeur d'un milliard de dollars. La famille de sa femme Jerry descendait des premiers colons d'Amérique. Ils étaient actifs dans les cercles politiques de Washington, avaient accordé une énorme donation à Barack Obama et finançaient généreusement les démocrates. Jack O'Rourke ne cachait d'ailleurs pas ses propres ambitions politiques.

Les jumeaux s'appelaient Jackson et Chelsea. Comme leurs parents, les bébés avaient été mutilés. Des slogans et des obscénités avaient été inscrits sur les murs avec leur sang. Ses mains tremblaient tant qu'il eut du mal à composer le numéro de téléphone de Naomi. Quand elle décrocha, il entendit un hurlement.

— C'est Phoebe, dit-elle, elle n'arrête pas de pleurer. Je ne sais plus quoi faire, John, pourquoi est-ce qu'elle pleure tout le temps ? Pourquoi ?

— Peut-être devrais-tu appeler le docteur.

— Je vais voir. Qu'est-ce que tu veux ?

— Ce que je veux ?
— Oui, pourquoi tu rappelles ?
— Je... Pour savoir si tu allais bien, ma chérie.
— Non, je ne vais pas bien, cria-t-elle. Je deviens folle pendant que toi, tu te la coules douce dans ton bureau.
— Peut-être qu'elle a une infection, répondit-il, sans conviction. Est-ce que tu...

Il s'arrêta. C'était stupide de sa part de l'appeler, stupide de l'inquiéter.

— Merde alors ! s'écria Naomi. Luke vient de vomir. Je te rappelle plus tard.

Elle raccrocha.

Le regard rivé à son écran, John se sentit soudain seul au monde.

Il composa le numéro de Kalle Almtorp, à Washington. Selon son ami, les Disciples du Troisième Millénaire étaient aussi insaisissables aujourd'hui qu'un an plus tôt, quand ils avaient revendiqué la mort de Dettore. Ils ne mentionnaient aucun nom et ne laissaient aucun indice sur leur QG.

— Je pense que tu devrais rester vigilant. La police ne sait pas si cette organisation existe ou s'il s'agit de l'œuvre d'un détraqué. Les questions de génétique entraînent des réactions disproportionnées chez certains. C'est une bonne chose que vous ayez quitté les États-Unis, mais je te conseille de sécuriser ta maison autant que faire se peut, de rester discret et de ne pas t'exprimer dans la presse.

— Tu peux me rendre un service, Kalle ? Tu pourrais demander à ta secrétaire de me trouver le numéro de Betty O'Rourke, à Scottsville, en Virginie ? Il faut vraiment que je lui parle. Sans doute est-elle sur liste rouge. Tu pourrais activer tes contacts ?

Kalle le rappela une heure plus tard. Le numéro

était effectivement sur liste rouge, mais il avait réussi à l'obtenir.

John remercia son ami, et le composa.

Après cinq sonneries, une femme d'un certain âge décrocha.

— Allô ?

— Pourrais-je parler à Mme Betty O'Rourke ?

— C'est moi.

Elle avait la voix brisée par le chagrin et semblait méfiante.

— Madame O'Rourke, excusez-moi de vous déranger, je suis le professeur Klaesson, je vous appelle d'Angleterre.

— Pr Gleeson dites-vous ?

— Oui. Je... Ma femme et moi avons rencontré votre fils l'année dernière à la clinique.

— La clinique ? Je suis désolée, mais de quelle clinique voulez-vous parler ?

John hésita. Peut-être n'était-elle pas au courant.

— Celle du docteur Dettore.

— Le docteur Di Tory ?

Elle répéta le nom comme s'il ne lui disait rien.

— Vous êtes journaliste ?

John se sentit de plus en plus mal à l'aise.

— Non. Je suis scientifique. Ma femme et moi connaissions votre fils et sa femme. Nous vous présentons nos condoléances.

— Je suis désolée, professeur Gleeson, mais je n'ai pas la force de parler à qui que ce soit.

— C'est très important, madame O'Rourke.

— Dans ce cas-là, vous devriez appeler la police, pas moi.

— Laissez-moi vous poser une seule question. Votre fils voulait-il des jumeaux ?

Il réalisa qu'il ne s'était pas exprimé convenablement et essaya de rectifier le tir.

— Ce que je veux dire...

— Comment avez-vous obtenu mon numéro, professeur Gleeson ?

— Ce n'est peut-être pas anodin. Je sais que cela doit être extrêmement difficile pour vous de parler en ce moment, mais, croyez-moi...

— Je vais devoir raccrocher. Au revoir, professeur Gleeson.

La ligne sonna occupé. Il fixa le combiné quelques instants, puis recomposa le numéro.

Toujours occupé. Il essaya plusieurs fois pendant la demi-heure qui suivit. Impossible de la joindre. Il finit par renoncer. Il sortit du tiroir de son bureau l'annuaire des Pages jaunes et l'ouvrit à la rubrique « Systèmes de télésurveillance ».

45

Chopin passait sur son autoradio, tandis que John parcourait les routes de campagne au volant de sa Saab. Il était 20 heures. Les essuie-glaces étalaient la bruine, formant un film opaque sur le pare-brise. Des phares l'éclairaient, puis disparaissaient au loin, rougeoyants, dans son rétroviseur. Devant lui, c'était la nuit. Derrière aussi.

Comme dans son cœur.

Roulant à quatre-vingts kilomètres heure, il enregistrait, absent, les repères familiers. Il essayait de réfléchir, de retenir des pensées qui s'effilochaient. Ils avaient quitté les États-Unis pour s'installer ici. Devaient-ils envisager de déménager de nouveau ? Où ? En Suède ? Seraient-ils en sécurité, plus loin de ces détraqués ? Quelques années plus tôt, le Premier ministre suédois avait été assassiné en pleine rue. Où pouvait-on se protéger des fanatiques, sur cette planète ?

Il passa devant un pub éclairé sur sa droite, puis devant un panneau VENTE À LA FERME. La ligne droite était bordée de haies. Dans quinze jours, ils se mettraient à l'heure d'été. Quand il rentrerait, le soir, il ferait jour. Ce serait moins dangereux, non ?

Son portable sonna. C'était Naomi. Il installa le kit mains libres et décrocha.

— Chérie, je ne suis plus très loin. J'arrive dans cinq minutes.

— Tu es tellement en retard. Je me faisais du souci.

Elle avait une voix faible, étrange.

— Désolé, j'ai essayé de t'appeler par deux fois, mais c'était occupé.

— Tu as dit que tu rentrerais à 18 heures.

— Il y a eu une réunion de dernière minute avec...

Ils furent coupés.

Il jura. La réception était très mauvaise dans cette région. Il tenta de la rappeler, mais il n'avait plus de réseau. Quelques minutes plus tard, il vit les lumières d'une station-service et s'arrêta.

Leur sélection de fleurs n'était pas terrible. Il opta pour un petit bouquet de roses rouges enveloppées dans de la Cellophane et reprit la route. Cinq minutes plus tard, il rejoignait le chemin qui menait au village.

Caibourne était situé à treize kilomètres à l'est de Brighton, à six kilomètres de Lewes, ancienne capitale historique du Sussex. C'était plus un hameau qu'un village. Il y avait un pub fréquenté par les gens du coin plutôt que par les touristes, une église dont le toit avait besoin d'être restauré de toute urgence, un minuscule bureau de poste qui faisait office d'épicerie, une école primaire bien fréquentée, un court de tennis et une communauté composée majoritairement de fermiers et d'employés du château de Caibourne.

John longea un lotissement d'ouvriers, passa devant l'école et l'église. Deux kilomètres après la sortie du village, il s'engagea dans le chemin de terre qui menait chez eux. Un lapin traversa, puis fit demi-tour ; John freina brutalement. L'animal courut dans le faisceau des phares sur plusieurs mètres avant de trouver un trou dans le grillage, pour se réfugier dans les champs. Au-delà des phares, c'était l'obscurité la plus totale.

Mutilés. Un vrai carnage. C'était le deuxième couple massacré. Sur Internet, il y avait des tonnes de trucs sur Dettore. Le plus inquiétant, c'était le blog anonyme d'un soi-disant ancien employé de la clinique. Qu'avait-il révélé ?

Si cette organisation – secte/bande de détraqués – avait mis à sac la clinique, s'ils détenaient suffisamment d'informations pour localiser George et Angelina, et les Borowitz, ils étaient sans doute en mesure de retrouver tous les autres clients.

John négocia un virage à droite et aperçut les lumières de la maison, à quelques centaines de mètres. Il passa une barrière canadienne, s'engagea dans l'allée de gravier et se gara à côté du break Subaru de Naomi.

Alors qu'il descendait de voiture, Naomi ouvrit la porte, pâle comme un linge. Il attrapa son ordinateur portable et les fleurs, sur la banquette arrière, claqua la portière et se dirigea vers elle. Sans prendre le bouquet, elle le serra fort dans ses bras.

— Je suis désolé, dit-il. J'ai essayé de te rappeler, mais...

Elle avait le visage ruisselant de larmes et les yeux rougis.

— Qu'est-ce qui se passe, ma chérie ? demanda-t-il, tout en connaissant la réponse.

Ils entrèrent. Naomi ferma la porte à clé et mit en place le chaînon de sécurité.

— Lori a appelé.

John entendit un éclat de rire provenant de la télévision dans la cuisine. Il posa son sac sur le carrelage, enleva son manteau et l'accrocha au portemanteau en acajou de style victorien. Une bonne odeur de viande flottait dans l'air.

— Comment vont-ils ? Comment va Irwin ?

Elle regarda les fleurs sans rien dire. Ils allèrent dans la cuisine. Le parc des enfants se trouvait là, rempli de jouets. John remarqua une bouteille à moitié vide sur la table, ainsi qu'un verre avec un fond de vin rouge.

— Et Luke ? Tu as appelé le docteur ?

— J'ai un rendez-vous pour demain. Le médecin pense que ce n'est rien, mais on peut y aller s'il ne va toujours pas mieux dans la matinée.

— Il vomit toujours ?

— Non, c'est fini.

Elle posa le bouquet dans l'évier et ouvrit le robinet.

— Merci, elles sont magnifiques. Au début de notre relation, tu m'offrais tout le temps des fleurs, tu te souviens ?

La culpabilité lui serra la gorge.

— Vraiment ?

— Oui.

Il s'approcha du *babyphone* et écouta. Silence radio.

— Ils dorment ?

— Je pense.

— Je monte jeter un coup d'œil.

Il grimpa l'escalier et poussa doucement la porte de leur chambre. Tous deux étaient endormis. Luke suçait son pouce. Phoebe dormait, les poings serrés ; elle bavait un peu.

Il leur envoya à chacun un baiser, puis redescendit dans la cuisine.

Naomi se servit du vin, puis se tourna vers lui, terrorisée.

— Lori m'a dit que ça faisait la une de tous les journaux, à Los Angeles. Il y a eu un autre massacre. Un couple qui est allé chez le docteur Dettore, un couple parents de jumeaux, comme nous, John.

— Kalle m'a raconté. C'est pour ça que je te rappelais.

Elle s'approcha de la fenêtre.

— Que suggère-t-il ?

— La vigilance.

Il se rendit compte qu'il avait besoin de boire et sortit une bouteille de vin blanc du frigo.

— Il faut qu'on fasse installer une alarme reliée à la police. Un système d'éclairage automatique. Des verrous aux fenêtres. Des trucs comme ça. Il dit qu'on devrait peut-être prendre un chien de garde. Et…

Il hésita.

— Et ? répéta-t-elle.

— Il pense qu'on devrait avoir une arme dans la maison.

— On est en Angleterre, John, pas aux États-Unis.

— Je pourrais peut-être obtenir un permis, ça pourrait être utile pour se débarrasser des lapins.

Il déboucha la bouteille.

— Tu es trop tête en l'air. Je ne pense pas que ce soit une bonne idée d'avoir une arme dans la maison, certainement pas avec des enfants en bas âge. Pourquoi pas un chien, quand ils seront un peu plus grands…

Quand ils seront un peu plus grands…

Il répéta les mots dans sa tête.

Quand ils seront un peu plus grands.

Sa remarque était innocente, presque naïve. Deux familles avaient été exécutées. Des fous étaient en liberté, peut-être aux États-Unis, peut-être dans leur région. Ils ne pouvaient pas se permettre d'attendre que Luke et Phoebe soient plus grands.

— J'ai pris ma matinée et demandé à deux entreprises de sécurité de venir faire des devis.

Il se servit un verre de vin.

Naomi hocha la tête.

— D'accord, faisons comme ça. Excuse-moi pour tout à l'heure, j'étais hors de moi à cause des gosses et de l'appel de Lori. Je veux rester ici, John. Je veux qu'on s'installe en Angleterre. On ne va pas devenir des fugitifs.

Il l'embrassa.

— C'est ce que je me disais en arrivant.

— Ces gens vont être arrêtés. Aucun crime ne reste impuni, pas vrai ?

John songea : *Ils se cachent depuis plus d'un an, déjà.* Mais il se contenta d'enlacer Naomi et de la serrer fort.

— Bien sûr. Kalle m'a confié que le FBI consacrait énormément d'énergie à cette affaire. Ils vont les coincer.

Elle le dévisagea, de ses yeux confiants.

— Il a dit ça ?

— Oui.

C'était un mensonge.

— Kalle est quelqu'un de bien.

— Absolument.

Il lui chuchota à l'oreille :

— Luke et Phoebe dorment. Et si on en profitait ?

Sans répondre, elle le prit par la main et le guida vers leur lit.

46

Un cri déchira le silence de la nuit. Naomi, qui ne dormait pas, sursauta. Baignée dans un clair de lune irréel, rideaux ouverts – ils ne les tiraient jamais –, elle n'avait toujours pas réussi à fermer l'œil.

— Un renard vient d'attraper un lapin, dit John calmement, en l'enlaçant pour l'attirer vers lui.

— Quel cri horrible !

— C'est la nature.

Elle roula vers lui et l'observa.

D'autres cris déchirants retentirent, suivis d'un long gémissement, puis plus rien.

— Toi qui étudies la nature, qui la simules avec tes programmes informatiques, as-tu des cris de lapin dans ton ordinateur ?

Il sourit.

— Non.

Elle l'embrassa.

— Tu es quelqu'un de bien. Je suis sûr que tu ne ferais pas de mal à une mouche, même dans un univers virtuel. Je ne veux pas que tu achètes d'arme. Je ne veux pas que l'on vive dans la terreur, en état de siège. Nous ne devons pas perdre de vue le pourquoi de la chose, John. Nous n'avons rien fait d'immoral, rien dont nous puissions avoir honte, n'est-ce pas ?

— Non, répondit-il posément.
— J'ai peur. Depuis la mort du docteur Dettore, j'ai peur tous les jours. Je fais des cauchemars. Je me réveille fatiguée. Parfois, quand le soleil brille, quand j'entends les oiseaux chanter, ou quand je t'entends respirer paisiblement, mes craintes s'effacent, le ciel se dégage, je me sens en paix. Et puis tout me revient. Parfois, j'imagine une voiture garée au bout du chemin, avec des fanatiques religieux à l'intérieur, armés jusqu'aux dents. Ce n'est pas la haine qui les anime, mais la conviction, sereine, d'agir pour le bien de l'humanité, selon la volonté de Dieu. Ça ne te fait pas peur, John ?
— J'y pense tout le temps.
— Tu es toujours persuadé que l'homme doit prendre le contrôle sur la nature, c'est ça ?
— Oui. Rien ne me fera changer d'avis.
Il y eut un bref silence.
— Est-ce que tu aimes Luke et Phoebe autant que…
— Autant que ?
— Non, rien.
Il lui caressa les cheveux.
— Bien sûr que oui. Je ne me savais pas capable de ressentir un tel amour.
— Et si tu devais choisir entre eux et moi, qui sauverais-tu ?
— Je n'aurai jamais à faire ce choix.
— Supposons que tu y sois obligé. Qui sauverais-tu ? Luke et Phoebe, ou moi ?
John réfléchit, il ne s'attendait pas à une telle question.
— Qui ? insista-t-elle.
— Toi, dit-il.
— Pourquoi ?
— Parce que si quoi que ce soit leur arrivait, nous

pourrions avoir d'autres enfants. Mais, toi, je ne pourrais jamais te remplacer.

Elle l'embrassa.

— C'est une très belle réponse, mais est-ce que tu le penses vraiment ?

— Oui.

— OK. Je vais te poser une autre question. Si tu devais sauver soit toi, soit eux, qui choisirais-tu ?

— Eux, répondit-il presque immédiatement.

Elle sembla soulagée.

— Donc tu les aimes vraiment.

C'était une affirmation.

— Pourquoi doutes-tu ?

— Parfois, je me demande : si tu pouvais revenir en arrière, est-ce que tu...

— Jamais de la vie. Bon, je ne ferais pas cette maudite interview...

— Mais tu irais quand même chez Dettore ?

— Oui. Et toi ?

— Aussi.

— Chérie, au cours de l'histoire, ceux qui ont tenté de faire évoluer les esprits ont été persécutés. Certains se trompaient, mais si personne n'avait essayé, la race humaine n'aurait pas beaucoup évolué. Nous ne serions peut-être pas là. Ce serait encore le Moyen Âge.

— Ce n'est pas le cas ? dit Naomi. Ces gens qui rôdent, les Disciples du Troisième Millénaire, persuadés qu'ils ont le droit de tuer au nom de leurs croyances, convaincus d'être invincibles... Selon moi, ils sont la preuve que la civilisation n'est rien d'autre qu'un vernis.

— C'est ce que nous essayons de changer. C'était le cœur des recherches de Dettore.

— Ah bon ? Je pensais que nous étions allés le voir pour concevoir un enfant qui ne mourrait pas à quatre ans d'une maladie héréditaire. Y a-t-il autre chose ? Quelque chose que tu ne m'as pas dit ?

— Pas du tout. Je ne te cache rien.

— Tu me l'aurais dit, si tu avais…

— Quoi ?

— Si Dettore et toi aviez discuté d'autre chose à propos des bébés.

— Qu'est-ce que tu veux dire par « autre chose » ?

— Les options. Les cases que nous avons cochées. Je ne pourrais jamais savoir si lui et toi aviez décidé, dans mon dos…

— Jamais je n'aurais fait cela, ma chérie. Tu ne me fais donc pas confiance ?

— Si, bien sûr que si. Mais Dettore… Je n'arrête pas d'observer Luke et Phoebe en me demandant ce qu'il leur a fait, quelle surprise ils nous réservent. Ce serait vraiment bien de faire lire leur génome. Au moins, on saurait.

— Et si on trouve quelque chose qu'on n'aime pas, on fait quoi ?

Elle n'avait pas de réponse.

47

Dans votre dépotoir, il n'y a qu'une lumière qui brille, mes amis. Sa lumière. Il montre le chemin à ceux qui Le suivent, et si vous choisissez de ne pas Le suivre, c'est votre problème. Vous êtes damnés.

Malheur à ceux qui appellent le mal bien, et le bien mal. Qui changent les ténèbres en lumière, et la lumière en ténèbres. Qui changent l'amertume en douceur, et la douceur en amertume.

Ésaïe 5, 20.

J'ai vos noms sur papier, mes amis. Inscrits dans la mémoire de mon ordinateur. Et dans mon esprit. Aujourd'hui, vous êtes partout, contents de vous. Mais, mes amis, vous êtes damnés. Et pas juste sur la planète Terre. Ce n'est pas moi qu'il faut craindre, moi qui peux tuer votre corps, mais qui ne peux tuer votre âme. C'est Dieu qu'il vous faut redouter, qui peut vous brûler corps et âme en enfer.

Comment ça se passe pour vous, en enfer, monsieur et madame O'Rourke ? Comment ça se passe pour vos horribles rejetons, Jackson et Chelsea ? Vous êtes-vous repentis ? Ne vous inquiétez pas, vous aurez tout le temps pour cela. Il y a un temps pour tout, et c'est Dieu qui choisit. Il vous a choisis pour être dans les premiers, monsieur et madame O'Rourke. D'autres suivront bientôt.

Assis sur une chaise en bois à l'ombre, dans sa cellule du monastère, le Disciple regardait, par la fenêtre, le potager en contrebas. Des petites pousses vertes sortaient de terre. Il avait planté des tomates, des brocolis, des courgettes, des laitues et des pommes de terre biologiques. De vrais légumes. Pas cette merde que l'on trouve dans les supermarchés. Pas cette merde qui pousse dans les champs, au-delà du jardin du monastère. C'est facile de distinguer les plantes naturelles de celles plantées par le démon. Le vrai blé est doré, lumineux, béni par Dieu. Les OGM sont d'un marron sale, condamnés à l'ombre perpétuelle.

Un roulement de tambour, répétitif et insistant, tel un mantra, s'éleva dans la douceur du matin calme.

L'appel à la prière de midi. Il se leva et se couvrit la tête d'un voile noir. L'abbé l'avait nommé « assistant de l'hôte ». Mais cette mission avait peu d'influence sur ses pensées et ses projets. Ici, dans l'État sauvage d'Iowa, peu de pèlerins venaient. Cette mission représentait beaucoup moins que ce qu'il devait à Dieu.

Accomplir le Grand Rite. Puis recevoir sa bénédiction.

Quand je vois vos noms sur ma liste, je vous vois tous. Quand je lis vos noms, je vois vos visages. Vos maisons, vos enfants. Dieu ne m'autorise jamais à cesser de penser à vous, à tour de rôle. Je vois votre nom sur ma liste, professeur Klaesson. Professeur John Klaesson et Naomi Klaesson, de Los Angeles, en Californie. Je pense à vous en ce moment, et je me demande ce que vous ressentez. Vous devez avoir accouché, à l'heure qu'il est. Comment vont vos créatures, monsieur et madame Klaesson ?

Que ressentez-vous ?

Êtes-vous fiers de ce que vous avez fait, ou avez-vous vu la lumière et êtes-vous écœurés de vous-mêmes ?

Vous n'aurez pas à vous en soucier trop longtemps. Bientôt, je vous libérerai de votre culpabilité. Et je vous confierai à Dieu. Qui ne sera pas aussi indulgent que moi.

Timon Cort descendit l'escalier en pierre qui longeait la cour du monastère. Puis il traversa la petite pelouse, passa devant la fontaine et rejoignit ses frères qui attendaient, en rang, à la porte de la chapelle.

Il traversa un voile d'encens et se trouva enveloppé dans la lumière dorée qui illuminait la nef. Un signe.

Dieu confirma ce signe pendant ses prières. Il lui indiquait que l'heure était arrivée de passer à la prochaine étape du Grand Rite.

48

Journal intime de Naomi

Je me suis fait une amie, aujourd'hui ! Elle s'appelle Sandra Taylor. Elle est venue (dans un Range Rover vert, bien sûr !) me proposer de m'abonner à la revue paroissiale de Caibourne, Firle et Glynde. Trois livres par an. Quelle affaire !

Sandra a trois enfants en bas âge, dont un petit de huit mois, comme Luke et Phoebe. Les jeunes mamans du village se retrouvent tous les mercredis. Je vais assister à l'une de ces réunions, pour voir.

Aujourd'hui, comme ma mère était là, je suis allée faire du shopping. Il nous faut une poussette double. Je n'avais pas réalisé qu'il y avait tant de possibilités. Le vendeur m'a expliqué les avantages des modèles « côte à côte » – les deux enfants voient la même chose, les roues sont plus basses, la poussette est plus maniable. L'inconvénient, c'est qu'ils sont un peu larges pour certains supermarchés.

Je suis extrêmement anxieuse. J'ai peur de la mort subite du nourrisson. Quand ils dorment, je suis scotchée au babyphone. *La nuit, je me réveille parfois en sursaut, pensant ne plus les entendre respirer.*

L'autre problème, c'est qu'ils mangent de moins en

moins souvent. Megan, l'infirmière à domicile, trouve cela bizarre. Le pédiatre aussi, mais il insiste sur le fait qu'ils ont l'air en bonne santé. Et qu'ils sont beaucoup plus grands que la moyenne pour leur âge. Je me souviens que le docteur Dettore nous avait précisé qu'ils seraient précoces, physiquement et intellectuellement, donc je ne m'inquiète pas trop.

On nous a expliqué à quel point c'était important de leur donner des identités séparées, de ne pas les appeler « les jumeaux », et de leur offrir, dès leur premier anniversaire, qui n'est plus très loin, chacun leur gâteau et leurs cadeaux. C'est fou comme les perspectives changent. Je sais que je devrais être reconnaissante d'avoir deux adorables bébés en bonne santé. Mais, comme on dit : « L'herbe est toujours plus verte chez le voisin. » Il y a un million d'années, je vivais à Los Angeles. Il y a un million d'années, j'avais du temps pour moi.

49

Postée à la fenêtre de la cuisine, Naomi regarda John partir. Elle vit les feux arrière tressauter au niveau de la barrière canadienne et entendit un cliquetis. Il était 7 h 30, mercredi matin.

Le jour de l'atelier pour les tout-petits. Youpi ! Enfin, tout est relatif...

Le mercredi, elle retrouvait quelques mères dans une maison du village, avec Luke et Phoebe, ce qui lui permettait de rencontrer du monde et de se tenir au courant des ragots. Les autres jours de la semaine étaient encore plus calmes. Sa mère et ses amis lui rendaient parfois visite. Il lui arrivait de prendre le thé avec l'infirmière à domicile. Le vendredi, Ron, le jardinier le plus lugubre du monde, venait passer la majeure partie de la matinée dans le garage, jusqu'à ce que ce soit l'heure de partir. Ses prestations étaient comprises dans le prix du loyer. Il avait plus de soixante-dix ans, et, à cause de son dos, il ne pouvait plus jardiner ni tondre le gazon. Il n'avait jamais rien à dire et sentait le renfermé.

Naomi avait suggéré à l'agence immobilière de le remplacer. Celle-ci avait envoyé un message dans ce sens aux propriétaires, en Arabie saoudite, et attendait une réponse.

Naomi fut interrompue dans ses pensées par Phoebe qui se mit à taper son assiette avec sa cuillère. Quelques secondes plus tard, Luke se mit à hurler, couvrant le générique de l'émission du matin, avant de jeter violemment son bol de céréales par terre.

Furieuse, Naomi contempla le chaos. Ça, c'était nouveau. En plus des couches, des draps, des pyjamas, des lessives et du ménage, elle devait ramasser les céréales que ses enfants jetaient au sol et sur les murs.

Elle se retint de hausser le ton. Elle trouva un anneau de dentition et essaya de l'enfoncer dans la bouche de Luke, mais il se débattit. Presque immédiatement, Phoebe lança sa cuillère par terre, imitant son frère.

Naomi attrapa la télécommande et monta le son au maximum.

— Je veux écouter cette interview ! cria-t-elle, gonflée à bloc. J'aime bien ce type, OK ? C'est l'un de mes acteurs préférés. Vous allez m'accorder un peu de temps pour moi, là, maintenant, tout de suite, on est d'accord ?

Elle leur tourna le dos, se planta devant la télévision et écouta toute l'interview, malgré le niveau sonore.

Puis, elle baissa le volume, se retourna et constata, fascinée, que les deux bébés la fixaient sans rien dire, bouche ouverte, les yeux ronds.

Naomi leur sourit.

— Bon. Je vois que vous avez compris qui est la patronne ici.

Elle leur donna un baiser chacun, prépara un bol pour Luke et le nourrit à la petite cuillère. Il le mangea en entier, sans protester. Parfait. Presque trop parfait.

— Super ! le félicita-t-elle.

Il la dévisageait toujours d'un air absent.

— Et tu as tout mangé seule, bravo ! dit-elle à Phoebe en lui essuyant la bouche.

Phoebe lui jeta le même regard indifférent. Puis tout deux sourirent de façon synchronisée.

Ensuite, elle les posa par terre, dans la salle de bains, pour prendre sa douche. En général, deux petites têtes dépassaient du rideau avant la fin. Mais, aujourd'hui, elle les retrouva exactement où elle les avait posés.

Retournant dans la cuisine, elle remplit une première machine à laver, dans le silence le plus complet. En temps normal, ils roulaient sur le sol, Luke grimpait sur Phoebe, qui, à son tour, écrasait son frère. Mais, ce matin, rien.

Elle commença à trouver cela un peu inquiétant.

À 9 h 30, elle les changea. Ensuite, allongée dans le lit, elle les nourrit, puis s'assoupit. Quand elle se réveilla, ils la fixaient toujours sans rien dire.

Elle monta dans leur chambre, les installa dans leurs berceaux et descendit dans la cuisine. Après avoir transvasé la lessive dans le sèche-linge, elle se prépara une tasse de thé et vérifia, grâce au *babyphone*, qu'ils respiraient bien. Elle s'installa à la table de la cuisine pour lire le *Daily Mail*.

Il était 10 heures. Avec un peu de chance, elle aurait une heure de répit.

À la fin du cycle du sèche-linge, elle les entendit glousser et s'interpeller, comme s'il s'agissait d'un jeu. Luke gazouilla, Phoebe éclata de rire. Puis elle fit le même bruit que son frère, qui pouffa.

Naomi monta. C'était l'heure de les nourrir et de les habiller pour aller au village. Elle s'attendait à les entendre jouer, mais fut accueillie par un silence glacial. Tous deux la fixaient, comme ils l'avaient fait dans la cuisine, mais avec encore plus d'intensité.

Elle s'arrêta net. Un frisson la parcourut. L'espace d'un instant, les rôles s'inversèrent, elle eut l'impression d'être un bébé et d'être observée par ses parents.

50

John fut troublé par l'expression de Naomi quand elle lui ouvrit la porte. Elle était livide, éreintée.

— Les enfants vont bien ?

— Oui. Ils dorment dans leur chambre.

— Comment s'est passée la réunion avec les parents ?

— C'était embarrassant.

Il entendit un gazouillis dans le *babyphone*. Puis un gloussement, en guise de réponse.

— Embarrassant ?

— Oui, John, c'était embarrassant. Je me suis sentie embarrassée par mes enfants. Nos enfants. Nos magnifiques bébés sur mesure.

Il porta l'index à ses lèvres.

— Quoi ? Les murs ont des oreilles ?

— Nous nous sommes promis de ne jamais prononcer ce mot. Ce serait dangereux, en leur présence. Ils pourraient le répéter en grandissant.

— Nom de Dieu, jusqu'où va ta parano ?

Il la dévisagea, décontenancé.

— Jusqu'où ?

Il pensa à la mort de Dettore, au massacre des familles Borowitz et O'Rourke. *Il faut que je sois parano,* songea-t-il. *Impossible de pas ne pas l'être. À vie.*

Il écouta quelques instants le *babyphone.*

— Je n'entends pas la musique. Tu ne l'as pas mise ?

— Eh bien, non. Je suis trop crevée pour leur mettre de la musique, tu n'as qu'à monter et l'allumer. Tu ne veux pas plutôt demander au Philharmonique de Londres de venir dans leur chambre ?

— Ma chérie...

— Je ne pense pas que cette foutue musique New Age leur fasse du bien. Tu as l'air de penser qu'il suffit d'élever Luke et Phoebe comme des légumes sous serre. Qu'il suffit de les asperger de musique et de paroles pour qu'ils se mettent à réciter *La République* de Platon.

John se rendit dans la cuisine, il avait besoin d'un cocktail. Il savait que c'était dur pour Naomi, en ce moment, mais les choses allaient s'arranger. Au travail, ça se passait bien pour lui. Ils avaient commencé à rembourser la mère et la sœur de Naomi, même si celles-ci leur assuraient que ce n'était pas utile. Bientôt, ils auraient les moyens d'accueillir une jeune fille au pair. Sa mère avait déjà recommandé la fille d'une famille d'amis, mais c'était trop cher. Et Naomi insistait : elle voulait s'occuper seule de leurs enfants.

Il sortit un bac à glaçons du freezer et en fit tomber six dans le shaker qu'il trouva sur l'égouttoir.

— Qu'est-ce qui était embarrassant, pendant la réunion ?

— Ah, tu veux qu'on aborde ce détail ? dit-elle d'un ton faussement détaché. Il semblerait que notre ami Leo Dettore ait fait l'impasse sur les gènes de la sociabilité.

— Ils se sont mal conduits ?

Elle secoua la tête.

— Non, ce n'est pas cela. C'est la façon dont ils interagissent, ou plutôt leur absence d'interaction. Ils ont totalement ignoré les autres enfants – d'adorables bébés. Ils ont refusé de faire connaissance. Et il s'est passé quelque chose de très étrange. Chaque fois qu'un bébé s'approchait de Luke et de Phoebe, ils lui jetaient un regard glacial, et le bébé éclatait en sanglots.

— Ils ont neuf mois, ma chérie. Ils sont beaucoup trop jeunes pour s'intéresser aux autres. Je pensais que ces réunions avaient pour but de permettre aux mamans de faire un *break*, de se faire des amies.

— Ils ont fait pleurer les bébés, John. Ils sont beaucoup plus grands que les autres, c'est une partie du problème.

— Un bébé, ça pleure tout le temps, dit-il.

Il hésita, puis prit un verre à cocktail sur l'égouttoir et sortit les olives du frigo.

— Je croyais que tout s'était bien passé, la semaine dernière, reprit-il.

— Tout s'est bien passé dans la mesure où ils n'ont rien fait. Je pensais qu'ils étaient timides.

— Et les autres bébés ? Ils jouent ensemble ?

— Pas exactement. Mais il y a une forme d'interaction. Sauf avec Luke et Phoebe. Au bout d'un moment, les autres ont commencé à avoir peur d'eux.

— Certainement parce qu'ils sont deux. Naomi, tu ne peux pas espérer une forme d'interaction à cet âge. Tu me reproches d'attendre trop d'eux. À mon avis, toi aussi. C'est un truc de jumeaux. On nous avait prévenus que les jumeaux préfèrent la compagnie de l'autre parce qu'ils y sont habitués.

— Prépare-moi un cocktail, dit-elle. Un double.

Il la dévisagea, suspicieux.

— Tu sais ce que disent les livres : l'alcool passe dans le lait maternel.

La véhémence de sa réaction le désarçonna. Elle attrapa la bouteille d'Absolut Vodka d'une main, le vermouth de l'autre, et les brandit, rageuse.

— J'en ai rien à foutre, John, tu m'entends ? Rien à secouer des livres et des sites qui t'expliquent comment avoir un bébé intelligent. Sors un peu, mon pauvre vieux ! Et, tant que tu y es, trouve un moyen pour que ta femme aussi puisse prendre l'air !

Hagard, il se retrouva avec une bouteille dans chaque main.

— Je ne les allaite plus qu'une fois par jour. Sers-moi un double ou un triple, à ras bord, avec quatre olives. Les olives, c'est autorisé ou bien est-ce qu'elles font tourner le lait ? Est-ce que quatre olives dans mon Martini vont faire de nos bébés des débiles mentaux ?

Un éclat de rire leur parvint dans le *babyphone*. John et Naomi se tournèrent en même temps. Le *timing* était parfait, comme si Luke et Phoebe se moquaient d'eux. Les cris des bébés se poursuivirent tandis qu'il préparait les cocktails, enfilant les olives sur des cure-dents. Des bruits de joie, des appels. Naomi les écouta, but une première gorgée et sembla calmée. Ils prirent leur verre, montèrent et s'arrêtèrent devant leur chambre. Mais, au moment où John ouvrit la porte, rires et gloussements cessèrent.

Couchée sur le côté, suçant son pouce, Phoebe dormait, entourée de ses jouets préférés – un ours polaire, un serpent, un zèbre et un lion. Couché sur le côté également, un anneau de dentition dans la bouche, les yeux fermés, Luke respirait profondément.

Naomi et John échangèrent un regard, puis elle lui fit signe de la suivre. John ferma la porte.

— Comment peuvent-ils être aussi actifs, puis profondément endormis la seconde d'après ?

Naomi réfléchit avant de lui répondre. Elle avait le sentiment que Luke et Phoebe étaient d'ores et déjà beaucoup plus intelligents qu'ils ne le laissaient paraître, mais ne savait pas trop comment l'exprimer.

— Je ne sais pas, finit-elle par avouer.

Depuis son berceau, Luke appela Phoebe avec un son suraigu, à une fréquence plus haute qu'un sifflet à ultrasons pour chiens, inaudible à l'oreille humaine, bien au-delà de la bande passante du *babyphone*. Phoebe lui répondit à la même hauteur.

51

Le docteur Roland Talbot ouvrit la porte de son cabinet, sur Wimpole Street, pour accueillir John et Naomi, qui tenaient Luke et Phoebe par la main.

— Monsieur et madame Klaesson, ravis de vous rencontrer.

Puis il regarda attentivement les enfants.

— Bonjour, Luke ! Bonjour, Phoebe ! Comment allez-vous ?

Luke s'était métamorphosé en un angélique garçonnet, avec un joli petit nez retroussé, des yeux bleu cobalt et des cheveux blonds comme les blés qui caressaient son front. Naomi l'avait habillé avec une chemise jaune, un pantalon bleu et des baskets. Phoebe, tout aussi angélique, avait les cheveux un tantinet plus foncés que ceux de son frère, et beaucoup plus longs ; elle portait une robe rouge sur un chemisier blanc, des chaussettes et des sandales.

Ils dévisagèrent le médecin comme ils considéraient la plupart des gens qu'ils rencontraient : bouche cousue, entre curiosité et hostilité.

Sans se départir de sa bonne humeur, le docteur leur proposa d'entrer dans son cabinet rempli de jouets et de prendre place sur un canapé en L, devant une table basse. Lui-même s'assit dans un fauteuil confortable, face à eux.

Grand et dégingandé, l'allure agréable, le front légèrement dégarni, le psychiatre portait un maillot de rugby trop grand pour lui, un pantalon en velours côtelé marron, trop court, qui laissait apparaître, non seulement ses baskets, mais aussi ses chevilles imberbes et des chaussettes Snoopy jaunes, dont les élastiques avaient lâché. À quarante ans environ, il donnait l'impression de porter les vêtements d'un grand frère et ressemblait à un grand gamin, songea Naomi.

— Vous avez de très beaux enfants, déclara-t-il.

— Merci, dit John en regardant fièrement son fils, puis sa fille.

— Ils ont dix-neuf mois, c'est ça ? demanda-t-il en fronçant les sourcils.

— Dix-neuf mois et demi, précisa John.

Il sourit à Naomi, qui lui rendit un sourire nerveux. Leurs enfants s'épanouissaient merveilleusement.

— Ils font plus, fit remarquer le psychiatre. Que puis-je pour vous ? ajouta-t-il en se penchant en avant, tout en croisant les bras.

Naomi et John échangèrent un regard.

— Je commence ? demanda-t-elle à son mari.

— Vas-y.

— OK.

Elle expliqua au psychiatre qu'ils entendaient leurs enfants babiller dans le *babyphone,* communiquer et jouer dans la bonne humeur, mais, quand ils entraient dans leur chambre, les bébés se taisaient et faisaient semblant de dormir. D'autre part, ils ne semblaient pas vouloir jouer ni communiquer avec les autres enfants. Et, plus important encore, à dix-neuf mois et demi, ils ne parlaient toujours pas, ne disaient même pas maman ou papa.

Talbot les rassura.

— Ça arrive souvent, chez les jumeaux. Parce qu'ils sont fusionnels, ils mettent plus de temps à s'intéresser au monde extérieur. Souvent, ils ne parlent pas avant deux ans, ce n'est donc pas un souci – pour l'instant. Est-ce qu'ils mangent bien ?

Mal à l'aise sur ce sujet, qui avait été abordé avec Dettore, Naomi et John se consultèrent en silence.

— Ils ne sont pas très intéressés par la nourriture, répondit Naomi. Bébés, ils semblaient affamés mais, maintenant, ils mangent deux fois moins que ce que notre pédiatre et les manuels recommandent.

Le docteur Talbot observa Luke et Phoebe à tour de rôle.

— Ils n'ont pas l'air chétifs. Les enfants trouvent leur propre équilibre. Sont-ils en bonne santé ?

— Pour le moment, je touche du bois, leur santé est excellente, dit Naomi.

— Pas un rhume, rien ! ajouta John, fièrement.

— Je ne veux pas m'avancer, dit Naomi, mais ils me paraissent très robustes.

— Pas un seul rhume en dix-neuf mois et demi ?

Elle secoua la tête.

— Remarquable.

Le docteur Talbot entra en contact visuel avec Luke, avec Phoebe, puis il se mit à se balancer.

— Je constate qu'ils sont curieux. C'est un trait commun à de nombreux enfants. Quand ils me regardent, ils essaient de comprendre qui je suis, où ils sont, c'est bon signe.

— Il y a quelque chose que je, que nous avons remarqué chez eux, dit soudain John. Ils sont fascinés par les animaux.

Naomi confirma d'un hochement de tête.

— C'est vrai. Nous étions dans le jardin, hier, quand le chat d'un voisin a sauté par-dessus la clôture. Tous deux se sont mis à le suivre en riant. Et, la semaine dernière, un lapin est venu dans le jardin – grignoter mes roses ! – et ils ont adoré l'observer.

— Quand ils seront un peu plus grands, vous pourrez peut-être adopter un animal domestique, dont ils s'occuperont ensemble. Un animal, c'est idéal pour développer le sens des responsabilités.

— Vous voulez dire, un poisson rouge ? demanda Naomi.

Talbot grimaça.

— Un poisson rouge, c'est joli, mais ennuyeux. Je conseille toujours un animal que l'on peut caresser, avec lequel on peut interagir, comme un hamster ou une gerbille, un chat ou un chien, pourquoi pas un lapin.

— On pensait adopter un chien, dit Naomi.

Le psychiatre hocha la tête.

— Ce serait bien. Bon, j'aimerais leur proposer une petite série de problèmes à résoudre, voir comment ils s'en sortent. On y va ? Ce sont des tests individuels, l'un de vous doit sortir de la pièce. Honneur aux dames ?

John sortit dans le hall avec Luke et s'assit sur une chaise. Naomi regarda Roland Talbot poser deux bouts de tissu sur la table basse. Il prit une vache en plastique et la pressa pour la faire meugler. Intéressée, Phoebe tendit les bras pour la saisir. Le psychiatre la lui refusa et la posa sur l'un des bouts de tissu, hors de sa portée.

— Voyons si elle arrive à l'attraper, dit-il à Naomi.

Phoebe s'approcha de la table et, en quelques secondes, agrippa l'étoffe, tira dessus, prit la vache et la fit mugir.

— Bien joué, ma chérie, la félicita Naomi.

Talbot réitéra l'expérience, en ajoutant une barrière en plastique qui ne pouvait s'ouvrir qu'en tirant sur une petite poignée.

En quelques secondes, Phoebe avait ouvert la barrière et attrapé la vache, et la pressait fort, ravie.

Pendant les quinze minutes suivantes, le psychiatre fit passer à Phoebe une batterie de tests que Naomi trouva de plus en plus compliqués. Puis il répéta l'opération avec Luke.

À la fin, il demanda à Naomi et à Phoebe de revenir dans la pièce et de s'asseoir sur le canapé.

Pendant quelques instants, il réfléchit. Phoebe s'intéressa soudain aux cheveux de sa mère et se mit les tortiller. Luke, quant à lui, essayait d'attraper un jeu de cubes, frustré que son père l'en empêche.

Le psychiatre se pencha en arrière, les mains derrière la nuque.

— Eh bien, il y a effectivement quelque chose qui doit vous inquiéter, mais ce n'est pas ce à quoi vous pensez, croyez-moi.

— Que voulez-vous dire ? demanda Naomi.

— Vous redoutiez que Luke et Phoebe ne soient un peu en retard, non ?

Naomi et John hésitèrent, puis acquiescèrent.

— Ce n'est pas le cas. Ils sont, au contraire, extraordinairement intelligents. Si c'étaient mes gamins, je me demanderais comment j'arriverais à rester à leur niveau, dans quelques années.

Il regarda Luke et Phoebe, afin de laisser à leurs parents le temps de digérer l'information.

John et Naomi échangèrent un regard.

— Vos enfants sont très en avance pour leur âge. Je n'ai jamais rencontré d'enfants aussi éveillés. Et ça se voit à l'œil nu. Leur sens de l'observation est très développé, ils écoutent attentivement, donc ils comprennent tout très vite. Un collègue chercheur dirige un programme sur les enfants exceptionnellement intelligents. Avec votre permission, j'aimerais…

— Non, l'interrompit fermement Naomi, en jetant un coup d'œil à John pour qu'il se range à ses côtés. Je ne veux pas qu'ils fassent l'objet de recherches.

Se souvenant des conseils de Kalle Almtorp, John confirma :

— Je suis désolé, mais c'est hors de question.

Les Disciples du Troisième Millénaire ne s'étaient pas manifestés depuis un an, mais cela ne voulait pas dire qu'il fallait baisser la garde. Jusqu'à ce que ces gens soient identifiés et arrêtés, impossible de se sentir en sécurité. Et quand bien même... Il y aurait toujours des illuminés pour leur reprocher ce qu'ils avaient fait.

Roland Talbot leva les mains au ciel.

— Pas de souci, je comprends.

— Merci, dit John.

— Mais vous devriez vous préparer. Quand Luke et Phoebe seront scolarisés, ils risquent de s'ennuyer très vite. Il vous faudra leur trouver un cursus spécial, sinon, vous les empêcherez de progresser, et ils vous en voudront.

John jeta un œil à Luke et à Phoebe, en se demandant s'ils comprenaient leur discussion. Aucun d'eux ne semblait réceptif.

Ils quittèrent le cabinet en faisant passer leurs enfants devant eux dans le couloir. Fier et plein d'espoir, John glissa un bras autour de la taille de Naomi et la serra contre lui. Peut-être – peut-être ! – que tout ce qu'ils avaient enduré allait porter ses fruits. Leurs enfants étaient en bonne santé et, aujourd'hui, un psychologue de renom leur avait annoncé qu'ils étaient intelligents, très avancés pour leur âge.

Sourire aux lèvres, il se tourna pour embrasser Naomi sur la joue. Pâle comme un linge, visiblement bouleversée, celle-ci le repoussa.

52

— Madame Klaesson ?

La femme qui se tenait sur le pas de la porte, un bébé bavant dans les bras, semblait à bout de nerfs.

— Glissom ? répéta-t-elle avec un accent de Cleveland.

Elle ne ressemblait pas du tout à la photo qu'il avait mémorisée.

— Madame Naomi Klaesson ?

Elle lui jeta un regard inexpressif.

— Je cherche la famille Klaesson. Ne seriez-vous pas Naomi Klaesson ? insista-t-il poliment.

— Naomi Glissom ? Pas du tout, c'est pas moi, mauvaise adresse, monsieur. Il n'y a pas de Naomi Glissom ici.

Derrière elle, un petit garçon jouait avec un tracteur dans le couloir. La télévision était allumée, volume au maximum. Trente-cinq ans environ, la femme était minuscule, avec un visage empâté et une tignasse brune.

— Peut-être suis-je à la mauvaise adresse. Je cherche le 1526, South Stearns Drive.

— C'est bien ici.

La femme observa son interlocuteur. Il devait avoir vingt-huit ou vingt-neuf ans, de taille moyenne, mince, avec un air sérieux, des cheveux roux coupés ras, un costume bleu, des chaussures noires et un attaché-case noir. Garée dans la rue, sa petite berline bleue semblait particulièrement propre. Il était habillé comme un représentant de commerce, mais n'était pas assez sûr de lui pour en être un. Peut-être était-il mormon ou témoin de Jéhovah.

Il fronça les sourcils.

— Je travaille pour les assurances Federal North-West. Mme Klaesson possède une Toyota immatriculée à cette adresse. Elle est impliquée dans un accident avec l'un de nos clients et n'a répondu à aucun de nos courriers.

— Je ne suis pas au courant.

Le bébé grimaça, et haleta, sur le point d'éclater en sanglots. La femme le berça.

— Glissom ? répéta-t-elle.

— K-L-A-E-S-S-O-N, épela-t-il.

— Klaesson ? Professeur Klaesson ! s'exclama-t-elle. OK, je vois. Je pense qu'ils louaient cette maison il y a quelques années. Au début, j'ai reçu du courrier à leur nom.

Timon Cort hocha la tête.

— Le docteur John Klaesson et sa femme Naomi.

— Ils ne vivent plus ici. Ils ont déménagé, il y a longtemps.

— Savez-vous où ils sont allés ?

— Vous pouvez demander à l'agence immobilière Bryant Mulligan, sur Roxbury.

— L'agence Bryant Mulligan ?

Le bébé se mit à pleurer de plus en plus fort.

— Demandez-leur, dit-elle. Ils savent peut-être.

— Bryant Mulligan ? répéta-t-il.

— Oui.

— Je vous remercie.

Elle ferma la porte. Le Disciple retourna à sa voiture, s'installa au volant et appela les renseignements, demanda à l'opérateur le numéro de l'agence et le composa.

Ils ne connaissaient pas la nouvelle adresse des Klaesson.

53

Le temps était magnifique, en ce samedi après-midi. Trois jours s'étaient écoulés depuis la visite chez le docteur Talbot. C'était sans doute l'un des derniers jours d'été, songea Naomi. Perchée sur un escabeau, dans leur verger, elle tenait un panier en plastique à moitié plein de prunes. À travers les branches, elle regardait Luke et Phoebe jouer sur la pelouse, un peu plus loin. En début de journée, ils avaient batifolé, avec leur père, dans la minuscule piscine gonflable qu'il leur avait installée. À présent, ils proposaient le thé, avec un service miniature, à Barbie et Ken, Prince et Princesse, et à toutes leurs peluches, disposées en demi-cercle.

Dans le rôle de la maman, Phoebe servait le thé, tandis que Luke faisait passer l'assiette de petits-fours en plastique. Ils discutaient joyeusement, ce qui rassura Naomi – d'habitude, ils ne parlaient qu'entre eux, seuls dans leur chambre.

Une guêpe s'approcha de son visage ; elle la chassa d'un revers de la main, puis cueillit une grappe de prunes Reine Victoria mûres à point. Depuis leur séance avec le docteur Talbot, elle était à cran. John avait été enchanté par le diagnostic du psychiatre. Elle, en revanche, était moins enthousiaste. Elle suspectait de plus en plus John d'avoir conclu un pacte avec

Dettore, à son insu. Peut-être avaient-ils même décidé de concevoir des jumeaux.

Tout le monde leur disait que les enfants faisaient plus que leur âge. Dettore avait évoqué cette possibilité, ce qui ne l'empêchait pas de s'inquiéter.

Quelle que soit la vérité, je vous aime, mes poussins. Et je vous aimerai toujours. Tant que vous me laisserez vous aimer.

Avec un peu de chance, il ferait encore chaud, ce soir, et ils pourraient prendre l'apéritif dehors. Ils avaient invité Carson et Caroline Dicks à manger des écrevisses, comme c'était la tradition en Suède. Cette tradition était importante aux yeux de John. Naomi trouvait cet attachement désuet, voire contradictoire, de la part d'un homme qui était beaucoup plus tourné vers l'avenir que vers le passé.

Elle descendit de l'échelle et ramassa quelques fruits tombés au sol. Elle aimait bien ce coin du jardin, entre ombre et lumière. C'était son univers. Ça lui rappelait l'époque, où, enfant, elle passait des heures seule, cachée dans des endroits secrets. Repoussant une autre guêpe, elle alla montrer son panier presque plein à John et aux enfants.

Assis à la table en bois sur la terrasse, un exemplaire du magazine *Nature* devant lui, John observait Luke et Phoebe avec une drôle d'expression. Il tenait quelque chose à la main. Naomi pensa d'abord que c'était son appareil photo, puis elle comprit que c'était un Dictaphone, tendu vers les jumeaux. Encore son obsession d'enregistrer chaque instant de leur enfance ! songea-t-elle.

— Regardez-moi ça, Luke et Phoebe ! s'exclama-t-elle, enthousiaste.

Les deux enfants l'ignorèrent. Luke discutait avec Phoebe, dans un langage qu'il parlait couramment, avec plus de confiance que d'habitude. Tout aussi bavarde, Phoebe se tourna vers son éléphant rose aux grandes oreilles.

— *Obm dua taguuo ciwnas uxuvut sedced apsnut.*
Naomi fronça les sourcils. Elle n'était pas sûre d'avoir bien compris.

— *Uae age traenugna aje alinam uog seomud*, répliqua Luke.

— *Puou aeegn maç nahele uso gtsc*, répondit Phoebe.

John leva l'index pour lui indiquer de ne pas les déranger. Ils continuèrent à discuter dans leur étrange langage pendant plusieurs minutes, sans se soucier de Naomi, absorbés par leur jeu.

Naomi décida soudain qu'elle en avait assez entendu et retourna dans la cuisine poser son panier sur la table, très mal à l'aise, sans vraiment savoir pourquoi.

Ce n'était pas une discussion de jeunes enfants ; c'était comme s'ils communiquaient dans leur propre dialecte. Luke et Phoebe semblaient avoir développé leurs capacités linguistiques de façon spectaculaire.

Par la fenêtre, elle les regarda échanger, sans les entendre.

John, qui se trouvait juste derrière elle, la fit sursauter.

— Tu les as déjà entendus parler comme ça ?
— Jamais.

Il appuya sur un bouton du Dictaphone.

— *Obm dua taguuo ciwnas uxuvut sedced apsnut.*
— *Uae age traenugna aje alinam uog seomud.*
— *Pocu ebenam ct nh peenuorg sec.*

Il appuya sur « pause ».

— Je ne reconnais pas du tout cette langue, dit-il.
— Ce n'est pas du suédois ?
— Non.

Il repassa la conversation.

— Les enfants inventent des langages secrets, dit Naomi, surtout les jumeaux. C'est mentionné dans tous les livres.

— Une idioglossie, dit John, d'un ton détaché.

— Pardon ?

— Un langage inventé.

Naomi prit une serviette à motifs, la replia et la posa sur la table.

— C'est un jeu, n'est-ce pas ? Un jeu innocent, ou bien...

— Ou bien ? répéta-t-il.

Elle replia une deuxième serviette.

— Font-ils cela pour qu'on ne les comprenne pas ?

Il sourit.

— À vingt mois, je ne pense pas qu'ils soient aussi vicieux.

— Tu ne penses pas ou tu en es sûr ?

Ils échangèrent un regard gêné.

54

« *Helan går, sjung hopp faderallan lallan lej...*
Helan går, sjung hopp faderallan lej !
Och den som inte helan tar
Han heller inte halvan får...
Helan gå aaarrrrrr... sjung hopp faderallan lej ! »

Au beau milieu d'un éclat de rire provoqué par leur piètre performance vocale, ils trinquèrent avec leurs quatre verres d'aquavit, au-dessus de la table joliment décorée, dans le salon de John et Naomi.
— *Skål !* dit John.
— *Skål !* dit Naomi.
— *Skål !* dit Carson Dicks, en baissant sa partition.
Avec un petit peu moins d'enthousiasme, comme embarrassée par la trivialité de son comportement, Caroline, la femme de Carson, reprit à son tour :
— *Skål !*
Au centre de la table avait été posé un immense plateau d'écrevisses d'eau douce écarlates, accompagnées d'aneth fraîchement coupé. Un petit drapeau suédois avait été planté sur le côté, et plusieurs bougies allumées. Deux assiettes présentaient les toasts de pain blanc, une autre le fromage traditionnel suédois. Devant chaque assiette se trouvaient un verre à

schnaps, un verre à bière, un verre à vin et un verre à eau. La nappe en papier était décorée d'écrevisses ; le thème était repris sur les serviettes et les bavettes qu'ils portaient.

Éméché, John se sentait bien. Naomi avait dressé une jolie table. Elle était sublime, il était immensément fier d'elle. Ses meilleurs amis étaient là. Il faisait encore beau. Comment ne pas être heureux un soir comme celui-là ?

Il se redressa et leva son verre.

— J'aimerais porter un toast à Naomi. Ma chérie, tu es une femme fantastique, une épouse extraordinaire et une mère incroyable. Je t'aime. Je t'adore.

Carson et Caroline levèrent également leur verre. Naomi chuchota un « merci » embarrassé.

— À Naomi ! s'exclama Carson.

— À toi ! renchérit Caroline, en se penchant pour trinquer avec elle.

John remplit de nouveau le verre de schnaps de Carson, mais Caroline couvrit le sien.

— Je conduis, dit-elle.

John la dévisagea comme si elle était folle.

— Personne ne conduit après un festin d'écrevisses ! Vous laisserez votre voiture ici et vous prendrez un taxi pour rentrer.

John s'éloigna de la table et s'approcha, en titubant, du *babyphone*. Juste une interférence. Tout était calme. Bien. Il avait craint de déranger les enfants avec leurs chansons, mais, bon, le traditionnel festin d'écrevisses rythmerait la vie de Luke et de Phoebe, quand ils seraient un peu plus grands. Ce serait un incontournable de leur culture suédoise.

— Alors, John, tu te plais à Morley Park ? lui demanda Carson.

John acquiesça.

— Oui. Je suis content que tu m'aies persuadé de venir. Très content.

Il se tourna vers Naomi, qui ajouta :

— Je te remercie de nous avoir permis de revenir en Angleterre.

— Nous aussi, nous sommes heureux, dit Carson, avec ses verres épais comme des culs de bouteilles. Très heureux que John travaille pour nous. Et heureux de vous avoir tous les deux. Tout s'est bien goupillé. Ton mari est formidable.

Caroline de nouveau leva son verre.

— Qui a dit que derrière chaque homme qui réussit se cache une femme exceptionnelle ?

Ils éclatèrent de rire.

John se tourna vers Carson, qu'il aimait tant. Pour l'occasion, son boss avait choisi un tee-shirt rayé bleu et jaune, aux couleurs de la Suède, et portait un pantalon beaucoup trop large et des sandales. Il avait beau être habillé comme un sac, John le considérait comme un ami cher à son cœur. Il se leva.

— Carson et Caroline, vous êtes de vrais amis pour nous. Vous nous avez tellement aidés. Je voudrais vous remercier. Je pense que Naomi et moi avons beaucoup de chance de vous avoir comme amis.

Il but la moitié de son verre et s'assit. Caroline esquissa un sourire gêné. Carson porta un toast.

— Tu sais à quoi on reconnaît un véritable ami ?

John secoua la tête :

— Non, dis-moi.

— C'est quelqu'un qui sait tout de toi... Et qui t'apprécie quand même.

John explosa de rire.

— Ce qui fait de toi un véritable ami, je confirme !

— Ne penses-tu pas que le hasard joue un rôle

déterminant dans la vie, John ? dit Caroline. Que, parfois, ce qui devait arriver arrive.

— C'est un peu facile de penser ainsi, dit Naomi.

Anticipant une dispute potentielle, John s'empara de sa partition.

— Allez, chanson suivante ! Caroline, c'est à toi !

Caroline rougit, se leva, survola la partition et entonna, tant bien que mal, un chant traditionnel suédois.

« Tänk om jag hade lilla nubben... »

John et Carson lui réservèrent un tonnerre d'applaudissements et descendirent un nouveau un verre de schnaps en son honneur.

John resservit tout le monde. Il allait se rasseoir quand un bruit provenant du *babyphone* attira son attention. Il pensait que c'était une interférence, mais, en écoutant bien, il entendit un bourdonnement. Naomi intercepta son regard.

— Il y a un problème ? s'inquiéta-t-elle.

Il tendit l'oreille. C'était bel et bien un bourdonnement.

— J'y vais.

Il leva une main qui se voulait rassurante et se dirigea d'un pas incertain vers le hall, avant de monter, en titubant, dans la chambre des jumeaux. À peine eut-il ouvert la porte qu'il dut se baisser pour éviter un petit volatile sombre, qui fonça vers lui, puis vers un mur, avant de changer de direction. John voyait flou. *Merde.*

Il alluma la lumière.

L'insecte survola les berceaux et s'approcha de lui, avant de filer vers le plafond. C'était une grosse guêpe, une reine, voire un frelon.

Doux Jésus.

Luke et Phoebe étaient tous deux réveillés ; ils le fixaient sans mot dire.

— Tout va bien, dit-il en cherchant des yeux un

objet susceptible de faire office de tapette. Il repéra un livre par terre, à côté de leur parc. Il l'attrapa, mais l'insecte avait disparu. Il observa en vain les murs, le plafond, les rideaux jaune vif...

Rien.

Il porta un index à ses lèvres puis dit, sans vraiment articuler :

— Tout va bien, papa est là.

Il chancela en brandissant le livre. Au moment où il s'approchait de la fenêtre, l'insecte lança l'assaut. D'un geste sauvage, John balaya l'air mais rata le frelon qui tournoyait au-dessus des berceaux.

C'est à ce moment-là que Luke leva la main. John vit son index et son pouce se refermer comme une pince. L'instant d'après, l'insecte tombait, silencieux, sur la moquette.

John n'en croyait pas ses yeux. Il se mit à genoux. Le corps décapité d'une énorme guêpe gisait au sol, à l'agonie. Le dard se dressa et se rétracta à plusieurs reprises.

John l'écrasa jusqu'à ce que mort s'ensuive. Toujours sous le choc, il s'approcha de Luke qui, le bras levé, index et pouce serrés, tendait son trophée à son père.

Il y avait une petite trace noire sur son pouce et une grosse tache noire sur son index : la tête de la guêpe, constata John lorsqu'il fut plus près.

Tremblant, il la prit, sans trop savoir quoi lui dire.

— Mais, Luke, c'est complètement...

Luke était impassible. Phoebe aussi. Tous deux l'observaient comme un objet de curiosité.

Il les embrassa et crut distinguer un semblant de sourire sur leurs visages.

Peut-être commençaient-ils à montrer un peu d'affection. Il éteignit la lumière et ferma la porte, en se demandant s'il n'avait pas imaginé la scène.

Il aurait tant aimé que ce soit le cas...

55

Dans la nuit noire, caché derrière d'épais buissons, le Disciple entendit des éclats de rire. Si la lumière des fenêtres du rez-de-chaussée éclairait la pelouse, lui se terrait suffisamment loin pour profiter de l'obscurité la plus totale.

Mais les éclats de rire qui parvenaient jusqu'à lui l'agaçaient. Ces gens n'avaient pas le droit de rire. Avec ses jumelles, il observait l'homme et la femme de la photo au fond de sa poche, ainsi qu'un couple d'invités, venus dans une Jeep Cherokee grise, garée devant la maison.

J'ai dit du rire : insensé ! Et de la joie : à quoi sert-elle ?

Ecclésiaste 2, 2.

Il portait un pantalon noir, une parka noire et des chaussures noires à semelles en caoutchouc. Il était comme invisible. Sous ses habits, il avait enfilé une combinaison intégrale qui ne laissait voir que son visage, elle était conçue pour minimiser les éventuelles chutes de peaux mortes ou de cheveux, que la police scientifique pourrait trouver. Mais il regrettait de s'être couvert aussi chaudement. Il s'était dit que la nuit serait fraîche, or elle était moite.

Dans les poches zippées de sa parka se trouvaient

une paire de gants en cuir fin, un kit pour crocheter les serrures, une bombonne de gaz, un masque à gaz, de la mousse expansive, une bombe de propane, un ensemble d'outils et un magnifique fusil à air comprimé plié comme un tripode, une lunette nocturne, une torche et un briquet. Sans oublier, bien sûr, une photo des pêcheurs. Il avait enfilé ses jumelles de vision nocturne autour de son cou et attaché à sa ceinture un petit chalumeau oxycoupeur.

De là où il était, le Disciple voyait parfaitement la scène. Les quatre personnes qu'il observait semblaient prendre du bon temps. À l'étage, une faible lumière formait un halo autour des rideaux tirés. Il se demanda si c'était là que dormaient les jumeaux. Une goutte de sueur coula le long de sa nuque.

Il ferma les yeux et pria. Quand il eut terminé, il reprit sa garde silencieuse, attendant que le couple d'amis parte. Même si, songea-t-il, dans la mesure où ils batifolaient avec les pêcheurs, ils étaient eux aussi des suppôts de Satan et méritaient donc également de mourir.

Mais ce n'était pas l'ordre qu'il avait reçu.

Mais si vous ne faites pas ainsi, vous péchez contre l'Éternel ; sachez que votre péché vous atteindra.
Nombres 32, 23.

Il était 22 heures. Il se sentait un peu fébrile, cependant le Seigneur était à ses côtés, et cette certitude faisait sa force. Ce qui le rendait encore plus fort, c'était de savoir que, s'il effectuait cette mission, il prouverait son amour et son dévouement absolu au Seigneur.

Et ce jugement c'est que, la lumière étant venue dans le monde, les hommes ont préféré les ténèbres à la lumière, parce que leurs œuvres étaient mauvaises.
Jean 3, 19.

Un peu après 23 heures, un renard traversa le jardin et déclencha le système de surveillance. Une lumière jaillit jusqu'aux taillis autour de lui. Il resta immobile. Le visage du pécheur apparut à la fenêtre, puis disparut. Trois minutes plus tard, les lumières s'éteignirent.

Quelques instants après, les quatre personnes se levèrent de table et s'installèrent sur les canapés à l'autre extrémité de la pièce. Il vit la pécheresse servir quelque chose qui ressemblait à du café, puis entendit de la musique. Le volume devait être relativement puissant à l'intérieur. Cole Porter. La musique du diable. C'était le moment de passer à l'action. Il assembla son fusil à air comprimé, mit en place la lunette nocturne, inséra la cartouche et dix calibres .22 dans le chargeur.

Prenant appui sur une grosse branche, il plaça son œil devant la lunette et vit, en gros plan, dans une lueur verdâtre, le mur de la maison. Immédiatement après, il visait le premier projecteur, qui brillait encore d'un orangé si vif qu'il en fut presque ébloui.

Un mois de solitude dans un ranch au sommet d'une montagne du Colorado lui avait permis de s'entraîner, mais c'était Dieu, à la vérité, qui lui permettrait d'atteindre ses cibles. Il appuya sur la détente, entendit un bruit sourd et, une fraction de seconde après, un léger tintement. Quasiment aucun bruit. Une pluie de verre tomba, telles des étincelles, dans son viseur.

Quelques instants après, Dieu l'aida à dégommer la seconde ampoule, du premier coup. Dans le chaos qui régnerait bientôt, deux ampoules brisées et deux plombs écrasés passeraient inaperçus.

Une heure plus tard, la musique cessa. Tous se levèrent. Il les regarda s'embrasser, se dire au revoir, puis sortir de la pièce.

Ensuite, il entendit un véhicule démarrer. La Jeep, selon toute vraisemblance. Il l'écouta s'éloigner. Les pêcheurs revinrent dans la salle à manger et débarrassèrent la table.

Il dut attendre longtemps avant qu'ils ne quittent la pièce et n'éteignent. Une lumière s'alluma à l'étage. Il vit la silhouette de la femme regarder par la fenêtre. Son mari apparut derrière elle, l'enlaça et l'embrassa dans le cou.

Laisse-la tranquille, sale type. Va te coucher. Éteins. Quel égoïsme de me faire attendre si longtemps !

Le mari s'éloigna, et la femme disparut à son tour. Après ce qui lui sembla une éternité, la lumière s'éteignit.

Le Disciple traversa la pelouse. Une mini-torche entre les dents, il sortit son kit et crocheta la serrure de la cuisine, qui céda facilement. Mais, au lieu d'entrer, il fit le tour de la maison en suivant un câble qui le mena jusqu'à l'alarme, sous les gouttières. Il fit un petit trou dans le boîtier et aspergea le circuit électronique de mousse expansive, puis s'accroupit.

Il lui fallut quelques minutes avant de trouver le câble téléphonique protégé par une gaine métallique. Il alluma son chalumeau avec son briquet et le sectionna en un rien de temps. À l'intérieur de la maison, l'appareil se mit à biper, pour signaler une anomalie. Sans bruit, il ouvrit la porte de la cuisine et entra. Une alarme se mit à hurler. Mais à l'intérieur uniquement. Il sortit le gaz de sa poche, enfila son masque et monta les marches de l'escalier quatre à quatre.

Il arrivait tout juste à l'étage quand la porte de la chambre s'ouvrit. Le pêcheur, nu, apparut devant lui. Il l'aspergea, et l'homme s'effondra en silence. Quand il entra dans la chambre, la femme cherchait l'interrupteur. Il la gaza elle aussi. Elle retomba sur son oreiller. Tous deux resteraient inconscients au moins une demi-heure, ce qui était plus que suffisant.

Il retourna dans la cuisine en ignorant l'alarme, qui devait être à peine audible de l'extérieur, et repéra rapidement la bouilloire électrique. *Parfait*. Il la dévissa, désactiva l'arrêt automatique et revissa le tout. Puis il l'entoura de deux torchons secs, à sa base, l'alluma, recula et attendit.

Deux minutes plus tard, il perçut une odeur de plastique chaud. Puis de la fumée commença à se dégager, et la bouilloire prit feu.

Il recula jusqu'à la porte fermée, sortit sa bombe de propane liquide et tourna la valve. Le jet atteignit l'appareil. Les flammes s'élevèrent jusqu'au plafond.

Il ouvrit la porte et sortit dans la nuit. L'appel d'air enflamma la pièce.

À l'abri, dans les buissons au fond du jardin, il enleva son masque à gaz et regarda le feu se propager. Il perçut rapidement des odeurs de bois et de peinture brûlés, entendit les flammes crépiter. Puis il discerna un son encore plus doux à ses oreilles : des bébés qui pleuraient.

Il enjamba la clôture et emprunta le chemin que Dieu lui avait montré deux nuits plus tôt, à travers champs, jusqu'au parking d'une épicerie, où sa petite voiture de location était garée dans l'obscurité.

56

De : Kalle Almtorp, ambassade de Suède,
Washington
À : John Klaesson. bklaesson@morleypark.org
Objet : Disciples

John, je voulais te prévenir que les Disciples ont probablement refait surface. Un couple de l'Iowa, Laurence et Patty Morrison, et leurs jumeaux, Nathan et Amy, âgés de trente mois, ont été retrouvés morts dans leur ranch incendié il y a deux jours. Ils étaient, eux aussi, allés à la clinique de Dettore. Les dommages sont importants, et la police ne connaît pas encore l'origine du sinistre, mais je voulais t'avertir.

Trois couples parents de jumeaux sont morts, tous avaient été admis à la clinique de Dettore, cela ne prouve rien, mais je préfère te conseiller d'être prudent.

Bien sûr, je te tiendrai informé. Jusqu'à présent, aucun Disciple du Troisième Millénaire, aucun éventuel leader n'a été identifié. Ils demeurent une énigme.

J'espère que Naomi et ta famille se portent bien. Je vais être muté en Malaisie à la fin de l'année, mais je garderai un œil ouvert pour toi.

Hälsningar !

Kalle

57

Reggie Chetwynde-Cunningham était le genre d'homme qu'un agent de casting aurait recommandé à un réalisateur pour incarner l'archétype du savant anglais excentrique. Installé à son minuscule bureau surchargé, au sein du département de linguistique dans le bâtiment B4 de Morley Park, il observait John, derrière son monocle, comme l'aurait fait un rapace.

La soixantaine environ, il avait le visage buriné, des veines saillantes et les cheveux en pétard. Il portait un complet en tweed vert usé avec coudières en cuir et un nœud papillon à motif cachemire flamboyant sur une chemise à carreaux Viyella.

Aux murs de la pièce en désordre avaient été accrochées des cartes anciennes de la Grande-Bretagne, une photo du linguiste serrant la main du prince Philip et une citation encadrée : « TOUTE LANGUE EST UN DIALECTE AVEC UNE ARMÉE DE TERRE ET UNE MARINE DE GUERRE, DR JOHNSON. »

— Bon... Ah oui... Mon Dieu...

Sa table en merisier était couverte de miettes de biscuits. D'autres morceaux tombèrent du paquet qu'il tendit à John. Celui-ci en prit un et le trempa dans son café.

— Fascinant, tout ça !

Ce que John appréciait, à Morley Park, c'était que, contrairement aux autres universités où il avait travaillé auparavant, la moyenne d'âge n'était pas de vingt ans, ce qui lui donnait des complexes, mais plutôt de cinquante. Cela lui faisait plaisir d'être relativement jeune. Il croqua son biscuit.

Reggie Chetwynde-Cunningham avait été anobli quelques années plus tôt pour services rendus à la Sécurité nationale. Lors de ses précédentes fonctions, il avait travaillé au quartier général de la communication du gouvernement, développant des logiciels capables de reconnaître la voix de terroristes identifiés parmi les millions d'écoutes effectuées chaque jour sur téléphones fixes et portables. Aujourd'hui, il dirigeait le département de linguistique de Morley Park, mettant au point des systèmes de contrôle des machines par la parole ou la pensée.

— Écouter l'original ! commanda-t-il sans crier gare.

Une chaîne hi-fi complexe, qui se trouvait derrière lui, se mit en route toute seule. Quelques instants plus tard, ils entendirent très distinctement les voix de Luke et de Phoebe.

— *Obm dua taguuo ciwnas uxuvut sedced apsnut*, dit Phoebe.

— *Uae age traenugna aje alinam uog seomud*, répliqua Luke.

— *Pocu ebenam ct nh peenuorg sec*, répondit Phoebe.

— Stop ! ordonna Chetwynde-Cunningham.

Puis il se tourna vers John, rayonnant.

— C'est très impressionnant, figure-toi.

— De quelle langue s'agit-il ? Tu l'as identifiée ? Le linguiste secoua la tête.

— J'ai fait écouter l'extrait à certains de mes collègues, hier. Parmi eux, il y a une jeune maman. Tout le monde était d'accord pour affirmer qu'il s'agit bien d'une langue, mais personne ne l'a reconnue. Pour en avoir le cœur net, nous avons utilisé un logiciel capable d'identifier tous les dialectes du monde. Il y en a six mille deux cent sept, ajouta-t-il, non sans fierté. Leur langage n'en fait pas partie.

— Pourquoi ? s'enquit John en buvant une gorgée de café, refusant poliment le paquet de biscuits que le linguiste poussait de nouveau vers lui.

— Eh bien, on entend parfois des rumeurs sur des enfants capables de parler des langues étrangères de façon innée. Certains prétendent que c'est une preuve de vie antérieure, ce genre de truc, dit-il sans conviction. Mais je ne connais pas de cas de très jeunes enfants parlant couramment une langue étrangère. Parfois, quand l'enfant évolue dans un milieu bilingue, comme c'est le cas chez vous, il pioche dans les langues de ses deux parents.

— Il y aurait du suédois là-dedans ? Ma femme et moi aimerions…

Le linguiste l'interrompit en secouant la tête avec véhémence :

— Pas la moindre trace de suédois.

Il prit un biscuit et le tint en suspens au-dessus de sa tasse.

— C'est un phénomène que l'on retrouve chez de nombreux jumeaux, plutôt chez les jumeaux monozygotes – ils créent leur propre langage pour exclure leurs parents en particulier et le reste du monde en général. Il semblerait que ce soit le cas ici.

— Leur propre langage ?

Chetwynde-Cunningham hocha la tête.

— Tu comprends ce qu'ils disent ?

— Oh, oui ! Une fois qu'on a la clé, c'est simple

comme bonjour ! Comme chaque fois qu'il s'agit d'un code.
— Un code ?
Le linguiste se tourna vers son ordinateur.
— Afficher l'original à l'écran ! commanda-t-il.
Quelques instants plus tard, les mots apparurent.

Obm dua taguuo ciwnas uxuvut sedced apsnut.
Uae age traenugna aje alinam uog seomud.
Pocu ebenam ct nh peenuorg sec.

John se rapprocha, pour essayer de décoder le texte. Deux minutes plus tard, il s'avoua vaincu.
— Je ne trouve pas la clé.
— Cela ne m'étonne guère. Regarde la première ligne.
John s'exécuta.

Obm dua taguuo ciwnas uxuvut sedced apsnut.

Le linguiste commanda :
— Réécrire à l'envers en mettant les accents et les espaces au bon endroit !
Quelques secondes plus tard, une nouvelle ligne apparut :

Tu n s pa déc dé s tu v ux u san wic ou u gât au D mbo.

John commençait à saisir, mais il ne lisait pas encore la phrase. Le linguiste passa une troisième commande :
— Insérer les lettres manquantes !
Une troisième ligne apparut :

Tu n'as pas décidé si tu veux un sandwich ou un gâteau, Dumbo.

John fronça les sourcils.
— Nom de Dieu ! C'était quand… Ils jouaient à la dînette…
Chetwynde-Cunningham demanda la traduction des deux autres répliques.
John les parcourut.

Dumbo est gourmand, il a déjà mangé une part de gâteau.
C'est gros, un éléphant, ça mange beaucoup.

— Tu m'as dit que c'était spontané ? Qu'ils n'avaient pas préparé leur texte à l'avance, John ?
— Ils n'ont pas encore deux ans. Je ne pense pas qu'ils soient capables de préparer un dialogue à l'avance.
Complètement abasourdi, il haussa les épaules, guère convaincu par ses propres paroles.
— Les calculs qu'ils font dans leur tête, cette traduction simultanée, c'est tout à fait phénoménal. Un seul enfant, on aurait pu envisager un dysfonctionnement du cerveau, une forme d'autisme ou d'épilepsie temporale, une altération de la voie neuronale, mais il est impossible, statistiquement parlant, que deux enfants souffrent du même mal.
S'ensuivit un long silence. John fixait les phrases en se demandant comment ils réalisaient une telle performance. Le linguiste l'interrompit dans ses pensées.
— Si ce dialogue était spontané, vos enfants me semblent exceptionnels. Je qualifierais leurs capacités d'uniques. Je n'ai jamais vu cela auparavant. Jamais.
Il se tourna vers John en l'invitant à exprimer sa fierté.
Mais John ressentait un profond malaise.

58

— Je pense qu'on devrait retourner voir le psychiatre, le docteur Talbot, tu ne crois pas, John ?

Assis à la table de la cuisine, un Martini à la main, John réfléchissait. Les découvertes du linguiste l'avaient déstabilisé, et le mail de Kalle Almtorp l'avait bouleversé.

Trois couples ayant rendu visite à Dettore avaient été assassinés.

Mon Dieu.

Ces trois familles avaient eu des jumeaux. Le seul élément rassurant, c'était la distance. Aucun meurtre n'avait eu lieu en dehors des États-Unis.

Pour le moment.

— Ton collègue linguiste sait-il pourquoi ils parlent un anglais parfait, à l'envers, en omettant la quatrième lettre ?

John secoua la tête.

— Non.

— On attendait qu'ils disent leurs premiers mots, papa ou maman, en vain. Aujourd'hui, ils discutent ensemble dans un anglais parfait, codé. Tu ne trouves pas ça flippant ? Moi si.

John regardait dans le vague.

— Moi aussi. C'est tellement étrange.

— Tu penses que Dettore est responsable ? Qu'il a endommagé un gène et que les connexions de leurs cerveaux ne se font pas bien ?

— Je pense que c'est trop tôt pour spéculer. S'ils continuent à parler ainsi, on les emmènera chez un neurologue.

— Tu ne crois pas qu'on devrait prendre rendez-vous tout de suite ?

John s'approcha du *babyphone* fixé au mur et tendit l'oreille.

— Ils ne dorment pas ?

— Non, j'attendais que tu rentres pour qu'on leur donne le bain.

Elle s'assit. John la regarda, très mal à l'aise. Elle était toute pâle. Elle cacha son visage entre ses mains.

— Après tout ce qu'on a traversé… Dieu, pourquoi la vie est-elle si injuste ?

— On a de magnifiques enfants, ma chérie.

— De magnifiques bêtes de foire.

John s'approcha d'elle, posa ses mains sur ses épaules et l'embrassa dans le cou.

— Tu te trompes. Luke et Phoebe sont comme on le souhaitait : beaucoup plus intelligents que les gosses de leur âge. Il faut juste qu'on s'adapte.

— Pourquoi parlent-ils un langage codé ? Les langages codés, c'est pour ceux qui ont des secrets. Pourquoi s'expriment-ils ainsi ? Est-ce un dysfonctionnement ou sont-ils encore plus intelligents qu'on ne le pense ?

— Je ne sais pas, avoua-t-il, démuni.

Naomi leva les yeux vers lui.

— On a fait une erreur, n'est-ce pas ?

— Non.

— J'aurais aimé… avoir… une vie normale. Des enfants normaux.

— Normaux comme Halley ?

Un long silence s'ensuivit, puis John regarda en direction du *babyphone*, toujours silencieux, et but une gorgée de Martini.

— Ce n'est pas ce que je voulais dire, et tu le sais très bien.

John tripota les olives enfilées sur le cure-dents et les observa pensivement, comme s'il pouvait y lire l'avenir.

Naomi reprit :

— Parfois, ils me fixent comme si... Comme si je n'étais rien. Juste bonne à les nourrir, une machine à leur service.

Ils montèrent.

— Je pense qu'on devrait les mettre dans des chambres séparées, dit Naomi. Le docteur Talbot nous l'a conseillé, pour les aider à développer leur propre identité.

— Il a dit que ce serait bien quand ils seront un peu plus grands.

— Je sais, mais je voudrais commencer à les séparer dès maintenant.

John porta son index à ses lèvres et ils s'arrêtèrent devant leur porte. Luke et Phoebe discutaient dans leur langage codé.

Quand la porte s'ouvrit, ils se turent.

— Salut, Luke, salut, Phoebe ! dit John.

Tous deux levèrent les yeux. Ils jouaient avec des cubes en bois. Mèche blonde en travers du front, Luke portait un pull à rayures, un jean et des baskets. Parfaitement coiffée, Phoebe portait un survêtement violet ; elle était pieds nus. Avec leurs grands yeux bleus, ils incarnaient une adorable forme d'innocence. John jeta un coup d'œil à Naomi, qui fixait, aussi époustouflée que lui, un ensemble de Mandelbrot miniature, parfaitement géométrique, qu'ils avaient dessiné au sol, à l'aide de leurs cubes.

— *Beop tuas eul tlas*, dit John dans leur langue, en les dévisageant à tour de rôle.

Aucun d'eux ne réagit.

— Joli motif ! dit Naomi.

John s'empressa d'aller chercher un appareil photo dans leur chambre.

— C'est l'heure du bain ! lança gaiement Naomi.

John fit des photos des enfants avec leur réalisation.

— C'est très joli, Luke. Magnifique, Phoebe. Vous l'avez fait ensemble ?

Tous deux le fixaient en silence. Puis, comme si c'était écrit dans le scénario, ils se mirent à rire à l'unisson. Ils souriaient à leurs parents, ce qui était rare – d'autant plus qu'ils ne souriaient jamais à personne.

— Très joli, renchérit Naomi. Comme vous êtes intelligents !

Elle interrogea John du regard, mais il n'avait pas d'explication à lui apporter.

— Maman va faire couler votre bain !

Naomi sortit de la pièce. John prit d'autres photos. Immobiles, ses enfants l'observaient. Quelques instants plus tard, il entendit l'eau couler.

Il rangea l'appareil dans la poche de son pantalon, se baissa, prit Phoebe dans ses bras et l'embrassa.

— Que tu es intelligente !

— *Iab derehl !* dit-elle joyeusement.

— *Iab derehl !* répéta son père.

Puis il la porta dans la salle de bains et la confia à Naomi. Il retourna chercher Luke, qui fixait l'ensemble au sol, plongé dans ses pensées.

— C'est toi qui l'as fait, ou ta sœur ?

Bombant le torse, Luke se désigna, rayonnant. John

le prit dans ses bras et l'embrassa sur le front. Puis il fixa ses grands yeux bleus.

— Tu es très intelligent, tu le sais ? Très intelligent.

Luke sourit et, l'espace d'un instant, John sentit une bouffée de bonheur l'envahir. Il le serra fort.

— Maman et papa sont très fiers de toi ! Très fiers !

Dans la salle de bains, manches relevées, Naomi vérifiait la température de l'eau du bout des doigts. Assise par terre, Phoebe la regardait, à moitié nue. John déshabilla Luke et attendit que l'eau soit à bonne température pour le mettre au bain. Radieux, Luke s'éclaboussa, en essayant de faire couler un canard jaune et un petit bateau. Naomi enleva le bas de survêtement de Phoebe et l'installa dans la baignoire.

Le téléphone sonna.

— Tu peux décrocher ? demanda Naomi.

John retourna dans leur chambre prendre l'appel.

C'était Rosie.

— Salut, dit-il, comment vas-tu ?

— J'ai déjeuné avec Naomi l'autre jour, je l'ai trouvée très déprimée, dit-elle avec son franc-parler habituel. Emmène-la quelque part, qu'elle fasse une pause, sinon elle va craquer.

— On est tous les deux dans le même cas, dit-il.

— Pars en vacances, invite-la au soleil et prends soin d'elle. C'est une femme formidable, John, elle le mérite. Un peu de tendresse ne lui ferait pas de mal, tu sais ?

— Ce n'est pas si simple.

— C'est très simple. Tu nous confies les enfants, on s'occupera d'eux, et tu emmènes Naomi en voyage.

John entendit un hurlement.

Mon Dieu.

— Jooooohn !

— Je te rappelle, dit-il en raccrochant.

Il se précipita dans la salle de bains. Luke hurlait. Naomi, hystérique, le visage et les vêtements couverts de sang, tenait Phoebe dans ses bras. L'eau du bain était écarlate. Du sang coulait sur les jambes de Phoebe, et le long des parois de la baignoire.

— Fais quelque chose ! cria Naomi. John, pour l'amour de Dieu, aide-moi !

59

— Tout va bien, ma chérie, dit Naomi. Tout va bien !

Dans le cabinet du pédiatre, Phoebe s'accrochait au pull de sa mère comme à un radeau dans un océan déchaîné, hurlant à pleins poumons.

Petit et gentil, le docteur Clive Otterman fronçait en permanence les sourcils. Naomi lui trouvait un air de ressemblance avec Buster Keaton. Debout près de la table d'examen, il faisait preuve d'une patience d'ange, comme s'il avait tout son temps.

Enveloppant sa fille de façon protectrice, Naomi l'embrassa, puis dit :

— Il est très gentil, ma chérie, tu l'as déjà rencontré plein de fois, il ne va pas te faire mal.

Phoebe continuait à hurler. Naomi regarda John, qui se trouvait à côté d'elle, impuissant. Ils avaient laissé Luke à la maison avec sa grand-mère maternelle, venue pour la journée.

Les mains dans le dos, un sourire poli aux lèvres, le docteur Otterman attendait, dans son costume gris, avec cet air entendu du professionnel que plus rien n'étonne en matière de comportement infantile.

— Il ne va pas te faire de mal, je te le promets !

Phoebe hurla encore plus fort. Naomi se tourna vers

John. Elle n'avait qu'une envie : l'engueuler. *Tu es son père, nom de Dieu. Fais quelque chose !*

Mais il se contenta de hausser les épaules, désemparé.

Elle approcha Phoebe de la table d'examen et essaya de l'allonger, mais les cris redoublèrent, et elle s'accrocha si fort au col roulé de sa mère qu'elle le déforma.

— Ma chérie, dit Naomi, le gentil docteur va juste t'ausculter.

Les cris montèrent d'un cran. Désespérée, Naomi se tourna vers le pédiatre, qui lui sourit gentiment. *Vous êtes un spécialiste, merde ! Vous devriez savoir gérer un enfant dans ces moments-là !*

Comme par magie, le docteur Otterman trouva soudain une Barbie rose, qu'il montra à Phoebe. L'effet fut immédiat. Phoebe tendit les mains ; il la lui donna. La petite fille sourit et dit :

— Barbie !

Naomi n'en crut pas ses oreilles. Elle regarda John, tout aussi étonné qu'elle, pour en avoir le cœur net.

Phoebe venait de parler, de dire son premier mot !

John était aux anges.

— Barbie ? répéta le docteur Otterman. Tu aimes les Barbie, Phoebe ?

— Barbie ! s'exclama Phoebe, avant de glousser.

Malgré son anxiété, Naomi ne put s'empêcher de ressentir une bouffée de bonheur.

Elle parlait ! Sa petite fille parlait normalement ! C'était incroyable !

Elle dut résister à l'envie de se jeter dans les bras de son mari, de joie.

— Tu aimes les Barbie ? reprit le docteur Otterman. Tu aimes jouer à la Barbie ?

— Barbie ! dit Naomi. Barbie, ma chérie !

Puis elle se tourna vers le pédiatre, euphorique.

— Elle parle ! C'est son premier mot !

Elle était tellement heureuse qu'elle faillit sauter au cou du médecin.

— Barbie ! dit John à Phoebe.

— Barbie ! répéta Phoebe en éclatant de rire, comme si c'était la chose la plus drôle au monde. Barbie ! Barbie !

Naomi en avait les larmes aux yeux. John passa un bras autour de sa taille et la serra fort contre lui.

— C'est incroyable ! dit Naomi.

— Je t'avais dit qu'ils grandissaient normalement ! déclara John.

Naomi hocha la tête.

— Tu avais raison.

Phoebe laissa le pédiatre et sa mère la déshabiller, sans cesser de répéter le mot Barbie, comme si elle venait de faire la découverte la plus importante de sa vie.

Le docteur Otterman procéda à un examen externe, puis fit une prise de sang sans aucune protestation de la fillette – à la grande surprise de Naomi – et enfin une brève échographie. Quand il pressa délicatement un mouchoir en papier entre les jambes de la fillette, Naomi vit des taches de sang.

— Barbie ! répétait-il, comme un code secret entre eux deux.

— Barbie !

Phoebe exultait.

Le pédiatre retira ses gants, se lava les mains et aida Naomi à rhabiller sa fille, avant de retourner à son bureau.

Il prit plusieurs notes, à la plume, posa son stylo et fronça les sourcils. Quelques instants plus tard, il le reprit et se cala dans son fauteuil.

— Monsieur et madame Klaesson, le bain d'hier soir était-il très chaud ?

— Pas plus que d'habitude.

— Je vais envoyer les prélèvements sanguins pour analyse. Les résultats arriveront dans deux jours.

— Quel est le problème ? le pressa Naomi. Elle est gravement malade ? Les saignements internes ont-ils été causés par la température du bain, ou est-ce quelque chose...

Il sembla soudain mal à l'aise.

— Je pense que l'on devrait attendre les résultats du labo avant de tirer des conclusions.

— Quelles conclusions ? fit Naomi, alarmée.

Le docteur Otterman se leva.

— Je ne veux pas vous inquiéter pour rien. Je vous appelle dès que je reçois les résultats.

— À votre avis, qu'est-ce que cela peut être ? insista John.

— Une hémorragie interne, ça ne peut pas être bénin, n'est-ce pas ? renchérit Naomi.

— Il y a plusieurs possibilités. Attendons.

— Je voulais aussi discuter avec vous du langage qu'ils parlent ensemble, dit John. Qu'en pensez-vous ?

Le pédiatre leva les mains.

— J'en reste sans voix.

Il jeta un coup d'œil à ses notes.

— Vous avez vu le psychiatre Roland Talbot il y a deux mois, c'est bien ça ?

— Oui.

— Il pense que vos enfants sont exceptionnellement doués. À votre place, je ne m'inquiéterais pas trop, même si, je dois l'avouer, le motif en cubes représente un ensemble mathématique impressionnant. Nous ne sommes encore qu'aux balbutiements en matière de compréhension du cerveau humain. Je sais qu'il y a eu quelques cas répertoriés de communication exceptionnelle entre jumeaux. Et les prouesses mathématiques sont parfois associées à une forme d'autisme...

Naomi l'interrompit.

— Vous pensez qu'ils sont autistes ?

— C'est l'une des possibilités, même si, personnellement, je ne le crois pas. Mais ce n'est pas à exclure.

Il se tut quelques instants, puis reprit :

— D'une façon ou d'une autre, ils ont trouvé une voie neuronale leur permettant de réaliser cette performance. Ce qu'ils font est incompréhensible pour nous, mais sans doute parfaitement naturel pour eux. Entre le moment de la conception et l'âge de sept ans, notre cerveau se développe énormément. C'est peut-être juste une phase. Peut-être perdront-ils cette faculté dans un an ou deux. S'il n'y a pas de changement, je connais un très bon psychologue comportemental pour enfants à Brighton, que je vous conseillerai de consulter. Mais j'imagine que ce ne sera pas nécessaire.

— J'espère que vous avez raison, dit Naomi, mais je trouve toute cette histoire très étrange.

Le pédiatre les invita à sortir.

— Je vous appelle dès que j'ai les résultats. D'ici là, ne vous faites pas de souci.

Le docteur Otterman leur fit signe deux jours plus tard. Sa voix alarma Naomi. Il leur demanda de venir le voir dès qu'ils seraient disponibles, sans les enfants, dans la mesure du possible.

60

Le cabinet semblait avoir changé en trois jours. Lundi matin, avec ses murs jaunes et ses immenses fenêtres, la pièce leur avait paru aérée et lumineuse. Aujourd'hui, elle était sombre et oppressante. Naomi et John étaient assis devant le bureau du pédiatre, qui avait rejoint sa secrétaire pour répondre à une question. Le vent violent faisait vibrer les fenêtres. Naomi regardait l'averse déferler sur la ville, la campagne et l'océan.

Un courant d'air la fit frissonner. La nature avait, à sa disposition, tout un arsenal pour s'exprimer. Tempêtes, tornades, séismes, éruptions volcaniques, tsunamis, inondations, météorites, astéroïdes. Maladies.

Elle attrapa la main de John, qui la serra et se tourna vers elle pour lui dire quelque chose, au moment où le docteur Otterman entrait et fermait la porte.

— Désolé pour l'attente.

Tous deux observèrent, avec anxiété, le pédiatre qui s'installait derrière son bureau. Il consulta l'écran de son ordinateur, puis prit un stylo et le fit rouler entre ses doigts.

— Merci d'être venus. Je préférais vous voir en personne, parce que… Il s'agit d'un syndrome très rare… Pas mortel, mais préoccupant.

Naomi et John étaient suspendus à ses lèvres.

— Je... Comment dire... Un faible pourcentage d'enfants seulement est affecté. Nous allons faire un électroencéphalogramme pour en être absolument sûrs, mais je n'ai guère de doutes.

Revoilà le tunnel, songea Naomi. *Comme avec Halley. Des tests, des hôpitaux, des spécialistes, encore des tests, et encore des hôpitaux.*

Il reposa son stylo, réfléchit, puis reprit, en regardant tantôt Naomi, tantôt John.

— Les saignements... Je ne voulais pas faire de diagnostic avant d'en avoir le cœur net. Les résultats du labo ne sont pas encore définitifs, mais Phoebe présente une variante du syndrome de McCune-Albright.

John et Naomi se regardèrent, perplexes.

— Je suis désolé, mais je n'ai jamais entendu parler de ce syndrome, dit John. MacEwan-Albright, vous avez dit ?

— Le syndrome de McCune-Albright. Également connu sous le nom de « puberté précoce », précisa-t-il en rougissant.

— Puberté ? s'étonna Naomi.

Il acquiesça.

— Il s'agit d'une anomalie congénitale provoquant diverses manifestations de maturité sexuelle chez l'enfant, ainsi que d'autres changements physiologiques.

Naomi monta au créneau.

— Maturité sexuelle ? Que voulez-vous dire exactement ? Phoebe n'a pas encore deux ans, et vous êtes en train de nous dire qu'elle est « sexuellement mature » ?

Le pédiatre les fixait d'un air contrit.

— C'est bien ce que je veux dire. Aussi extraordinaire que cela puisse paraître, Phoebe vient d'avoir ses premières règles.

61

Dans la voiture, Naomi et John restèrent quelques moments silencieux. John enfonça la clé, sans mettre le contact. Il posa les mains sur ses genoux. Le vent secouait la voiture.

Puberté précoce.

Naomi regardait le pare-brise ruisselant.

Maturation osseuse précoce, niveau d'œstrogènes comparable à celui des adolescentes et des adultes. Chez de nombreux enfants affectés par ce syndrome, la croissance s'arrête. La poitrine se développe prématurément. Non traitée, une petite fille de cinq ans peut avoir la maturité sexuelle d'une adolescente.

— Le traitement marchera, dit John. Ne t'inquiète pas.

— Il a dit qu'il marcherait *peut-être*. Que le traitement pourrait ralentir le processus, mais pas la guérir. Parfois, ça aide. Voilà ce qu'il a dit. *Parfois.*

— L'essentiel, c'est que ce n'est pas une maladie mortelle. Et tout le monde nous dit qu'ils sont grands pour leur âge, ajouta-t-il après réflexion. Phoebe ne serait pas aussi grande si sa croissance était lente.

— Et Luke ? Pourquoi est-il aussi grand ?

— Je ne sais pas.

— Le docteur Otterman dit qu'ils ont la taille

d'enfants de trois, voire quatre ans, alors qu'ils n'ont pas deux ans.

— Mais il a dit aussi que leur croissance allait sans doute ralentir.

— Et si ce n'est pas le cas ?

— Je suis certain qu'elle ralentira, dit John.

— Qu'est-ce qui te rend aussi sûr ? L'intégrité du docteur Dettore ?

Il ne répondit pas.

— Je veux leur faire passer tous les tests possibles et imaginables, dit Naomi. Je veux savoir quelles autres surprises ils nous réservent. Ce que Dettore leur a infligé.

John tourna la clé de contact et entreprit de quitter leur place de parking.

— Le docteur Otterman est d'avis qu'elle ne sera pas affectée, qu'elle pourra mener une vie normale, déclara-t-il sans hausser le ton.

— Pour la plupart des femmes, une vie normale, c'est avoir des enfants. Tu imagines ce qu'elle ressentira quand, au début de son adolescence, toutes ses amies auront leurs règles pour la première fois ? Quand elle commencera à sortir avec des garçons ? Que se passera-t-il quand elle tombera amoureuse ? Comment expliquera-t-elle à quelqu'un, dans vingt ans, qu'elle a eu ses premières règles avant l'âge de deux ans et qu'elle a été ménopausée à quatorze ?

— Ce n'est pas ce qu'il a dit, ma chérie. Selon lui, sa ménopause ne sera pas forcément précoce.

— Il ne savait pas, John. Il en saura plus après l'électroencéphalogramme. Il a insisté sur le fait que tous les cas étaient différents.

Elle fouilla dans son sac à main, en sortit un paquet de Kleenex et se moucha.

— Génial. Nous voulions un fils de grande taille, et notre fille sera naine.

— Tu viens de dire que tu la trouvais trop grande pour son âge. Elle ne sera pas naine.

— Ah bon ? Pourquoi ?

— La médecine fera d'énormes progrès ces vingt prochaines années. Si on découvre que...

— Je te ferais remarquer que Phoebe est victime d'une de ces avancées. Je suis contente de savoir que notre fille est un rat de laboratoire. Et une bête de foire.

— Bête de foire, c'est exagéré.

— Quel euphémisme préférerais-tu ? « Précocement mature » ? « De petite taille » ? C'est peut-être trop réaliste, mais c'est l'évidence, John, et nous devons la regarder en face. Grâce au docteur Dettore, nous avons investi toute notre épargne et nous nous sommes endettés auprès de ma famille pour concevoir une bête de foire. Qu'est-ce que tu ressens ?

— Tu aurais préféré qu'elle ne voie jamais le jour ? Qu'aucun d'eux ne naisse ?

— Je ne sais pas ce que je ressens. Dis-moi ce que tu ressens, toi. Je ne sais jamais ce que tu penses.

— Tout ce que je voulais, c'était...

Il ne termina pas sa phrase.

— Qu'est-ce que tu voulais, John ? Je suis tout ouïe. Et tu devrais mettre les essuie-glaces, si tu veux voir la route.

Il enclencha les essuie-glaces et s'engagea dans la rue.

— Je ne sais pas, avoua-t-il. Je ne sais pas ce que je voulais. Juste le meilleur pour nos enfants, pour toi et pour moi... Juste le meilleur pour nous.

— C'est ce que tu aimes croire ?

— Comment ça ?

— Voulais-tu le meilleur pour nous tous, ou plutôt satisfaire tes envies de scientifique ?

Il freina plus fort que prévu.

— Tu ne me fais donc pas confiance ?

— Je ne sais plus quoi penser, John.

— C'est blessant.

Elle haussa les épaules.

— Naomi, je t'ai toujours dit la vérité. Quand j'ai entendu parler de Dettore pour la première fois, je t'ai dit tout ce que je savais. Je t'ai expliqué qu'on prenait des risques en le contactant. Et nous avons tous les deux accepté de les prendre, ces risques.

— Peut-être ne t'es-tu pas exprimé assez clairement, dit-elle, amère.

— Peut-être ne m'as-tu pas écouté assez attentivement, répliqua-t-il avec gentillesse.

Elle se tourna vers lui et dévisagea l'homme qu'elle avait aimé passionnément. L'homme avec lequel elle avait traversé tant de moments difficiles. L'homme qui lui avait donné la force de survivre à la mort de leur fils.

Elle ressentait tant de haine envers lui que, si elle avait eu un couteau à portée de main, à ce moment-là elle l'aurait poignardé.

62

Au monastère de Perivoli Tis Panagias, la journée commençait de la même façon depuis onze siècles : à 2 h 30 du matin, sous un ciel étoilé, par un roulement de tambour, bois contre bois. L'appel aux matines. À la lueur froide de la lune, le crescendo, plus chamanique qu'un gong, résonnait entre les ombres de la cour, sur les dalles usées et contre les forteresses fissurées qui entouraient les bâtiments décrépits.

Dans sa cellule, l'abbé quitta sa couche étroite, alluma la lampe à huile sur son chevet, se signa sous le portrait de la Vierge Marie et enfila rapidement sa bure noire.

Quand il avait rejoint ce monastère, en tant que novice, soixante-quatre ans plus tôt, c'était lui, Yanni Anoupolis, qui se levait en premier et appelait ses frères à la prière, en martelant, de son maillet, l'ancestrale planche en teck accrochée à une chaîne rouillée dans la cour du cloître. À vingt-deux ans, il était avide de servir Dieu.

Aujourd'hui, son cœur, ses genoux et ses hanches lui faisaient souffrir le martyre. Le corps qui l'hébergeait était aussi fatigué que les bâtiments qui accueillaient les quelques moines encore présents. Sa vue diminuait un peu plus chaque jour, son énergie aussi. Il ne savait pas combien de temps Dieu le garderait sur cette terre, mais il était soulagé, après tant d'années d'incertitude, de savoir que l'avenir du monastère, perché sur un atoll rocheux de la mer Égée, à vingt kilomètres au sud de la Grèce, était assuré.

Père Yanni mit son capuchon, puis, prenant appui sur un bâton, descendit les marches en pierre pour rejoindre la cour, où flottait l'odeur des lampes à huile brûlant sous le porche de l'église, alternative bienvenue aux sempiternels relents iodés. En contrebas, il entendit les pas de trois des quatre moines restants, sur les cent quatre-vingt-dix que comptait la communauté à l'origine.

Il entra dans l'église par l'arrière, se signa de nouveau, puis resta quelques instants, dans un silence humble, devant la magnifique Vierge à l'Enfant. La Vierge Marie ! C'était elle qui les protégeait, sur cette île. Et, pour le remercier d'une vie de dévotion, elle lui avait envoyé cet Américain.

Il se demanda si l'Américain le rejoindrait pour les matines. Certains matins, il s'asseyait à côté de lui, accompagné de novices. D'autres jours, il préférait se recueillir dans sa chambre.

Il aimait à voir ces novices si gentils, si polis, si sincères, si dévoués, qui priaient avec ferveur. Ah, l'énergie de la jeunesse !

L'Américain s'appelait Harald Gatward. C'était un homme bon, l'abbé le savait, même s'il ignorait quasiment tout de lui. La Vierge Marie l'avait amené jusqu'ici, et il n'avait pas besoin d'en savoir plus.

Le monastère de Perivoli Tis Panagias avait été construit au IXe siècle pour offrir aux moines grecs orthodoxes un refuge, une alternative au mont Athos, autrement appelé « Sainte Montagne ». La vie y était ascétique. Les plaisirs séculiers strictement interdits.

Ces tentations sataniques n'étaient bonnes qu'à distraire et à corrompre. Les discussions en faisaient partie. Elles devaient se cantonner à la transmission d'informations, les bavardages conduisant au péché.

L'abbé était le seul moine de l'île à parler anglais. Sa compréhension de la langue était limitée et archaïque. Il présumait que l'Américain devait être très riche. Quand le conseil de l'Église grecque orthodoxe avait décidé que les coûts de fonctionnement de Perivoli Tis Panagias n'étaient plus justifiés pour cinq moines seulement, le minuscule îlot avait été mis en vente, dans l'espoir d'attirer un investisseur pour le transformer en complexe hôtelier. L'Américain leur avait fait une offre qu'ils ne pouvaient pas refuser. Et cet homme merveilleux avait assuré à l'abbé que Dieu avait exprimé Sa volonté : lui et ses quatre frères pouvaient continuer à vivre ici en paix.

Bien sûr, il y avait eu quelques changements. De nouveaux bâtiments avaient été construits, et des femmes étaient arrivées sur l'île. Mais elles vivaient loin du monastère, et aucune d'entre elles n'avait osé pénétrer dans l'église ou dans le réfectoire.

*

Dans sa petite cellule, encore plus modeste que celle de l'abbé, éclairée par une simple chandelle, Harald Gatward, agenouillé à côté de son lit, visage enfoui dans ses mains, communiait avec le Seigneur depuis 23 heures, la veille. Il n'avait interrompu sa veillée qu'une fois, pour lire ses mails.

Gatward était un géant flegmatique d'un mètre quatre-vingt-dix-huit, au cou de taureau et au visage poupin. Malgré ses cheveux grisonnants, qui pendaient de part et d'autre de son crâne dégarni, il ne faisait pas ses cinquante-huit ans. Ancien colonel du 51ᵉ régiment de parachutistes, Gatward avait été décoré pour sa bravoure pendant la guerre du Viêtnam.

Quelques mois plus tard, l'année de sa décoration, sa fiancée était morte dans ses bras. Un hélicoptère de l'armée américaine un peu trop zélé avait, par inadvertance, déversé plusieurs litres de produits chimiques à combustion spontanée sur un hôpital de campagne, au moment où il venait chercher Patty, qui finissait sa journée de travail.

Elle s'était précipitée vers lui – vêtements, cheveux, mains, jambes, visage en flammes. Il l'avait roulée par terre, avait déchiré son propre uniforme pour étouffer le feu, mais, au moment où il semblait éteint, il s'était rallumé, comme certaines bougies de farces et attrapes.

Quand son corps avait commencé à refroidir, sa peau s'était détachée de sa poitrine et de ses bras, comme un manteau qu'on enlève.

— Dieu tout-puissant, dit Harald Gatward agenouillé à côté de son lit. Quand tu as créé l'homme, tu l'as fait à ton image.

Il répéta :

— Dieu tout-puissant, quand tu as créé l'homme, tu l'as fait à ton image.

Et une nouvelle fois.

Harald Gatward était convaincu que personne ne méritait de mourir comme Patty était morte. Les produits chimiques l'avaient tuée. En fabriquant des produits chimiques, l'homme créait toutes sortes de problèmes dans le monde et engendrait bien des malheurs. Satan avait mis la formule de ces produits dans la tête des gens. Aujourd'hui, stupide et prétentieux, l'homme ne jouait pas seulement avec la chimie, mais avec la génétique.

Dieu avait guidé Harald Gatward toute sa vie. Il

lui avait dit comment transformer l'héritage de son père, qui avait fait fortune grâce à des usines de pièces détachées pour automobiles en Asie, en un empire international à plusieurs milliards de dollars. Il lui avait demandé d'aller au Viêtnam, de se battre pour son pays. Il lui avait confié d'autres secrets, au fil des années, sous forme de visions. Il avait mené Harald jusqu'au monastère de Perivoli Tis Panagias pour sauver les moines. C'était l'une des raisons, mais pas la principale.

La vraie raison, c'était que Dieu lui avait demandé, depuis cette île, de libérer le monde des scientifiques.

Le soleil ne se lèvera plus, la lune ne brillera plus. Le Seigneur sera ta seule lumière, plus jamais tu ne seras misérable. Ton peuple sera vertueux et possédera la terre pour toujours. Ce sont les pousses que J'ai plantées, le travail de Mes mains, pour louer Ma splendeur. Le dernier d'entre vous sera millier, le plus petit une nation puissante. Je suis le Seigneur. En temps voulu, Je passerai rapidement à l'action.

Vous vous nommerez les Disciples du Troisième Millénaire.

63

Naomi avait déjeuné avec Rosie. Absorbée par leur discussion, elle en avait oublié l'heure et avait dix minutes de retard.

Merde.

À son grand soulagement, elle constata, en arrivant dans Caibourne, sous une pluie torrentielle, qu'elle n'était pas la dernière. Deux 4 x 4 se garaient devant la bâtisse défraîchie, près de l'église, qui faisait office de halte-garderie deux fois par semaine. Et d'autres véhicules en bloquaient l'accès.

Elle se gara à la va-vite, une roue sur le trottoir, et lutta contre un coup de vent pour ouvrir sa portière. Elle mâcha un chewing-gum pour masquer l'odeur d'alcool. Elle n'aimait pas être en retard. La ponctualité – typiquement suédoise – de John avait déteint sur elle.

Elle n'aurait pas dû boire, étant donné qu'elle conduisait, mais bon, cela faisait deux ans et demi, avant même la naissance de Luke et Phoebe, qu'elle n'avait plus de vie. Maintenant qu'ils étaient grands, elle était bien décidée à en profiter un peu. Et, deux verres en deux heures, à table, ce n'était pas franchement un coup de folie.

Le chemin qui menait à la porte était détrempé. Des

mères pressaient leurs enfants, des parapluies s'entrechoquaient. Elle salua quelques visages familiers, puis se réfugia à l'intérieur, tête baissée.

Les murs du hall d'entrée étaient couverts de peintures et de dessins, accrochés au hasard, et de certificats encadrés. Elle se fraya un passage entre les mamans qui essayaient d'habiller leurs bambins, et pénétra dans la salle principale. Une petite fille, qui écoutait de la musique, Walkman sur les oreilles, sautait sur un canapé défoncé. Une autre, assise à une table, jouait, très concentrée, avec des figurines de monstres préhistoriques. Deux garçonnets, portant un casque vert et une casquette de base-ball à l'envers, garaient des petites voitures dans un parking à étages miniature.

Aucun signe de Luke ni de Phoebe.

Elle retourna dans le hall bondé et reconnut l'une des mères. Elle avait été très gentille avec elle la fois où elle l'avait rencontrée. Elle essayait d'enfiler un manteau rouge à son fils, Nico.

— Bonjour, Lucy ! s'exclama Naomi. Quel temps ! Septembre est d'habitude plus...

La femme, qui portait un chapeau en plastique et un imperméable mouillé, la fusilla du regard, puis tira son enfant vers la sortie. Avant que Naomi n'ait eu le temps de réagir, Pat Barley, l'assistante maternelle qui dirigeait ce groupe, s'approcha d'elle. Elle était plus petite que Naomi, un peu enrobée, toujours souriante, avec une coupe au bol.

— Bonjour, madame Klaesson. Pourrions-nous nous voir quelques instants ?

— Bien sûr, dit Naomi, un peu surprise par son ton officiel. Où sont Luke et Phoebe ?

Elle détecta immédiatement un certain malaise.

— Dans la petite salle de jeux, par ici, dit-elle en désignant une porte.

Naomi jeta un coup d'œil à l'intérieur. Luke et Phoebe étaient assis sur un canapé, silencieux, les yeux dans le vague.

— Bonjour, mon chéri, bonjour, ma chérie ! dit-elle.

Aucun ne réagit. Elle échangea un regard avec Pat Barley, qui lui fit signe de la suivre. Elles allèrent dans la cuisine, où se trouvait une longue table couverte de papier journal peinturluré, avec des pots en polystyrène, et des statuettes en pâte à modeler peintes ou couvertes de paillettes. Une dame de service lavait une fillette en tablier de plastique bleu qui s'était mis de la gouache rouge et jaune sur le visage.

— Madame Klaesson, je suis dans une position délicate, avoua Pat Barley en se tordant les mains et en regardant ses pieds. Ne le prenez pas mal : j'ai reçu des plaintes.

— Des plaintes ?

La bonne humeur de Naomi disparut soudain.

— Oui, désolée.

Pat Barley semblait vouloir essorer ses doigts.

— Les parents sont tellement sensibles, de nos jours... Ce n'est pas contre vous, mais...

Elle hésita.

— Mon Dieu, je ne sais pas comment vous l'annoncer. Vous venez d'arriver en Angleterre, nous devrions tout faire pour vous intégrer, mais, le problème, c'est qu'il n'y a pas eu une ou deux récriminations, mais six.

— À propos de Luke et Phoebe ?

— Oui.

— Quelles sortes de plaintes ?

Il y eut un long silence. La dame de service, une grande asperge avec un sourire idiot aux lèvres, tendait l'oreille, ce qui mettait Naomi encore plus mal à l'aise.

— Eh bien, je suppose que c'est la façon dont Luke et Phoebe interagissent avec les autres enfants. Ils font partie des plus jeunes du groupe, mais leur comportement n'est pas celui d'enfants de leur âge. Physiquement aussi, ils font plus âgés. À défaut d'un autre mot, je dirais qu'ils terrorisent les autres.

— Ils les terrorisent ? C'est ridicule !

L'assistante maternelle acquiesça.

— Oui, je sais, ça semble ridicule, mais je les ai observés toute la journée, et je dois dire que leur comportement est clairement asocial. Dès leur arrivée, ils se sont installés devant l'ordinateur et n'ont laissé aucun enfant s'en servir. Quand un petit s'approchait, Luke ou Phoebe grognait férocement. La plupart du temps, l'enfant se mettait à pleurer. Je suis désolée, mais c'était pareil la fois dernière. Ils ne veulent pas partager, n'acceptent pas que d'autres aient le droit de jouer avec les objets à disposition.

— Je vais leur expliquer, dit Naomi, il faut qu'ils apprennent à ne pas être égoïstes. Je suis vraiment confuse, je vais…

Pat Barley secoua la tête.

— Excusez-moi, mais le fait est que deux mères n'ont pas déposé leurs enfants aujourd'hui parce qu'elles savaient que Luke et Phoebe seraient là, et plusieurs autres mamans nous ont annoncé qu'elles arrêteraient de nous confier les leurs.

Elle sembla soudain très embarrassée.

— Je suis très gênée, c'est une décision terrible à prendre, mais je vais devoir vous demander de retirer vos enfants de ce groupe. Peut-être devriez-vous essayer de les intégrer dans un groupe de grands. Ils auraient leur place avec des enfants de cinq ou six ans. Je suis vraiment embêtée, mais ils ne sont plus les bienvenus ici.

64

Naomi observa leurs visages à plusieurs reprises, dans le rétroviseur, sur le chemin du retour. Attachés dans leurs sièges, Luke et Phoebe ne disaient rien. Chaque fois qu'elle les regardait, deux paires d'yeux la fixaient. Elle avait du mal à se concentrer sur la route.

— Maman n'est pas très contente de vous, dit-elle, agitée par des émotions contradictoires. On m'a dit que vous n'êtes pas gentils avec les autres enfants. C'est vrai, Luke ? Phoebe ?

Silence.

Elle doubla deux cyclistes.

— Luke ? dit-elle d'un ton cassant. Phoebe ? Je te parle, à toi aussi. Je vous ai posé une question. J'attends une réponse. C'est vrai ou pas ?

Silence.

Elle s'engagea sur le chemin, roula jusqu'à la maison, freina brutalement devant la porte d'entrée et sortit de la voiture.

— Vous voulez jouer à ce petit jeu avec moi ? Très bien.

Elle claqua sa portière, appuya sur le bouton de verrouillage centralisé et s'éloigna. Une fois sous le porche, elle se retourna. Il pleuvait des cordes. Elle distingua la silhouette immobile de Phoebe.

Elle entra dans la maison et claqua la porte.

Vous allez attendre dans la voiture. Pour une fois, je ne vais pas céder. Il va falloir qu'on vous inculque les bonnes manières avant que vous ne vous transformiez en d'horribles petits monstres.

Elle accrocha son imperméable mouillé au portemanteau, ramassa le magazine de la paroisse et se réfugia dans la cuisine. Trop remontée pour lire, elle remplit la bouilloire, l'alluma, mit du café instantané dans une tasse et se prit la tête entre les mains. Elle ne savait plus quoi faire.

Ils avaient été expulsés de la halte-garderie. *Merde.* Elle appela John, mais tomba sur sa boîte vocale.

— Rappelle-moi. On a un problème. Il faut que je te parle.

L'eau était chaude. Naomi resta immobile, perdue dans ses pensées. Elle devait faire quelque chose. Reprendre rendez-vous avec le psychologue comportemental, le docteur Talbot, qui les trouvait si intelligents ? Il leur fallait quelqu'un pour les aider, car cette situation…

Le téléphone sonna. Espérant que ce serait John, elle se leva d'un bond et décrocha le combiné mural.

— Allô ? dit-elle poliment, consciente de son état d'énervement.

Une voix masculine qui se voulait agréable et sérieuse, avec un accent américain, lui demanda :

— Je suis bien chez les Klaesson ?
— Oui.
— J'aimerais parler à Mme Klaesson.
— C'est moi-même.
— Madame Naomi Klaesson ?

Mal à l'aise, elle hésita, puis demanda :

— Qui est à l'appareil ?
— Puis-je parler à Mme Naomi Klaesson ?

— J'aimerais savoir à qui j'ai affaire.

La personne lui raccrocha au nez.

Naomi fixa le combiné – la panique la gagna. Elle raccrocha, décrocha, et appuya sur une touche pour connaître le dernier correspondant. Une voix automatique répondit :

« Vous avez reçu un appel, aujourd'hui, à 15 h 11. Identité refusée. »

Elle se souvint que le téléphone de John, dans son bureau, disposait d'un écran. Le voyant rouge clignotait. Elle le consulta.

15 h 11. Appel international.

Elle frissonna, comme si une pieuvre géante avait déployé ses tentacules au-dessus de l'Atlantique pour venir étouffer son âme.

Puis-je parler à Mme Naomi Klaesson ?

Qui êtes-vous ? Les Disciples ? Les Disciples du Troisième Millénaire ? Que voulez-vous ?

Elle courut dans le hall, prit les clés de la voiture, ouvrit la portière et appuya sur le bouton pour déverrouiller les portières.

Luke et Phoebe n'étaient plus là.

Le temps s'arrêta. Elle fixa, hypnotisée, les sièges vides. Puis regarda dans toutes les directions – la grange, la maison, les buissons fouettés par la pluie...

— Luke ! Phoebe !

La pluie s'abattait sur elle.

— Luke ! hurla-t-elle, terrorisée. Phoebe ! Luke ! Phoebe !

Elle courut jusqu'à la barrière canadienne et scruta le chemin désert. Un sachet en plastique claquait, prisonnier des broussailles. Aucun signe des enfants. Désespérée, elle retourna vers la maison.

— Luke ! Phoebe !

Elle en fit le tour en courant, puis traversa la pelouse détrempée en les appelant.

Elle s'immobilisa devant la porte de la cuisine, terrorisée, ruisselante.

Ils avaient disparu.

— Dieu, non, ne me fais pas ça. Où sont-ils ? Où sont-ils ?

Elle retourna en courant dans la maison. Le téléphone sonnait. Elle se précipita dans le bureau de John et décrocha.

— Allô ?

C'était John.

— Ils ont disparu ! cria-t-elle. J'étais en ligne, ils ont disparu, oh, mon Dieu !

— Chérie ? Qu'est-ce que tu veux dire ?

— Ils ont disparu, John, disparu, bordel de merde ! Je les avais laissés dans la voiture, devant la maison. Mon Dieu...

— Comment ça, disparu ? Naomi, ma chérie, explique-moi.

— Tu es sourd ou quoi ? Ils ont disparu, c'est clair ? Quelqu'un les a enlevés.

— Quelqu'un les a enlevés ? Tu en es sûre ?

— Je n'en sais rien. Ils ne sont plus là.

— Depuis quand ? Tu as cherché partout ?

— Partout !

— Tu as regardé dans la maison ?

— Ils étaient dans la voiture, nom de Dieu !

— Tu as fait le tour des pièces ?

— Non, dit-elle en éclatant en sanglots.

— Naomi, ma chérie, fais le tour. Je reste au bout du fil. Vérifie partout.

Elle courut dans le salon, grimpa à l'étage, en nage. La porte de leur chambre était fermée.

Elle l'ouvrit et s'arrêta net. Assis par terre, Luke et Phoebe étaient en train de construire une tour en Lego. Elle n'en croyait pas ses yeux. Le soulagement se mêlait à l'incompréhension.

— Je les ai... Je les ai retrouvés. Tout va bien. Je les ai retrouvés.

— Ils vont bien ?

Elle sortit de la pièce et répéta calmement :

— Ils vont bien.

— Où étaient-ils ?

Elle ne répondit pas. Elle se sentait bête, désorientée. Les avait-elle accompagnés jusqu'à leur chambre ? Impossible.

— Où étaient-ils, ma chérie ?

— Dans leur chambre, aboya-t-elle. Dans leur maudite chambre.

— Comment vont-ils ?

— Luke et Phoebe ? Très bien. Ils se portent à merveille. Ils ont été virés de la crèche, ils savent sortir de la voiture verrouillée tout seuls, et ils refusent de me parler. Si c'est ta définition du bonheur familial, on nage en plein dedans. Nos bébés sur mesure sont au top. De toute évidence, ils sont nés avec les bons gènes.

— J'annule ma réunion et je rentre à la maison, chérie. Je serai là dans une demi-heure.

— Va à ta réunion. Ne l'annule pas. On a assez de problèmes comme ça.

— Je peux rentrer dès maintenant.

— Va à ta foutue réunion, John ! Tes enfants n'ont pas besoin de toi, ni de moi, ni de personne.

65

Assis sur une chaise, dans la chambre des enfants, John s'apprêtait à leur lire une histoire, comme tous les soirs. Ces dernières semaines, c'était *Le Gruffalo*, *Winnie l'Ourson*, *Cendrillon*, *Perlimpinpin,* ou la série des *Monsieur*.

Il ne savait pas s'ils l'écoutaient ou pas. Allongés en silence, ils ne montraient jamais aucune réaction.

Il les embrassa et sortit, le cœur lourd, se préparer un verre. Naomi était au téléphone avec sa mère.

Une idée étrange lui vint à l'esprit. Et si les enfants les *punissaient* pour ce qu'ils avaient fait ? Il la réfuta, puis emporta son cocktail dans son bureau et s'assit devant son ordinateur. Une douzaine de nouveaux mails apparurent.

L'un d'eux provenait de son partenaire d'échecs, Gus Santiano, à Brisbane. *Zut*. Cela faisait une semaine qu'il n'avait pas joué. Il l'ouvrit, légèrement coupable.

Eh, enfoiré ! Tu les sors d'où, tes derniers coups ? Tu es sous médocs ? Tu as un prof ? Des conseils personnels de Kasparov ? Je m'avoue vaincu. À toi de commencer la nouvelle partie.

John fronça les sourcils. Son adversaire avait-il bu ? La dernière fois qu'il avait joué, c'était pour se défendre d'une potentielle attaque contre le fou du roi. De quoi parlait-il ? Santiano avait-il une autre partie en cours ? Se trompait-il d'interlocuteur ?

Il lui répondit qu'il ne voyait pas de quoi il voulait parler.

Dix minutes plus tard, il reçut une pièce jointe.

Ça doit être Alzheimer, John. Voici les coups que tu as joués cette semaine.

John ouvrit la pièce jointe et découvrit, abasourdi, les six mails qu'il était supposé avoir envoyés à Santiano.

Incroyable ! Il ne pouvait pas avoir joué sans s'en souvenir, c'était impossible.

Il ouvrit son application « échecs » et chercha, dans ses archives, les détails de la dernière partie. Les coups étaient effectivement très malins.

Le problème, c'est que ce n'était pas lui qui avait joué.

Il revérifia ses messages. Tous avaient été envoyés de sa boîte, depuis cet ordinateur. Il était le seul à l'utiliser. Ça ne pouvait pas être Naomi, elle ne savait pas jouer aux échecs.

Stupéfait, il sortit une olive de son Martini et la mâcha pensivement. *Six coups*. Avait-il été *hacké* ? C'était envisageable, sauf qu'il ne restait jamais connecté, ni ici ni au bureau.

Il ouvrit l'un des mails et lut les détails. Il avait été envoyé de cet ordinateur à 2 h 45 du matin, samedi dernier. Un autre avait été envoyé à 3 heures, dimanche, le suivant à 2 h 48, lundi, et ainsi de suite mardi, mercredi, jeudi et aujourd'hui.

Je deviens fou ? Je fais des crises de somnambulisme ?

Il ne fit qu'une gorgée de son Martini. Mais l'alcool

ne lui fit aucun effet. En pleine nuit, quelqu'un utilisait son ordinateur pour jouer aux échecs à sa place. C'était soit un pirate, soit...

Il leva les yeux au ciel.

Mais oui, John, ton fils et ta fille de deux ans et demi s'introduisent en douce dans ton bureau, au beau milieu de la nuit, pour mettre une raclée à un champion d'échecs, demi-finaliste du tournoi de Queensland l'année dernière. Et tu expliques ça comment ?

Il n'avait pas de réponse. Il était effaré.

66

— Je ne voulais pas t'inquiéter, mais il y a autre chose, dit Naomi d'un ton hésitant. J'ai reçu un coup de fil étrange cet après-midi. Ce n'est probablement rien.

John mâchait son cabillaud. Comme chaque fois que Naomi cuisinait, c'était cuit à la perfection. Écoutant d'une oreille le journal télévisé, il lui répondit :

— Étrange dans quel sens ? Au fait, c'est délicieux.

— Merci, je voulais tester cette nouvelle recette. Tu ne trouves pas la sauce aux champignons trop riche ?

— Non, c'est un régal. Qui a appelé ?

— Un Américain, qui m'a demandé s'il était bien chez les Klaesson, si j'étais bien Naomi Klaesson, avant de raccrocher.

John la dévisagea. Il était désormais tout ouïe.

— Vers quelle heure ?

— 15 heures, cet après-midi.

— Il a donné son nom ?

— Non.

John regarda vers la fenêtre, troublé.

— 15 heures ? Tu sais d'où il appelait ?

— J'ai regardé sur l'écran de ton téléphone, mais ça disait juste « international ». Pourquoi ?

Il calculait. Côte Est. Côte Ouest.

La veille, il avait reçu un appel similaire à son bureau. Un jeune homme avec un accent américain lui avait demandé s'il parlait bien au professeur John Klaesson. Il avait répondu par l'affirmative, et l'interlocuteur avait raccroché. Comme un collègue se trouvait dans son bureau à ce moment-là, il n'avait accordé que peu d'attention à l'appel, et, le travail aidant, il l'avait complètement oublié.

Un sentiment de malaise l'envahit. Il avait reçu cet appel à 14 h 45. 6 h 45 côte Ouest, 9 h 45 côte Est. L'appel venait-il de New York ? Il pouvait avoir été passé de n'importe où. Peut-être s'agissait-il d'un journaliste avide d'informations sur l'affaire Dettore. Avec un peu de chance, ce n'était que ça.

Sauf qu'un journaliste aurait rappelé.

Il détacha un morceau de poisson et le trempa dans la sauce en hésitant à partager ses doutes avec sa femme. Il décida qu'elle avait eu suffisamment de stress à la crèche, et que ce n'était pas le moment de lui parler du coup de fil qu'il avait lui-même reçu. Ni de ses découvertes à propos de la partie d'échecs avec Gus Santiano.

— Phoebe a grandi de combien, en un an ? demanda-t-il.

— 6,3 centimètres, dit-elle.

— Comme Luke ?

— Oui.

— Et elle a eu ses règles combien de fois ?

— Une fois.

— Il semblerait que le traitement marche, dit-il.

— Pour le moment.

— Ce qui veut dire qu'il continuera à marcher, n'est-ce pas ? Et qu'elle grandira normalement, non ?

Elle hocha la tête à contrecœur.

— Soyons optimistes.

Après le repas, John alla dans son bureau. Lui qui n'avait jamais pris la peine d'installer un mot de passe sur son ordinateur en créa un.

Quand il eut terminé, il ouvrit sa partie d'échecs et envoya un nouveau coup à Gus Santiano, avant de se mettre au boulot.

Peu avant minuit, il éteignit son ordinateur et descendit dans la cuisine, où il écouta le *babyphone*. Les enfants respiraient profondément. Il monta sur la pointe des pieds, ouvrit la porte de la chambre de Luke et Phoebe et, sans faire de bruit, y jeta un coup d'œil.

À la lueur de la veilleuse Bob le Bricoleur, il constata qu'ils dormaient. Il leur envoya un baiser, ferma la porte et alla dans sa chambre. Naomi s'était endormie, lampe de chevet allumée, un livre ouvert sur la couette. Elle bougea quand il entra.

— Quelle heure il est ? demanda-t-elle d'une voix ensommeillée.

— Minuit et des poussières.

— J'ai rêvé que toi et moi on était pourchassés par Luke et Phoebe. Ils étaient en voiture et on était à vélo. Ils n'arrêtaient pas de dire qu'ils ne voulaient pas nous écraser, parce qu'ils nous aimaient, mais que si on ne pédalait pas plus vite, ils seraient obligés de le faire.

Il se pencha pour l'embrasser.

— Terreur nocturne assez classique.

— C'était effrayant. Je n'arrêtais pas de leur répéter : « Vous êtes nos enfants, vous devriez nous aimer, pas nous écraser. »

— Et que disaient-ils ?

— Ils rigolaient.

— Rendors-toi, fit-il doucement.

Il se déshabilla, enfila son peignoir et alla se laver les dents dans la salle de bains.

Mais, au lieu de se coucher, il prit une torche dans

le tiroir de son chevet, l'alluma, éteignit la lampe de Naomi et descendit dans son bureau, en marchant sur des œufs.

À la lueur de la lampe de poche, il déplia le sac de couchage qu'il avait sorti de l'armoire un peu plus tôt, se glissa à l'intérieur et se coucha, recroquevillé, sur le minuscule canapé.

À 5 heures du matin, après quelques heures de sommeil agité, souffrant de violentes crampes, il déserta son poste et retourna dans son lit.

67

Le Disciple était heureux. Il avait ressenti du plaisir en entendant la peur dans la voix de l'Infidèle.
Que ton cœur ait toujours la crainte de l'Éternel. Proverbes 23, 17.
Cette peur lui donnait de l'énergie, de la force, du pouvoir. C'était tellement bon qu'il était tenté de la rappeler pour une nouvelle rasade. Mais ce serait pécher. Dieu avait été bon avec lui, Il lui avait montré où vivaient les Infidèles. Il ne devait pas Le remercier par un accès de faiblesse.

Et, maintenant, euphorisé par la peur de Naomi Klaesson, il s'assit à son bureau, devant son ordinateur portable, et se connecta à Google Earth. Le globe terrestre apparut.

Il entra le mot « Sussex » et zooma jusqu'à ce que l'écran ne montre plus que cette région. Il dévora des yeux les villes autour de la maison des Infidèles.

Worthing. Brighton. Lewes. Eastbourne.

Il n'était jamais allé en Angleterre. Il y avait une ville qui s'appelait Brighton, aux États-Unis. Une plage aussi. Mais, à part ça, ces noms ne lui disaient rien. Pourtant, ils semblaient si réels qu'il avait l'impression de les porter dans son cœur.

Il entra un nouveau mot : Caibourne.

Caibourne !

Il le prononça à voix haute :

— Caibourne !

À ce moment précis, c'était le son le plus doux de la terre.

Il zooma et découvrit la vue aérienne d'un hameau. L'une de ces maisons était celle de John et Naomi Klaesson. Il entra le code postal et la géolocalisation se précisa.

Le Disciple leva le poing en l'air, surexcité. Puis il rougit de honte. Il ne devait pas se laisser aller à ce genre de sentiments. Il fallait qu'il se retienne. Pour le moment, toutes les émotions étaient interdites. La joie viendrait plus tard.

Ceux qui sèment avec larmes moissonneront avec chants d'allégresse.
Psaume 126.

Mais, un peu de plaisir, ce n'était pas pécher, si ? Dans le studio que Dieu lui avait déniché, dans un petit immeuble habité par une majorité de personnes âgées discrètes, au fin fond de la banlieue de Rochester, dans l'État de New York, Timon Cort ressentait un plaisir divin.

Cela faisait longtemps qu'il avait quitté ses montagnes du Colorado, longtemps qu'il vivait dans la plaine, la vallée, le dépotoir. Deux ans et demi s'étaient écoulés depuis que, dans un café Internet de Boulder, il avait téléchargé les instructions : le nom du premier couple avec enfants à éliminer et l'endroit où collecter les consignes suivantes.

Il n'avait plus qu'une action à accomplir pour terminer le Grand Rite. Il deviendrait ensuite un vrai Disciple, et Dieu lui donnerait la magnifique Lara, qui patientait depuis plus de deux ans et qui attendrait sa récompense aussi longtemps que nécessaire. Et ils vivraient le restant de leur vie au paradis, dans la main droite de Dieu.

En un sens, le temps s'était arrêté. Il avait toujours la même coupe. Portait l'uniforme modeste de tous les Disciples – tee-shirt blanc, pantalon gris, sandales en plastique. Et il passait ses journées à prier, à lire la Bible, à se nourrir de façon frugale, à répéter chacun des Quarante Tracts appris par cœur. En attendant son heure.

Il possédait un costume, une chemise, une cravate et des mocassins noirs, pour les fois où il devait se mêler à la foule. À part ses habits et sa Bible, il ne possédait que son gros ordinateur portable, qui lui permettait de rester en contact avec son Maître, et grâce auquel il était tenu informé des progrès de la Grande Mission de Salut.

L'ordinateur lui conférait du pouvoir. La main de Dieu était dans cette machine. Dieu savait que l'homme avait besoin d'armes pour se battre contre Satan.

Je prépare contre toi des destructeurs, chacun avec ses armes, ils abattront tes plus beaux cèdres et les jetteront au feu.
Jérémie 22, 7.

L'Angleterre… C'était là que Naomi Klaesson était née. Là que les Infidèles avaient commencé leur vie de couple. Et là qu'ils la termineraient !

Dans le Sussex. À Caibourne. Dans la maison qu'il avait sous les yeux.

Timon Cort s'agenouilla et mit les mains devant son visage, à la manière d'un supplicié. Ses yeux se remplirent de larmes de joie.

— Merci, Dieu, de m'avoir montré où ils habitent.

C'est Lui qui réduit les princes au néant, et qui fait des juges de la Terre une vanité. Ils ne sont pas même plantés, pas même semés, leur tronc n'a pas même de racine en terre, Il souffle sur eux, et ils se dessèchent, et un tourbillon les emporte comme le chaume.
Ésaïe 40, 23 et 24.

68

L'étui de son appareil photo autour du cou, John avait pris place entre les enfants. Emmitouflé dans un anorak doublé de polaire, Luke se trouvait à sa gauche, et Phoebe, dans son duffle-coat, à sa droite. Derrière eux, des gibbons bondissaient dans leur cage en poussant des cris.

John tenait leurs petites moufles. Ils étaient bien protégés contre le vent glacial de novembre. De la neige fondue tombait, telle de la cendre. Les odeurs de nourriture pour animaux, de paille et d'excréments se mêlaient à celles des hamburgers et des oignons frits.

Sous son bonnet à pompon, cheveux au vent, Naomi s'apprêtait à prendre une photo.

— Tout le monde sourit ! Luke et Phoebe, dites « ouistiti » !

Elle regarda à travers le viseur. John souriait. Luke et Phoebe hésitaient. Ils lui dirent quelque chose et, pour son plus grand plaisir, sourirent. Elle prit la photo, vérifia, et se mit à douter.

— Je ne suis pas sûre que cela ait marché, fit-elle. Je n'ai pas entendu le bruit habituel.

— Fais-en une autre, chérie.

— Vous êtes prêts ?

Malgré le froid et le fait qu'elle n'aimait pas voir

des animaux en captivité, Naomi était heureuse, cet après-midi.

Les enfants venaient de sourire. Ce serait la première photo d'eux souriants !

Elle cadra, zooma et attira leur attention.

— Voilà, dit-elle en rendant l'appareil à John.

Il afficha la dernière photo et la montra à Luke et Phoebe.

— Vous voyez ces deux enfants ? Qui sont-ils ?

Luke étudia l'image quelques instants. Phoebe se détourna, plus intéressée par les singes.

— Tu les vois ?

Luke jeta un regard blasé à son père, comme pour dire : *Ben oui, c'est une photo, et alors ?*

— Je vais en prendre une de vous trois, ma chérie.

— Changeons de décor, dit-elle.

— OK.

Luke et Phoebe lâchèrent la main de leur père et se précipitèrent vers la cage des singes.

— Ne vous approchez pas trop, mes poussins ! s'écria Naomi en les rattrapant.

Elle passa un bras protecteur autour d'eux. Amusés, Luke et Phoebe échangèrent quelques mots dans leur langage codé.

Deux minutes plus tard, leur concentration avait disparu.

— Qu'est-ce que vous voudriez voir ensuite ? leur demanda Naomi.

— Si on allait voir les chouettes ? suggéra John. On en entend parfois, la nuit. Vous voulez voir à quoi elles ressemblent ?

Les enfants hochèrent la tête simultanément.

John et Naomi échangèrent un sourire.

John prit la main de son fils, minuscule et chaude, et celle de sa fille. Naomi saisit l'autre main de Phoebe.

Le froid était mordant, mais John ne le sentait quasiment pas, tant il était heureux. Il commençait enfin à établir un lien avec ses enfants, qui profitaient de cette journée au zoo et semblaient émerger de la torpeur dans laquelle ils flottaient jusqu'à présent.

En se dirigeant vers les chouettes, ils passèrent devant les suricates. Intrigués, Luke et Phoebe tirèrent leurs parents vers leur cage. Puis ils s'arrêtèrent pour observer ces adorables créatures. Naomi s'approcha du panneau d'information et lut le texte à voix haute :

— Tandis que la famille creuse, profite du soleil ou joue, l'un des suricates monte la garde.

Elle se tourna vers ses enfants.

— Vous voyez celui qui nous regarde ? C'est lui qui monte la garde !

Luke gloussa. Phoebe l'imita en tendant le doigt :

— Sicate !

— Suricate, la corrigea Naomi.

— Sicate ! répéta Phoebe.

— Sicate ! cria Luke.

Ils allèrent voir les chouettes, puis s'arrêtèrent devant un paresseux qui dormait la tête en bas.

— Tu aimerais pouvoir te suspendre à l'envers, Luke ?

Phoebe éclata de rire et dit quelque chose à Luke, qui s'esclaffa à son tour.

John et Naomi de nouveau échangèrent un regard. *C'est fantastique. Nos craintes n'étaient peut-être pas justifiées !*

Ils allèrent voir les lamas, les chameaux, les ours, puis entrèrent dans la maison des insectes et s'arrêtèrent devant une cage en verre contenant deux tarentules. Luke et Phoebe s'approchèrent, puis reculèrent, en serrant fort la main de leur père.

— Vous n'êtes pas fans ? Moi non plus.

— Moi non plus, dit Naomi en frissonnant.

Ils continuèrent leur promenade et s'arrêtèrent devant un frelon géant d'Afrique de l'Est. John se baissa pour chuchoter à l'oreille de Luke :

— Qu'est-ce que tu penses des insectes ? Répugnants, non ? Celui-là est encore plus gros que celui que tu as tué l'été dernier. Tu te souviens ?

Luke le dévisagea quelques instants, puis détourna le regard, comme pour éviter d'avoir à répondre à la question.

— Vous voulez manger quelque chose ? Une glace ? Vous voulez jouer aux chercheurs d'or ? Sauter dans la piscine à balles ? Faire un tour de poney ?

— Gace, dit Phoebe.

— Gace, répéta Luke.

Ils leur achetèrent un cône chacun, couvert de pépites de chocolat. En quelques minutes, les visages des bambins étaient barbouillés. John passa un bras autour de la taille de sa femme et la serra fort. Elle lui rendit son étreinte. Soudain, malgré le froid et le blizzard, il fut envahi par une bouffée délirante de bonheur. Il accédait enfin à cette vie parfaite auquel chaque homme a droit. Une femme qu'il adorait, deux magnifiques enfants et une carrière épanouissante.

La bouille couverte de chocolat, Luke plongea le nez dans son cône, tandis que Naomi nettoyait le visage de Phoebe. Ce tableau ordinaire lui inspira une joie profonde.

Puis ses craintes revinrent. Les Disciples du Troisième Millénaire. Le mystérieux *hacker* qui jouait aux échecs à sa place. Les appels étranges qu'ils avaient reçus la semaine précédente des États-Unis.

Mais, pour le moment, il les mit de côté, profitant de ces rares heures précieuses où ils formaient juste une famille normale, en balade au zoo.

69

En ce lundi matin, le Disciple s'était habillé chaudement. Il faisait froid dehors : - 5 °C la nuit, et 2 °C attendus dans la journée. Il avait enfilé un jean épais, des bottes fourrées, un Thermolactyl, un gros pull-over, son anorak doublé de polaire, un bonnet et des gants en laine. Il ajusta les bretelles de son sac à dos et quitta son appartement.

Il marcha dans la neige sale jusqu'à la station de bus Greyhound, à dix pâtés de maisons de chez lui, et acheta un aller simple pour New York. L'une des règles des Disciples consistait à ne jamais acheter de billet retour. S'ils tombaient entre les mains de l'Ennemi, ils devaient ne détenir qu'un minimum d'informations.

À 16 heures, alors que la nuit commençait à tomber, Timon Cort descendit du bus à Times Square, acheta une carte de la ville, puis marcha vers Broadway. Étant donné la pollution, il s'efforçait de respirer le moins possible. Il lui fallut moins de dix minutes pour se rendre au café Internet qu'il avait repéré sur le Web, la veille.

Après s'être connecté, il ouvrit un nouveau compte Hotmail avec une fausse identité et une fausse adresse. Il avait choisi comme pseudo un nom de l'Ancien et un nom du Nouveau Testament : Joel Timothy.

Il envoya son mail *via* plusieurs dizaines de serveurs anonymes :

Si je prends les ailes de l'aurore, et que j'aille habiter à l'extrémité de la mer, là aussi ta main me conduira, et ta droite me saisira.

Il régla sa note, quitta le café et s'immergea dans la foule. Toutes les deux minutes, il regardait par-dessus son épaule. Il n'avait jamais été nerveux auparavant, rassuré par la présence de Dieu à ses côtés. Peut-être était-ce l'espoir que ce serait sa dernière mission qui le tourmentait ainsi. Encore une mission, puis Lara.
Plus qu'une.
Cela faisait longtemps qu'il ne l'avait pas vue, longtemps qu'il ne l'avait pas tenue dans ses bras. Parfois, même avec l'aide de Dieu, il avait du mal à se souvenir de son visage et devait sortir la photo écornée de son portefeuille pour se rafraîchir la mémoire. Chaque fois, la douleur dans son cœur se révélait insupportable.

Ce n'était pas sur Lara qu'il devait se concentrer à cet instant, mais sur sa route.

Les bruits environnants le dérangeaient. Le crissement des pneus des innombrables taxis jaunes, les coups de Klaxon, la musique d'un magasin de disques, celle de l'autoradio d'une camionnette aux vitres teintées, les battements de cœur des gens autour de lui, les talons résonnant sur le trottoir, le frottement des vêtements...

Il se couvrit les oreilles de ses mains et monta dans un bus. Le moteur gémit. Derrière lui, quelqu'un écoutait de la musique avec un casque. Il se retourna et croisa le regard menaçant d'un énorme Black avec une croix ansée, symbole satanique, tatouée sur le front, qui se parlait à lui-même. Il se retourna, ferma les yeux et essaya de tout oublier, sauf le roulis du bus, en récitant en boucle la même prière, jusqu'à sa destination.

Sur les sentiers de Central Park, il se sentit mieux, loin des odeurs et des bruits de la ville, loin de l'homme à la croix ansée. Dire qu'ils appelaient ça une cité ! Comment osaient-ils ? Il n'y avait qu'une seule cité : celle de Dieu.

Vous vous êtes approchés du juge qui est le Dieu de tous, des esprits des justes parvenus à la perfection, de Jésus qui est le médiateur de la nouvelle alliance, et du sang de l'aspersion qui parle mieux que celui d'Abel.
Hébreux 12, 23-24.

70

Le docteur Sheila Michaelides était une petite femme d'une quarantaine d'années, pétillante, très sûre d'elle, le teint mat, de grandes lunettes rectangulaires et des cheveux raides noir de jais. Elle était habillée de façon soignée, pull ajusté, chemisier crème et pantalon marron.

Les portes-fenêtres de son cabinet donnaient sur une cour fleurie bien entretenue. Il était situé à l'arrière d'un imposant bâtiment en briques rouges, de style victorien, qui avait été converti en cabinets médicaux. La pièce, relativement grande, présentait des moulures et une belle hauteur sous plafond, mais les meubles étaient modernes, chaleureux. Sur le bureau en pin se trouvaient un ordinateur et les photos encadrées de deux enfants souriants. Deux canapés avaient été placés de part et d'autre de la table basse en pin. C'était là que s'étaient installés John, Naomi et la pédopsychologue.

Naomi se demanda si c'était obligatoire, pour les médecins travaillant avec des enfants, d'afficher des photos cucus de bambins dans leur bureau.

John raconta les premières années de Luke et Phoebe, sans mentionner l'intervention du docteur Dettore. Naomi ajouta quelques détails. Il évoqua l'incident avec la guêpe, l'étrange langage qu'ils avaient mis au point, l'opinion du docteur Reggie Chetwynde-Cunningham sur leurs capacités linguistiques, leur joie, samedi, au zoo, et leur bonheur, quand, la veille, dimanche, ils leur avaient acheté un cochon d'Inde chacun.

Il passa sous silence le fait qu'il soupçonnait ses enfants de jouer aux échecs sur son ordinateur la nuit, parce qu'il n'en avait pas encore parlé à Naomi.

À la fin de la présentation, l'attitude de Sheila Michaelides avait légèrement changé. Elle les regarda à tour de rôle d'un air sceptique.

— Ce dialecte, vous y croyez vraiment ?

— Absolument, dit John.

— Personnellement, j'ai du mal.

— Je vous comprends, dit Naomi. C'est une sorte d'autisme ?

La psychologue secoua la tête.

— Admettons que l'un de vos enfants soit autiste, capable de faire des calculs savants, il est impossible qu'ils aient tous les deux les mêmes facultés.

— Même si c'étaient de vrais jumeaux ? demanda Naomi.

— Ce ne sont pas de vrais jumeaux.

— Alors comment l'expliquez-vous ? enchaîna John.

Elle inclina la tête.

— Êtes-vous certain que ce ne soit pas un vœu pieux ?

— Que voulez-vous dire ? répondit Naomi, piquée au vif.

La psychologue regarda ses ongles.

— D'après ce que vous me dites, vous êtes des parents très ambitieux. Professeur Klaesson, vous avez fait des études supérieures, et vous, madame Klaesson, vous êtes de toute évidence très intelligente. J'ai l'impression que vous attendez beaucoup de vos enfants. Je me trompe ?

— Je n'attends rien de mes enfants, s'empressa de répondre Naomi.

— Tout ce que nous voulons, c'est qu'ils soient normaux, ajouta John.

— Et en bonne santé, insista Naomi.

La psychologue se mordilla l'ongle quelques instants.

— Vous avez perdu votre fils, Halley, à l'âge de quatre ans. Vous l'adoriez. Êtes-vous certains de ne pas chercher quelque chose chez les jumeaux – une forme de compensation ?

— C'est ridicule ! explosa Naomi. Absolument ridicule !

— Je suis d'accord avec ma femme ! Nous voulons essayer de comprendre nos enfants, c'est pour ça que nous sommes ici. Mais on dirait que vous nous attaquez…

— Pas du tout. Ce que j'essaie de dire, c'est qu'il est impossible de parler à l'envers en omettant la quatrième lettre ! C'est totalement inédit ! Vous affirmez que vos enfants ont des capacités qu'aucun être humain sur cette planète ne peut avoir. Imaginez le calcul que cela représente !

— Quelle est votre explication ? la pressa John.

— Je n'en ai pas. J'aimerais en avoir une, mais ce n'est pas le cas.

Elle les dévisagea si intensément que Naomi sentit son regard la transpercer.

— Comment est-il possible qu'un linguiste nous dise une chose, et vous une autre ?

La psychologue acquiesça en silence.

— Le concept de « limite épistémique » vous est-il familier ?

— Limite épistémique ? répéta Naomi en secouant la tête.

— Oui, dit John. Je sais ce que cela veut dire.

— Vous pourriez l'expliquer à votre femme ?

John hésita, puis se tourna vers Naomi.

— Ça veut dire que l'intelligence humaine est plafonnée. Il existe des limites biologiques, comme pour tout.

Il regarda la psychologue pour qu'elle confirme. Elle hocha la tête.

— Par exemple, aucun être humain ne peut courir à plus de cinquante kilomètres heure, voire quarante-cinq.

Il échangea un regard entendu avec Naomi.

Elle semblait lui dire : *sauf ceux conçus par Dettore*.

— Pareil pour la taille, poursuivit John. Les hommes et les femmes mesurent une certaine taille. Il y a des exceptions, mais deux mètres cinquante, c'est le grand maximum. Personne ne mesurera trois mètres.

Il chercha de nouveau l'approbation de la psychologue.

— Ce que vous essayez de nous dire, si je comprends bien, c'est que les capacités linguistiques de Luke et Phoebe reviendraient à courir à plus de cinquante kilomètres heure, ou à mesurer plus de trois mètres, c'est ça ?

— Absolument.

John croisa le regard de Naomi et détourna rapidement les yeux. Maintenant qu'il venait de comprendre l'énormité de la chose, il ne savait plus trop quoi en penser.

— Pourquoi Chetwynde-Cunningham ne te l'a-t-il pas dit ? demanda Naomi.

John interrogea du regard la psychologue, puis se tourna vers sa femme.

— C'est exactement ce qu'il m'a dit. Je pensais qu'il exagérait, mais je m'aperçois que ce n'était pas le cas.

— Vous voulez dire que nos enfants sont capables de réaliser des calculs mathématiques qui se situent au-delà des facultés humaines ?

— Au-delà de ce qui a pu être accompli jusqu'à présent, madame Klaesson.

La psychologue était toujours sceptique.

— La prochaine étape, selon moi, consisterait à observer Luke et Phoebe, de préférence à la halte-garderie.

Naomi rougit.

— C'est pour cela que nous consultons. On m'a demandé de ne plus les y déposer, dit-elle en cherchant le soutien de John.

La psychologue hocha la tête.

— Je pourrais discuter avec la responsable, lui demander une autorisation. Ce ne serait pas la première fois. En général, cela ne pose aucun problème.

— Faites au mieux, nous vous en serions reconnaissants, dit Naomi.

Après leur départ, la psychologue prit des notes dans son ordinateur et relut celles que le docteur Roland Talbot lui avait faxées.

Parents ambitieux.
Le père compense ses longues journées de travail par ce qu'il pense être du « temps de qualité ».
Parents intelligents. Pr Klaesson, archétype du chercheur. Plus intelligent que sa femme, mais moins sophistiqué. Cette histoire de langage est un non-sens. Indication claire de leur ambition dévorante pour Luke et Phoebe. Leur attitude sera néfaste pour les jumeaux, d'une façon ou d'une autre, comme le prouve leur comportement. Pourrait les rendre allergiques à l'école.

Attitude réservée des jumeaux : abus ? Les parents ont quelque chose à cacher, c'est évident, d'après leur langage corporel.

71

Comme plusieurs des monastères situés sur la péninsule du mont Athos, celui de Perivoli Tis Panagias était composé d'une multitude de bâtiments dans des styles architecturaux disparates, protégés par une muraille crénelée. Au Moyen Âge, les moines les plus pauvres habitaient les cellules du bâtiment principal, tandis que les nouveaux venus, plus aisés, construisaient leur propre maison dans leur matériau préféré – bois ou pierre –, avant de la peindre à leur goût.

Harald Gatward regardait, par la fenêtre de sa cellule, la cour dallée dominée par le dôme de l'église. Elle était flanquée d'un côté d'une rangée de maisons en mitoyenneté, qui n'auraient pas dépareillé à San Francisco ou dans certains quartiers de Boston, et de l'autre d'une enceinte à tourelles. Au cours de ses nombreuses heures de contemplation, il se disait parfois que, le soir, cet endroit ressemblait un peu à des studios hollywoodiens désertés. Sauf que l'endroit n'était jamais désert. L'esprit de Dieu flottait partout, et leur ange gardien, la Vierge Marie, veillait sur eux.

Le père Yanni permettait fort peu d'intrusions du monde extérieur dans le monastère. Les pèlerins, bien sûr, étaient les bienvenus, dans une tradition d'hospitalité, mais l'abbé ne se souvenait pas d'en avoir accueilli ces vingt dernières années. Cela faisait sans doute plus longtemps encore – il aurait fallu qu'il vérifie dans le livre dédié – qu'un pèlerin n'avait pas parcouru les vingt kilomètres qui les séparaient de la terre ferme. Il arrivait qu'un bateau de croisière ou un yacht passe dans le coin, mais il gardait toujours ses distances, davantage pour éviter les quatre barrières de corail mal signalées que pour respecter l'intimité des moines.

L'abbé avait trouvé étrange la requête de l'Américain d'emporter son ordinateur portable, mais qui était-il pour refuser quoi que ce soit à celui qui avait été amené ici par la Vierge Marie pour sauver leur monastère ? Toutes les tentations de la vie moderne restaient confinées dans le village, en contrebas. C'était là-bas que vivaient les Disciples et leurs femmes. Les hommes avaient le droit de prier dans l'église et de partager leurs repas, en silence, avec l'abbé et les quatre autres moines, en ce magnifique réfectoire couvert de fresques, mais pas les femmes. Par respect pour les moines, Gatward n'avait jamais autorisé une femme à entrer dans le monastère.

À minuit, comme à son habitude, Harald Gatward arrêta de prier. Il était très satisfait du travail de ses Disciples. Cinq familles de suppôts de Satan avaient été exterminées. Trois d'entre elles avaient fait les gros titres des journaux, la quatrième, victime d'un accident de voiture en Italie, était passée inaperçue, tout comme la cinquième, disparue dans un accident d'hélicoptère à Singapour. Mais il avait jugé préférable de rappeler ses Disciples sur l'île, le temps que l'affaire se tasse.

Il ne restait plus qu'un Disciple sur le terrain. Celui-là était doué et passionné. Ce serait bientôt l'heure de le rappeler à lui et de lui offrir sa récompense :

Lara, une gentille jeune fille, patiente et dévouée, qui l'attendait au village.

Il avait reçu un mail de Timon Cort.

Si je prends les ailes de l'aurore, et que j'aille habiter à l'extrémité de la mer, là aussi ta main me conduira, et ta droite me saisira.

Harald Gatward ferma les yeux et demanda à la Vierge Marie de lui dicter sa réponse.

72

À genoux dans la cuisine, Luke et Phoebe étaient complètement absorbés par leurs deux cochons d'Inde.

Caramel avait des rayures beige et blanc, Chocolat était marron foncé et blanc. Ils étaient adorables, avec leur fourrure toute douce, leurs oreilles noires, leurs minuscules pattes et leurs petits *squick squick*.

Naomi regarda, attendrie, ses enfants nourrir les animaux avec une carotte. Elle ne les avait jamais vus faire preuve d'une telle affection, mais elle ne pouvait s'empêcher de se demander dans combien de temps ils se lasseraient.

Dans cinq semaines, ce serait Noël. Elle adorait cette période – décorer le sapin et la maison, préparer des festins, acheter et emballer les cadeaux… Cette année, Luke et Phoebe seraient suffisamment grands pour vraiment en profiter.

Elle attendait la neige. Un Noël blanc, ce serait magique. Sa mère et Harriet venaient pendant trois jours. La mère de John passerait toute la semaine chez eux. Carson, Caroline et leurs enfants, ainsi que Rosie et sa famille viendraient célébrer un réveillon suédois, bien arrosé. Les festivités seraient grandioses. Chaotiques, mais conviviales !

Sa colère envers le docteur Michaelides, consultée dans la matinée, commençait à retomber. Elle s'était sentie dénigrée. Dans la voiture, sur le chemin du retour, John lui avait dit qu'elle était trop sensible, mais elle n'était pas d'accord. La psychologue les avait jugés. D'accord, ils ne lui avaient pas parlé du docteur Dettore, mais bon...

Le cours de ses pensées fut interrompu par John, en survêtement et en sueur – de retour d'un long jogging. Il avait pris son après-midi, et elle était contente de voir qu'il avait couru. Il travaillait tellement qu'il faisait de moins en moins de sport.

— Salut, Luke, salut, Phoebe ! Salut, Caramel, salut, Chocolat ! dit-il en haletant.

Les enfants l'ignorèrent.

— C'était bien ? lui demanda-t-elle.

— Génial ! J'ai couru neuf kilomètres !

Il s'essuya le front et renifla. Naomi aimait bien le voir transpirer, visage écarlate, cheveux en bataille.

— Cinquante-deux minutes, et presque un kilomètre de montée.

— Pas mal ! Tu as reçu trois appels. Carson, et deux autres collègues. Les messages sont sur ton bureau.

— Merci.

Il regarda sa montre, puis se tourna vers les enfants.

— Phoebe, comment va Caramel ?

Il y eut un long silence.

— Camel, c'est mon mien, assena Luke sans daigner se retourner. Celui de Phoebe, c'est Cola.

— Ah, OK, papa s'est trompé. Comment va Caramel, Luke ?

Luke titillait son cochon d'Inde avec une croquette accrochée au bout d'une ficelle, qu'il retirait au moment où l'animal allait l'attraper. La pauvre bête poussait des petits cris de protestation, ce qui faisait rire Luke, qui jouait de nouveau sur la ficelle.

John poussa un livre qui traînait par terre, pour s'agenouiller à côté de lui.

— Tu devrais le laisser gagner de temps en temps, sinon il refusera de jouer.

Le cochon d'Inde avança, Luke tira, ignorant totalement son père. Phoebe se mit à asticoter Chocolat de la même façon.

Une fois de plus, John se sentit exclu. Les enfants remettaient cette maudite barrière entre eux et lui.

— C'est l'heure de les coucher, mes chéris, dit Naomi.

Aucun des deux ne réagit.

— C'est l'heure de coucher vos cochons d'Inde, Luke et Phoebe, puis ce sera l'heure, pour vous, d'aller au lit ! répéta-t-elle.

Phoebe tendit le bras vers la cage, prit le bol, monta sur une chaise devant l'évier et ouvrit le robinet. Elle vérifia la température, attendit que l'eau soit froide, remplit le bol et le replaça dans la cage.

Malgré sa colère, John ressentit de la fierté. Sa fille prenait soin de son animal domestique toute seule !

Luke attrapa les croquettes et remplit la gamelle. Puis il prit doucement Caramel dans ses mains et le posa sur la paille, dans la cage.

Phoebe attira Chocolat avec une croquette, prit l'animal dans ses mains, l'embrassa sur le museau et le déposa, comme elle l'aurait fait d'une poupée de porcelaine, à côté de Caramel.

John et Naomi donnèrent le bain aux enfants et John les coucha.

— Tu diras bonne nuit à Camel ? fit Luke.

— Bien sûr.

— Tu diras bonne nuit à Cola ?
— Absolument, ma chérie.

John quitta la chambre et ferma la porte, heureux. Ils lui avaient demandé de leur rendre un service ! Quel progrès ! Il descendit l'escalier, retourna à la cuisine et s'agenouilla devant la cage, où les deux petites créatures s'étaient lovées.

— Luke et Phoebe vous souhaitent une bonne nuit !

Une délicieuse odeur flottait dans la cuisine : Naomi préparait une poêlée de quelque chose. La scène l'amusa.

— Je meurs de faim, dit John. Qu'est-ce qu'on mange ?

— Comme plat du jour, je te propose du sauté de cochon d'Inde, sur une galette de blé complet et, en accompagnement, du ris de psychologue pour enfants. Je voulais préparer un goulasch de cervelle, mais il n'y en avait pas assez.

John l'enlaça.

— Ne sois pas trop dure envers elle. Elle va essayer de les réintégrer à la halte-garderie.

— Cette garce nous a humiliés, dit Naomi.

— Mets-toi à sa place.

— Eh bien ? fit-elle en haussant les sourcils.

— On lui cache des choses.

— John, elle nous a accusés d'être responsables du comportement de nos enfants. Pas directement, mais elle a sous-entendu que, si Luke et Phoebe avaient des problèmes, c'était parce qu'on était de mauvais parents. Ce n'est pas vrai, et tu le sais.

— Ils vont de mieux en mieux. Et ils parlent un peu plus. Peut-être qu'on n'aura pas besoin de psychologue. Peut-être que tout ce qu'il nous faut, c'est être patients. Tu les as vus jouer avec les cochons d'Inde ? Ils les adorent.

— C'est vrai. Ce serait bien qu'ils nous montrent un tant soit peu d'affection, à nous aussi. Je sais que les choses vont s'arranger avec le temps. C'est dommage qu'ils ne sourient pas plus. Ils sont tellement craquants quand ils sourient.

73

Le Disciple passa la nuit dans une auberge de jeunesse sur Bowery, où il essaya de ne pas se faire remarquer, ni à son arrivée ni à son départ. Dans quelques semaines, personne ne se souviendrait de lui.

Il prit son petit déjeuner dans un café très fréquenté, puis se rendit dans West Village en métro. Une fois dans la rue, il se retrouva dans un flot de centaines de personnes, autant d'odeurs et de voix discordantes. Il se mit à neiger. Les flocons d'un blanc immaculé se transformaient en bouillasse.

Il ne lui fallut que deux minutes pour trouver le deuxième café Internet de sa liste, mais tous les ordinateurs étaient occupés. Il prit place dans la queue. Une jeune femme mal fagotée engagea la conversation. Elle s'appelait Elaine, mais ses amies la surnommaient Ellie. Elle lui demanda où il habitait, il répondit dans le New Jersey. Elle insista, voulant savoir ce qu'il faisait. Il lui répondit qu'il travaillait pour le Seigneur. Elle continua à lui parler d'une façon qui le mit mal à l'aise, se rapprochant progressivement de lui, lui envoyant des signaux clairs. Elle était envoyée par Satan pour détruire son amour pour Lara.

Un ordinateur se libéra. Il remercia Dieu de l'éloigner de la tentatrice. Il entra son nom, Joel Timothy, et son mot de passe, afin de se connecter à son compte Hotmail. Un message l'attendait.

L'Éternel le garde et lui conserve la vie. Il est heureux en terre étrangère, et Tu ne le livres pas au bon plaisir de ses ennemis.

Le Disciple l'effaça, se déconnecta et sortit du café. Il était heureux. Il retourna vers le métro sans se soucier de la pollution ni du bruit. Il avait des choses plus importantes en tête. Il allait voyager. Ce serait la première fois qu'il quitterait les États-Unis.
Prochaine étape : l'Angleterre.

74

Les décorations de Noël étaient toujours accrochées. Sur l'un des murs se trouvait un dessin des Rois mages – de différentes ethnies – effectué par des enfants. Sheila Michaelides observait Luke et Phoebe de loin, tandis que Naomi les aidait à enlever leurs manteaux et à les accrocher.

Une fois leur mère partie, les jumeaux changèrent immédiatement de comportement, nota la psychologue. Comme si ce départ leur avait donné un regain d'énergie. Phoebe suivit son frère dans la grande salle de jeux. Sheila s'approcha de la porte pour les observer, et ce qu'elle vit l'horrifia.

Une douzaine d'enfants se trouvaient dans la pièce. La plupart jouaient en petits groupes. Une femme d'une petite trentaine d'années, en jean et pull en laine coloré, les surveillait. Quand Luke et Phoebe entrèrent, toutes les activités cessèrent. Aucun enfant ne se tourna vers eux. Sans bouger, ils semblèrent se ratatiner. Le tableau qu'elle avait sous les yeux s'apparentait à une nature morte.

La psychologue regarda la responsable, qui surveillait Luke et Phoebe d'un air méfiant.

Luke se dirigea vers une table où, quelques secondes plus tôt, deux garçons jouaient avec un petit cavalier.

Sans mot dire, il leur prit le jouet des mains. Les garçonnets ne levèrent pas les yeux. Luke considéra l'objet avec mépris, puis le jeta. Phoebe s'assit par terre, près des poupées. Les deux petites filles à côté d'elle se mirent à trembler.

Luke se dirigea ensuite vers une table où quatre enfants jouaient aux Lego. Ses mains se mirent à bouger si vite que la psychologue n'arrivait pas à voir ce qu'il faisait. Les briques colorées semblaient voler. La responsable fixait toujours le garçonnet, et les enfants étaient pétrifiés. Puis Luke recula d'un pas.

La psychologue porta involontairement une main à sa bouche. Elle n'en croyait pas ses yeux. La tour de Lego qui, une minute plus tôt, vacillait sur sa base, était à présent parfaite. Chaque façade avait été réarrangée par couleur, comme un Rubik's Cube, le toit était en pente régulière, et l'édifice avait gagné plusieurs centimètres.

Quelques instants plus tard, la psychologue recula, tandis que Luke et Phoebe ressortaient dans le couloir. Comme des créatures émergeant de leur hibernation, les autres enfants tournèrent la tête vers la porte, afin de s'assurer qu'ils étaient bien partis.

Sheila Michaelides frissonna.

Luke et Phoebe s'approchaient d'un petit garçon qui jouait à l'ordinateur. Ils l'encadrèrent, se tournèrent vers lui et lui dirent quelque chose.

L'enfant quitta son siège en courant, les yeux exorbités. Pat Barley sortit de la cuisine. Jetant un coup d'œil inquiet à la psychologue, elle prit le garçon dans ses bras.

— Qu'est-ce qu'il y a, Matthew ? Qu'est-ce qui s'est passé ?

Le petit enfouit son visage dans le giron de la

responsable, comme s'il avait besoin de protection, et hurlait tel un animal blessé. Sa terreur semblait contagieuse, la psychologue en avait la chair de poule. Elle essaya de comprendre ce que l'enfant disait, mais ce n'étaient que des balbutiements. Luke et Phoebe étaient totalement absorbés par l'ordinateur qu'ils avaient réquisitionné.

Qu'avaient-ils bien pu lui dire ?

Un peu plus tard, Pat Barley rejoignit la psychologue dans le hall et lui fit signe de s'éloigner des jumeaux.

— Qu'ont-ils dit au petit Matthew, pour l'effrayer autant ?

— Je ne sais pas. C'est toujours la même chose. Ils terrorisent les autres. Je ne pense pas que ce soit ce qu'ils disent, mais plutôt *comment* ils le disent. Le problème, c'est qu'ils font tellement plus que leur âge.

— J'ai rencontré toutes sortes d'enfants à problèmes, chuchota Sheila Michaelides. Des enfants violents, ingérables, prostrés... Mais je n'ai jamais rien vu de ce genre.

— Moi non plus, loin s'en faut, confirma Pat Barley. Pourtant, j'en ai croisé, des terreurs, croyez-moi !

— Sont-ils parfois violents ? Ont-ils déjà attaqué un autre enfant ?

— Non, pas que je sache. C'est de la manipulation mentale. Quand j'essaie de leur parler, soit ils se murent dans le silence, soit ils me répondent dans un jargon incompréhensible.

— Je vous remercie de m'avoir laissée les observer.

— Vous comprenez pourquoi je ne peux plus les accueillir ?

— Oui.

Les deux professionnelles de la petite enfance

contemplèrent Luke et Phoebe pendant quelques instants. De dos, ils semblaient parfaitement normaux, heureux de jouer ensemble.

— Dieu seul sait comment ils vont tourner, soupira Pat Barley.

75

Journal intime de Naomi

Il est tombé dix centimètres de neige ! Tout est blanc. Quelle formidable façon de fêter la nouvelle année ! John est allé acheter une luge. Il a emmené L et P sur la colline. L a adoré. P a boudé. Comment peut-on ne pas aimer la neige ? Comment un enfant peut-il ne pas aimer ça ?

Ils ont été admis dans une nouvelle crèche pour enfants ayant besoin d'un suivi particulier, suggérée par Sheila Michaelides – SM, ses initiales sont on ne peut mieux adaptées.

Quand je déprime, que je me demande ce qu'on a fait, ou plutôt ce que Dettore a fait, j'arrive à me convaincre que l'être humain n'est pas exceptionnel. Que l'idée selon laquelle la vie serait précieuse, sacro-sainte, est surfaite. Peut-être l'est-elle pour un petit nombre d'entre nous, qui vivons dans des milieux privilégiés, mais combien sommes-nous ? Moins de 20 % de la population sait lire et écrire, c'est ça ?

Je ne suis pas sûre que je trouverais la vie si extraordinaire si je passais mes journées les pieds dans l'eau, dans un champ boueux, et mes nuits dans une minuscule hutte avec neuf enfants. Je ne pense pas que j'appellerais ça vivre, d'ailleurs. « Exister », plutôt.

Ils vont bientôt avoir trois ans. Je ne sais pas quoi leur offrir. J'hésite à organiser une fête et à inviter les enfants du village. Pas sûr que les autres mamans acceptent. Ce pourrait être embarrassant. Surtout si Luke et Phoebe ignorent tout le monde.

76

Assis par terre, dans le salon, manette à la main, Luke jouait avec sa PlayStation. À genoux, à côté de lui, Phoebe suivait l'action sur l'écran de télévision. Tout aussi concentrée, elle donnait parfois des ordres à son frère.

Un personnage masculin grimpait un escalier sans fin dans un décor gothique. De lourdes portes s'ouvraient et se refermaient, révélant d'étranges créatures, tantôt effrayantes, tantôt féeriques, tantôt bizarres. Quand Phoebe lui donnait une directive, Luke appuyait sur des boutons pour que l'homme s'accroupisse ou fasse demi-tour.

Peut-être était-ce une illusion, mais Naomi avait l'impression que le docteur Sheila Michaelides s'était adoucie envers John et elle. La psychologue se trouvait au fond de la pièce, observait tout ce qui se passait et prenait parfois des notes dans un petit carnet. Elle avait passé deux jours au sein de la nouvelle crèche pour étudier le comportement de Luke et Phoebe et, maintenant, elle les suivait le plus discrètement du monde chez eux.

Naomi avait hâte de recueillir, pour la première fois, un avis éclairé sur leurs enfants, et, avec un peu d'espoir, des conseils sur l'éducation à leur donner.

Devant la porte de la salle de bains, la psychologue regardait à présent John et Naomi donner le bain aux jumeaux, qui semblaient accepter cette présence comme ils acceptaient la plupart des choses : dans l'indifférence la plus totale. Pour eux, elle était invisible.

Ils descendirent ensuite s'installer à la table de la cuisine. Sheila Michaelides posa son carnet devant elle, mal à l'aise. Elle mélangea son café et accepta les biscuits au gingembre que Naomi lui proposait.

— Monsieur et madame Klaesson, je suis extrêmement préoccupée par Luke et Phoebe. Je pense que vous pourriez apporter quelques améliorations à votre rôle de parents, mais, d'après ce que j'observe, ce n'est pas le fond du problème.

— Quelles améliorations ? demanda Naomi, sur la défensive.

— Que voulez-vous dire par « le fond du problème » ? enchaîna John.

— Eh bien, dit-elle en posant son biscuit sur son assiette et en contemplant pensivement la fumée qui se dégageait de sa tasse, je vais devoir réfléchir à tout ce que j'ai vu, et j'aimerais en discuter avec certains de mes confrères, mais je peux d'ores et déjà vous dire que vous ne recevez pas le niveau d'amour et d'affection que vos enfants devraient vous porter. Les jumeaux ont tendance à être autosuffisants plus longtemps que les enfants uniques, mais Luke et Phoebe auront bientôt trois ans. Je les trouve froids et très introvertis. Habituellement, c'est le signe que ça se passe mal avec les parents.

— Pardon ? l'interrompit Naomi. Que voulez-vous dire ?

— Je veux parler de maltraitance, répliqua Sheila Michaelides.

Naomi ouvrit la bouche, sur le point d'exploser. John lui serra le bras.

— Chérie, calme-toi !

— Ce n'est pas du tout ce que je suggère dans votre cas. Rien ne laisse à penser que vous maltraitez vos enfants. Je vous trouve très doux, très affectueux.

Un silence inconfortable s'installa, tandis qu'elle feuilletait ses notes.

— Quel genre d'amélioration pourrions-nous apporter, en tant que parents ? demanda Naomi.

— Prenons, par exemple, le premier matin, quand je suis venue chez vous avant la crèche. Vous m'avez laissée seule dans la cuisine avec eux. Ils n'étaient pas du tout effrayés, alors que je suis une étrangère, pour eux. Les enfants qui ont tissé des liens affectifs avec leurs parents ont peur des étrangers.

— Mais je tente de tisser des liens avec eux depuis leur naissance ! s'exclama Naomi.

La psychologue acquiesça, fronçant les sourcils.

— C'est un domaine dans lequel je peux vous donner quelques clés. Mais il existe des problèmes beaucoup plus importants, et ils ne proviennent pas de ce manque de liens.

Le langage corporel de la psychologue n'annonçait rien de bon. Quand ils l'avaient rencontrée pour la première fois, Naomi l'avait trouvée extrêmement confiante, presque arrogante. À présent, elle semblait nerveuse. Elle ne savait pas quoi faire de son biscuit, elle se massait les mains, et elle grimaçait parfois, comme en proie à des démons personnels.

— Je les ai vus ensemble et séparément. Je les ai regardés faire des puzzles, et j'ai essayé, dans la mesure du possible, étant donné le manque de communication verbale, de tester leur mémoire et leur intelligence. Ils me semblent beaucoup plus intelligents et beaucoup plus avancés que les enfants de leur âge. La plupart du temps, ils sont repliés sur eux-mêmes, mais, parfois, ils testent et tentent de s'imposer face aux personnes qui entrent en contact avec eux. Les enfants à la crèche, vous, leurs cochons d'Inde. Comme ils n'ont aucun mal à s'imposer avec eux, ils testent les limites et l'endurance de tous ceux qui les entourent. J'ai du mal à comprendre leur façon de penser. Ils ne réagissent pas normalement, ils ont un mode de communication différent et évoluent en dehors des schémas traditionnels.

— Vous voulez parler de leur langage ? intervint John.

— En partie. Au début, j'étais sceptique, mais je commence à vous croire.

— Comment l'expliquez-vous ? dit John.

— Leur façon de rester ensemble, de ne pas vous répondre, d'ignorer les autres enfants, et leurs capacités exceptionnelles... Parfois, on dirait une forme d'autisme. Je l'avais exclu précédemment, mais c'est une possibilité que j'aimerais désormais explorer. Je vous conseille d'envisager un électro-encéphalogramme.

— De l'autisme ? répéta Naomi, horrifiée. Vous pensez vraiment qu'ils puissent être autistes ?

— C'est une possibilité, il faudrait pouvoir les diagnostiquer. Nos systèmes de perception primitive, situés dans le cerveau, nous permettent de réagir normalement en société. En testant cette faculté sur Luke et Phoebe, j'ai constaté qu'elle était absente, ou programmée différemment.

— Que voulez-vous dire exactement ? s'inquiéta John.

— Je ne suis pas sûre que vos enfants soient

capables de faire la différence entre un comportement normal et un comportement anormal.

John serra la main de Naomi.

— Que pouvons-nous faire ?

— Il faut que je réfléchisse, dit la psychologue. La première option consisterait à prendre du temps pour vous, et confier Luke et Phoebe à un établissement psychiatrique, pour observation.

— Hors de question ! s'écria Naomi en se tournant vers John, à la recherche de son soutien.

Celui-ci hésita, puis se rangea à l'avis de sa femme.

— Je ne dis pas cela contre vous. Si vos enfants sont, comme je le suspecte, hyper-intelligents et insuffisamment stimulés, ce serait bien, pour eux, d'évoluer avec d'autres enfants surdoués. Je connais un centre très bien...

— Je suis désolée, dit Naomi, mais ça n'est pas envisageable pour nous. Nous sommes leurs parents. Nous les aiderons à résoudre tous les problèmes qu'ils rencontreront.

— Vous pourriez trouver de nouvelles activités à leur proposer à la maison, prendre de nouvelles habitudes.

— Du genre ? demanda John.

— Leur fournir des jouets et des jeux destinés à des enfants plus âgés. Je pense que vous devriez leur offrir un ordinateur. Ils sont fascinés par les ordinateurs. C'est pour cela qu'ils monopolisent celui de la crèche.

— Sheila, dit John, répondez-moi honnêtement. Que feriez-vous à notre place ? Si c'étaient vos enfants ?

— Il faut que je réfléchisse, que j'en parle avec certains de mes confrères – en toute confidentialité, bien entendu. Il faut aussi que je fasse des recherches. J'aimerais pouvoir vous présenter une solution magique, mais il n'y en a pas. Tout ce que je peux vous dire, c'est que cela ne va pas être facile pour vous.

77

Quelqu'un ouvrit la porte. Le Disciple posa un doigt sur son chronomètre : 19 h 32. Il faisait nuit. Une personne sortit de la maison avec un grand parapluie. Grâce à ses jumelles de vision nocturne, il s'aperçut que c'était l'Infidèle. Quelques secondes plus tard, les détecteurs interceptaient ses mouvements, et les projecteurs extérieurs s'allumaient.

Maintenant !

Il déclencha son chronomètre.

Le Disciple se terrait dans l'obscurité, bien au-delà de la portée des lumières, dans un champ humide. Il avait mis les bottes fourrées avec lesquelles il avait foulé les trottoirs enneigés de Rochester et de New York, enfilé plusieurs couches de vêtements et enfoncé une casquette de base-ball noire sur son crâne, histoire de se protéger un peu du vent glacial et de la pluie verglaçante.

Celle-ci tombait sans interruption, toujours la même, aspirée dans les marécages, régurgitée ailleurs par les nuages – impossible d'y échapper. Où que l'on se trouve dans le monde, que ce soit sous forme de pluie ou de neige, l'eau qui tombait du ciel était souillée. Tant que les égouts n'auront pas été purgés, tant que les villes, les plaines et les vallées n'auront pas totalement disparu, aucun endroit ne sera épargné.

Il regarda le chronomètre, puis saisit ses jumelles. L'image était rouge à cause de l'éclairage. L'Infidèle raccompagnait une femme entre deux âges vers une petite voiture japonaise. Il lui ouvrit la portière, la ferma quand elle fut installée, puis se réfugia sous le porche. Le Disciple distingua l'épouse dans l'embrasure de la porte. Tous deux agitèrent la main quand la voiture démarra. Il n'y avait pas de chien : un problème en moins. Il se demanda qui était cette femme, qui s'éloignait, sur le chemin. Quand il releva ses jumelles, il constata que la porte était fermée.

Il les baissa, posa un doigt sur le chronomètre et attendit, ce qui lui sembla une éternité, que les lumières s'éteignent.

Il pressa sur le bouton et regarda le chronomètre. Elles étaient programmées pour rester allumées trois minutes.

Le Disciple se déplaça à travers champs. La pluie de la nuit effacerait ses traces. Une fenêtre s'éclaira au rez-de-chaussée. Il désactiva la fonction infrarouge et aperçut l'Infidèle assis à un bureau, devant un ordinateur. Une autre fenêtre s'illumina. Il le vit lever un verre à pied, le porter à ses lèvres et boire.

Garde le silence devant l'Éternel, et espère en lui ; ne t'irrite pas contre celui qui réussit dans ses voies, contre l'homme qui vient à bout de ses mauvais desseins. Laisse la colère, abandonne la fureur ; ne t'irrite pas, ce serait mal faire. Car les méchants seront retranchés, et ceux qui espèrent en l'Éternel posséderont le pays.

Psaume 37.

Le Disciple avait pris une petite chambre dans un vieil hôtel mal isolé du bord de mer, à Brighton-et-Hove.

Sa fenêtre donnait sur la promenade battue par les vents, un édifice rouillé, en ruine, au bout d'une jetée, et la mer, sombre et agitée, comme son cœur, depuis trois jours qu'il était là.

Ç'aurait été si simple d'attendre que les lumières s'éteignent dans la maison, de passer à l'action, de repartir et de traverser la Manche dans la soirée, avec sa voiture de location. Demain soir, il aurait dormi dans les bras de Lara et du Seigneur.

Mais non. Comme Job, il devait faire preuve de patience. Un mail de son maître, Harald Gatward, lui ordonnait d'attendre un peu, de mieux se préparer, jusqu'à ce que ce soit le bon moment, car Dieu l'avait mis en garde contre un éventuel danger.

Je t'instruirai et te montrerai la voie que tu dois suivre ; Je te conseillerai, J'aurai le regard sur toi.
Psaume 32.

Le Disciple baissa ses jumelles. Il écouta les bruits de la nuit, le souffle du vent dans les herbes, le sifflement d'un train, au loin, et le grincement d'un portail. La pluie giflait son visage, il était trempé jusqu'aux os, mais son cœur, lui, était brûlant.

M. et Mme Klaesson, et leurs suppôts de Satan, vivaient entre ces murs.

Une fois l'ordre reçu, il se retrouverait dans les bras de Lara et du Seigneur, avant même que leurs corps n'aient été découverts.

78

De : Kalle Almtorp, ambassade de Suède, Kuala Lumpur, Malaisie.
À : John Klaesson. bklaesson@morleypark.org
Objet : Disciples

John, j'espère que tu vas bien et que tu supportes cet horrible climat anglais ! Tout va bien pour moi en Malaisie, même s'il m'a fallu un certain temps pour m'adapter à la chaleur. Quelles sont les nouvelles ? Comment vont Naomi, Luke et Phoebe ?

J'ai peut-être une bonne nouvelle à t'annoncer. Mon contact au FBI vient de me dire – c'est ultra-confidentiel ! – qu'ils avaient une piste dans leur enquête sur ces Disciples du Troisième Millénaire. Ce n'est que le début, mais – je t'en prie, ne le répète à personne ! – ils auraient la preuve de l'existence d'une secte religieuse en exil dans une région reculée d'Europe.

Ces personnes seraient financées par le fils de l'une des plus riches familles américaines, mais, si j'ai bien compris, les preuves sont encore infimes.

Dès que j'en saurai plus, je te tiendrai au courant. D'ici là, j'espère avoir de tes nouvelles. C'est fou comme le temps passe vite. Depuis combien d'années ne nous sommes-nous pas vus ?

Hälsningar !

Kalle

John leva un poing en l'air.
— Enfin !
Il mordit dans la dernière olive de son cure-dents, la mâcha et termina son Martini. La pluie cognait contre la fenêtre. Le temps était vraiment atroce et le vent de plus en plus froid. Mais c'était une excellente nouvelle ! Le FBI allait arrêter ces bâtards. Et ils seraient enfin en sécurité. Enfin une éclaircie, après les prévisions alarmistes du docteur Michaelides, qui était partie une demi-heure plus tôt.

Il termina les dernières gouttes de son cocktail. La réalité le rattrapa. Mon Dieu, qu'allaient-ils faire ?

Attendre. Attendre que la psychologue reprenne contact avec eux – ils n'avaient pas d'autre alternative.

Histoire de remonter le moral de Naomi, il la rejoignit dans la cuisine et lui annonça la bonne nouvelle. Il l'embellit un peu, affirmant que le FBI était sur le point d'intervenir.

Dans quelques jours, ils n'auraient plus de soucis à se faire !

Mais Naomi ne venait pas de boire un Martini bien tassé : elle ne partagea ni sa joie ni son optimisme éthylique.

Elle lui répondit sobrement que la vie ne valait pas la peine d'être vécue.

79

Sheila Michaelides courut se réfugier dans la demeure victorienne du centre de Brighton, sous un petit parapluie bien impuissant contre le déluge. Elle arriva dans le hall d'entrée trempée jusqu'aux os. Elle enfila un jean et un pull secs, se prépara un café, sortit une salade de pâtes au thon Marks & Spencer du réfrigérateur, puis monta un petit plateau dans son cabinet, s'assit à son bureau et alluma son ordinateur.

Tourmentée, elle planta sa fourchette dans la salade de pâtes et se força à manger, le ventre noué par l'anxiété.

J'ai rien mangé de la journée, faut que je mange quelque chose !

Elle mâcha lentement et avala péniblement, la gorge sèche.

La grêle cognait contre sa fenêtre ; il faisait tellement sombre qu'elle avait du mal à distinguer l'immeuble d'en face.

Elle se leva soudain, se pencha et déroula le cordon pour baisser le store.

Elle tremblait. Sa peur était indéfinissable. Elle qui avait toujours tout contrôlé... Pour la première fois, le sol se dérobait sous ses pieds. Elle n'arrivait pas à cerner le syndrome de Luke et Phoebe, et elle était de plus en plus effrayée.

Elle se mit à taper son rapport.

Luke et Phoebe Klaesson. Observations. Troisième jour.

Ce ne sont pas des êtres humains comme on l'entend. Ils sont manipulateurs, menaçants. Les limites que chacun s'impose normalement semblent absentes chez eux. Signes évidents de comportement sociopathe, mais il y a autre chose...

Elle s'arrêta et réfléchit quelques instants. Il fallait qu'elle en discute avec d'autres psychologues, mais qui ?

Le rhododendron coincé entre son bureau et le mur était en train de dépérir. Elle descendit remplir l'arrosoir et versa de l'eau sur la terre aride, sans cesser de réfléchir.

Elle reprit son rapport.

Autisme ? Comment expliquer le langage qu'ils parlent entre eux ?

Elle avala une nouvelle bouchée de pâtes, plongée dans ses pensées. Il devait y avoir d'autres études de cas, dans les revues, dans les livres... Non ?

Elle faisait partie d'un forum de pédopsychologues sur Internet, qui faisait circuler un compte rendu hebdomadaire de leurs travaux, des nouveaux traitements, des nouveaux médicaments, etc. C'était un groupe actif et motivé, avec des psychologues vivant dans plus de trente pays. Elle avait toujours reçu des réponses aux questions qu'elle avait posées.

Elle rédigea un mail résumant ses observations sur

Luke et Phoebe, en demandant si quelqu'un avait déjà rencontré un patient présentant des symptômes similaires.

À sa grande surprise, elle reçut, dès le lendemain, des réponses de dix psychologues. Cinq d'entre eux se trouvaient aux États-Unis, un aux Émirats arabes unis, un au Brésil, un en Italie, un en Allemagne, et un en Suisse.

Quatre psychiatres différents l'informaient que les jumeaux qu'ils avaient suivis, présentant des caractéristiques similaires, avaient été conçus dans la clinique offshore du généticien américain assassiné, le docteur Leo Dettore.

Elle entra ce nom dans Google. Parmi les premières occurrences, elle trouva l'article suivant :

Média. *USA Today*. Juillet 2007. Pr J. Klaesson.

UN PROFESSEUR DE LOS ANGELES AVOUE :
NOUS ALLONS AVOIR UN BÉBÉ
SUR MESURE.

80

M. Têtedananas portait un pantalon à rayures, d'énormes chaussures, un nez rouge et un chapeau en cuir en forme d'ananas. Il faisait un malheur, du moins auprès des quatre enfants venus fêter les trois ans de Luke et Phoebe, qui riaient à gorge déployée. John, Naomi, sa mère et Harriet, ainsi que Rosie, trouvaient ses numéros particulièrement réussis.

Les seuls à ne pas s'amuser étaient Luke et Phoebe. Assis par terre, ils fixaient le clown avec un regard de marbre, refusant de participer au spectacle.

John et Naomi avaient eu du mal à inviter des enfants à cet anniversaire. Jane Adamson, l'amie de Naomi dans le village, avait gentiment accompagné son fils Charlie, qui était venu à contrecœur, agrippé à sa mère, serrant son cadeau et épiant les jumeaux avec appréhension. Naomi avait également réussi à convaincre Bethany, une petite fille timide, dont les parents, qui avaient emménagé tout récemment, ne connaissaient personne dans la région. Rosie était arrivée avec sa cadette, Imogen, et un collègue de John avec Ben, son fils de quatre ans, un enfant plein d'entrain.

Soudain, au beau milieu du spectacle, Luke et Phoebe se levèrent et sortirent de la pièce.

Naomi échangea un regard avec John, qui prenait des photos, et suivit ses enfants dans le hall. Elle ferma la porte derrière elle.

— Luke ! Phoebe ! Qu'est-ce que vous êtes en train de faire ?

Ils montèrent à l'étage sans prendre la peine de se retourner.

— Luke ! Phoebe ! cria-t-elle. Revenez tout de suite ! C'est très malpoli de votre part de laisser vos amis ! Vous ne pouvez pas faire ça !

Furieuse, elle leur emboîta le pas jusqu'à la salle de jeux.

L'ordinateur qu'ils leur avaient offert pour leur anniversaire se trouvait par terre – déballé le matin même. Les jumeaux s'installèrent devant.

— Luke !

Ignorant complètement sa mère, l'enfant tapa sur une touche et un nouveau document Word s'ouvrit à l'écran.

Phoebe dit quelque chose à son frère, puis tapa plusieurs caractères avec la dextérité d'une sténodactylo. L'espace d'un instant, Naomi fut trop admirative pour s'emporter.

Ce qui ne l'empêcha pas de rabattre l'écran.

Les enfants ne levèrent même pas les yeux.

— C'est votre anniversaire. Vos amis sont en bas. Papa et maman ont invité M. Têtedananas pour vous faire plaisir, c'était très mal élevé de votre part de quitter vos amis. Maintenant, levez-vous et retournez dans le salon !

Aucun des jumeaux ne réagit.

Hors d'elle, elle les attrapa par le bras et les força à se lever. Toujours pas de réaction.

— Descendez ! hurla Naomi.

Elle essaya de les tirer vers la porte, mais constata,

choquée, qu'elle en était incapable. Ils résistaient avec une force supérieure à la sienne.

Elle lâcha la main de Phoebe et tira sur celle de Luke aussi fort que possible, en la secouant pour essayer de lui faire perdre l'équilibre. Mais il tenait bon. Ses chaussures noires vernies ne glissèrent que d'un millimètre sur la moquette.

À bout de nerfs, elle s'emporta :

— Si vous ne descendez pas immédiatement, je vous mets au lit, tous les deux. Pas d'ordinateur, rien ! C'est compris ?

John, appareil photo à la main, se tenait dans l'embrasure de la porte.

— Que se passe-t-il ?

— Le docteur Michaelides a raison, dit-elle. On devrait les mettre en pension, ces têtes de mules !

Elle lâcha la main de Luke. John se baissa et regarda son fils, puis, gentiment mais fermement, il lui prit les deux mains.

— Écoute-moi, fiston. C'est votre anniversaire, vos amis sont ici, on a invité un super clown. Je veux que vous descendiez et que vous vous occupiez de vos invités. OK ?

Naomi observait Luke. Avec son pantalon bleu marine, sa chemise blanche, sa cravate, ses chaussures à lacets et son air sérieux, il ressemblait davantage à un adulte miniature qu'à un enfant. Et, Phoebe, dans sa robe à fleurs avec un col en dentelle, semblait d'une froideur incroyable.

Vous n'êtes pas des enfants, se dit-elle en frissonnant. *Vous êtes des petits adultes bornés. Mon Dieu, mais qui êtes-vous ?*

John se leva. Luke et Phoebe échangèrent un regard indéchiffrable. Après quelques instants d'hésitation, Luke suivit son père. Les lèvres serrées, Phoebe l'imita.

Ils revinrent dans le salon. Luke et Phoebe retournèrent devant le petit groupe, à leur place, les bras croisés, et les yeux rivés sur M. Têtedananas, qui avait demandé de l'aide à Ben pour faire tourner des assiettes au bout de bâtons.

— Tout va bien ? murmura Harriet à Naomi.

Elle faillit répondre « non pas du tout », mais se força à sourire en hochant la tête. *Très bien. Tout-va-très-bien.*

*

Ce soir-là, une fois que sa mère et sa sœur furent allées se coucher, Naomi, épuisée, vida le lave-vaisselle en passant les assiettes à John, qui les rangeait dans les placards. Caramel et Chocolat étaient réveillés ; ils pressaient leur museau contre les barreaux de leur cage, en émettant ces curieux petits bruits que fait une peau de chamois contre le capot d'une voiture.

Naomi se servit un grand verre de vin.

— L'établissement dont le docteur Michaelides parlait... Peut-être devrait-on se renseigner. Je suis à bout, John, je ne sais plus quoi faire. Peut-être qu'ils réagiraient mieux à la discipline si cela venait d'un étranger. Peut-être que deux semaines suffiraient pour qu'ils commencent à entendre raison.

Elle descendit la moitié de son verre en une seule gorgée.

— Je n'aurais jamais imaginé dire ça, mais c'est ce que je ressens maintenant. Je n'ai pas d'autre idée.

— Ils se sont ennuyés, aujourd'hui, dit John. Je pense que c'était ça, le problème. Harriet est d'accord avec moi.

— Elle n'a aucune expérience avec les enfants,

répondit Naomi, cassante. Et elle les adore. Mais est-ce qu'elle t'a dit qu'ils l'ignoraient complètement ?

— Elle pense que c'est juste une phase.

Il se concentra pour caser une tasse.

— Espérons que le docteur Michaelides ait raison, espérons qu'ils ont juste besoin d'une plus grande stimulation intellectuelle. Peut-être avons-nous fait une erreur en louant les services d'un clown. Peut-être aurions-nous dû demander à un astrophysicien de venir faire une conférence sur la structure moléculaire du carburant des fusées, ou sur le réchauffement climatique.

Elle esquissa un sourire.

— C'est presque drôle.

81

Il était 6 heures du matin, John était réveillé – il avait mal dormi. Naomi s'était retournée toute la nuit et l'avait bousculé à deux reprises, quand elle avait pris du paracétamol. À présent, elle semblait profondément endormie, étalée de son côté du lit, ne lui laissant que quelques centimètres de matelas, comme d'habitude.

Il sortit du lit aussi discrètement que possible, s'approcha de la fenêtre et regarda dehors. Il faisait encore nuit noire. Le soleil se lèverait dans une bonne heure. Il enfila sa robe de chambre, ses pantoufles, et descendit sans faire de bruit, sans allumer la lumière.

Quelqu'un d'autre était debout. La télévision était allumée et il y avait de la lumière dans le salon. Était-ce Harriet, pourtant adepte des grasses matinées ? Il ouvrit la porte.

Luke et Phoebe, en robe de chambre, étaient assis par terre, appuyés contre le canapé, absorbés par une émission de télé. Mais ce n'était pas le genre de programme pour enfants que Naomi les laissait regarder parfois. C'était une émission scientifique pour adultes, un cours de fac. Un professeur, qui se tenait devant la modélisation complexe d'un atome en 3D, expliquait la formation de l'halogène et le fonctionnement des phares à quartz des voitures.

— Bonjour, Luke, bonjour, Phoebe.

Ils lui jetèrent un coup d'œil, comme s'il les dérangeait, puis se retournèrent vers l'écran.

— Vous voulez déjeuner ? leur proposa-t-il.

Luke lui fit signe de se taire, d'arrêter de les distraire. Stupéfait, John le fixa, incapable de réagir. Il était 6 heures du matin, un dimanche, et ses enfants de trois ans se passionnaient pour un homme qui parlait des halogénures gazeux. Il alla se préparer un café dans la cuisine. Jusqu'à quel point étaient-ils surdoués ? Avaient-ils piraté son compte et battu Gus Santiano aux échecs ?

Ils allaient devoir laisser la psychologue procéder à des tests, c'était inévitable, désormais. Et il allait devoir évoquer avec Naomi l'éventualité d'un centre spécialisé. Il devait exister des établissements en externat, où ils pourraient aller la journée, tout en conservant une vie de famille. Histoire qu'ils s'amusent, ensemble, à étudier la structure moléculaire des halogénures gazeux, par exemple.

Il remplit la bouilloire et l'alluma. Il versa du café dans sa tasse et sortit une bouteille de lait du frigo. Il remarqua quelque chose d'étrange : l'endroit était étonnamment calme. Il manquait un truc. Et, soudain, une odeur franchement désagréable l'assaillit.

Une odeur de viande avariée.

Il rouvrit le réfrigérateur et renifla. Rien de suspect. Il vérifia dans la pièce, puis dans le congélateur, en collant son nez aux compartiments. Pas là non plus.

La bouilloire cliqua. Il remplit sa tasse, ajouta une goutte de lait et mélangea. C'est quand il se retourna, tasse à la main, qu'il découvrit le tableau.

La tasse lui échappa et explosa par terre, mais il n'y prêta aucune attention. Deux feuilles de papier journal étaient étalées près de la cage des cochons d'Inde.

Sur l'une d'elles, au beau milieu d'une flaque de sang séché, Caramel gisait sur le dos, les pattes en l'air, abdomen incisé du cou à la queue. Ses organes avaient été placés, bien alignés, à côté de lui. Sur l'autre feuille, ceux de Chocolat étaient rangés de la même façon.

L'espace d'un instant, il se demanda comment un chat avait pu s'introduire chez eux. Mais, en s'approchant, il comprit que cette théorie ne tenait pas debout. Les intestins, les reins, le foie, le pancréas, le cœur et les poumons étaient disposés les uns à côté des autres. Dans les deux cas, l'animal avait été incisé avec une précision chirurgicale, et leurs minuscules cerveaux avaient été posés à hauteur de leur tête.

Il se détourna, horrifié. Des créatures si adorables, si gentilles… Naomi et lui avaient été tellement heureux de voir Luke et Phoebe jouer avec elles, les embrasser tendrement… Qui était l'auteur de ce massacre ?

Il connaissait la réponse, mais refusait de l'accepter. Il voulait juste se débarrasser des cadavres, avant que Naomi ne descende. Elle n'était pas en mesure d'encaisser un tel coup. Il ne voulait pas non plus que Harriet et sa mère les voient.

Il ouvrit le placard sous l'évier et sortit un sac-poubelle noir, souleva délicatement les deux feuilles de journaux, en retenant sa respiration tant l'odeur était insupportable, puis replia le papier et déposa le tout dans le sac. Il le noua et sortit le jeter dans l'une des poubelles extérieures, fermant soigneusement le couvercle.

Il retourna dans la maison. Il tremblait. Il nettoya le café et ramassa les morceaux de porcelaine, puis entra dans le salon. La télévision était éteinte, les lumières aussi. Les jumeaux n'étaient plus là.

Il monta pour vérifier s'ils étaient retournés dans

leur chambre. Il vit de la lumière dans la salle de jeux et poussa la porte sans faire de bruit. L'ordinateur des enfants était allumé. Il s'approcha.

La dernière page consultée, encore affichée à l'écran, était un chapitre de *Grey's Anatomy*, la bible des étudiants en médecine. Il s'agissait de la dissection du rein, illustration à l'appui, avec liste des points à observer au cours de l'autopsie.

82

Sous le choc, John sortit faire un footing, afin de mettre de l'ordre dans ses idées et d'essayer de comprendre ce qui venait de se passer. Aurait-il dû mettre le nez des enfants sur les cochons d'Inde morts et leur faire la morale ? Est-ce que cela aurait servi à quelque chose ?

Comment Luke et Phoebe étaient-ils tombés sur ce site ? Comment en étaient-ils arrivés à faire une chose pareille ?

C'était une matinée claire et froide. Le givre brillait dans la douce lumière, et les flaques gelées craquaient sous ses pas. Il passa la barrière canadienne et attaqua la montée dans les collines.

À mi-chemin, il s'arrêta pour reprendre son souffle et contempler la vallée, les fermes, les routes et chemins, et la tour d'un manoir se détachant sur la crête d'une colline, à l'horizon. Il était 7 h 30, dimanche matin, et la plupart des gens dormaient encore. L'impression de calme était presque surnaturelle. Au loin, il entendit un mouton bêler et une vache mugir. Au-dessus de sa tête, un avion filait vers la Manche, laissant derrière lui une traînée blanche.

Il vit leur maison, minuscule, alignée avec l'église du village. Elle semblait s'inscrire dans un monde miniature. Des champs miniatures, des moutons, des vaches, des maisons, des granges, des voitures, des routes, des lampadaires, des feux de signalisation, des clochers... Si petits, si insignifiants.

Les cochons d'Inde aussi étaient petits et insignifiants, avec leurs organes à peine plus gros qu'une tête d'épingle. Et, pourtant...

Aucune vie n'était insignifiante. Bien sûr, il était admis qu'on pouvait tuer certains insectes, comme un moustique menaçant, ou une guêpe, potentiellement dangereuse dans une chambre d'enfant, ou un cafard dégoûtant. On pouvait aussi tuer certains prédateurs, susceptibles d'attaquer une famille ou les animaux de la ferme. Et il y avait les bêtes élevées pour être mangées.

Mais tuer des animaux par curiosité ?!

Dans les laboratoires, d'accord. Les mouches du vinaigre, les souris, les grenouilles étaient parfois disséquées au nom de la recherche médicale. Cela ne lui posait pas de problème. Il n'avait jamais aimé observer un animal mort, mais, dans ces cas-là, les raisons étaient fondées.

Pour être tout à fait honnête, enfant, il avait tué un moineau avec une catapulte. Il l'avait vu tomber de son perchoir, s'était précipité et avait observé les gouttes de sang sur son bec. Puis il avait pris le petit corps chaud dans ses mains, avait tenté de le redresser, de déployer ses ailes, de l'aider à s'envoler. En larmes, il l'avait posé dans l'arbre, pour que le chat ne l'attrape pas. Il espérait que l'oiseau guérirait et s'envolerait. Mais il était encore là le lendemain matin, froid et dur, comme un caillou couvert de plumes. Honteux, il l'avait emporté dans les bois, avait creusé une petite tombe de ses propres mains et l'avait recouverte d'une pierre et de feuilles mortes.

C'était normal, pour les enfants, de tuer des animaux, il le savait. C'était une étape dans leur développement. Un rite de passage lié à un besoin d'exorciser des pulsions archaïques de chasseur. Mais aurait-il pu tuer un animal domestique ? Un petit être qu'il aurait nourri, dorloté, embrassé le soir, comme Luke et Phoebe l'avaient fait avec Caramel et Chocolat ?

Il n'arrêtait pas de penser à une phrase prononcée par le docteur Michaelides : « Je ne suis pas sûre que vos enfants soient capables de faire la différence entre un comportement normal et un comportement anormal. »

Était-ce sa façon, à peine déguisée, de leur dire que leurs enfants étaient des psychopathes ?

De retour dans la maison, John constata que personne n'était encore réveillé. Bien. Les enfants devaient être punis pour ce qu'ils avaient fait, mais comment ? Comment leur expliquer que ce n'était pas bien ? Comment communiquer avec eux ?

Sans prendre la peine de se changer, dégoulinant de sueur, il prépara le thé dominical, accompagné d'un toast de Marmite, pour Naomi, et lui apporta son petit déjeuner au lit, sur un plateau, avec les journaux du week-end.

Elle regardait un célèbre journaliste politique interviewer le ministre des Finances. Il s'empara de la télécommande, baissa le volume, et, même si cela devait gâcher son dimanche matin, lui raconta l'épisode des cochons d'Inde.

Après un long silence, pâle comme un linge, elle saisit la main de son mari et dit :

— Tu serais d'accord pour qu'on n'en parle pas à Harriet ni à ma mère ? J'aimerais qu'on garde ça pour nous.

Il s'assit sur le lit à côté d'elle, tout en jetant un coup d'œil à la une du *Sunday Times*.

— Moi non plus, je ne veux pas qu'elles sachent.

— On pourrait leur dire que... qu'on avait laissé la porte de la cage ouverte et qu'ils se sont enfuis, non ?

— Je viens de mettre la cage dehors, dit-il. Ta mère ne remarquera rien. Si Harriet dit quelque chose, je lui expliquerai que la cage était à l'extérieur, et que j'avais mal fermé la porte.

— Il faut qu'on discute avec Luke et Phoebe. Qu'on leur explique que ce qu'ils ont fait, ce n'est pas bien. Il faut qu'on arrive à communiquer avec eux, John, qu'ils comprennent. Ils doivent être punis.

— Mais comment faire ? Le docteur Michaelides nous a avoué qu'elle...

— Je me souviens très bien de ses mots. Mais nous sommes leurs parents, nous les avons mis au monde, il en va de notre responsabilité. Ils n'ont que trois ans, nom de Dieu ! Que vont-ils faire quand ils en auront quatre ou cinq ? Nous disséquer, toi et moi, pour voir ce qu'on a dans le ventre ?

Elle alla s'enfermer dans la salle de bains. John parcourut le journal, incapable de se concentrer. Quelques minutes plus tard, elle ressortit en peignoir, coiffée, l'haleine fraîche. Très remontée, elle enfila ses pantoufles d'un geste volontaire et se dirigea vers la salle de jeux. Luke et Phoebe étaient assis par terre, devant leur ordinateur, en pyjama. Collés l'un à l'autre, ils jouaient aux échecs. Sans crier gare, Naomi attrapa le bras de Phoebe et la força à sortir de la pièce.

— Toi et moi, il faut qu'on parle. Ça nous prendra toute la journée, s'il le faut. Et ton papa et Luke vont discuter aussi. Ça prendra le temps que ça prendra.

— Luke ! cria John.

Ignorant son père, l'enfant avança un pion avec la souris, les yeux rivés à l'écran.

La rage de Naomi devait être contagieuse, ou peut-être se mettait-il enfin en colère. Il attrapa Luke avec une violence inédite et le traîna à bas des marches.

Véritable poids mort, Luke se laissa tirer vers la cuisine, puis à l'extérieur, jusqu'aux poubelles qui se trouvaient de l'autre côté de la pelouse.

Sans lâcher Phoebe, Naomi ouvrit un couvercle et sortit un sac noir, qu'elle montra à John.

— C'est celui-là ?

Il haussa les épaules.

— Peut-être.

Elle lâcha la main de sa fille, qui regardait par terre, inexpressive, dénoua le sac et en renversa le contenu. Les carcasses de Caramel et de Chocolat, ainsi que leurs viscères, tombèrent sur l'herbe.

Les larmes aux yeux, Naomi dévisagea ses enfants.

— C'étaient vos cochons d'Inde. Vous les aimiez. Vous les embrassiez. Vous étiez censés prendre soin d'eux. Je pensais que vous teniez à eux. Pourquoi les avez-vous tués ? Pourquoi leur avoir fait ça ? Vous vous rendez compte, ou pas ?

Avec une lucidité et un calme redoutables, Luke répondit :

— Le cochon d'Inde figure au nombre des formes de vie relativement primitives.

Naomi regarda John, qui, abasourdi par l'accès de lucidité de son fils, essayait de garder son calme.

— Cela vous donne-t-il le droit de les tuer, dis-moi, Luke ?

— Tu nous les avais donnés, papa.

John hésitait entre le rire et les larmes. Luke venait de leur parler ! De leur répondre ! C'était une avancée spectaculaire. Mais les circonstances n'en étaient pas moins terribles. Il jeta un coup d'œil à Naomi, qui, elle aussi, était sous le choc.

— Luke, nous vous les avions donnés pour que vous vous en occupiez, pas pour que vous les tuiez, dit-il.

— Un cochon d'Inde, ça ne vit que cinq ans, de toute façon, intervint Phoebe.

John et Naomi voyaient désormais leurs enfants sous un angle totalement nouveau.

Ils communiquaient ! Ce qui, en soi, était remarquable. Mais ne changeait rien au fait que leur comportement n'était pas normal.

— Tu ne penses pas qu'ils avaient le droit de vivre ces cinq années ? dit John. Les êtres humains vivent quatre-vingts ans. Vous êtes des êtres humains.

— Le foie de Cola était plus petit que celui de Caramel, fit remarquer Phoebe.

— Caramel serait mort d'une insuffisance rénale à deux ans. Ses niveaux de créatinine étaient anormalement élevés, assena Luke, le plus sérieusement du monde, avec un tel aplomb que Naomi en frissonna.

— Vraiment ? dit-elle. Qu'est-ce que la créatinine ?

— Un produit de dégradation du phosphate de créatine dans le muscle. Le niveau de créatinine de Caramel était trop élevé, ce qui veut dire qu'il était prédisposé à une insuffisance rénale, répondit Phoebe en la dévisageant, comme si elle s'adressait à une débile mentale.

— Et Chocolat ? s'enquit Naomi. Son niveau de créatinine était comment ?

— Normal, répondit Phoebe en toute simplicité.

— Alors pourquoi l'as-tu tuée ? enchaîna Naomi.

— Je ne l'ai pas tuée ! protesta Phoebe, indignée.

— Je vois. Tu l'as découpée en deux, tu as sorti ses organes, mais tu ne l'as pas tuée, c'est ça ?

— C'est elle qui est morte. Elle a désobéi. On ne l'avait pas autorisée à mourir.

84

John suivit Naomi à l'intérieur, puis monta directement dans la salle de jeux, débrancha l'ordinateur des enfants et l'emporta. Quand il faisait des bêtises, enfant, son père lui confisquait son vélo, son trésor. Il vivait mal le fait d'être privé de liberté, d'être comme paralysé. Peut-être la confiscation de leur ordinateur aurait-elle un impact sur eux. Il fallait qu'il trouve un moyen de les punir.

Il posa l'ordinateur par terre, dans son bureau, le brancha et l'alluma, curieux de voir quels sites les enfants avaient visités.

Une fenêtre s'ouvrit :

MOT DE PASSE.

Vous avez limité l'accès avec un mot de passe, petites crapules ! se dit-il, admiratif malgré lui.

Il était sur le point d'aller le leur demander, puis se ravisa. Il tapa une série de lettres : **ebohpkul**.

Mais le message suivant apparut :

MOT DE PASSE NON VALIDE. NOUVEL ESSAI.

Il réfléchit quelques instants, puis écrivit leurs prénoms dans l'autre ordre : **eklebohp**.

Quelques secondes plus tard, il était connecté.

Et toc ! Il sourit, victorieux. Ils utilisaient leur langage secret – leurs noms, à l'envers, en omettant la quatrième lettre.

Puis son sourire disparut.

Génial. Je suis tout excité parce que j'ai réussi à deviner le mot de passe généré par mes gosses de trois ans.

Il vérifia les réglages, qui auraient dû être ceux d'origine, mais, comme il s'y attendait, ce n'était plus le cas. Un compte MobileMe avait été créé au nom de Luke, et un compte Hotmail au nom de Phoebe. Ils avaient ouvert des messageries !

Quelques jours plus tôt, quelques heures plus tôt, il n'y aurait pas cru. Mais le temps de l'innocence était révolu. Il ne savait plus trop ce qu'il ressentait. Parfois, il espérait que ce soit juste un rêve, qu'il se réveillerait bientôt, et que sa famille serait normale. Ils auraient des enfants heureux, qui grimperaient dans leur lit le dimanche matin, au lieu de regarder des programmes sur l'halogène ou de disséquer des cochons d'Inde.

À d'autres moments, John essayait de positiver, de se concentrer sur les incroyables possibilités qui s'offraient à Luke et à Phoebe. Il ignorait ce que Dettore avait trafiqué, mais ses enfants avaient une soif de connaissances insatiable et des capacités exceptionnelles. Peut-être avaient-ils juste besoin d'un peu plus d'autorité, d'un cadre plus strict, et d'être mieux compris… Naomi et lui devaient, de toute urgence, déterminer le niveau d'intelligence de leurs enfants, et regarder les choses du bon côté.

Il cliqua sur l'icone du navigateur Internet, et essaya de se souvenir de sa propre enfance. Quand avait-il compris que ce n'était pas bien de tuer des animaux ? Sa conscience le lui avait soufflé, non ? La culpabilité qu'il avait ressentie en tuant ce petit moineau le hantait encore parfois aujourd'hui. Ce n'était pas nécessaire d'expliquer aux enfants que c'était mal. Chaque enfant normalement constitué devait le savoir d'instinct.

N'est-ce pas ?

Il ouvrit l'historique et regarda les pages que Luke et Phoebe avaient consultées. Il n'en croyait pas ses yeux. Cela faisait à peine vingt-quatre heures qu'ils avaient reçu cet ordinateur en cadeau, et il y avait des centaines de pages. La plupart des sites étaient éducatifs. Ils traitaient surtout de sciences, à destination des enfants, des adolescents, voire des spécialistes. Médecine, biologie, physique, mathématiques, chimie, biochimie, mais aussi anthropologie, histoire, et des sites biographiques. Agenouillé par terre, totalement absorbé par sa découverte, John n'avait pas conscience d'être surveillé, depuis l'embrasure de la porte, par deux petites paires d'yeux.

Les fondements de la biologie. Les lois de l'entropie. La formation des protéines. Logique, niveau avancé. Calcul. Il frissonna en survolant la liste. Il était impossible que des enfants de trois ans soient capables de lire certains de ses contenus. Ou plutôt : impossible qu'ils soient capables de lire la moindre de ces pages !

Il fut interrompu par Naomi, qui cria que le petit déjeuner était prêt.

John modifia le mot de passe, pour les empêcher d'utiliser l'ordinateur. Puis il se rendit compte qu'il baignait toujours dans son survêtement humide de transpiration. Il se déshabilla et prit une douche rapide. Quelques minutes plus tard, il dévalait l'escalier en col roulé, jean, dans ses vieilles chaussures bateau en cuir – ses préférées.

Toute la famille était installée à la grande table en chêne, qui croulait sous les paquets de céréales, les bols de salade de fruits et de muesli, les yaourts, les brioches et les toasts, les assiettes d'œufs au plat, de bacon, de saucisses et de tomates.

Luke était en train de verser des Rice Krispies dans son bol, avec une impressionnante dextérité. Phoebe, très distinguée, mangeait un yaourt au chocolat, petit doigt levé.

John embrassa sa belle-mère, puis Harriet, qui lisait le *Financial Times* du week-end.

— Bien dormi ? demanda-t-il en s'asseyant.

Sa belle-mère portait un tailleur habillé, comme pour aller à l'église – reliquat de son éducation religieuse très stricte.

De sa petite voix timide, elle répondit :

— Comme une souche, merci. Je dors toujours très bien ici.

Harriet, tignasse brune ébouriffée, pull en laine à grosses mailles, leva les yeux du journal et tapota une page.

— Tu lis parfois l'édito d'Arnie Wilson ? C'est le meilleur spécialiste du ski. Ce papier sur les skis paraboliques est drôlement bien vu.

— Pas lu, dit John en souriant d'un air absent.

Il prit un peu de salade de fruits et regarda Luke verser d'énormes cuillerées de sucre dans ses céréales.

— Je pense que tu en as mis suffisamment, mon chéri, dit Naomi.

Luke l'ignora et ajouta une cuillerée.

Irritée, Naomi retira le sucrier en aboyant :

— Ça suffit, j'ai dit !

Luke lui jeta un regard insolent. Un étrange silence s'ensuivit.

— Vous avez bien dormi, mes poussins ? leur demanda leur grand-mère.

Les jumeaux l'ignorèrent.

— Répondez à mamie, dit Naomi en versant du lait dans les céréales de Luke.

Phoebe lécha sa cuillère, puis l'inspecta en assenant :

— Dormir, c'est pour les idiots.

— Moi, je ne dors pas, renchérit Luke, la bouche pleine.

— Vraiment ? s'étonna sa grand-mère.

Luke mâcha lentement, dans un silence de plomb. John et Naomi échangèrent un regard. John songeait : *Attends, au moins, ils parlent, c'est mieux que rien ! C'est même un progrès...*

Harriet tourna une page.

— Pourquoi est-ce que tu ne dors pas, Luke ?

— Dormir, c'est bon pour les morts, dit-il.

Cette fois, John évita de croiser le regard de Naomi. Il se contenta de planter sa fourchette dans une tranche de mangue et de la mâcher, sans vraiment la goûter, en guettant la réaction de sa belle-sœur.

— Moi, j'ai dormi, cette nuit, dit celle-ci. Et je ne pense pas être morte !

— Moi aussi, j'ai dormi, ajouta la grand-mère. Ça ne veut pas dire que je suis morte, mon poussin, si ?

— Tu ne vas pas tarder à mourir, mamie, dit Luke, désinvolte, en avalant une cuillerée de céréales.

85

Journal intime de Naomi

Ai-je tort de comparer sans cesse Luke et Phoebe à Halley, ma pauvre petite victime innocente ? OK, les enfants disent parfois des choses étranges, et maman l'a pris avec humour, mais quand même... Heureusement que ni elle ni Harriet n'ont remarqué la disparition des cochons d'Inde. Ma famille a un sacré sens de l'observation !

Halley, mon ange, tu me manques tellement. Ça peut paraître fou, mais quand on est allés à la clinique de Dettore, tu sais ce que j'espérais ? Que tu me reviendrais. J'espérais que notre nouveau bébé, ce serait toi, en bonne santé. Mais Luke et Phoebe ne te ressemblent en aucun point, selon moi, du moins. Tu étais tellement doux, gentil, adorable. Tu énonçais parfois des choses bizarres, mais jamais je n'aurais pu t'imaginer dire ce que Luke a déclaré à maman au petit déjeuner. Jamais je n'aurais pu t'imaginer tuer la moindre fourmi. Ça semble étrange, mais, parfois, je te sens autour de moi, tu me tiens la main, tu me dis de ne pas m'en faire. Si je n'avais pas cette sensation, je craquerais. John est tellement plus solide que moi ! J'aimerais avoir son calme, sa force intérieure, sa certitude que tout va s'arranger.

Tu es né un dimanche, et mort un dimanche. La plupart des gens aiment le dimanche, pas moi. Ça me déprime, parfois. Aujourd'hui, je suis au fond du gouffre. Ce matin, il faisait un temps magnifique, mais notre découverte macabre a tout gâché. Cet après-midi, il pleut et il vente. Mamie regarde un téléfilm tiré d'Agatha Christie, et tata Harriet est rentrée chez elle. Phoebe fait des puzzles en trois dimensions devant moi, dans la cuisine, tandis que John joue aux échecs avec Luke dans le séjour. Il est 16 heures, et il fait déjà nuit. À 18 h 30, le dimanche, il y a une messe à l'église du village. Par moments, j'ai envie d'y aller. Est-ce toi qui m'y pousses ? Ou est-ce que je m'accroche à n'importe quoi, par désespoir ?

86

John était dégoûté d'avoir été battu aux échecs par son fils.

— C'était pourtant ce que tu voulais, non ? lui rappela Naomi. Cette ambiance de créativité intense que tu as mise en place dès leur naissance, les heures que tu as passé dans leur chambre, à leur jouer ta musique New Age, à leur parler, à leur proposer des activités pour développer leurs cinq sens... Tu voulais qu'ils soient intelligents ? Ton vœu est exaucé.

C'était dimanche soir, ils étaient seuls dans la cuisine. La mère de Naomi, qui souffrait d'une migraine, était allée se coucher. Le dimanche soir, c'était John qui préparait le dîner – en général un plat simple et léger, qu'ils mangeaient sur un plateau devant la télé. Ce soir, c'était omelette aux champignons et salade grecque.

— Pas comme ça, dit-il. Jamais je n'ai voulu qu'ils aient cette forme d'intelligence.

— Tu riais quand j'émettais des objections. Maintenant, tu es vexé parce que Luke t'a battu aux échecs.

Remarquant la boîte de nourriture pour cochons d'Inde par terre, elle la rangea dans un placard.

— Naomi, il a trois ans, nom de Dieu ! À cet âge-là, certains enfants ne sont même pas propres ! Et il ne m'a pas simplement « battu ». Il m'a écrasé. Tu aurais dû voir la vitesse de ses coups. C'était fabuleux.

— Il y a quelques années, quand les Rubik's Cube étaient à la mode, les adultes avaient du mal, alors que les enfants y arrivaient en quelques minutes. Je me souviens d'avoir entendu dire que c'était parce que personne ne leur avait expliqué que c'était impossible ! Ne raconte-t-on pas aussi que les enfants ont, pour les puzzles, des facilités qu'ils perdent en grandissant ? Les échecs, c'est un peu pareil, non ?

Debout devant la gazinière, il se concentra quelques instants pour plier l'omelette. En général, il aimait l'odeur des champignons grillés, mais, ce soir, il avait l'estomac noué par l'anxiété.

— C'est en partie parce que les jeunes enfants réfléchissent moins, intellectualisent moins, et se contentent de *faire*.

— Peut-être que cette théorie s'applique aux échecs : personne n'a dit à Luke qu'il était impossible de te battre, donc il l'a fait. Qu'est-ce que tu en penses ? Tu ne m'as pas dit qu'un jour tu avais battu ton grand-père, un grand joueur d'échecs, alors que tu n'avais que sept ans ?

— Je l'ai battu *une* fois, et cela faisait des mois que je jouais contre lui. Et... qui sait ? Peut-être m'a-t-il délibérément laissé gagner ce jour-là.

John coupa l'omelette avec une spatule, déposa chaque moitié dans une assiette, retira la poêle du feu et éteignit la gazinière.

— C'est prêt !

Ils emportèrent leur plateau dans le salon. John retourna dans la cuisine chercher deux verres de syrah, puis s'assit en silence devant la télé. C'était l'émission « Un trésor dans votre maison » ; le volume était faible.

— C'est toi qui fais les meilleures omelettes,

dit soudain Naomi d'un ton léger, avant d'ajouter : peut-être qu'on devrait les sortir davantage. Le docteur Michaelides a raison – on les confine dans un monde d'enfants. Souviens-toi, ils ont apprécié le zoo.

— Oui, et depuis, ils adorent les animaux, tu ne trouves pas ?

Naomi mangea quelques instants en silence.

— Je suis désolé, chérie. Je n'aurais pas dû dire ça.

Naomi haussa les épaules. À la télé, un barbu sans charisme posait devant des instruments chirurgicaux datant de l'époque victorienne.

— Peut-être qu'on devrait leur proposer d'assister à une autopsie, dit John. Je suis sûr qu'ils trouveraient ça plus drôle que le clown. Ou les accompagner à un cours de dissection dans une école de médecine.

— Tu divagues.

— Pas du tout. Le problème, c'est que ça leur plairait vraiment. Je pense qu'ils veulent voir des trucs d'adultes.

— Eh bien, tu travailles au sein des labos les plus pointus de Grande-Bretagne. Pourquoi ne leur proposerais-tu pas de visiter Morley Park ? Tu pourrais leur montrer l'accélérateur de particules, le labo de fusion froide.

John posa son plateau par terre.

— Qu'est-ce qui se passe ?

— Je n'ai pas faim. Je n'arrive pas à manger, je me sens... Je me demande comment on va s'en sortir.

Il regarda la télévision. Une vieille dame, avec un chapeau en velours, prenait connaissance de la valeur d'une petite boîte.

« Cette délicieuse pièce de marqueterie, dit l'expert en tweed, vous en connaissez l'histoire ? »

— Tu as remarqué, dit Naomi, à quel point cette émission insiste sur l'histoire des objets, leur provenance ?

Que pourrait-on dire de la provenance de Luke et de Phoebe, si on nous posait la question ?

— Je pense que ce serait nous, les antiquités. Espèce aujourd'hui disparue. *Homo sapiens* du début du XXIe siècle. Magnifique femme de nationalité anglaise, parfaitement conservée. Suédois un peu fatigué, cerveau atrophié, travail de restauration nécessaire. Grosse bite, cela dit.

Naomi gloussa, se tourna et l'embrassa sur la joue.

— On va s'en sortir, d'une façon ou d'une autre. On en fera des gens bien, parce qu'on est des gens bien. C'est l'éternel débat entre l'inné et l'acquis. On trouvera une manière de les influencer.

John esquissa un sourire triste, désemparé.

— Luke m'a fait peur, cet après-midi. Je suis sérieux, il m'a foutu les jetons. Je n'avais pas l'impression de jouer contre un enfant, mais contre une machine. À un moment donné, j'ai perdu le plaisir du jeu.

Il but une gorgée de vin.

— Peut-être qu'on devrait l'inscrire à un tournoi d'échecs, pour voir comment il se comporte face à de véritables adversaires.

— Pour qu'il fasse la une des journaux ? Un prodige de trois ans se retrouvera dans la presse nationale, chérie. Et les Disciples n'auront aucun mal à nous localiser. On ne peut pas se le permettre. Ce qu'on va faire, c'est réfléchir sérieusement à cette école spécialisée.

— Ils ont des écoles pour les machines ? lança-t-elle, en plaisantant à moitié.

John passa un bras autour de ses épaules.

— À quoi vont-ils ressembler, dans dix ans, à ton avis ?

— Dans dix ans ? Pourquoi pas dans trois ? Ce

sont déjà des adultes miniatures. Qu'est-ce qu'ils font, en ce moment ? Tu crois qu'ils attendent qu'on se couche, pour surfer toute la nuit ? Qu'ils dessinent les nouveaux systèmes à propulsion des fusées ou qu'ils réécrivent la Constitution britannique ?

Elle termina son omelette.

— Tu appelleras le docteur Michaelides demain matin ? Tu lui diras à propos des cochons d'Inde ? J'aimerais avoir son avis.

John hocha la tête et se leva.

— Je vais dans mon bureau.

— Tu dois bosser ce soir ? Tu as l'air épuisé.

— Il faut que je renvoie les épreuves de mon livre aux États-Unis avant la fin de la semaine prochaine.

*

À l'étage, dans son bureau, John ouvrit l'historique de son ordinateur et passa en revue les pages consultées ces derniers mois, avant que les enfants n'aient le leur.

Il tomba sur des centaines de pages qu'il n'avait pas consultées. Comme sur l'ordinateur des enfants, il s'agissait de sites dédiés aux mathématiques, à la physique et à d'autres sciences. Il y en avait sur l'histoire, l'anthropologie, la géologie et la géographie. C'était sans fin.

Rien que du très sérieux. Ses jumeaux n'allaient ni sur des sites pour enfants ni sur des forums.

En remontant trois mois plus tôt, il tomba sur des sites d'échecs en ligne. Luke ou Phoebe en avaient consulté des douzaines, depuis l'apprentissage jusqu'aux stratégies les plus avancées.

Il ralluma l'ordinateur des enfants posé par terre. On lui demanda un mot de passe. Il entra celui qu'il avait créé le matin même. Un message apparut :

MOT DE PASSE NON VALIDE. NOUVEL ESSAI.

Il avait délibérément choisi une série de caractères impossibles à trouver par hasard. Peut-être s'était-il trompé. Il recommença :

b*223*&65&*
MOT DE PASSE NON VALIDE. NOUVEL ESSAI.

Il sortit de la poche arrière de son pantalon le bout de papier sur lequel il l'avait noté. Pas d'erreur. Il le tapa de nouveau.

MOT DE PASSE NON VALIDE. NOUVEL ESSAI.

Il secoua la tête et essaya une dernière fois, sans plus de résultats.
L'un d'eux avait dû réussir à se faufiler dans la salle de jeux, avait découvert son mot de passe et en avait créé un nouveau.

87

La chambre était petite, et la fenêtre tellement gorgée d'humidité que la peinture se décollait du bois et que le mastic s'effritait. Les carreaux vibraient. Une pluie dense obscurcissait un ciel déjà gris, et la mer, au-delà de la promenade, était démontée.

Il y avait un lit simple, une télévision qu'il n'avait jamais regardée, une table, un lavabo, un miroir, deux chaises et sa bible. Il avait accroché son crucifix à la place d'une reproduction de *La Charrette de foin* de Constable, qu'il avait décrochée et posée au-dessus de l'armoire.

Chaque matin, il se levait dans cette petite pièce froide, dans cette ville étrangère, il récitait ses prières, puis allumait son ordinateur et se connectait à Internet, plein d'espoir. Mais, pour le moment, ses espoirs avaient été déçus. Chaque jour, un flot d'informations le submergeait. Des messages dégoûtants. Chaque matin, on lui proposait de faire fortune et de rencontrer des jeunes femmes. Il ne pouvait pas s'empêcher de les regarder, bien sûr, mais ces annonces le mettaient en colère, le rendaient triste et heureux.

Heureux, car, bientôt, il serait loin de tout ça, loin de ce monde en putréfaction. Bientôt, il serait dans les bras de Lara, ils feraient des enfants, selon les lois divines, pas des suppôts de Satan.

Enfants, obéissez à vos parents, selon le Seigneur, car cela est juste. Honore ton père et ta mère, c'est le premier commandement, avec une promesse, afin que tu sois heureux et que tu vives longtemps sur la Terre.
Éphésiens 6, 1-3.

Il ne devrait pas l'avoir en sa possession, cet objet de désir, mais il ne pouvait s'en passer. C'était tout ce qu'il avait d'elle. Lara la lui avait donnée le matin où ils avaient été séparés. Une petite photo en couleurs d'elle dans une robe d'été toute simple, sur la terrasse du ranch californien où ils s'étaient rencontrés. Elle souriait, ses longs cheveux noirs tombaient sur ses épaules nues, sur sa peau soyeuse. Cela faisait plus de trois ans, mais il se souvenait encore des parfums de son corps, de chaque caresse, de chaque mot, de chaque promesse, de son souffle sur son visage.

Je t'attendrai, Timon, mon ange. Je t'attendrai jusqu'à la fin des temps.
À bientôt, Lara, si Dieu le veut !

Assis à la table en bois, à côté du minuscule chauffage accroché au mur, il passait en revue les nouveaux messages, tous plus répugnants les uns que les autres, lorsque, soudain, en ce lundi matin, il en remarqua un non signé, envoyé d'une adresse inconnue.

Il change les fleuves en désert, et les sources d'eau en terre desséchée, le pays fertile en pays salé, à cause de la méchanceté de ses habitants. Il change le désert en étang, et la terre aride en sources, et Il y établit ceux qui sont affamés. Ils fondent une ville pour l'habiter. Ils ensemencent des champs, plantent des vignes, et ils en recueillent les produits. Il les bénit, et ils deviennent très nombreux, et Il ne diminue point leur bétail.

Psaume 107.

C'était le message qu'il attendait depuis six longues semaines. Il allait enfin passer à l'action, puis il pourrait rentrer chez lui !

Il se déconnecta, le cœur battant. Il réfléchit. Il avait encore du pain sur la planche, mais il était entraîné, ça ne prendrait pas longtemps.

Il mangea son petit déjeuner en bas, seul à une table, après une prière silencieuse, en évitant de discuter avec les autres clients. Il vérifiait mentalement sa liste de courses. Il avait déjà fait l'acquisition de quelques objets sur Internet. Il savait qu'il devait tout acheter séparément, dans des magasins distincts, dans des villes distinctes. Un Américain, ça passe moins inaperçu qu'un Anglais. En janvier, dans le Sussex, c'est rarissime. Mais, en moins de temps qu'il ne fallait pour le dire, il serait déjà loin.

88

Mardi midi, assise à son bureau, dans son cabinet, le docteur Sheila Michaelides recevait Naomi et John. Naomi remarqua immédiatement l'accueil glacial.

Par la fenêtre, elle regarda la pluie tomber sur une pelouse verdoyante. Une grive essayait de déterrer un ver récalcitrant.

— Pourquoi ne m'avez-vous pas dit la vérité à propos de vos enfants ? dit la psychologue.

— Je suis désolée, mais je ne vous suis pas, répondit Naomi.

— Ah bon ? Le nom du docteur Dettore ne vous dit rien ?

Son expression se durcit. John et Naomi échangèrent un regard embarrassé.

— Oui, nous l'avons consulté, dit John.

— Mais pas pour les raisons que vous imaginez, ajouta Naomi.

— Quelles sont les raisons que j'imagine, madame Klaesson ?

Naomi se tordit les mains sans rien dire.

— Nous voulions…

Elle laissa sa phrase en suspens.

— Des bébés sur mesure ? dit la psychologue.

— Non, pas du tout.

— Ah bon ?

Naomi désigna la photo de deux jeunes garçons souriants, sur le bureau de la psychologue.

— Ce sont vos fils ?

— Oui.

— Ce sont des petits garçons normaux, en bonne santé ?

— Plus si petits. Louis a vingt ans et Philip vingt-deux.

— Mais ils sont en bonne santé ?

— Concentrons-nous sur vos enfants, madame Klaesson, si vous n'y voyez pas d'inconvénient. C'est pour eux que vous êtes ici.

— J'y vois un inconvénient, répondit Naomi, agressive.

— Chérie, intervint John.

— Laisse-moi parler, aboya-t-elle. Nous avons eu recours au docteur Dettore parce qu'il avait de l'espoir à nous vendre, dit-elle en fixant la psychologue. C'était le seul docteur, à l'époque, capable de nous offrir de l'espoir, OK ?

— Quel genre d'espoir ?

— L'espoir d'un enfant normal. Qui n'hériterait pas des horribles gènes que John et moi portons. C'est uniquement pour cela que nous sommes allés le consulter. Pour que je puisse concevoir un enfant qui ne serait pas porteur de ce gène.

— Et il vous a convaincus d'avoir des jumeaux ?

— Non, dit John. Nous voulions un fils, c'est tout. Nous n'avons jamais demandé des jumeaux.

S'ensuivit un long silence.

— Connaissez-vous d'autres enfants nés dans les mêmes circonstances ?

— Quelques-uns, dit John.

— Trois familles avec jumeaux conçus dans cette

clinique ont été assassinées ces deux dernières années, dit Naomi. Elles auraient été victimes d'une secte religieuse, des fanatiques.

— C'est pour cela qu'on n'en parle pas, ajouta John. On nous a conseillé de faire profil bas.

— Difficile quand l'info se trouve sur Internet, répliqua Sheila Michaelides.

— Depuis, on fait preuve de la plus grande discrétion, dit John.

— Et qu'est-ce que ça peut bien vous faire ? trancha Naomi. Luke et Phoebe sont-ils des citoyens de deuxième zone parce qu'ils ont été conçus différemment ? C'est ça que vous essayez de nous dire ?

— Pas du tout. Mais, au début, je vous ai demandé, à tous les deux, si quelque chose aurait pu influencer le comportement de vos enfants. Vous n'avez jamais mentionné le fait que leur patrimoine génétique avait été modifié. J'estime que cette information aurait pu m'aider à les comprendre, vous ne pensez pas ?

— Non, je... avança Naomi, avant de s'interrompre, mise en garde par John qui levait une main.

— Chérie, elle a raison. On aurait dû le lui dire.

Naomi baissa les yeux, honteuse. Elle avait l'impression d'être réprimandée par une directrice d'école.

— Docteur Michaelides, continua-t-elle, ça ne s'est pas passé comme vous le pensez. On voulait juste que le docteur Dettore supprime le gène de cette maladie.

— C'est tout ?

— Plus ou moins, dit Naomi.

— Plus ou moins ? répéta la psychologue.

Tous se dévisagèrent en silence.

— Nous avons accepté quelques modifications génétiques pour améliorer les capacités de notre bébé dans certains domaines, finit par avouer John.

Le docteur Michaelides leur jeta un regard suspicieux.

— Dans quels domaines, exactement ?

John se mit soudain sur la défensive, comme si, lui aussi, était humilié par un professeur.

— La résistance aux maladies. Nous avons boosté leur système immunitaire.

Naomi le corrigea :

— Quand John dit « leur », il veut dire « lui ». Nous pensions n'avoir qu'un seul enfant...

— Un garçon, précisa John. Un autre fils.

— Et il vous a convaincus d'avoir des jumeaux ?

— Personne ne nous a dit qu'on aurait des jumeaux, répéta John. Ce n'est qu'à un stade avancé de la grossesse que nous avons découvert qu'il y avait deux fœtus. Toutes les modifications que nous avons sélectionnées étaient anodines. Nous voulions que notre fils soit raisonnablement grand, qu'il ait une bonne vue, une bonne audition. Nous avons accepté qu'il dorme moins que la moyenne, à l'adolescence. Et qu'il ait davantage d'énergie en mangeant moins.

— Nous avons également accepté quelques améliorations dans ses capacités d'apprentissage, avoua Naomi.

— Moins de sommeil et des facilités d'apprentissage ? Et, aujourd'hui, vous êtes inquiets parce qu'ils passent leurs nuits à étudier ? Vous vous attendiez à quoi ?

— Pas à ça, dit Naomi. Nous voulions leur donner un bon départ dans la vie. Nous n'avons jamais eu l'intention d'en faire des...

La psychologue attendit patiemment, tandis que Naomi regrettait déjà sa phrase.

— Des bêtes de foire, dit John. Je pense que c'est le terme que ma femme cherche.

— Est-ce ainsi que vous commencez à considérer vos enfants, professeur Klaesson ?

— Pas dans le sens « bêtes de cirque ». Mais ils sont

différents. Presque comme si... s'ils étaient « câblés » différemment.

— À mon avis, c'est le cas, convint la psychologue. Si vous voulez que je vous aide, vous allez devoir être totalement honnêtes avec moi, à partir de maintenant, appuya-t-elle en les fixant l'un après l'autre. Quand vous êtes allés chez le docteur Dettore, vous a-t-il proposé une sorte de « *package* » ?

— « *Package* » ? répéta Naomi.

— Un contrat préétabli pour ses patients, ou « clients ». Un certain QI, une taille garantie, des capacités sportives... dit-elle en énumérant ces options sur ses doigts. Avez-vous eu l'impression que certaines qualités allaient ensemble ?

— Non, dit John. Nous avons eu une liste de choix.

— Trop de choix, admit Naomi. C'en était déroutant.

Ils reprirent les options dont ils se souvenaient. Quand ils eurent terminé, la psychologue se tourna vers son ordinateur, puis s'inclina en arrière, dans son fauteuil, et observa longuement John et Naomi.

— Je me suis renseignée. Depuis notre dernière entrevue, en fin de semaine dernière, j'ai été en contact, par téléphone et par mail, avec vingt-six psychologues suivant des enfants conçus à la clinique offshore de Dettore.

— Je pensais que cette information était confidentielle, dit Naomi.

— C'est le cas, et c'est pour cela que les professionnels ont demandé aux parents s'ils étaient d'accord pour que je les contacte.

Elle regarda son écran, posa les mains sur son bureau et se pencha en avant.

— Tous ont eu des jumeaux et, chaque fois, c'était une surprise. Tous les enfants sont plus intelligents que la moyenne, font plus vieux, et ont les mêmes problèmes comportementaux que Luke et Phoebe.

89

John et Naomi réfléchirent pendant une longue minute, bouleversés par ce que le docteur Michaelides venait de leur annoncer.

— Suggérez-vous que ce puisse être des clones ? s'interrogea John, la gorge serrée, au bord de la panique.

— Non. J'ai demandé à plusieurs parents de m'envoyer des photos, parce que l'idée m'a effleurée, mais aucun enfant ne se ressemble. Je vois passer beaucoup de parents et d'enfants dans mon cabinet, et je peux vous assurer, déclara-t-elle en souriant, qu'il existe de nombreuses ressemblances physiques entre Luke, Phoebe et vous.

— Dieu soit loué, dit Naomi.

— Mais pourquoi auraient-ils tous la même précocité intellectuelle et physique et les mêmes problèmes comportementaux ? poursuivit John. Nous avons choisi quelques options. Les autres parents ont dû en choisir d'autres. Certains ont dû faire des choix plus radicaux que les nôtres... Comment se fait-il que les enfants soient similaires ?

— Permettez-moi de vous rappeler que vous avez tous, à votre insu, eu des jumeaux, suggéra la psychologue, énigmatique.

Naomi la dévisagea.

— Que voulez-vous dire, exactement ?

— Ce que le docteur Michaelides veut nous faire comprendre, c'est que le docteur Dettore avait une idée derrière la tête, souligna John.

Naomi acquiesça.

— Au fond de moi, je le sais depuis que Luke et Phoebe sont nés.

— Votre Dettore ne jouissait pas d'une bonne réputation dans les milieux scientifiques, reprit Sheila Michaelides. Il suffit de lire quelques interviews données à la presse, au fil des années, pour comprendre qu'il était complètement aveuglé par sa vision de la génétique, sans aucun égard pour la bioéthique, et sourd aux critiques.

— Pensez-vous qu'il ait utilisé l'utérus de Naomi et de dizaines d'autres mères pour mener à bien une expérience, à leur insu ?

— C'est une possibilité qu'on ne peut plus écarter.

John et Naomi se regardèrent, abasourdis.

— Mais cela ne devrait pas affecter votre relation avec vos enfants, poursuivit le docteur Michaelides. Même s'ils ne sont pas génétiquement comme vous le souhaitiez, ce sont quand même vos enfants, votre chair et votre sang.

— Qu'est-ce qu'on doit faire, maintenant ? s'enquit Naomi, assommée. Lancer une batterie de tests ? Luke et Phoebe sont-ils voués à devenir des rats de laboratoire pour toute une meute de psychologues et de scientifiques ?

— Qu'en est-il du traditionnel débat inné *vs* acquis ? dit John. Le docteur Dettore disait que, quoi que l'on fasse, génétiquement, avec notre ou nos enfants, l'incidence serait minime. Selon lui, le développement de l'enfant dépendrait de nous, parents. Si nous les aimons, si nous prenons soin d'eux, pourrons-nous les influencer ? À long terme, notre rôle ne sera-t-il pas plus important que celui du docteur Dettore ?

— Dans des circonstances habituelles, je serais de cet avis, mais je vous parlais la semaine dernière des limites épistémiques, celles qui existent quand les humains sont « câblés » normalement... Le comportement manipulateur de vos enfants laisserait penser que ces limites n'existent pas chez eux. À trois ans, ils présentent les caractéristiques d'adolescents de quinze ans.

Elle ouvrit une bouteille d'eau minérale et remplit le verre qui se trouvait sur son bureau.

— Le plus important, pour tout parent, est de se « connecter » avec son enfant. De créer un lien. C'est ce qui vous manque, ce que vous aimeriez avoir, je me trompe ?

— C'est bien ça, dit Naomi. J'ai l'impression d'être leur bonne, rien de plus. Je les baigne, je les nourris, je nettoie après eux. C'est tout ce qu'ils me laissent faire. Tout ce qu'ils semblent attendre de moi. L'autre jour, Luke s'est coupé. Au lieu de se réfugier dans mes bras, il a montré la blessure à sa sœur et ne m'a même pas remerciée quand je lui ai mis un pansement.

— Je pense que ça vous aiderait de discuter avec d'autres parents, s'ils sont d'accord.

— Certains vivent-ils en Angleterre ? demanda Naomi.

— Pas que je sache, mais il doit y en avoir dont je n'ai pas entendu parler.

— Je serais ravie de contacter d'autres parents, n'importe où dans le monde.

La psychologue avala une gorgée d'eau.

— Je vais voir ce que je peux faire. Mais ne vous faites pas trop d'illusions, vous n'aurez pas de solution magique. Tous mes interlocuteurs disent que les autres parents sont dans la même situation que vous.

— Certains enfants ont-ils tué leur animal domestique, comme Luke et Phoebe ? demanda John.

— Je n'ai pas eu de discussion approfondie avec tous, mais je sais que des jumeaux à La Jolla, dans le sud de la Californie, ont étranglé leur épagneul, car leur père se plaignait de ses aboiements incessants. Ils s'étaient dit que leur père leur en serait reconnaissant, une fois le problème résolu. Des jumeaux de Krefeld, en Allemagne, ont égorgé leur chat, car leur mère avait hurlé, quand il avait apporté une souris dans la cuisine. J'ai l'impression que l'incapacité à distinguer ce qui est vivant de ce qui est mort est un trait commun à tous. Ils ne pensent pas à mal mais semblent disposer d'un système de valeurs complètement différent du nôtre. Ils ne sont pas sensibles à ce que vous et moi considérons comme normal.

— Mais on devrait être capables de les éduquer, en tant que parents, non ? demanda Naomi. J'aimerais que vous nous montriez comment faire.

— Je pense qu'on devrait parler à d'autres parents, dit John. Accepter la proposition du docteur, ma chérie.

— Vous avez des enfants heureux et équilibrés, docteur, affirma Naomi. Vous ne comprenez pas à quel point je me sens… impuissante. Inutile. Vide. J'ai l'impression qu'ils m'utilisent quand ils en ont besoin, c'est tout. J'aimerais retrouver les bébés auxquels j'ai donné naissance. J'attends de vous que vous m'aidiez à retrouver mes enfants.

La psychologue lui sourit, pleine d'empathie.

— Je comprends. Votre souhait est légitime, mais je ne sais pas si je suis en mesure de vous aider. Avant de pouvoir faire évoluer votre relation avec

Luke et Phoebe, vous devriez modifier vos objectifs. Les redéfinir.

— Comment ?

— Pour commencer, vous devriez arrêter de les considérer comme des enfants, et les traiter comme des « personnes ». Vous avez fait venir un clown pour leur anniversaire, c'est bien ça ?

— Était-ce une erreur ? s'inquiéta John.

— Je pense que vous devriez changer de point de vue. Si vous voulez entrer en contact avec eux, ce serait bien de les traiter comme des adolescents, parce qu'ils ont cet âge mental.

— Où est passée leur enfance ? gémit Naomi. Et quels autres adolescents auraient envie de jouer avec eux ? C'est tellement... fit-elle en secouant la tête de désespoir. Bon, je sais qu'il existe des génies qui entrent à la fac à douze ans, mais, quand on entend parler d'eux plus tard, on comprend qu'ils sont dépressifs à trente ans. Êtes-vous en train de nous dire que nous devons déchirer tous les manuels d'éducation ?

— Madame Klaesson, dit la psychologue gentiment, mais fermement, il n'y a plus de « manuel d'éducation » à déchirer. Je suis désolée, mais vous et votre mari les avez brûlés le jour où vous êtes allés chez le docteur Dettore.

90

Assise à côté de John, le regard perdu dans le lointain, observant la campagne détrempée, Naomi se dit, sans enthousiasme : *janvier*. Noël était passé, l'excitation de l'hiver retombée, les décorations décrochées, pourtant, il restait encore février à tirer, et sans doute tout le mois de mars, avant que le temps ne s'améliore.

Il n'était que 14 heures, mais le jour commençait déjà à tomber. Dans deux heures, il ferait presque nuit. John s'engagea sur leur chemin, et la Saab plongea dans une flaque profonde, aspergeant le pare-brise. Les essuie-glaces chassèrent l'eau. Naomi regarda les haies malingres. Un faisan sautillait sans entrain au bord de la route, comme un jouet à piles en fin de course.

Ils passèrent la barrière canadienne, puis les pneus crissèrent sur le gravier. John se gara devant chez eux, entre la Subaru blanche défraîchie de Naomi et la petite Nissan Micra de sa mère.

Quand les essuie-glaces s'arrêtèrent, le pare-brise se mit à ruisseler. Naomi se tourna vers John, qui s'inquiéta de la voir aussi pâle.

— Chéri, je sais que j'étais contre l'idée de les faire garder, contre la proposition du docteur Michaelides de les inscrire dans une école spécialisée, mais j'ai changé d'avis. Peut-être qu'elle a raison, qu'ils ont besoin d'un enseignement, ou d'un environnement, « spécial » – je ne sais pas comment le dire autrement.

— Tu ne penses pas que ce serait avouer notre défaite ? dit John.

— La vraie défaite, ce serait de se laisser abattre. Nous devons arrêter de penser en termes d'échec, trouver une façon d'améliorer leur vie – et la nôtre.

Il garda le silence, puis lui caressa la joue.

— Je t'aime, dit-il. Je suis désolé de te faire traverser tant d'épreuves.

— Moi aussi, je t'aime. C'est ta force qui m'a aidée à me sortir du deuil, après la disparition de Halley, dit-elle en souriant, les larmes aux yeux. Maintenant, nous avons deux enfants en bonne santé. Nous devons nous estimer heureux, tu ne penses pas ? dit-elle en reniflant.

— Tu as raison.

La tête baissée, ils coururent se mettre à l'abri. En se déshabillant, Naomi cria :

— On est rentrés !

John entendit des voix américaines dans le salon.

Il retira tant bien que mal son manteau humide, l'accrocha, puis suivit Naomi dans le séjour. Assise sur le canapé, emmitouflée dans un pull irlandais trop grand pour elle, sa mère faisait du point de croix devant la télé, sans vraiment regarder le vieux film en noir et blanc, dont elle avait poussé le volume à fond, comme d'habitude.

— Comment ça s'est passé ? demanda-t-elle à John et Naomi.

— Bien, merci, dit Naomi en baissant le son. Où sont-ils ?

— En haut, ils jouent sur leur ordinateur.

— Personne n'a appelé ?

— Non, répondit sa mère en fronçant les sourcils,

chagrinée par un défaut sur son ouvrage, mais nous avons eu de la visite, une heure après votre départ, dit-elle avec détachement.

— Ah bon ? s'étonna Naomi.

— Un jeune homme bien élevé. Américain, je pense.

— Américain ? répéta Naomi, déstabilisée. Que voulait-il ?

— Oh, rien ! Il s'était trompé d'adresse. Il cherchait la ferme Machin Chose. Je ne me souviens plus trop. Je n'en avais jamais entendu parler.

— Il ressemblait à quoi ? demanda John.

La mère de Naomi réfléchit, puis le décrivit :

— Il était très bien habillé, très poli. Il portait une chemise, une cravate et un costume sombre. Mais j'ai remarqué quelque chose. Un truc que ton père faisait souvent, tu te souviens ? Quand il était pressé, il oubliait de fermer les boutons sous son nœud de cravate. Ce jeune homme avait donc laissé deux boutons ouverts et j'ai vu qu'il portait une croix religieuse. Comment dit-on déjà ? Je perds la mémoire, j'ai le mot sur le bout de la langue... Oui, suis-je bête ! Un crucifix.

91

Un Américain. Un crucifix.

Assis dans son bureau, John tremblait.

Cet homme n'était pas nécessairement malveillant. Cette visite ne voulait pas forcément dire que...

Sauf qu'une bande d'illuminés américains, les « Disciples », assassinaient les familles avec jumeaux conçus chez le docteur Dettore. Et, aujourd'hui, un Américain avec une croix autour du cou s'était présenté dans une ferme anglaise isolée, où vivait, comme par hasard, un couple ayant consulté le docteur Dettore et ayant eu des jumeaux.

Il réfléchit aux mesures de sécurité à mettre en place. Ils avaient déjà renforcé les vitres, ajouté des verrous aux fenêtres, installé des projecteurs extérieurs, des portes blindées, une alarme reliée à un centre de surveillance, des boutons d'urgence. Peut-être devait-il convaincre Naomi et les enfants de vivre ailleurs, du moins un moment. En Suède ? Dans un hôtel ? Pendant combien de temps ?

Ils s'étaient renseignés sur les chiens de garde. Et il y avait encore un équipement qu'il n'avait pas installé. L'entreprise leur avait proposé des caméras de vidéosurveillance. C'était cher. À l'époque, il n'en avait pas vu l'utilité. Aujourd'hui, il regrettait sa décision. Il alla rouvrir le dossier SYSTÈME DE SÉCURITÉ, qui se trouvait dans le tiroir du bas de son meuble de rangement.

Il appela l'entreprise et demanda s'ils pouvaient leur installer des caméras au plus vite. Il fallait compter dix jours. John leur promit de passer commande immédiatement, s'ils venaient le lendemain. Après un temps d'attente, on lui confirma que c'était possible à 9 heures, le lendemain matin.

Quand il eut raccroché, John écrivit un mail à Kalle Almtorp, à l'ambassade de Suède de Kuala Lumpur.

Kalle, j'espère que tu as passé un bon réveillon. Pas de neige, j'imagine ?!
En décembre, tu m'as dit que le FBI suivait une piste dans l'affaire des Disciples du Troisième Millénaire. Je te sollicite parce que notre situation est potentiellement inquiétante, et il faudrait que je sache à quel point je dois me protéger. Communique-moi rapidement toutes les informations dont tu disposes, je t'en serais très reconnaissant.
Passe mon bonjour à Anna et aux enfants.
Hälsningar !

John

Il envoya le mail et monta dans la salle de jeux, où Luke et Phoebe pianotaient sur leur ordinateur. Ils devaient l'avoir entendu arriver – il vit l'écran changer au moment où il entrait dans la pièce, comme s'ils s'étaient empressés de masquer leur page.

— Bonjour ! s'exclama-t-il.

Aucune réaction.

— Luke ! Phoebe ! Bonjour ! répéta-t-il, plus fort.

Tous deux tournèrent la tête très lentement et répondirent en chœur :

— Bonjour.

Puis ils le regardèrent quelques instants en souriant, comme s'ils savaient que c'était la réaction attendue.

Il frissonna. Ils avaient l'air trop propres sur eux.

Phoebe portait un survêtement vert bouteille et des tennis blanches ; Luke un col roulé bleu marine, un jean repassé et des baskets immaculées. Ils étaient parfaitement coiffés. L'espace d'un instant, il eut l'impression d'avoir affaire à des robots, pas à ses enfants. Il fut tenté de battre en retraite, mais se força à rester, pour mettre en pratique les recommandations du docteur Michaelides.

Aussi nonchalamment que possible, il s'agenouilla et leur tendit la joue. Tous deux se détournèrent brutalement.

— Vous n'embrassez pas votre papa ?

— Ceux qui s'embrassent finissent par avoir des relations sexuelles, fit Luke, en fixant l'écran.

— Quoi ? Qu'est-ce que tu viens de dire, Luke ? demanda John, stupéfait, en espérant avoir mal compris.

Mais Phoebe enfonça le clou.

— On n'embrasse personne, dit-elle. On ne veut pas être victimes d'abus sexuels.

Puis elle aussi regarda l'écran.

— Hé ! dit John en cherchant une réplique. Écoutez-moi bien…

Il observa l'ordinateur, le clavier, la souris, le tapis de souris coloré, enveloppé de l'odeur de plastique. Il se sentait tout engourdi.

Paralysé.

Luke bougea la souris. John suivit le curseur. Luke double-cliqua sur un carré qui s'ouvrit, telle une fenêtre miniature, pour révéler une séquence de chiffres qui se mit à clignoter.

John se leva, et rabattit l'écran de leur ordinateur. Les deux enfants le suivirent du regard, sans exprimer la moindre surprise.

— C'est quoi cette histoire d'abus sexuel ? Ça vient d'où ? Internet ?

Aucun des deux ne répondit.

— C'est ça que vous pensez de maman et de moi ? Qu'on va abuser de vous ? Ce n'est pas marrant du tout.

Les enfants se levèrent et sortirent de la pièce.

— Luke ! Phoebe !

Il avait du mal à contenir sa colère.

— Revenez, je vous parle !

Il les suivit en hurlant :

— Luke ! Phoebe ! Revenez immédiatement !

Sans lui accorder la moindre attention, les jumeaux descendirent.

Il courut après eux, puis s'arrêta. Comment gérer cette situation ? Il avait l'impression d'avoir affaire à deux adolescents mal lunés. Étaient-ils des adolescents ?

Il tremblait de tout son corps. Il était trop énervé pour réfléchir normalement. Il avait juste envie de les rattraper et de les secouer jusqu'à ce que la vérité sorte. Mais Sheila Michaelides leur avait expliqué que le conflit ne servirait à rien, juste à ce qu'ils se referment sur eux-mêmes. Comme le feraient des adolescents.

Facile à dire, docteur, mais comment ne pas se mettre en colère quand ils disent des choses pareilles ?

Il se souvint pourquoi il était monté à l'étage. Il alla dans sa chambre, prit deux clés cachées sous la pile de mouchoirs, ouvrit le placard, poussa ses chemises et ses costumes sur cintres, puis ouvrit le coffre-fort fixé au mur, avant de sortir l'arme lourde qui se trouvait à l'intérieur.

C'était un fusil de calibre douze, fabriqué en Russie, qu'il avait acheté d'occasion, après avoir attendu son permis pendant trois mois. Il en avait fait l'acquisition quand ils avaient installé l'alarme. Il n'avait jamais eu l'occasion de s'en servir. Naomi s'était clairement opposée à sa décision, à l'époque. Mais, la nuit, il dormait mieux en sachant qu'il était là. Il lui sembla plus lourd que dans son souvenir. La crosse était chaude, le canon glacé. Il l'ouvrit, admira la précision du mécanisme, puis regarda l'intérieur des canons brillants. Quand il les referma, il entendit un clic rassurant. Il visa et appuya sur la gâchette.

Rien ne se passa.

La sécurité ! Il la retira, pointa l'arme vers la fenêtre, et tira deux coups, à droite, puis à gauche, rassuré par le cliquetis.

Il s'agenouilla et poussa l'arme sous le lit, aussi loin que possible, à l'abri des regards. Il sortit la boîte de munitions neuves, l'ouvrit et prit quatre cartouches, qu'il cacha dans le tiroir de son chevet. Il rangea la boîte dans l'armoire, la referma et dissimula les clés sous les mouchoirs.

Il resta assis sur le lit quelques minutes, à se demander quelles autres précautions il pouvait prendre, en espérant que sa réaction soit seulement disproportionnée – la visite d'un Américain devait être anodine... Selon toute vraisemblance, il se faisait du souci pour rien. Sa belle-mère, qui n'était jamais allée aux États-Unis – elle avait peur de l'avion –, s'était peut-être trompée d'accent.

Il descendit dans la cuisine ; Naomi préparait le déjeuner. Luke et Phoebe étaient à table.

Il s'appuya contre la cuisinière pour se réchauffer, et demanda à sa belle-mère :

— Anne, cet homme qui s'est présenté chez nous… Êtes-vous sûre qu'il était américain ?

— Certaine, dit-elle avec emphase.

John réfléchit.

— Il cherchait une adresse… Il avait l'air perdu ?

— Oui, confirma-t-elle. John, c'est difficile de s'y retrouver dans votre coin, quand on vient pour la première fois. Moi aussi, je me suis égarée les premiers temps. Il n'y a pas beaucoup de panneaux.

— À mon avis, il n'était pas perdu, intervint Phoebe sans quitter la télévision des yeux.

S'ensuivit un bref silence.

— Tu l'as vu, cet homme, Phoebe ? s'enquit Naomi.

— Pas besoin de voir pour savoir, répliqua-t-elle effrontément.

— Donc tu penses qu'il n'était pas perdu ? répéta John.

Sans bouger la tête, elle agita la main.

— On regarde la télé, arrête de nous déranger, s'il te plaît.

John et Naomi se consultèrent du regard. La belle-mère esquissa un sourire, amusée par son impertinence, ou plutôt son insolence.

Ils auraient dû la punir pour son comportement, mais c'était encore nouveau pour eux de l'entendre parler.

— Il cherchait une ferme ? reprit John.

— Je crois que c'est ce qu'il a dit. Ah, non ! De la nourriture pour animaux.

— Pardon ?

— Il vendait de la nourriture pour animaux ! Maintenant que j'y pense, il n'était pourtant pas du genre à travailler à la campagne, ajouta-t-elle en fronçant les sourcils.

John retourna dans son bureau appeler les cinq fermiers du coin. Trois d'entre eux décrochèrent – aucun n'avait reçu de visiteur correspondant à sa description. Ils promirent de le rappeler si un Américain se présentait chez eux. Il laissa un message aux deux autres fermiers.

John essaya, en vain, de lire, de profiter de son temps libre. Mais il n'arrivait pas à se concentrer. Cette histoire d'Américain et de crucifix le tourmentait.

Naomi l'appela pour lui dire que le repas était prêt. Après le déjeuner, il enfila son blouson, un chapeau de pluie, des bottes, et sortit faire un tour, sans trop s'éloigner, de façon à voir si une voiture arrivait chez eux.

Une pensée le hantait :

Et si nous avions été là, tout à l'heure ?

En fin d'après-midi, il reçut une réponse automatique : Kalle serait absent les dix prochains jours. Un peu plus tard, les deux autres fermiers rappelèrent. Ils n'avaient pas eu de visite dans la journée.

92

À 17 h 30, la belle-mère de John se préparait pour rentrer chez elle, à Bath. Il faisait nuit noire, et la pluie tombait toujours. John enfila son blouson et ses bottes en caoutchouc, prit un grand parapluie et l'escorta jusqu'à sa voiture. Il l'embrassa, puis lui fit signe avec Naomi depuis le porche, jusqu'à ce que ses feux arrière aient disparu.

Il s'entendait bien avec elle, mais, d'habitude, il était soulagé de la voir partir – il aimait avoir la maison pour eux seuls.

Enfin ça, c'était « d'habitude ».

Aujourd'hui, il était angoissé et aurait aimé qu'elle puisse rester plus longtemps. Il fit le tour de la demeure avec une torche, pour vérifier que tous les détecteurs de mouvement étaient bien activés. Les projecteurs s'allumèrent les uns après les autres.

Dans le salon, Naomi se lova sur un canapé, espérant grappiller quelques minutes pour lire le journal. Mais son mal de tête empirait. Vautrés sur l'autre canapé, Luke et Phoebe regardaient un vieux clip de The Corrs sur MTV.

C'était la chanson *Dreams*, qui disait : « Il n'y a pas d'orage sans pluie. »

Soudain, Phoebe s'empara de la télécommande et baissa le son.

— Ce n'est pas vrai, ça. Comment peuvent-ils dire qu'il n'y a pas d'orage sans pluie ? Maman ? Pourquoi ils disent ça ?

Agréablement surprise que sa fille s'adresse à elle, Naomi baissa son journal.

— Tu disais, ma chérie ?

— Qu'il n'y a pas d'orage sans pluie. Tout le monde sait qu'un orage est une perturbation atmosphérique qui s'accompagne de foudre et de tonnerre. La formation de l'orage se caractérise par la force du courant ascendant, sa fréquence relative et sa menace potentielle. Parlent-ils des orages unicellulaires, multicellulaires ou supercellulaires ? Ce sont eux qui créent le plus de dommages, n'est-ce pas ? Mais ce n'est qu'un détail. Il y a quarante mille orages par jour dans le monde, soit deux cent cinquante mille éclairs par minute. Donc qu'est-ce qu'ils en savent, bordel ?

— Phoebe !

Naomi était fascinée par l'étendue des connaissances de sa fille, mais horrifiée par le terme qu'elle venait d'employer.

— C'est un très vilain mot !

Phoebe haussa les épaules, comme l'aurait fait une adolescente.

— Pourriez-vous me rendre un service ? leur demanda Naomi. J'ai très mal à la tête. Pourriez-vous monter me chercher du paracétamol ? Il y a une boîte dans le meuble de la salle de bains, celui avec le miroir.

Luke se tourna vers elle.

— Quel genre de mal de tête, maman ?

— Très mal à la tête.

— Est-il dû à un traumatisme ou à un stress psychologique ? demanda Phoebe.

— Ou à une hypertension intracrânienne ? ajouta Luke.

— Peut-être s'agit-il d'une migraine ? enchaîna Phoebe. Ce serait bien de le savoir.

Naomi les dévisagea quelques instants : elle n'en croyait pas ses oreilles. Elle leur donna une réponse que Sheila Michaelides aurait approuvée.

— C'est le genre de mal de tête qui nécessite une double dose, OK ?

Après quelques instants de silence, Luke conclut :

— Dans ce cas-là, je ne comprends pas.

— Moi non plus, renchérit Phoebe, je ne comprends pas vraiment.

— Qu'est-ce que vous ne comprenez pas ?

Luke se plongea dans ses pensées.

— Tu veux que l'un de nous monte te chercher deux cachets de paracétamol parce que tu as mal à la tête, est-ce correct ?

— Tout à fait, Luke.

Il fit la moue, se tourna vers sa sœur et chuchota quelque chose. Phoebe regarda sa mère d'un air réprobateur, puis murmura quelque chose à son frère.

— Maman, nous sommes un peu perdus, avoua Luke.

Naomi ravala son exaspération.

— Pourquoi est-ce que vous êtes perdus, mes chéris ? C'est pourtant simple. Maman a très mal à la tête. Elle aimerait bien que l'un de vous monte lui chercher du paracétamol, c'est tout, répéta-t-elle en fermant les yeux, tête baissée, les doigts sur les tempes.

— Je vais t'expliquer ce que nous ne comprenons pas, dit Luke. Tu as mal à la tête. Cette migraine n'affecte pas tes jambes. Tu es donc capable de monter dans la salle de bains seule.

Naomi entrevit un sourire de satisfaction sur le

visage de son fils, si furtif qu'elle se demanda si elle ne l'avait pas rêvé.

Puis Luke se leva et revint avec deux cachets.

*

Quelques minutes plus tard, Naomi se réveilla en sursaut sur le canapé. Un groupe qu'elle ne connaissait pas passait à la télévision, sans le son. Une délicieuse odeur de viande flottait dans l'air. John était-il en train de préparer le dîner ?

Elle se rendit dans la cuisine et s'arrêta net.

Perchée sur un tabouret, Phoebe tenait le manche d'une grande poêle, posée sur la gazinière. Debout sur un autre tabouret, Luke découpait des pommes de terre épluchées, tout en vérifiant la recette dans un livre ouvert à côté de lui.

Détectant sa présence, Phoebe se retourna et décocha un sourire si angélique qu'on lui aurait donné le bon Dieu sans confession.

— Coucou, maman !

— Mais... Qu'est-ce qui se passe ? bredouilla Naomi.

— Papa a du travail, tu ne te sentais pas bien, alors on a décidé de vous faire à dîner. On prépare des boulettes suédoises et la tentation de Jansson, ce gratin de pommes de terre à la crème et aux anchois, que tu sers à chaque réveillon, et que vous adorez !

Naomi resta sans voix.

93

Allongée sur le lit, dans le dortoir qui se trouvait au pied de la falaise, juste sous le monastère, Lara tremblait de froid. Elle ne dormait pas. Une tempête faisait rage. Les vagues de la mer Égée se fracassaient contre les rochers, à moins de cent mètres de sa couchette, et semblaient sur le point d'avaler le bâtiment, voire l'îlot tout entier. Le bruit n'était pas sans rappeler celui du tonnerre.

Dieu m'aime, Jésus m'aime, la Vierge Marie m'aime.
Mon Disciple m'aime aussi.
Et je fais partie d'une communauté.

C'était tout ce qui lui importait. Enfant, elle avait toujours eu l'impression d'avoir des préoccupations supérieures à celles des autres. Elle s'était sentie marginale, déconnectée de sa famille, incapable de s'intégrer à l'école, de se faire des amis. Son âme solitaire avait, paradoxalement, souffert de la solitude. Elle avait toujours voulu faire partie d'un groupe, être désirée, utile.

Elle aimait les gens avec qui elle vivait maintenant, elle partageait leur vision, tous leurs points de vue. Comme eux, elle savait qu'il fallait parfois descendre dans les égouts, se battre pour l'Éternel contre Satan.

Couvrant le bruit des vagues, le roulement de tambour du gong en bois invitant les moines à réciter les matines s'éleva soudain. À 2 h 30 du matin, il résonnait entre les murs du monastère, au-dessus du village.

C'était son troisième hiver ici. Chaque fois, le mois de janvier avait été des plus difficiles. La fenêtre de sa cellule avait beau être fermée, le vent glacial fouettait son visage, collant les draps contre son corps.

Elle joignit les mains pour prier. Prier pour l'homme en photo sur le buffet en bois. Prier avec ferveur, de ses mains froides, rougies et asséchées par le travail manuel. Son Disciple si gentil, sa voix et ses caresses si douces, et toutes les promesses qu'ils s'étaient faites…

Timon.

Le souvenir de cette semaine de prières, côte à côte, dans la chapelle, et de cette nuit qu'ils avaient eu le droit de passer ensemble, l'avait aidée à tenir plus de trois ans. Ce souvenir, toujours présent dans son cœur grâce à l'amour que la Vierge Marie leur portait à eux trois. Elle, le beau Timon, et le beau Saul, endormi dans son berceau, au pied de son lit, qui aurait bientôt deux ans et demi.

Et qui n'avait pas encore rencontré son père.

Elle sourit en imaginant l'expression sur le visage de Timon quand il verrait son fils, ce magnifique bébé que Dieu et la Vierge Marie leur avaient offert. Cette même Vierge qui lui avait évité d'avoir à tuer la famille Cardelli, à Côme.

Dieu l'avait envoyée, enceinte, dans un couvent en Italie, pour qu'elle supprime les Infidèles et leurs jumeaux, un garçon et une fille, suppôts de Satan. Mais la Vierge Marie avait déclenché une avalanche qui avait emporté la voiture des Cardelli, dans les Dolomites. Ils étaient tombés dans le ravin et avaient été ensevelis sous une épaisse couche de neige immaculée.

Venez et plaidons ! dit l'Éternel. Si vos péchés sont

comme le cramoisi, ils deviendront blancs comme la neige.

Ésaïe 1, 18.

Comme chaque jour, comme chaque nuit, elle fit la même prière.

Dieu, Jésus, Vierge Marie, rendez-moi Timon, ramenez-le dans mes bras.

Pour que je puisse sentir sa semence en moi, que l'on puisse avoir d'autres bébés qui deviendront forts, ici, loin des égouts du monde. Des bébés que Timon et moi pourrons nourrir, qui grandiront aux côtés d'autres, qui, un jour, rejoindront Votre armée, et détruiront le mal dans le monde.

Je vous en prie, ramenez-moi Timon.

94

Une pluie violente s'abattait sur la voiture du Disciple. Il avait prié pour avoir ce genre d'intempérie. Aucun villageois ne promènerait son chien, personne ne se demanderait ce que ce véhicule faisait sur le parking derrière l'école.

Dans sa petite Ford de location, il avait l'impression que des galets tombaient du ciel. Dans l'habitacle, ça sentait le plastique, le velours et l'humidité. Il avait contracté une urticaire géante qui le démangeait partout.

Les nerfs.

Il se sentait terriblement seul, comme si Dieu lui infligeait un dernier test, dans ce pays étranger, par une nuit hostile, la pluie noircissant le tableau.

Mais il le ferait. Pour Dieu, pour son Maître, et pour l'amour de Lara, il le ferait.

À la lueur blafarde du plafonnier, il déplia les plans de la maison des Infidèles, photocopiés mardi matin au cadastre de Lewes, et les étudia attentivement une dernière fois. Rez-de-chaussée. Premier étage. Élévations nord, sud, est, ouest.

L'architecture était simple. La chambre des parents serait facile à trouver, et les suppôts de Satan devaient dormir dans l'une des trois petites chambres. La vitesse serait la clé. Lors de sa préparation, il y avait trois ans de cela – mais il s'en souvenait comme si c'était hier –, son Maître avait insisté sur la notion de vitesse. Ne jamais oublier que l'heure tourne, que chaque mission repose sur le principe d'une bombe à retardement.

Ce soir, il disposerait de six minutes. Pas une de plus. Il avait trouvé le nom de l'entreprise qui avait installé l'alarme sur le boîtier fixé à l'extérieur, lorsqu'il avait fait le tour de la propriété, mardi matin. Le reste n'avait posé aucun problème. Il l'avait appelée, s'était présenté comme étant l'Infidèle et avait expliqué qu'il avait un problème technique. D'après les informations fournies par l'ingénieur, il en avait déduit qu'il disposerait de six minutes pour accomplir sa mission, retraverser les champs et reprendre sa voiture. Et ensuite…

À 3 h 30 du matin, il serait dans l'Eurotunnel. Il avait parcouru la distance dimanche et lundi, à la même heure, pour vérifier le *timing*. La circulation serait fluide. Sans dépasser les limitations de vitesse, il en avait pour moins de deux heures. À 5 h 30, heure de Paris, il serait sur l'autoroute, en direction de la capitale française. Il abandonnerait sa Ford dans un parking de l'aéroport Charles-de-Gaulle, prendrait la navette jusqu'à Orly et attraperait, sans aucune difficulté, le vol de 11 h 05 pour Athènes. Deux heures plus tard, il avait une connexion pour Thessalonique. De là, un taxi le conduirait au port d'Ouranoupoli, et, à la nuit tombée, le Maître l'attendrait, en bateau, pour parcourir les vingt kilomètres qui séparaient le monastère du continent.

Il le conduirait jusqu'à Lara.

Il regarda l'heure. Il était 22 h 30. Dans un peu plus de vingt-quatre heures, il serait dans les bras de sa bien-aimée, et une nouvelle vie commencerait, sur la Terre promise. Sous la protection de Dieu.

Il replia les plans et les remit dans sa poche, puis vérifia une dernière fois sa liste. Fusil à air comprimé, avec lunette de vision nocturne. Torche. Couteau suisse. Gants. Boîte à outils. Gaz liquide. Gaz paralysant (acheté à Brighton), efficace pendant trente minutes. Briquet. Beretta .38, chargé, avec silencieux.

Il était nerveux. Beaucoup plus que lors de ses précédentes missions aux États-Unis. Il sortit de la poche de son anorak l'arme lourde, la regarda quelques instants, la prit en main et glissa son doigt dans la gâchette.

Le Maître lui avait ordonné de n'utiliser le revolver qu'en cas de force majeure. Car, tôt ou tard, quand il y avait coup de feu, les enquêteurs finissaient par en retrouver l'auteur. Utiliser une arme à feu, c'était franchir le Rubicon. Impossible de revenir en arrière. Impossible de rester soldat de l'armée du Seigneur.

Mais il en avait assez d'être soldat. Il voulait rentrer à la maison. Dormir dans les bras de Lara. C'est pourquoi, éclairé par le plafonnier de sa Ford Focus, il fixa le silencieux, en s'y reprenant à plusieurs fois. Puis il vérifia le fonctionnement de la sécurité d'un index tremblant, et enfonça l'arme, encore plus volumineuse, dans la poche de son anorak.

À trois reprises, il avait eu l'occasion de constater que, dans la chambre des Infidèles, la lumière s'éteignait à 23 h 30 environ. Il était maintenant 22 h 30. À minuit, il traverserait les champs et s'approcherait de la maison.

Il ferma les yeux, plaça les mains devant son visage et récita une prière. Il la ferait durer quatre-vingt-dix minutes, pour qu'elle lui donne du courage.

95

Des lumières éblouirent soudain son pare-brise ruisselant. Des lumières blanches et bleues. L'espace d'un instant, le Disciple, qui priait toujours, mains jointes devant son visage, paniqua.

Et si c'était la police ?

La voiture passa devant lui, en fonçant dans les nids-de-poule pleins d'eau du parking. Il entendit des basses. *Boum boum boum*. C'était une voiture de sport clinquante, avec des phares à halogène blancs avec des reflets bleutés.

Qui êtes-vous ? Que faites-vous là ? C'est mon parking.

La voiture de sport roula jusqu'au bout et s'arrêta à côté d'un chêne, près de la barrière qui séparait le terrain vague du court de tennis municipal.

Les phares s'éteignirent.

Grâce à ses jumelles de vision nocturne, il distingua clairement, à travers le pare-brise arrière, dans une lumière verdâtre, un homme et une femme tournés l'un vers l'autre. Ils jetèrent un coup d'œil derrière eux – vers lui – et se mirent à s'embrasser goulûment.

Des fornicateurs. Des rats d'égouts.

Il entendait toujours les basses, mais moins fort.

C'était *son* endroit. Dieu l'avait trouvé pour lui. Ils

n'avaient rien à faire là. Il glissa la main dans la poche de son anorak et serra son arme. Les éliminer serait un jeu d'enfant. Il avait suffisamment de munitions. Dieu ne désapprouverait pas : tous ceux qui se dressaient entre lui et des Infidèles étaient une cible légitime.

Il se mit à transpirer. Ces intrus, ce n'était pas prévu. Il pouvait annuler sa mission, partir, revenir le lendemain. Sauf que la météo était parfaite, ce soir, et que Lara l'attendait. Et pourquoi laisser des pécheurs contrecarrer ses plans ? Il avait d'ores et déjà prévenu son Maître. Tout était prêt. Il y avait trop de choses à modifier.

Il tremblait tant qu'il n'arrivait pas à réfléchir.

Sans vraiment s'en rendre compte, il mit le contact, passa la première, alluma ses phares, accéléra et quitta le parking, tourna à gauche, traversa le village, passa devant un pub très fréquenté et se dirigea vers la maison des Infidèles.

Il lui suffisait de tourner à droite et de rouler jusqu'à la maison. Mais c'était pure folie. Il s'arrêta devant l'entrée, fit demi-tour et retourna vers le village. Il cherchait une idée. Essayait désespérément d'y voir clair.

OK, OK, OK.

Il traversa le village, direction la route principale, coupa un virage et dut redresser brutalement sa trajectoire pour éviter la voiture qui arrivait en face – si brutalement, même, qu'il toucha la rambarde de sécurité. Il fit une embardée.

Il écrasa la pédale de frein et ferma les yeux une seconde.

Dieu, dis-moi ce que je dois faire. Guide-moi.

Dieu le guida jusqu'à la route principale. Il parcourut plus de sept kilomètres, arriva à un rond-point et en fit deux fois le tour complet. Ça ne se passait pas comme prévu, ce n'était pas ça, le plan. Dieu était en train de le tester.

Tu ne m'as pas assez testé ?

Une voiture lui coupa la route. Il freina si fort que ses roues se bloquèrent. La petite Ford dérapa et frôla l'arrière du véhicule qui lui avait fait une queue-de-poisson.

Il prit la première sortie du rond-point, et, toujours incertain, se gara sur le bas-côté. Il tira le frein à main et baissa la tête. Il entrait en hyperventilation.

Il ne voyait plus très bien l'heure au tableau de bord. Tout était flou. 23 h 12.

Il alluma le plafonnier, sortit la photo de Lara et la contempla. *Ma douce Lara.* Son visage, qui lui souriait, avait le don de le calmer. De lui donner de la force. De l'aider à se reconcentrer.

Des phares inondèrent son rétroviseur. Il se raidit. Quelques instants plus tard, une voiture le doublait dans un grand fracas. Quarante-cinq minutes. Pas plus. Quarante-cinq minutes à tenir.

Il parcourut trois kilomètres et tomba sur un village qu'il ne connaissait pas. Un panneau indiquait : ALFRISTON. Il freina, fit demi-tour, puis revint doucement sur ses pas, se gara dans l'allée d'une ferme, éteignit le moteur, les phares, et resta assis, très calmement dans l'obscurité, pour reprendre ses esprits. La voiture de sport des amoureux sur le parking derrière l'école, c'était un test. Dieu avait testé Job ; à présent, Il le testait lui. Le mettait en garde. Si la voiture était encore là quand il retournerait sur le parking, ce serait un signe qu'il fallait abandonner la mission pour ce soir. Si elle n'était plus là, cela signifierait que Dieu lui donnait le feu vert.

À 23 h 45, il retourna à Caibourne.

Les amoureux étaient partis.

La pluie était plus fine, mais le vent plus fort. Très bien. Il enfila ses gants en cuir, sortit de la voiture, verrouilla les portières et attrapa son fusil à air comprimé dans le coffre. Il traversa le parking, passa devant l'école, vérifia que la voie était libre, puis marcha sur un chemin boueux jusqu'à un champ de maïs qui jouxtait le jardin des Infidèles.

Il leva sa lampe, mais ne l'alluma que furtivement, dans les passages délicats. Le sentier était rendu irrégulier par les traces de sabot. Il glissa, faillit déraper, et, par deux fois, son anorak se prit dans les ronces.

Il avait beau être entraîné, il peinait dans la côte. Il était chargé, nerveux et frigorifié. À bout de souffle, il transpirait dans ses vêtements chauds. Mais, dans son cœur, brillait une lumière. Et, à deux cents mètres, il découvrit enfin la maison des Infidèles ! Il n'y avait plus qu'une lampe, celle de la chambre des parents. Et là, ô joie, il la vit s'éteindre.

Il faisait totalement noir.

L'adrénaline aidant, il avait du mal à contenir son excitation. Quelque chose passa juste au-dessus de sa tête : une chauve-souris, peut-être une chouette. Il écouta le bruit du vent dans les herbes hautes, les arbres et les buissons. Une charnière grinçait, un portail s'ouvrait, se fermait, s'ouvrait, se fermait… Une autre porte claquait. Tous ces bruits couvraient les siens.

Il contempla le ciel couleur d'encre et songea : *la chance est avec moi !* Il s'appuya contre un grillage pour stabiliser ses jumelles de vision nocturne, puis observa, sans bouger, la chambre principale, jusqu'à ce que l'image soit parfaitement nette. Il se rappela les mots de son Maître :

Regardez la condensation. Quand la température extérieure est plus froide que la température intérieure, de la condensation apparaît sur les fenêtres. Quand le chauffage est éteint, la condensation diminue progressivement. Quand la condensation a disparu, les occupants ont eu le temps de s'endormir.

La fenêtre de la chambre des parents était couverte de condensation. Mais il la vit s'estomper peu à peu.

*

Dans la mesure où leurs parents n'allumaient plus la veilleuse Bob le Bricoleur, il faisait complètement noir dans leur chambre. Mais ce n'était pas le plus important.

Les cinq sens se complètent. Dans l'obscurité, l'odorat est plus développé, le toucher et l'ouïe aussi.

Ils le sentirent. Puis l'entendirent. Bientôt, ils pourraient le toucher. Dans leurs petits lits jumeaux, dans cette maison qui était la leur, mais plus pour longtemps, Luke dit à sa sœur, à une fréquence trop élevée pour être détectée par une oreille humaine :

— *Eerp ?*

Juste un mot, prononcé à l'envers, avec la quatrième lettre manquante.

Un millième de seconde plus tard, d'une voix toute aussi inaudible, Phoebe répondit :

— *Eerp.*

96

Ils suivirent de loin l'homme à la silhouette sombre – anorak, bottes, casquette de base-ball, et le virent observer la maison à travers ses jumelles, puis poser un fusil contre le grillage, sans savoir si c'était un fusil à air comprimé ou un fusil de chasse.

Par mesure de précaution, ils avaient laissé deux cents mètres, environ, entre eux et lui, depuis qu'ils l'avaient vu quitter le parking derrière l'école, traverser la route et s'engager à travers champs. Par chance pour eux, jamais il ne s'était retourné.

Ils étaient mieux équipés que lui. Ils disposaient non seulement de jumelles, mais également de lunettes de vision nocturne, qui leur permettaient de progresser comme en plein jour. Ils virent une chouette s'abattre sur le champ et repartir avec une souris dans le bec.

Cachés derrière une haie, au cas où l'homme se retournerait, ils le virent baisser ses jumelles et patienter, plusieurs fois de suite. Ils se demandèrent ce qu'il attendait. Ils échangèrent un regard d'incompréhension. Malgré les bruits environnants, ils ne voulaient pas se risquer à la moindre conversation, étant donné que l'homme se trouvait sous le vent.

*

La condensation avait presque disparu ! Le Disciple retrouva son calme. Son cœur battait à un rythme régulier, l'adrénaline le maintenait dans un état d'alerte maximal, et les endorphines le rendaient heureux. Il regarda l'heure. 0 h 22.
C'est parti !
Tandis qu'il enjambait le grillage qui protégeait le champ mitoyen, un sentiment d'invincibilité le gagna. Il se baissa et progressa doucement, pour éviter de se fouler une cheville dans l'un des nombreux terriers. Il avait tellement plu que le champ était marécageux.

Quand il atteignit la barrière en bois, son cœur s'emballa. Il n'osa pas s'approcher davantage. La maison, imposante, se trouvait désormais à quinze mètres de lui. Les lumières étaient éteintes, les fenêtres fermées. Bien. Il jeta un œil aux voitures garées sur le gravier. Il y avait juste la Saab et la Subaru. Pas de visiteur. Bien. Il se concentra sur le détecteur de mouvements repéré lors de sa précédente visite.

Il s'agenouilla, prit son fusil à air comprimé, le posa sur un poteau, retira le cache de la lunette qu'il enfonça dans sa poche et fit le point. Il ne lui fallut que quelques secondes pour repérer le détecteur, un petit appareil en plastique blanc, convexe, avec une vitre, installé à trois mètres du sol, juste sous une batterie de projecteurs.

Mais ses mains n'avaient jamais autant tremblé. Il respira à fond, pour se calmer, visa, mais, au moment de tirer, se rendit compte que la croix s'était déplacée. Il changea de position, trouva un appui plus stable et visa de nouveau. C'était mieux, mais pas aussi bien que lors de ses entraînements ni aussi fiable que la dernière fois, dans l'Iowa, où il avait accompli exactement la même mission.

Il glissa son doigt dans la gâchette, éloigna le réticule de visée de sa cible, puis, lentement, en essayant de maîtriser les vibrations dues à la tempête et à ses nerfs en pelote, visa et tira.

La cartouche contenant dix plombs sortit en sifflant, et ceux-ci se logèrent, avec un bruit de tous les diables, dans le coffrage en bois, plusieurs centimètres à gauche du détecteur.

Le Disciple retint son souffle, priant pour que la lumière ne s'allume pas dans la chambre. Ses tremblements semblaient incontrôlables. Il constata, soulagé, que personne n'avait bougé dans la maison. Comment avait-il pu rater sa cible d'autant ? La veille, dans un coin isolé de la campagne environnante, il s'était entraîné à la même distance. Quatre-vingt-dix-sept fois sur cent, il avait tiré dans le mille.

Il tira une deuxième balle – encore dans le bois, juste en dessous de la cible, cette fois. Il se mit à suer à grosses gouttes. Sa casquette lui tenait trop chaud, il transpirait dans ses gants. Il surveilla de nouveau la chambre des parents, au cas où quelqu'un tirerait les rideaux, mais rien. Dans la tempête, les minuscules plombs de .22 ne faisaient pas le poids. Alors que, de là où il était, le bruit était assourdissant.

Il tira encore. Et rata sa cible de nouveau.

— Non ! s'exclama-t-il à voix haute.

Le vent glacial et la frustration lui firent monter les larmes aux yeux. Il voyait flou. Plus que sept cartouches – sachant qu'une seule suffisait.

Il cligna des yeux pour chasser les larmes, les essuya avec le dos de son gant en cuir et visa, confiant. Les plombs atteignirent un objet en métal, à gauche. Il s'accroupit et attendit, en surveillant toutes les fenêtres, quasiment sûr, cette fois, d'avoir réveillé quelqu'un.

Quinze mètres ! Comment puis-je être aussi mauvais à seulement quinze mètres ?

Dieu, je T'en prie, ne m'abandonne pas maintenant.

Il attendit deux minutes pour être sûr que tout était calme dans la maison.

Puis il visa de nouveau, tira et faillit crier de joie quand la petite vitre vola en éclats. Les morceaux tombèrent sur le gravier dans un cliquetis à peine audible. Fendu en deux, le détecteur en plastique blanc pendait au bout de ses fils. Il prit ses jumelles pour vérifier : il était bien hors-service.

La gorge sèche, il baissa son arme et tapota le Beretta qui se trouvait dans sa poche. Puis il sortit la pochette en cuir contenant ses outils de crochetage. La panique revenait, il avait du mal à garder son calme, à se souvenir de son plan.

Il devait faire en sorte que ça ressemble à un accident, à un incendie. C'étaient les consignes. Mais il avait peur d'aller en prison. Ce n'était pas envisageable. Hors de question qu'il prenne le moindre risque pour des Infidèles et leurs suppôts de Satan. Il les abattrait comme des vermines – c'était tout ce qu'ils méritaient –, puis mettrait le feu à la maison. Son Maître désapprouverait, mais c'était, pour lui, la meilleure façon de ne plus jamais retourner sur le terrain. Parfois, dans la vie, il faut prendre des initiatives.

Il enjamba la barrière et posa le pied sur un étroit terre-plein. Il observa la maison, puis s'aventura sur le gravier, comme on teste la température de l'eau. Prudemment, il se mit en marche.

Crac, crac, crac.

Il marqua un temps d'arrêt et reprit sa progression,

tout en priant pour faire moins de bruit. *Ils n'entendront rien, avec la tempête. Arrête de te faire du souci.*

Il arriva sous le porche. Lors de sa précédente visite, il avait identifié le modèle de serrure – encastrée – et s'était muni des bons outils et d'un diamant. Il avait acheté une serrure identique, dans la semaine, et s'était entraîné des milliers de fois.

Il sortit de la poche de son anorak une minuscule torche, l'alluma et la tint dans sa main gauche, pour éclairer la serrure. De sa main droite, il inséra le bout du crochet en tungstène. Cherchant une prise, il l'enfonça fermement et trouva la première goupille.

Et il se rendit compte, décontenancé, que quelqu'un avait laissé les clés dans la serrure, à l'intérieur.

Il entendit alors un bruit métallique. Le bruit, inimitable, d'une clé que l'on tourne.

Il lâcha son kit et chercha son Beretta, qui était coincé dans sa poche ! Alors qu'il essayait de sortir l'arme, la porte s'ouvrit. Il faisait sombre dans la maison ; il distingua à peine les deux petites silhouettes couvertes de pied en cap, en bottes et manteau.

Les suppôts de Satan se trouvaient juste devant lui. Leurs yeux brillaient avec une telle curiosité qu'il eut l'impression d'être littéralement transpercé. Il recula et comprit, beaucoup trop tard, que ce n'était pas lui qu'ils regardaient, mais les gens se trouvant derrière lui.

Il n'entendit pas le coup de feu, sentit juste une brûlure et un courant d'air, accompagné d'un chuintement irréel qui lui compressa les oreilles. Il ne sentit pas la balle qui pénétra à la base de son crâne, sectionnant partiellement sa colonne vertébrale, et qui traversa l'hémisphère gauche de son cerveau, puis le droit, avant de ressortir par le lobe frontal, juste au-dessus de son œil droit, et de ricocher sur le mur en brique du porche, laissant un petit trou dans le joint en ciment.

C'est alors qu'il vit Lara, debout devant lui, dans une lumière laiteuse, au bout d'un long tunnel. Mais les visages des suppôts de Satan s'interposèrent entre elle et lui. Leurs visages déformés qui criaient victoire. Leurs affreux sourires qui les défiguraient. Leurs yeux qui brûlaient de haine. Ils s'approchèrent de lui, ou peut-être s'approcha-t-il d'eux. À l'agonie, il cria : « Lara ! »

Son nom résonna dans l'obscurité, avant de se dissoudre dans des rires enfantins, sataniques. Quatre yeux se mirent à briller, comme des lacs gelés réfléchissent la lumière. Puis la lueur déclina. Il sentit sa tête reposer sur le gravier.

Il découvrit ensuite deux autres visages, qu'il avait déjà vus quelque part. Malgré les dégâts irréversibles sur son système nerveux, sa vue défaillante, dans des nuances de vert, sa mémoire déficiente, ses pensées embrouillées, sa conscience altérée, son sang qui coulait, malgré cette confusion la plus totale, il eut une révélation et comprit pourquoi ces visages lui étaient familiers.

Il les avait vus dans la voiture de sport garée sur le parking, derrière l'école, quand ils s'étaient retournés avant de s'embrasser. Un homme et une femme. C'étaient eux.

97

Halley jouait dans sa petite voiture de police à piles. Casquette à l'envers, sourire aux lèvres, il roulait sur la pelouse, dans le jardin de leur maison.

Il tournait autour de la piscine gonflable, en évitant les jouets éparpillés, à grand renfort d'appels de phare et de coups de Klaxon. Aujourd'hui, il fêtait son troisième anniversaire. Il se régalait.

Naomi souriait, elle aussi, en le regardant. Elle tenait la main de John et se sentait bien, sous le soleil californien. Cette journée était parfaite, aussi parfaite que peut l'être une journée quand on sait que son fils a moins d'un an à vivre.

Le rêve était en train de s'étioler. Elle garda les yeux fermés pour le retenir. Mais un courant d'air lui glaçait le visage. Et elle avait envie de faire pipi. Elle ouvrit les yeux. Il faisait nuit noire et le réveil indiquait 6 h 01.

La tempête faisait rage. Les poutres craquaient, les fenêtres vibraient. De l'air s'infiltrait par tous les interstices.

John dormait encore profondément. Elle resta allongée quelques instants, luttant contre l'envie d'aller aux toilettes, remonta la couette pour protéger son visage, ferma les yeux et tenta de retourner sous le soleil californien. Mais elle était désormais complètement réveillée, et ses soucis remontaient à la surface.

Quel jour était-ce ? Vendredi. Avec Luke et Phoebe, ils avaient rendez-vous chez le docteur Michaelides pour discuter des écoles spécialisées. Dans l'après-midi, ils rendraient visite à deux éleveurs de chiens. Le premier disposait d'une portée de Rhodesian Ridgeback et l'autre vendait des bébés bergers allemands, nés d'un père chien policier.

Sans réveiller John, elle se dirigea vers la salle de bains, s'emmitoufla dans son peignoir et enfila ses pantoufles. Elle alla aux toilettes, se lava les mains et se passa de l'eau sur le visage, avant de se brosser les dents.

Quels horribles cernes !

Elle s'approcha du miroir. Elle avait de plus en plus de rides. Une nouvelle chaque jour. Certaines commençaient à devenir vraiment profondes.

Voilà, ma petite, tu vieillis. Dans dix ans, tu seras toute fripée, dans vingt ans, tu seras croulante. En moins de temps qu'il ne faut pour le dire, Luke et Phoebe te pousseront en bord de mer, dans ta chaise roulante, un plaid écossais sur les genoux, et toi tu seras là à baver, tes cheveux blancs ébouriffés par le vent.

Sauf que... Luke et Phoebe prendraient-ils soin d'eux ? Seraient-ils un jour attentionnés ? N'est-ce pas ce que les enfants sont censés faire ?

Quelle est l'expression, déjà ?

Vengez-vous ! Vivez suffisamment vieux pour devenir un problème pour vos enfants !

Elle ferma la porte et alluma la lumière dans le couloir. Leur chambre était fermée, la salle de jeux aussi. D'habitude, ils étaient levés à cette heure-ci.

Mais, ce matin, tout était silencieux.

Comme l'escalier en bois craquait terriblement, elle descendit à pas de loup pour ne pas réveiller John. Une fois dans le hall, elle ressentit un certain malaise. La chaînette de sécurité de la porte d'entrée, qu'ils mettaient toujours en place quand ils étaient à l'intérieur, pendait.

Avaient-ils oublié de l'attacher ? Sans doute. Elle en parlerait à John. Ils se devaient d'être encore plus vigilants en ce moment.

Quelque chose d'autre la frappa. Le portemanteau semblait moins chargé que d'habitude. Où étaient les manteaux des enfants ? Elle regarda par terre et se rendit compte que leurs bottes de pluie, bleues pour Luke, rouges pour Phoebe, avaient disparu elles aussi.

Son malaise s'accentua. Étaient-ils sortis se promener, à cette heure-ci, par ce temps ?

Elle poussa la lourde porte en chêne, luttant contre les rafales de vent et de pluie, et regarda dehors.

Ce qu'elle découvrit la tétanisa.

Quelque chose gisait au sol, devant le porche – un sac ou un animal.

Elle frissonna et, à reculons, chercha l'interrupteur qui commandait l'éclairage extérieur.

Tous les projecteurs s'allumèrent, sauf un. Elle vit alors que ce n'était ni un sac ni un animal, mais un homme, allongé sur le dos. Et elle remarqua une arme, sur le gravier, près de lui. Elle en avait assez vu. Elle claqua la porte, remit la chaînette de sécurité et grimpa l'escalier, sous le choc.

— John !

Elle fit irruption dans la chambre et alluma la lumière.

— John, il y a quelqu'un dehors, un homme. Il est inconscient, ou mort, je ne sais pas. Et un flingue. Il y a un flingue !

Elle se précipita dans la chambre des enfants. Mais, avant même d'appuyer sur l'interrupteur, elle sut qu'elle serait vide. La salle de jeux l'était aussi.

John apparut dans le couloir, en peignoir, fusil à la main.

— Où ça, dehors ?

Les yeux exorbités, elle bredouilla :

— P-p-porte d'entrée. Je ne sais pas où sont Luke et Phoebe.

— Appelle la police. Non. Appuie sur le bouton d'urgence, ce sera plus rapide. À côté du lit, appuie sur le bouton. Ils viendront immédiatement.

— Sois prudent, John.

— Où est-il ?

— P-p-porte d'entrée, répéta-t-elle en bégayant. Je ne sais pas où sont Luke et Phoebe. Peut-être qu'ils sont sortis.

— Bouton d'urgence, assena-t-il.

Puis il ôta la sécurité de son arme et descendit doucement. Naomi courut dans leur chambre et déclencha les alarmes intérieure et extérieure. Puis elle décrocha le téléphone et écouta : la ligne n'était pas coupée, Dieu merci ! Elle essaya d'appeler police-secours, mais tremblait tellement qu'elle se trompa. La seconde fois, cela sonna pendant une éternité.

— Oh, mon Dieu, décrochez, je vous en prie !

L'opératrice décrocha.

— Police ! hurla-t-elle. Un homme ! Une arme ! Mon Dieu, venez vite !

Elle réussit à se calmer suffisamment pour donner son adresse, puis courut dans le salon en appelant :

— Luke ! Phoebe !

John regardait à l'extérieur par une fenêtre de l'entrée.

Ils étaient introuvables.

De retour dans le hall, elle observa, par la fenêtre, la silhouette immobile de l'homme en anorak, casquette et bottes de pluie. Son visage était tourné de l'autre côté. Elle se demanda alors si sa réaction n'était pas démesurée. Peut-être s'agissait-il d'un simple vagabond…

Mais un vagabond avec un revolver ?

— Je ne trouve ni Luke ni Phoebe.

John ouvrit la porte.

— Mon Dieu, sois prudent. La police est en route et…

— Vous m'entendez ? Excusez-moi ! Vous m'entendez ?

— Attends, John.

Mais John s'approchait déjà de l'homme, en le visant de son arme, le doigt sur la gâchette.

Le jour commençait à poindre.

John observa l'allée, la pelouse, en orientant son fusil de droite à gauche, revenant régulièrement sur l'homme allongé au sol. Le vent souleva le bas de son peignoir, comme s'il s'était agi d'une jupe. Naomi lui emboîta le pas.

Ils se penchèrent sur l'homme vêtu d'une casquette noire, d'un anorak noir, d'un pantalon noir et de bottes noires. Il était jeune, il ne devait pas avoir plus de trente ans, songea Naomi. John s'accroupit et confia son fusil à sa femme. L'arme était lourde, humide et froide. Naomi frissonna. Elle regarda au loin, dans l'obscurité, puis observa de nouveau l'homme.

— Vous m'entendez ? dit John.

Naomi se baissa et découvrit un trou béant, au niveau du front, au-dessus de l'œil droit, la chair déchirée, l'hématome autour et le caillot de sang coagulé que la pluie n'arrivait pas à laver. Laissant échapper un gémissement, elle se mit à quatre pattes pour inspecter l'arrière du crâne. La chair avait été arrachée, les cheveux étaient légèrement brûlés et un autre caillot s'était formé.

— Il s'est fait descendre, dit-elle.

Essayant de se souvenir des notions de premiers secours, apprises à l'adolescence, elle saisit la main de l'homme, retroussa son gant en cuir et comprima son poignet. Malgré l'humidité, la chair était encore chaude.

Elle trouva une pulsation, mais fut bien incapable de dire si c'était son propre pouls ou celui de l'inconnu.

Et, sans crier gare, celui-ci ouvrit les yeux.

Elle sentit son cœur lâcher.

Lui se mit à divaguer, incapable de saisir ce qui se passait autour de lui.

— Où sont mes enfants ? dit Naomi. Où sont-ils ?

Les pupilles du blessé se révulsèrent.

— Où sont mes enfants ? hurla-t-elle, abasourdie de voir que l'homme n'était pas mort sur le coup.

L'inconnu ouvrit la bouche et la ferma, tel un poisson agonisant sur la berge.

— Mes enfants ! Où sont-ils ?

Dans un souffle plus léger que le vent, l'homme murmura :

— Lara.

— Qui êtes-vous ? lui demanda John.

— Lara, répéta-t-il, assez distinctement pour qu'ils puissent entendre son accent américain.

— Où sont mes enfants ? dit Naomi, d'une voix cassée par le désespoir.

— Appelle une ambulance, dit John.

Il fut interrompu par une sirène, au loin.

— Lara, chuchota de nouveau l'inconnu.

Ses yeux s'immobilisèrent, ses pupilles se dilatèrent, comme s'il voyait Naomi, puis il se remit à divaguer.

98

Au loin, une lumière stroboscopique bleue tournoyait, mais ne semblait pas s'approcher. La sirène non plus. Peut-être allaient-ils autre part, se dit Naomi, en arpentant la pelouse, appelant désespérément ses enfants. Elle vérifia dans les bosquets, dans tous les recoins, puis se tourna vers John, toujours agenouillé à côté de l'homme, avant de regarder de nouveau les lumières bleues et les champs vides.

Ce trou noir semblait avoir avalé ses enfants.

La sirène monta enfin en puissance. De peur que la police n'écrase ses enfants, s'ils s'étaient aventurés sur le chemin, Naomi s'élança vers la barrière canadienne, qu'elle traversa en boitillant, dans ses chaussons mouillés, lampe à l'horizontale devant elle, sans se soucier du froid ni de la pluie battante.

— Luke ! Phoebe !

Des phares fonçaient vers elle. Les haies du chemin s'illuminaient progressivement. Elle se rangea sur le côté, accrochant, sans y prendre garde, son peignoir dans les ronces, et agita frénétiquement sa lampe.

Quand la voiture prit le dernier virage, Naomi s'immobilisa, tel un lapin pris dans les phares. Le véhicule s'arrêta à son niveau. Côté passager, une policière baissa sa vitre et l'observa. La radio du véhicule grésilla, le conducteur répondit quelque chose que Naomi ne comprit pas. Dans l'habitacle, ça sentait le chauffage, l'humidité et le caoutchouc.

Montrant du doigt sa maison, Naomi s'agita, à bout de souffle :

— Il y a un homme, là-bas... Il faut une ambulance. Vous n'avez pas vu mes enfants, deux enfants, sur le chemin ?

La policière la dévisagea, inquiète :

— Un homme armé ?

— Abattu... Un homme abattu là-bas... Et mes enfants, je ne les trouve pas.

— Vous êtes sûre que tout va bien ? Vous ne voulez pas monter avec nous ? lui proposa la policière.

— Je cherche mes enfants. Je reviens dans quelques minutes.

Naomi eut à peine terminé sa phrase que la voiture démarra en trombe et accéléra sur la barrière canadienne. Naomi vit les feux de freinage se refléter sur le gravier. Les deux portières avant s'ouvrirent, et les officiers s'avancèrent d'un pas déterminé.

Elle se retourna et reprit sa course sur le chemin, ses pantoufles claquant sur le macadam. Dans une flaque profonde, elle s'enfonça jusqu'aux chevilles et perdit ses deux mules. Elle les récupéra et les enfila, sans cesser d'appeler, la gorge brûlante :

— Phoebe ? Luke ?

À mi-chemin, elle tomba sur le portail d'un champ de chaume, où Luke et Phoebe aimaient se promener. Des faisans élevés pour la chasse y avaient élu domicile. Les enfants s'amusaient à les effrayer, se moquaient de leurs cris métalliques et du bruit étrange de leurs ailes. Naomi balaya le champ du faisceau de sa torche, en ne cessant de les appeler.

Rien. Le vent soufflait fort, et des charnières rouillées grinçaient. Puis elle entendit une autre sirène.

Quelques instants plus tard, une voiture de police la doublait. Dans son sillage, un troisième véhicule banalisé, sans gyrophare, avec quatre personnes à l'intérieur, fonçait vers leur maison. À bout de forces, en larmes, elle continuait à hurler :

— Luke ! Phoebe ! Mes chéris ! Où êtes-vous ? Répondez-moi ! Où êtes-vous ?

Le jour commençait à poindre. Des traînées jaunes zébraient le ciel noir de jais. Telle une photo qui se développe, le paysage apparaissait, de plus en plus clair – les arbres, puis les maisons.

Ses enfants avaient disparu, et une nouvelle journée débutait.

Ses enfants avaient disparu, et un homme agonisait devant chez eux.

Elle courut vers le chemin, puis marcha en direction du village. Sa lampe devenait inutile. Elle avait la gorge nouée. Elle espérait voir soudain Luke et Phoebe, emmitouflés dans leur manteau, avec leurs bottes rouges et bleues, s'avancer vers elle, main dans la main.

Elle entendit une nouvelle sirène. Une ambulance fonçait dans sa direction. Elle agita frénétiquement sa torche, et l'ambulance s'arrêta.

— La ferme Dene ? lui demanda le conducteur.

Elle la désigna, essoufflée.

— Là-bas, à cent mètres, tournez à droite, prenez le chemin jusqu'au bout. Je ne trouve plus mes enfants.

Quelques secondes plus tard, elle respirait les vapeurs toxiques du véhicule, suivait des yeux les éclats bleutés du gyrophare sur la route humide, puis elle vit l'ambulance tourner à droite très lentement, comme au ralenti, en direction de leur ferme. Leur sanctuaire.

Clignant des yeux pour chasser les larmes et la pluie, les poumons encrassés par les gaz d'échappement, elle constata que ses genoux s'entrechoquaient.

— Luke ? Phoebe ? dit-elle d'une voix faible, résignée.

Le faisceau jaune de sa torche n'éclairait plus la route. Elle éteignit sa lampe et serra les bras autour de son corps, pour se réchauffer. La pluie avait redoublé, mais Naomi n'y prêtait aucune attention. Elle retourna sur ses pas, espérant voir deux petits visages surgir d'un buisson, d'un tronc d'arbre ou d'une haie.

— Où êtes-vous ?

Elle tentait, en vain, de comprendre.

Qui était cet homme ? Qui lui avait tiré dessus ? Pourquoi ? Comment quelqu'un avait-il pu entrer dans leur maison, aider Luke et Phoebe à enfiler leur manteau et leurs bottes, avant de les kidnapper ? Qui étaient ces gens ? Des pédophiles ? Les Disciples ?

Luke et Phoebe avaient-ils tué cet homme, avant de s'enfuir ? Était-ce pour cela qu'ils avaient disparu ? Étaient-ils en cavale ? Ou avaient-ils été enlevés ?

Quelque part, au-delà de sa confusion, dans un recoin sombre de son cœur, elle savait, avec certitude, que ses enfants avaient disparu pour toujours et à jamais.

99

Une camionnette grise s'arrêta au niveau de Naomi, et un homme lui demanda d'une voix douce si tout allait bien. Elle reprit espoir.

— Vous les avez retrouvés ? Vous avez mes enfants ? Ils vont bien ?

— Vos enfants ?

— Mes enfants ! Ils sont avec vous ? Luke et Phoebe ? répéta-t-elle, déphasée.

Il ouvrit la portière et se poussa, l'invitant à s'asseoir à côté de lui.

— Montez, miss.

Elle recula d'un pas.

— Qui êtes-vous ?

— Les techniciens de scène de crime.

Elle secoua la tête.

— Je dois retrouver mes enfants.

— On va vous aider. Montez, vous êtes frigorifiée.

La radio grésilla. Le chauffeur se pencha en avant et appuya sur un bouton.

— Charlie Victor Sept Quatre, nous sommes arrivés sur les lieux.

L'homme côté passager lui tendit la main. Naomi la saisit et s'assit, avant de refermer la portière. Le chauffage était au maximum, elle sentit immédiatement le souffle chaud sur ses pieds et son visage.

Elle secoua la tête. La chaleur lui donnait le vertige.

— Je vous en prie, aidez-moi à retrouver mon fils et ma fille.

— Quel âge ont-ils ?

— Trois ans.

— Ne vous faites pas de souci, nous les retrouverons.

La camionnette repartit. Naomi regarda passer les haies, comme dans un rêve.

— Ils n'étaient plus dans la maison quand nous nous sommes réveillés, dit-elle, absente.

— Nous les retrouverons, ne vous en faites pas, dit-il avec une telle gentillesse que Naomi éclata en sanglots.

La camionnette passa la barrière canadienne et s'engagea sur le gravier. Malgré ses larmes, Naomi remarqua une ambulance, portes fermées, rideaux tirés, la voiture de police qu'elle avait aperçue, ainsi que deux autres. Il y avait des policiers partout. Dans le jardin, trois d'entre eux surveillaient les alentours en gilet pare-balles, fusil à la main. L'homme abattu n'était plus là. Sans doute dans l'ambulance, se dit-elle.

De la rubalise protégeait l'entrée de la maison. Deux policiers en uniforme montaient la garde devant l'endroit où l'homme avait été retrouvé. Au moment où la camionnette se garait, une autre voiture apparut : une Volvo de couleur sombre, avec plusieurs antennes sur le toit, et quatre policiers à l'intérieur.

— Où pensez-vous que vos enfants puissent se trouver ? lui demanda le technicien de scène de crime.

— Je...

Elle secoua la tête, ouvrit la portière et descendit. Tout semblait tellement irréel... Confuse, elle les remercia et se dirigea vers l'entrée. L'un des policiers leva la main et lui dit d'une voix douce :

— Je suis désolé, madame, mais vous allez devoir passer par la cuisine.

Elle fit le tour, mais la porte de la cuisine était fermée à clé. Elle toqua. Une policière lui ouvrit – peut-être celle qui lui avait parlé un peu plus tôt, Naomi n'en était pas sûre. John, toujours en peignoir, s'approcha d'elle et la prit dans ses bras. Ses cheveux collaient à son visage, il était pâle comme un linge.

— Où étais-tu, ma chérie ?

— Tu les as retrouvés ? sanglota Naomi.

— Ils doivent être quelque part, dit John. C'est obligé.

— Ils ont disparu ! Quelqu'un les a enlevés, nom de Dieu ! (John et la policière échangèrent un regard.) Nos enfants sont partis, John. Tu n'as toujours pas compris ? Tu veux que je te le redise, à l'envers, en enlevant la quatrième lettre ?

Deux policiers entrèrent dans la cuisine. Le premier, grand et mince, le teint verdâtre, devait avoir dix-neuf ans. Naomi remarqua qu'il avait oublié d'ôter sa casquette. L'autre, plus âgé, plus baraqué aussi, arborait une barbe parfaitement taillée et avait le crâne rasé. Lui tenait sa casquette à la main.

— Nous avons fouillé chaque pièce, chaque placard, ainsi que les combles, dit-il en esquissant un sourire aimable. Nous allons vérifier les dépendances. Garage, serre et abri à poubelles, pas d'autre annexe, c'est bien ça ?

— Non, répondit John, qui tremblait de froid.

Il se tourna vers Naomi.

— Va mettre des vêtements secs. Prends une douche, je m'occupe de tout.

— Il faut qu'on ressorte, dit-elle. Ils sont peut-être tombés dans l'étang de la ferme des Gribble.

— Habille-toi et on y va. On va les retrouver. Ils sont quelque part.

L'officier le plus costaud se tourna vers le plus jeune.

— Je vais inspecter les dépendances. Tu notes le nom de tous ceux qui entrent dans la maison.

Au moment où Naomi sortait de la cuisine pour aller se doucher, quelqu'un frappa à la porte. John ouvrit à un grand brun d'une quarantaine d'années, cheveux ondulés, en imperméable mouillé, costume gris, chemise blanche, cravate élégante et chaussures noires très chic. Son nez, écrasé et un peu tordu, qui avait dû être fracturé plus d'une fois, lui donnait un air de boxeur à la retraite.

— Professeur Klaesson ?

— Oui.

— Je suis le commandant Pelham, responsable de cette enquête.

Son ton était aimable, mais déterminé. Il lui tendit une poignée de main ferme, très brève, comme s'il n'avait pas de temps à perdre, tout en l'observant attentivement de ses yeux gris acérés. Puis il ajouta, d'une voix un peu plus douce :

— J'imagine que vous et votre femme devez être un peu déstabilisés.

— C'est un euphémisme.

— Nous allons tout faire pour vous aider, mais, pour cela, nous allons devoir considérer votre domicile comme une scène de crime. Vous allez devoir faire vos bagages pour quelques jours et quitter les lieux.

— Quoi ? s'exclama John, choqué.

— Personne n'est entré, ajouta Naomi.

— Je suis désolé, c'est la procédure habituelle en cas de tentative de meurtre.

Deux hommes pénétrèrent sans frapper.

Ils portaient des tenues de protection blanches, à capuche, des surchaussures, des gants et chacun tenait une mallette à la main.

— Bonjour, Dave, lança le premier, d'un ton informel.

— Bonjour, chef, dit l'autre, comme s'il venait pour repeindre le hall d'entrée.

Le jeune flic nota leur nom.

— Où voulez-vous qu'on aille ? demanda John au commandant.

— Avez-vous des parents, dans la région, qui pourraient vous héberger ? Sinon, vous pouvez choisir un hôtel ou un gîte.

— Nous avons des parents, mais ils habitent un peu loin. Et nous ne voulons pas partir d'ici sans nos enfants.

Le commandant hocha la tête. Il comprenait, mais ne fit preuve d'aucune empathie.

— Je suis désolé, mais vous allez également devoir faire une déposition au commissariat. Quelqu'un vous y conduira. Nous sommes à la recherche de vos enfants, l'hélicoptère survolera la région dans quelques minutes. Monsieur et madame Klaesson, je vous propose de vous habiller et de revenir boire un thé dans la cuisine, pour répondre à mes premières questions.

— Je veux sortir les chercher.

— Des policiers sont en train de ratisser les champs. Vos enfants ont trois ans, c'est bien ça ?

— Oui, mais... objecta John en hésitant.

Le commandant haussa les sourcils.

— Ils font plus que leur âge.

— De nos jours, tous les enfants font plus que leur

âge, dit le policier avec une expression indéchiffrable, qui se mua en sourire énigmatique. Est-ce la première fois ?

— Qu'ils disparaissent ? Non, dit Naomi en fondant en larmes.

— Je ne voudrais tirer aucune conclusion pour le moment, dit le commandant Pelham, mais, vu leur âge, ils ne peuvent pas être bien loin. Cependant, en raison des circonstances, nous avons quand même transmis leur signalement à tous les ports et aéroports, ainsi qu'aux douanes du tunnel sous la Manche, par mesure de précaution. Il me faudrait aussi une photo récente d'eux. Mais, pas de souci, nous allons les retrouver. L'homme qu'on a découvert devant chez vous, vous l'aviez déjà vu ? Vous avez une idée de qui ça peut être ?

Le commandant remarqua le regard lourd de sens qu'échangèrent John et Naomi.

100

Après avoir pris une douche bouillante et enfilé une tenue chaude, Naomi retourna dans la cuisine. Elle n'arrêtait pas de trembler. Il lui fallut du temps pour réussir à remplir la bouilloire électrique et à la brancher. Quelques instants plus tard, alors que l'appareil commençait à bourdonner, elle entendit un bruit assourdissant, comme un roulement de tonnerre.

Elle regarda par la fenêtre et constata qu'un hélicoptère survolait la ferme en rase-mottes.

John arriva. Il avait mis un jean, un col roulé et une veste polaire. Il portait les deux sacs dans lesquels ils avaient précipitamment jeté quelques affaires de rechange et de quoi laver leur linge. Quelques instants plus tard, le commandant Pelham entra.

— Je ne veux pas partir, commandant, dit Naomi. Je veux rester ici. C'est chez moi. Je ne partirai pas tant que les enfants ne seront pas retrouvés.

— Je suis désolé, madame Klaesson, nous allons faire au plus vite.

— Dans combien de temps pourrons-nous revenir ?

— Dans deux jours, je l'espère. J'ai vu que vous aviez une caméra de surveillance, sous la gouttière. Était-elle en marche ?

— Mon Dieu ! s'écria John en se frappant le front. Bien sûr ! Elle a été installée mercredi dernier !

Il regarda Naomi, qui sembla reprendre espoir.

— Mais oui ! Pourquoi n'y avons-nous pas pensé avant ?

John les conduisit jusqu'à son bureau et ouvrit le placard dans lequel l'écran était encastré.

— C'est la première fois que je m'en sers, dit-il en feuilletant le manuel d'un doigt fébrile.

— N'efface pas les bandes, mon chéri, je t'en prie, ne les efface pas.

Il appuya sur « stop » et rembobina.

— La caméra est reliée à un détecteur de mouvements, dit-il. Et il y a un dispositif de vision nocturne.

L'horloge indiquait 0 h 29. Il revint à 19 h 10 et appuya sur « play ».

John, Naomi et le commandant regardèrent les images en noir et blanc du petit écran. Deux phares apparurent. Quelques instants plus tard, dans un grand-angle légèrement déformé, ils virent la Saab de John se garer à côté de la Subaru de Naomi. John sortit de sa voiture et disparut sous le porche.

Un flash indiqua un saut dans le temps. John retenait sa respiration. *Doux Jésus*. Un silence de plomb régnait dans la pièce.

Une silhouette enjamba la barrière du champ. L'homme portait une casquette sombre, un anorak, des bottes de pluie et des gants. Il avançait prudemment, se hasardant sur le gravier, comme s'il mettait un orteil dans l'eau.

— C'est lui, dit Naomi avec des trémolos dans la voix.

L'homme s'arrêta, puis s'avança vers le porche à pas de loup.

Et soudain…

Deux silhouettes apparurent derrière lui, marchant sur des œufs. Toutes deux portaient des bonnets sombres, des vestes zippées jusqu'au menton, col relevé, et leur visage était presque entièrement caché par un masque de vision nocturne.

La silhouette solitaire marqua un temps d'arrêt, s'approcha de la maison, s'arrêta de nouveau et sortit quelque chose de sa poche – un outil long et effilé.

Puis elle disparut sous le porche.

Quelques instants plus tard, l'homme resurgit, un revolver à la main. *Le* revolver !

Au même moment, l'une des silhouettes derrière lui se mit à courir, une arme au poing. Elle le pointa à la base du crâne de l'homme à la casquette, et il y eut une détonation. Sa tête s'inclina brutalement en avant, puis l'homme s'effondra sur le gravier, bras écartés. Le revolver lui glissa des doigts et tomba à quelques centimètres de lui.

Comme ils l'avaient trouvé, comprit Naomi. Et soudain... Non. Ce n'était pas possible. Ce devait être un cauchemar.

Luke et Phoebe, en manteau et bottes de pluie, se jetèrent dans les bras des deux silhouettes portant des masques et les serrèrent à tour de rôle.

Les accolades durèrent plusieurs secondes. Puis tous les quatre se mirent à courir sur le gravier, et les adultes aidèrent les enfants à franchir la barrière.

Un flash indiqua un nouveau saut dans le temps. John apparut, en peignoir, fusil à la main. Il s'approchait de l'homme abattu.

— Non ! s'écria Naomi. Ce n'est pas possible ! Remontre-nous la scène, John ! Mon Dieu, je veux revoir ça !

John rembobina. Mais la séquence n'avait pas

changé. Luke et Phoebe semblaient pressés de quitter les lieux.

Quelques instants plus tard, John apparut de nouveau avec son arme.

Il appuya sur « stop ».

Personne ne fit de commentaire. John se tourna vers l'enquêteur et dit, sans malice aucune, sans intention particulière, vidé et découragé, pas même désespéré, juste impuissant :

— Alors, commandant, vous voulez toujours partir du principe qu'ils ne sont pas loin ?

101

Naomi était assise seule devant deux policiers. Même si rien n'avait été formulé, il était clair qu'elle et John n'étaient pas au-dessus de tout soupçon. Ils étaient traités avec courtoisie, mais interrogés séparément.

Un minuscule voyant lumineux rouge clignotait sur la caméra fixée au mur, tournée dans sa direction. La salle d'interrogatoire était petite, modeste et aveugle. Les murs couleur crème avaient été repeints récemment. La moquette sentait le neuf. Deux fauteuils rouges confortables et une table basse la meublaient.

Le premier enquêteur, la quarantaine environ, baraqué, en costume marron clair, dégageait quelque chose de très formel. La femme, rousse, cheveux courts, la trentaine, avait un visage rond et de petits yeux suspicieux. Elle portait un blazer bleu à l'effigie d'un club de sports, un col roulé fin et un pantalon.

Naomi avait été bluffée par la vitesse à laquelle les médias étaient arrivés sur les lieux. La police avait bloqué les accès immédiats, mais, en moins d'une heure, des photographes s'étaient postés dans les champs environnants avec leurs téléobjectifs, et une douzaine de véhicules s'étaient garés dans l'allée, avec un cameraman au-dessus de la mêlée, perché sur la grue de Sky TV.

L'homme appuya sur la touche « enregistrer » d'un magnétophone posé devant lui.

— Interrogatoire de Mme Naomi Klaesson par le capitaine Tom Humbolt et le lieutenant Jo Newman, vendredi 6 janvier, à...

Il consulta sa montre.

— 10 h 12.

Son ton était ultra-poli.

— J'aimerais que vous commenciez, si vous n'y voyez pas d'inconvénient, madame Klaesson, par nous rappeler les événements qui vous ont conduite à appeler la police ce matin.

Naomi avait les nerfs en pelote, et l'attitude très rigide de ses interlocuteurs la rendait encore plus nerveuse. Elle fit un compte rendu aussi détaillé que possible, d'une voix chevrotante.

— Pourquoi vous êtes-vous réveillée si tôt, Naomi ? lui demanda la policière. Vous venez de nous dire que, normalement, vous ne vous levez pas avant 7 heures du matin.

Naomi avala une gorgée de thé sucré brûlant et leur demanda :

— Vous avez des enfants ?

— Oui.

— Donc vous voyez ce que c'est, l'instinct maternel ?

La policière acquiesça.

Naomi jeta un coup d'œil au capitaine, qui lui fit signe qu'il comprenait, lui aussi.

— Je sentais qu'il y avait un problème. Je ne peux pas être plus précise que cela. Et j'avais envie d'aller aux toilettes.

Naomi se mit à jouer avec sa tasse.

— Quelqu'un appellera s'ils les retrouvent pendant que je suis ici ?

— Nous serons prévenus dans la minute, lui répondit Jo Newman.

— Merci.

Naomi fondit en larmes.

Elle bafouilla des excuses, essaya de reprendre ses esprits, sortit un mouchoir de son sac et se tapota les yeux.

— Interrogatoire suspendu à 10 h 21, annonça le capitaine.

*

Une demi-heure plus tard, Naomi avait recouvré son calme. Elle retourna dans la salle, et l'enregistrement reprit. Dans sa tête, elle se repassait les images de Luke et Phoebe s'éloignant en courant, enthousiastes. Ils s'étaient jetés dans les bras de ces étrangers et les avaient embrassés avec une effusion dont ils n'avaient jamais fait preuve envers John et elle.

Ils les avaient accueillis comme si c'étaient leurs vrais parents.

Soudain, elle sentit son sang se glacer et se raidit.

Et si ? Et si ces gens étaient leurs parents ? Non. C'était inconcevable. De plus, Luke et Phoebe leur ressemblaient vraiment, tout le monde le disait. Elle-même trouvait que Luke était le portrait craché de son père.

Mais, à présent, une pensée plus horrible encore la tourmentait. C'était la première chose qui lui avait traversé l'esprit quand elle avait trouvé le corps, allongé sur le gravier, et constaté la disparition des manteaux et des bottes de ses enfants. Les yeux baissés, elle écoutait le souffle de la VMC. Elle essayait désespérément de nier cette possibilité qui la hantait depuis qu'elle avait arpenté les champs, en titubant, à la recherche des jumeaux.

Elle ne voulait pas imaginer le pire.

— Madame Klaesson ?

La voix du capitaine Humbolt, posée, mais insistante, la fit revenir à la réalité. Elle leva les yeux.

— Avez-vous besoin d'un peu de temps avant de reprendre ?

— Voulez-vous voir un docteur, prendre un calmant ? lui proposa Jo Newman.

Naomi ferma les yeux et secoua la tête.

— Dites-moi. Les pédophiles... Ils repèrent leurs proies sur Internet, non ? Ils discutent avec des enfants, deviennent leur ami, puis les persuadent de les rencontrer. C'est comme ça qu'ils font, n'est-ce pas ?

Les deux enquêteurs échangèrent un regard.

— Pour les enfants plus âgés, le danger est réel, mais je ne pense pas que vos enfants, à trois ans, puissent être concernés, ils sont trop jeunes, dit Humbolt.

— Ils ne fréquentent pas des forums sur Internet, n'est-ce pas ? s'inquiéta Jo Newman.

— Mentalement, ils sont beaucoup plus âgés, dit Naomi. Beaucoup plus avancés que ce qu'on peut imaginer.

L'enquêtrice lui adressa un regard complice, comme si toutes les mères partageaient cette même certitude : « Mon enfant est extraordinaire ! »

— Vos enfants avaient-ils accès à Internet ? reprit Humbolt.

— Nous leur avons offert un ordinateur dimanche dernier, pour leur anniversaire. J'ai été très surprise par les sites qu'ils avaient consultés. Des contenus scientifiques, pour la plupart.

Humbolt haussa les sourcils.

— À trois ans ?

— Quand je dis « très avancés », je suis sérieuse. Ce sont… comment dire… des prodiges.

— Madame Klaesson, tous les ordinateurs de votre maison seront saisis et analysés. Si vos enfants sont allés sur des forums, nous le saurons, dit Jo Newman.

— Écoutez, je sais que vos questions sont importantes, mais nous sommes là, à discuter, alors que mes enfants ont été enlevés. Je voudrais les chercher. Je n'ai pas envie d'être ici, à répondre à des questions, je ne trouve pas ça logique, nous perdons du temps. Pourrions-nous remettre cet interrogatoire à plus tard ?

— Vous disposez d'informations susceptibles de nous aider à retrouver vos enfants, dit la policière avec un sourire compatissant.

Naomi avait lu récemment que, sur les quatre-vingt-dix-huit enfants assassinés en Angleterre l'année précédente, trois seulement l'avaient été par des gens qui n'étaient ni des parents ni des amis.

— Êtes-vous sincère ou suis-je ici parce que vous me suspectez ?

Leurs visages s'assombrirent.

— Mais vous avez un problème, ou quoi ? Vous avez vu la vidéo : des étrangers ont enlevé mes enfants. Alors pourquoi suis-je là, dites-moi ?

— Vous n'êtes pas suspectée, madame Klaesson, dit le capitaine.

— Un homme a été retrouvé assassiné devant chez nous, nos enfants ont été kidnappés et, au lieu de les chercher, vous me traitez avec suspicion. Et vous interrogez John séparément pour voir si nos histoires convergent ou pas. Je vous le dis tout de suite : elles ne divergent pas, OK ?

Les enquêteurs gardèrent le silence.

— Madame Klaesson, laissez-moi vous rassurer, dit Jo Newman. Nous faisons tout notre possible pour retrouver vos enfants. Tous les policiers disponibles ratissent la zone autour de votre maison, et un hélicoptère survole la région.

Naomi accepta cette explication à contrecœur. Avait-elle vraiment le choix ?

D'autres questions suivirent, en rafale : comment s'entendait-elle avec son mari, ses enfants, ses voisins, ses amis, les enfants de ses amis, etc.

Elle essaya de répondre en toute honnêteté, mais les deux enquêteurs ne semblaient pas en mesure de comprendre à quel point Luke et Phoebe étaient surdoués.

— Vous dites que votre mère a vu cet homme mardi ? Celui retrouvé devant chez vous...

Elle secoua la tête.

— Non, je n'ai pas dit ça. J'ai dit qu'elle avait trouvé bizarre qu'il porte...

Et, soudain, elle repensa à quelque chose.

— Un crucifix ! Ma mère nous a dit qu'il portait un crucifix ! Je n'ai pas pensé à regarder, ce matin. Quelqu'un pourrait-il le faire ?

Humbolt prit note.

— Je vérifierai.

— Luke et Phoebe ont-ils des marques de naissance ou des cicatrices ? demanda Jo Newman d'un ton gêné.

— Je ne pense pas... Non.

— Vous souvenez-vous de ce qu'ils ont mangé lors de leur dernier repas ?

— Dernier repas ? répéta-t-elle. Pourquoi...

Et elle se souvint. Dans un épisode d'une série policière qu'ils regardaient, un enfant avait disparu. La police avait demandé aux parents s'il avait des marques de naissance et ce qu'il avait mangé lors de son dernier repas.

Ainsi, s'ils retrouvaient les corps, l'identification serait plus rapide. Grâce aux marques, ou en analysant leur estomac lors de l'autopsie.

La porte s'ouvrit soudain, et le commandant Pelham entra, toujours en imperméable.

— Désolé de vous interrompre, dit-il en fixant Naomi, mais je pense que nous avons du nouveau.

102

Avant leur interrogatoire, John et Naomi avaient été présentés à Renate Harrison, policière spécialisée dans l'aide aux familles. Brune, coupe au carré stylisée, la petite quarantaine, elle portait un tailleur prince de Galles gris et un chemisier beige à col en dentelle. Son attitude était avenante.

Elle accompagna John et Naomi jusqu'au bureau du commandant, où ils s'assirent autour d'une petite table ronde.

Le commandant Pelham les rejoignit quelques instants plus tard, ferma la porte et accrocha son imperméable. Au cours des trois dernières heures, Naomi l'avait vu se décomposer. Sa chemise était désormais froissée, son nœud de cravate desserré, et son visage était luisant de transpiration.

— OK, dit-il en s'asseyant. (Il dévisagea à tour de rôle John et Naomi.) Je vais faire court : nous avons localisé une voiture dans le village de Caibourne. Nous pensons qu'elle appartient à l'homme retrouvé devant chez vous. Elle a passé la nuit sur un parking et a été louée à l'agence Avis de Brighton il y a trois jours – l'homme correspond à la description, il a un permis de conduire américain, et la carte de crédit utilisée était dans son portefeuille. Il s'appelle Bruce Preston. Est-ce que ce nom vous dit quelque chose ?

John et Naomi secouèrent la tête.

— Jamais entendu ce nom-là, dit John.

— C'est encore la nuit, aux États-Unis, déclara Pelham en jetant un coup d'œil à sa montre, nous n'avons donc pas pu vérifier si c'était son vrai nom. Un ordinateur portable a été récupéré dans le coffre de sa voiture, il sera analysé, ainsi que le téléphone retrouvé sur lui. Nous espérons obtenir des informations de ce côté-là.

L'enquêteur se leva, contourna son bureau et revint avec une enveloppe kraft, dont il sortit une photo.

— Voici un agrandissement d'une photo qui était glissée dans son portefeuille. Avez-vous déjà vu cette jeune femme ?

John et Naomi découvrirent une jolie fille avec des traits méditerranéens, de longs cheveux noirs, vêtue d'une robe d'été toute simple, qui se trouvait sur le perron d'une maison.

— Non, dit John, jamais.

— Moi non plus, confirma Naomi.

— Le prénom Lara vous est-il familier ?

Tous deux répondirent par la négative.

— Si ce n'est que c'était le prénom qu'il murmurait quand nous l'avons trouvé, dit Naomi.

— Il ne vous évoque rien d'autre ?

— Non.

— Il l'a également prononcé dans l'ambulance, avant de perdre conscience, ajouta le policier. Concernant la secte que vous mentionnez, les Disciples du Troisième Millénaire, nous ne pourrons obtenir aucun renseignement avant l'ouverture des bureaux américains.

— L'homme va-t-il survivre ? demanda Naomi.

— Deux des meilleurs neurochirurgiens de la région sont en train de l'opérer, mais il n'a pas l'air très en forme. Je ne sais pas, conclut-il en haussant les épaules.

Il y eut une petite pause. Pelham toisa ses interlocuteurs avant de reprendre :

— Bon, j'ai autre chose à vous annoncer, mais c'est strictement confidentiel. Si vous vous adressez à la presse, j'aimerais que vous n'en parliez pas. C'est clair ?

— Oui, dit John.

— Les journalistes vont vous assaillir. Vous ne leur dites rien, pas un mot, sauf si Renate Harrison vous y autorise, compris ?

John jeta un coup d'œil à Naomi pour obtenir son approbation.

— Oui.

— Seriez-vous d'accord pour passer un appel à témoins à la télévision ?

— Nous ferons tout ce qui est nécessaire, dit Naomi.

— Bien. Nous allons contacter la BBC, Sky TV, et d'autres chaînes. Donc, la nuit dernière, une habitante de Caibourne, sortie promener son chien, a vu une Mitsubishi, modèle de sport, faire deux fois le tour du village, très lentement, comme si le chauffeur était perdu ou cherchait quelque chose. Elle l'a remarquée, mais n'a malheureusement pas relevé la plaque d'immatriculation. Le plus intéressant, c'est que, à 3 heures du matin, un officier des douanes du tunnel sous la Manche se souvient d'avoir vu passer une voiture de sport Mitsubishi rouge, avec un homme et une femme à l'avant, et deux enfants en bas âge, un garçon et une fille, à l'arrière.

— Mon Dieu, murmura John.

Il prit la main de Naomi et la serra dans la sienne. Le commandant Pelham retira sa veste et l'accrocha au dossier de sa chaise. Sa chemise, humide de transpiration, adhérait à son torse musclé.

— Des caméras filment tous les véhicules empruntant le tunnel – nous visualisons actuellement les bandes. Peut-être n'est-ce pas la bonne piste, mais il faut environ deux heures pour rejoindre le tunnel, depuis votre domicile, en pleine nuit. Nous avons contacté Interpol et demandé à toutes les polices européennes de signaler les enfants correspondant à la description de Luke et Phoebe, dans les gares et les aéroports, y compris les aéroclubs privés.

— Vous pensez qu'ils sont peut-être déjà à l'étranger ? s'enquit Naomi. Où vont-ils ? Je veux dire...

Elle s'interrompit. Ses yeux s'emplirent de larmes et elle secoua la tête :

— Non, non, non.

John lui serra la main, mais elle ne réagit pas. Il aurait tant voulu la réconforter, trouver les mots qui lui feraient du bien, qui *leur* feraient du bien, mais rien ne venait. Ses pensées étaient trop confuses.

— Cela veut-il dire que vous abandonnez les recherches dans la région ? poursuivit Naomi.

— Un officier est actuellement en route avec une photo de Luke et Phoebe. Si le douanier les identifie formellement, nous réduirons nos battues au niveau local et nous nous concentrerons sur la recherche d'indices, mais, d'ici là, nous continuons tous azimuts.

— Quand pourrons-nous rentrer chez nous ?

— Dès que les techniciens de scène de crime en auront terminé avec la maison et les abords. À mon avis, demain, ou après-demain au plus tard. Renate Harrison vous aidera à trouver une chambre. Elle et sa collègue seront à vos côtés jour et nuit, cette semaine, pour vous protéger des assauts de la presse.

John acquiesça, livide.

— Je ne veux pas aller à l'hôtel, dit Naomi, je veux continuer à chercher mes enfants.

Pelham lui adressa un regard compréhensif.

— J'en suis conscient, et sachez que tous les policiers disponibles sont sur le pied de guerre. Ce que vous pouvez faire, pour nous aider, c'est poursuivre les entretiens. Il nous faut les arbres généalogiques de vos deux familles, ainsi qu'une liste complète de vos amis, collègues et voisins.

— Bien sûr, dit-il. Nous vous fournirons toutes les informations utiles.

Pelham se leva.

— Désirez-vous un soutien psychologique ?

— Pardon ? dit John.

— Non, répondit Naomi, très remontée. Je n'ai pas besoin qu'un parfait étranger m'explique comment gérer mes émotions. Je veux retrouver mes enfants. Je vous en prie, retrouvez-les. Je ferai tout ce qui est en mon pouvoir pour y contribuer.

Pelham hocha la tête.

Le tunnel sous la Manche. Une Mitsubishi rouge. Des enfants à l'arrière, un garçon et une fille, dans une voiture de sport. À 3 heures du matin.

Elle n'avait pas besoin de preuve supplémentaire. Elle savait, en son for intérieur, que c'étaient eux.

103

Étant donné le nombre de bateaux de pêche qui allaient et venaient, en ce début de soirée, personne ne prêta attention à la petite embarcation qui longeait l'ancienne tour de guet mauresque, au bout du quai, à l'entrée du port d'Ouranoupoli.

Les pèlerins et les moines faisaient souvent l'aller-retour. Cette petite ville du nord de la Grèce, au bord de la mer Égée, desservait, par ferry, les vingt monastères du mont Athos.

C'était également le port le plus proche pour accéder à un autre monastère, sur une petite île, à une vingtaine de kilomètres au sud.

L'embarcation accosta quelques secondes seulement, le temps de débarquer son unique passager, puis reprit la mer.

Lara Gherardi, qui avait dissimulé ses longs cheveux noirs sous une casquette de base-ball, portait un anorak XL, un jean et des baskets, ainsi qu'un change dans un petit sac à dos. Elle passa rapidement devant des bateaux de pêche, puis emprunta une passerelle métallique, longea plusieurs restaurants et cafés animés et se retrouva dans la rue principale.

La mer étant plus calme que prévu, elle avait accosté avec un quart d'heure d'avance. Elle entra dans un bar bondé et commanda une eau minérale, qu'elle but sur le trottoir en regardant, avec mépris, la vitrine d'une boutique de souvenirs du mont Athos. Un taxi s'arrêta à sa hauteur.

Lara posa son sac à dos sur le siège arrière et s'installa à côté. Quelques instants plus tard, le taxi quittait la ville, direction l'aéroport de Thessalonique, à deux heures et demie de route. Il était 19 heures.

Elle attrapa le vol de 23 heures pour Athènes, puis dormit, tant bien que mal, sur un banc des salons d'embarquement de l'aéroport.

À 8 heures, le lendemain matin, 7 heures heure anglaise, elle embarquait pour Heathrow.

104

Journal intime de Naomi

Je suis allongée, incapable de dormir, au quatrième étage de l'hôtel Thistle. J'écoute la circulation et l'océan, de l'autre côté de la promenade. Je n'arrive pas à fermer l'œil. J'attends inlassablement que le téléphone sonne. Je me suis déjà levée deux fois pour vérifier si mon portable était allumé, et si le téléphone fixe de l'hôtel était bien raccroché.

Un téléphone n'arrête pas de sonner dans la pièce d'à côté. J'ai appelé la réception pour vérifier s'ils ne transféraient pas les appels dans la mauvaise chambre.

Plusieurs fois, aujourd'hui, j'ai eu envie de mourir. Comme quand Halley était en train de perdre son combat contre la maladie. Je voulais juste me laisser couler, sombrer avec lui.

Je ne peux pas m'empêcher de me demander où sont L et P, ce qui leur est arrivé. Je sais que j'ai parfois eu du mal avec eux, mais je n'y pense plus du tout en ce moment. Je les aime à mourir. Je sais que, sous certains angles, ils sont forts, mais ce sont encore des enfants, de toutes petites personnes. Ce que nous avons fait, stupidement, John et moi, ou Dettore – peu importe –, c'est les rendre trop intelligents pour leur bien. Ils ont été conçus pour être suffisamment éveillés pour communiquer avec le monde des adultes, mais pas assez pour en comprendre les dangers. Voilà comment nous en sommes arrivés là.

Les images, la vidéo des enfants se jetant dans les bras de ces étrangers, c'est ça qui me perturbe le plus. Pendant trois ans, nous avons tout fait pour eux, et voilà qu'ils s'enfuient avec des inconnus. Le plus dur, pour moi, c'est ça.

Peut-être ont-ils été séduits par des pédophiles sur Internet – c'est l'une des pistes de la police. Même s'ils n'ont pas trouvé de preuve sur leur ordinateur pour le moment, ils pensent que l'homme abattu faisait peut-être partie d'un groupe pédophile rival.

Génial.

Mes enfants sont entre les mains de dangereux pédophiles qui ont tué un homme d'une balle dans la tête. Et personne ne sait où ils sont.

105

À un moment, au cours de cette nuit sans sommeil, ils firent l'amour. Ou, plutôt, ils baisèrent, c'était plus proche de la réalité, songea John. Sans même s'embrasser, ils s'accouplèrent pour satisfaire un besoin primitif. Naomi l'attira en elle, et ils s'affairèrent jusqu'à l'orgasme, avant de retourner chacun de leur côté du lit.

À 7 heures, John avait enfilé un jogging et des baskets et était descendu au rez-de-chaussée de l'hôtel. Quand il avait passé les portes tambours, il avait été assailli par une rafale de flashes. Paniqué, il s'était immédiatement réfugié à l'intérieur.

Postée devant des véhicules, une armée de reporters se tenait sur le pied de guerre.

Il emprunta le hall en courant, suivit les panneaux SALLE DE BAL, puis CENTRE DE CONFÉRENCES, et se retrouva dans une immense pièce vide. Il la traversa, gravit une rampe réservée aux fauteuils roulants, puis ouvrit une double porte avec une barre métallique et constata, soulagé, que cette rue était déserte.

La matinée était grise et fraîche. L'air était sec. John se mit à courir loin des journalistes, loin du bord de mer, vers le centre-ville. Quelques minutes plus tard, il se retrouva dans une rue commerçante encore endormie. Une voiture de police passa, suivie d'un taxi, puis d'un bus transportant seulement deux passagers. Il poursuivit son jogging, longea des vitrines remplies de mannequins, de matériel hi-fi, de meubles, de luminaires, d'ordinateurs, puis une banque reconvertie en bar, avant de s'arrêter à un carrefour et de regarder sa montre.

Luke et Phoebe étaient entre les mains d'inconnus. Étaient-ils encore vivants ?

Il ferma les yeux. Il aurait tant aimé pouvoir faire autre chose que répondre à ces foutues questions... Il aurait tellement voulu s'être réveillé au petit matin, avoir regardé par la fenêtre et... coincés, ces bâtards. Il les aurait étripés à mains nues.

Il traversa la rue, vit un adolescent sortir d'un kiosque, s'arrêta et entra.

L'endroit était long et étroit. D'un côté se trouvaient plusieurs magazines érotiques, de l'autre les quotidiens britanniques et internationaux. Le propriétaire, renfrogné, le surveillait depuis son comptoir.

Tous les journaux britanniques les avaient mis à la une. Plusieurs publications internationales aussi. Il y avait même une photo de Naomi et lui sur un journal imprimé dans une langue qu'il ne connaissait pas.

ENLÈVEMENT DE BÉBÉS SUR MESURE !

DES JUMEAUX KIDNAPPÉS !

DOUBLE KIDNAPPING : LE TRAGIQUE ENLÈVEMENT DE DEUX BÉBÉS SUR MESURE.

Il en prit un au hasard, l'ouvrit et découvrit un cliché de Naomi et lui, devant leur maison. L'image était un peu floue – sans doute prise au téléobjectif, par un photographe planqué dans les champs, la veille.

Il commença à lire l'article.

Le scientifique suédois John Klaesson et sa femme, Naomi, se sont effondrés après le kidnapping de leurs jumeaux, Luke et Phoebe, un peu plus tôt dans la matinée.

Dans un émouvant appel à témoins, à la télévision, hier soir…

— Hé !

Surpris, John leva les yeux et se rendit compte que c'était lui que le buraliste interpellait.

— Soit vous achetez, soit vous déguerpissez.

John tourna le journal, montrant la photo de lui.

— Ce sont mes enfants, dit-il, de façon peu convaincante.

— Pardon ?

L'homme ne le regardait même pas – il rangeait quelque chose derrière son comptoir.

— Ce sont mes jumeaux, à la une.

L'homme haussa les épaules.

— Si vous le dites… Soit vous achetez, soit vous déguerpissez.

John chercha de l'argent dans ses poches. Il n'en avait pas. Rien.

— Je suis désolé, je reviendrai.

Son interlocuteur n'était plus intéressé.

John courut mollement jusqu'à l'hôtel et passa par la porte qu'il avait laissée ouverte.

Naomi était sous la douche quand il entra dans la chambre.

— Renate Harrison a appelé. Elle nous attendra devant l'entrée de service un peu avant 9 heures, dit-elle.

— Ils ont du nouveau ?

— Oui, on aura les détails au commissariat.

— Mais ils ne les ont pas retrouvés ?
— Non.
Naomi termina sa douche et sortit.
John lui passa une serviette. Elle semblait si vulnérable, avec ses cheveux plaqués, dégoulinants. Il l'enveloppa dans un drap de bain et la serra contre lui quelques instants en silence.

S'ils ne les avaient pas retrouvés, cela voulait dire qu'ils étaient peut-être en vie, songea-t-il.

Et, dans les yeux de Naomi, il comprit qu'elle pensait exactement la même chose.

106

Tandis qu'il s'asseyait à la table ronde, aux côtés de Renate Harrison, John avait l'impression que bien plus de vingt-quatre heures s'étaient écoulées depuis que le commandant Pelham était entré dans leur vie.

— OK, dit celui-ci, tiré à quatre épingles. Vous avez réussi à dormir ?
— Pas vraiment, lui confia John.
— Pas du tout, assena Naomi.
— Vous pourrez rentrer chez vous ce soir.
— Merci, dit John.
— Trouvez-leur quelque chose pour qu'ils puissent dormir cette nuit, ajouta-t-il à l'attention de Renate Harrison.
— Que vouliez-vous nous annoncer ? enchaîna Naomi.
— On a un peu avancé, dit l'enquêteur. Pas autant qu'on le voudrait, mais un peu. Voici un résumé de la situation : notre homme mystère, Bruce Preston, est toujours dans le coma après seize heures d'opération. Il se trouve à l'hôpital régional du Sussex, où il est surveillé vingt-quatre heures sur vingt-quatre par un policier. S'il reprend connaissance, nous l'interrogerons dans les meilleurs délais. Mais il souffre de graves séquelles au cerveau, et son pronostic vital est engagé.

— Vous en savez davantage sur son identité ? demanda John.

— Tous ses papiers sont des faux. J'ai demandé au FBI de mener l'enquête, mais ils ne peuvent guère remonter plus loin que Rochester, dans l'État de New York.

— Aucun lien avec la secte dont on vous a parlé ? demanda Naomi.

— Les Disciples ?

— Oui.

— Pas pour le moment. Nous avons envoyé au FBI des photos de lui et le cliché trouvé dans son portefeuille, mais nous n'avons pas encore de retour.

Il marqua une pause pour boire une gorgée de café.

— L'informaticien de la cybercriminalité qui a travaillé jour et nuit sur vos deux ordinateurs a un certain nombre de questions à vous poser. Il sera là à 10 heures.

— Vous avez trouvé quelque chose dans l'ordinateur portable de Bruce Preston ? demanda John.

— Pas encore. Soit il était très prudent, soit il était très doué pour brouiller les pistes.

— Vous allez devoir garder mon ordinateur combien de temps ? poursuivit John. J'en ai un besoin urgent.

— Vous pourrez le récupérer aujourd'hui.

— Merci.

— Nous avons l'immatriculation de la Mitsubishi rouge grâce aux caméras de surveillance du tunnel sous la Manche, annonça-t-il. Elle circulait avec de fausses plaques minéralogiques.

John et Naomi ne firent aucun commentaire.

— À 7 heures, ce matin, j'ai eu un coup de fil de France. La voiture a été retrouvée dans un petit aéroport, au Touquet. Nos homologues sont quasiment sûrs qu'un homme et une femme, entre vingt-cinq et trente ans, sont montés à bord d'un jet privé panaméen avec un petit garçon et une petite fille dont la description correspond à Luke et Phoebe, à 6 h 30, hier matin. Le pilote, qui venait de Lyon, avait prévu d'atterrir à Nice, mais il ne s'est jamais présenté là-bas.

— Où sont-ils allés ? s'affola John.

— L'appareil a quitté l'espace aérien français et a littéralement disparu.

— Personne ne sait à qui appartient ce jet ? s'étonna Naomi.

— Nous creusons cette piste.

— Combien de temps un appareil de ce genre peut-il voler ?

— On m'a expliqué que ça dépendait de la taille des réservoirs. À plein, on peut envisager quatorze heures de vol, à une vitesse de croisière de six cent cinquante kilomètres heure, soit un aller jusqu'aux États-Unis et la moitié d'un retour.

Pelham retourna à son bureau et prit une carte du monde, qu'il posa devant eux. Il avait dessiné plusieurs lignes à l'encre rouge.

— Voici les destinations que l'avion a pu desservir.

John et Naomi tombèrent des nues. L'une des lignes allait jusqu'à Bombay, l'autre jusqu'à Rio, et c'était sans compter d'éventuelles escales pour faire le plein.

Leurs enfants pouvaient se trouver n'importe où, aux quatre coins de la planète.

107

Le gars de la brigade de lutte contre la cybercriminalité arriva livide, les yeux rougis. Il portait une grosse boucle d'oreille en or, un jean informe et plusieurs tee-shirts superposés. Il sentait le tabac froid. Les yeux rivés au sol, il se présenta à John et Naomi.

— Bonjour, je suis Cliff Palmer, dit-il en leur tendant une main moite et molle.

Naomi remarqua qu'il souffrait de légers tics nerveux.

Il s'assit, posa l'ordinateur de John devant lui et dégagea son visage, mais ses cheveux retombèrent immédiatement devant ses yeux.

Renate était sortie chercher à boire.

— Vous avez analysé mon ordinateur et celui des enfants ? le pressa John.

— Oui, oui, dit-il en hochant pensivement la tête et en écartant de nouveau sa mèche. J'ai copié les deux disques durs, je me suis dit que c'était ce qu'il y avait de mieux à faire. J'irai chercher l'ordinateur de vos enfants dans ma voiture dans une minute. Soyez indulgents avec moi, j'ai travaillé toute la nuit.

Il leur jeta un coup d'œil, comme s'il attendait un témoignage de sympathie. Naomi murmura un vague assentiment.

— Vous avez trouvé quelque chose d'intéressant ? poursuivit John.

L'informaticien bâilla, une main devant la bouche.

— Oui, enfin, « potentiellement » intéressant, sur les deux ordinateurs, mais je ne peux rien faire sans les clés, précisa-t-il en interrogeant John du regard.

— Les clés ?

— Les clés de chiffrement.

— Les mots de passe ?

Cliff secoua la tête.

— Pas seulement, même s'il y en a plusieurs, dans les deux systèmes, que je n'ai pas réussi à décoder ni à contourner, pour le moment. Je veux parler du langage qu'ils utilisent dans les mails et sur les forums.

Renate Harrison lui apporta une tasse de thé, ainsi que des cafés pour John et Naomi.

— J'ai indiqué au commandant Pelham, hier, quand les ordinateurs ont été saisis, que les enfants parlaient parfois à l'envers, en supprimant la quatrième lettre.

Le technicien mélangea le sucre et but une gorgée.

— Oui, on m'a prévenu. Mais c'est beaucoup plus sophistiqué que ça. D'après ce que j'ai réussi à comprendre, ils sont en contact avec plusieurs personnes, dans le monde entier, depuis plus d'un an. Pour l'instant, je n'ai pas réussi à remonter plus loin. Mais toutes les adresses sont cryptées, et le langage est incompréhensible.

Il but une gorgée de thé.

— J'ai appliqué les clés de chiffrement habituelles : aucune ne marche. Je suis tombé sur des combinaisons indéchiffrables, vous vous en doutiez, non ?

— Leurs enfants ont trois ans, Cliff, lui rappela Renate Harrison.

— Je sais, dit-il, un peu agacé, mais c'est pareil sur les deux bécanes.

— Vous voulez dire qu'ils les ont créées eux-mêmes ?

— Quelqu'un les a créées. Qui, je ne sais pas, j'ai juste essayé de décrypter le langage, mais je suis tombé sur plus fort que moi.

— Si on demandait à ton collègue Reggie ? suggéra Naomi à John.

— Reggie Chetwynde-Cunningham ? J'allais en parler. C'est notre homme. Je travaille à Morley Park, précisa-t-il à l'informaticien. Reggie dispose d'appareils de pointe. C'est le meilleur, en Angleterre, dans le domaine des opérations cryptographiques.

Cliff hocha la tête.

— D'habitude, je ne m'avoue pas vaincu face à des gosses de trois ans, mais, étant donné les circonstances…

Il gloussa d'un petit rire nerveux.

Personne ne cilla.

108

Lara gara sa Fiat de location en marche arrière, au cas où elle devrait repartir en trombe. Après avoir analysé le fonctionnement des horodateurs, elle prit un ticket pour la durée maximale, soit quatre heures, et le glissa derrière son pare-brise, comme indiqué. Cela lui laissait jusqu'à 18 heures.

Elle rentra les bretelles de son sac à dos à l'intérieur, et le porta comme un sac de ville. Elle traversa une rue très fréquentée et pénétra dans l'hôpital royal du Sussex. Elle acheta un petit bouquet d'œillets, emballés dans du plastique, au stand du fleuriste. Elle dissimulait son trac en se donnant un air nonchalant, afin de passer inaperçue – une personne comme une autre, venue rendre visite à un patient, lui apportant quelques affaires.

Elle chercha un plan près de l'accueil. Elle aurait pu demander, mais elle ne voulait pas attirer l'attention. Elle marchait donc d'un pas assuré, comme si elle savait où aller, tout en demandant à Dieu de la guider. Elle gravit une petite rampe et se retrouva à un croisement, avec plusieurs panneaux :

RADIOLOGIE. CARDIOLOGIE. CONSULTATIONS EXTERNES. HISTOPATHOLOGIE. UROLOGIE. MATERNITÉ. PHARMACIE. NEUROCHIRURGIE.

Elle monta trois étages, puis emprunta un autre couloir, croisant des infirmières, des infirmiers, des aides-soignants et des visiteurs. Elle remarqua un vieil homme en robe de chambre et pantoufles, qui avançait, centimètre par centimètre, au moyen d'un déambulateur, avec une farouche détermination, ainsi qu'une civière sur laquelle un autre homme âgé, bouche ouverte, édenté, semblait abandonné.

Elle monta un étage de plus. S'engagea dans un autre couloir, passa devant une salle de détente pour le personnel, et vit cinq infirmières à travers la fenêtre.

Lara connaissait les us et coutumes des hôpitaux. Elle savait que, entre les équipes de jour, les équipes de nuit et les emplois du temps qui changeaient en permanence, il était impossible, dans un grand hôpital, que tout le monde se connaisse, ne serait-ce que de vue.

À dix-huit ans, ses parents l'avaient fait interner en psychiatrie, à l'hôpital de Chicago. Elle avait passé son temps à arpenter les couloirs, à discuter avec le personnel, à traîner avec tous ceux qui voulaient bien bavarder avec elle, à chercher un coin, dans cet établissement gigantesque, où elle pourrait développer un sentiment d'appartenance. Elle s'était d'abord liée d'amitié avec les cuistots. Pendant quelques semaines, ç'avaient été eux, sa famille. Ensuite, elle avait reproduit le même schéma avec les employés de la buanderie, puis avec une équipe d'infirmières.

C'était son gentil Maître, si doux, Harald Gatward, qui, la veille, lui avait annoncé la terrible nouvelle à propos du Disciple qu'elle aimait. Il lui avait expliqué que Dieu testait son amour pour Timon Cort, et son amour pour tous les Disciples. Ce serait le test le plus important de sa vie. Après, elle ferait véritablement partie du groupe.

Elle découvrit enfin le panneau NEUROCHIRURGIE et s'arrêta.

La réalité la frappa de plein fouet.

Elle respira à fond et murmura une prière pour demander force et courage.

Timon n'était plus très loin. Il était vivant, elle le savait. Une heure plus tôt, elle avait appelé l'infirmière en chef en se faisant passer pour une journaliste. Celle-ci lui avait confirmé qu'il était toujours en vie, mais qu'elle ne pouvait pas en dire davantage.

Lara se mit à progresser très lentement, jusqu'à une intersection, en faisant semblant de mettre de l'ordre dans son bouquet chaque fois que quelqu'un passait devant elle. La flèche NEUROCHIRURGIE indiquait la droite. Au bout du couloir se trouvaient un poste de soins et la réception.

Elle se dirigea vers l'accueil, le personnel soignant était trop occupé pour s'intéresser à elle. Lara s'arrêta. À gauche, elle découvrit un petit couloir barré par des doubles portes. Mais, avant cela, sur la droite, un policier en uniforme, assis sur une chaise, lisait un journal. Il avait l'air de s'ennuyer ferme.

Son cœur s'emballa. Timon était là ! Elle se retourna avant que le policier n'ait pu la voir et revint sur ses pas. Après quelques secondes d'intense réflexion, elle décida de descendre jusqu'au sous-sol.

L'éclairage était plus faible, une chaudière bourdonnait. Ça sentait le chou bouilli et le fuel. D'énormes tuyaux couraient le long des murs. De la vapeur sortait d'une porte ouverte.

— Quelqu'un vous a proposé du thé ? dit-elle à haute voix, pour elle-même, avec ce qu'elle espérait être un accent anglais.

Elle se débarrassa des fleurs et se mit à la recherche de la blanchisserie. Elle recommença, avec l'accent le plus britannique possible.

— Quelqu'un vous a pwopozay du thay ?

Sur la plupart des portes figurait le nom de la salle. Il lui fallut moins de cinq minutes pour trouver celle qu'elle cherchait.

Elle posa son sac, puis entra dans une pièce caverneuse, d'un autre siècle. D'un côté étaient empilés tenues hospitalières et accessoires, de l'autre, derrière un long comptoir, une douzaine d'hommes et de femmes d'origine asiatique repassaient et pliaient des vêtements. Personne ne remarqua son arrivée.

Elle s'approcha d'une Chinoise d'un certain âge.

— Bonjour, je suis une auxiliaire. J'ai été appelée pour faire un remplacement en urgence à la maternité. Ils m'ont dit de descendre chercher un uniforme.

La femme leva les bras.

— Pour uniforme, demander formulaire bureau du personnel.

Lara fit mine de ne pas comprendre. La femme secoua un morceau de papier.

— Formulaire ! Aller chercher formulaire personnel. Deuxième étage.

— Il me faut l'uniforme. Je rapporterai le formulaire plus tard. Urgence ! s'écria Lara.

La femme haussa les épaules en fulminant et se remit au travail.

Lara déroba subrepticement une tenue d'infirmière, mais ne trouva pas de chaussures. Ses baskets feraient l'affaire. La plupart des professionnels semblaient porter des tennis. Elle cacha son butin sous son anorak, récupéra son sac et fonça, au rez-de-chaussée, vers les toilettes les plus proches, où elle s'enferma pour se changer.

Elle alla déposer son sac dans le coffre de sa voiture et retourna, d'un pas rapide, vers l'hôpital. Elle choisit d'entrer par une porte de service et monta jusqu'à l'unité de neurochirurgie.

C'est tellement simple, se dit-elle. *Il suffit d'être sûre de soi !*

En passant devant le poste de soins, elle sortit de sa poche une seringue et une ampoule. Le policier lisait toujours son journal. Il leva à peine les yeux quand elle approcha.

— Quelqu'un vous a pwopozay du thay ? demanda-t-elle gaiement.

Son visage s'illumina.

— Non, je veux bien une tasse.

Elle lui sourit.

— Dans deux minutes ! lui promit-elle en entrant dans la chambre.

Elle ferma la porte derrière elle et s'arrêta pour le regarder.

Lui, l'homme pour lequel elle avait prié chaque jour et chaque nuit ces trois dernières années. Timon. Son adorable Timon, sa voix douce et ses gestes caressants. Elle regarda son visage bouffi, déformé. Des sondes d'intubation endotrachéales sortaient de ses narines. Plusieurs perfusions étaient plantées dans l'un de ses poignets. Les électrodes fixées à son crâne étaient reliées à un appareil affichant une dizaine de graphiques.

Elle s'approcha du lit, les yeux rivés sur sa tête bandée et ses yeux fermés. Elle prit sa main libre et la serra.

— Timon, murmura-t-elle, je vais devoir faire vite, je n'ai pas beaucoup de temps. C'est moi, Lara. Tu m'entends ?

Elle eut le bonheur de sentir sa main frémir.

Puis il ouvrit les yeux.

— Timon ! Timon, mon amour !

Ses yeux tournoyèrent, comme s'il essayait, en vain, de faire le point.

— Écoute-moi. Il faut que tu saches quelque chose. Tu as un fils, un magnifique petit garçon. Il s'appelle Saul. C'est notre fils, lui confia-t-elle, tandis qu'une larme roulait sur sa joue. Il a presque deux ans et demi, maintenant. Il sera tellement fier de toi...

Les pupilles du Disciple se dilatèrent. Il ouvrit la bouche.

— Lara, murmura-t-il. Lara !

Elle jeta un coup d'œil nerveux vers la porte, retira sa main, enfonça l'aiguille dans l'ampoule scellée et en aspira le contenu. Elle ne prit pas la peine de chasser d'éventuelles bulles d'air. Elle se pencha vers lui et l'embrassa sur le front.

— Je suis désolée, chuchota-t-elle, mais il faut que je le fasse. On doit s'assurer que tu ne diras rien, même par inadvertance, tu comprends, n'est-ce pas ?

Ses yeux roulèrent, et elle eut la certitude qu'il la regardait. Qu'il comprenait.

Trouvant rapidement une veine dans son poignet, elle enfonça la seringue et fit l'injection.

— Au revoir, murmura-t-elle en la retirant. Au revoir, mon Disciple adoré.

La porte s'ouvrit.

Lara se retrouva face à une infirmière d'une quarantaine d'années, au visage dur, aux cheveux bruns, bouclés, avec un badge à son nom : SŒUR EILEEN MORGAN.

— Qui êtes-vous ? Qu'est-ce qui se passe ici ? Qu'est-ce que vous êtes en train de...

Lara lui enfonça la seringue dans le cou, puis sortit de la pièce, bousculant un médecin en blouse blanche. Ignorant les cris derrière elle, elle s'enfuit dans le couloir, passa devant le poste de soins, se rua vers l'escalier. Sans se retourner, elle dévala deux, trois marches à la fois.

Au rez-de-chaussée, elle bouscula une famille avec

enfants en bas âge, se cogna à une femme qui poussait un chariot rempli de livres de bibliothèque, ouvrit une porte SORTIE DE SECOURS UNIQUEMENT et entendit une alarme se déclencher.

Elle traversa la route au pas de course, tout en fouillant dans ses poches à la recherche de ses clés de voiture. En se retournant, elle vit que le policier qui montait la garde devant la chambre arrivait déjà sur le parking.

Elle ouvrit la portière, sauta au volant, mais il lui fallut trois essais pour mettre le contact, tant elle tremblait. Le moteur rugit. Le policier lui faisait face. Les bras levés, il lui hurlait de s'arrêter.

Elle écrasa l'accélérateur.

L'homme valsa sur le capot, visage contre le pare-brise, écrasé contre un essuie-glace tordu.

Elle donna un coup de volant à droite, puis à gauche, pour essayer de se débarrasser de lui. Puis elle tourna brusquement à droite, sortit du parking et s'engagea sur une route au trafic dense. L'officier glissa sur la gauche et roula par terre, disparaissant de son champ visuel.

Un bus arrivait de la droite. En s'engageant sans décélérer, elle passerait tout juste. Elle appuya sur l'accélérateur et coupa la route aux autres véhicules en tournant à gauche. La petite voiture tangua, puis prit de la vitesse.

Droit dans un camion. Un camion qui roulait du mauvais côté de la route. *Quel connard, mais quel connard !*

Le chauffeur la fixait, horrifié. Puis elle comprit. Ce n'était pas le camion qui roulait sur la mauvaise voie, c'était elle, qui avait oublié qu'elle était en Angleterre – conduite à gauche.

Quelques secondes plus tard, le pare-chocs avant du camion faisait voler son pare-brise en éclats.

109

À 17 heures, ils quittaient les laboratoires de recherches de Morley Park. Renate Harrison était au volant. John et Naomi étaient perdus dans leurs pensées.

Le téléphone portable de la policière sonna ; elle décrocha. À son ton, il était clair qu'elle s'adressait à un supérieur.

Reggie Chetwynde-Cunningham avait eu la gentillesse de renoncer à son week-end. Il avait convoqué son équipe de spécialistes en cryptologie au grand complet et l'avait chargée de décoder les deux ordinateurs. Il les avait prévenus qu'ils poursuivraient leur travail toute la nuit si nécessaire.

Renate Harrison raccrocha.

— C'était le commandant Pelham. Il y a du nouveau, dit-elle, un peu dépitée. Il veut que je vous conduise immédiatement au commissariat.

Naomi sentit son cœur chavirer.

— Quelles sont les dernières nouvelles ?

— Il ne m'a communiqué aucun détail.

Assise sur la banquette arrière, elle dévisagea la policière dans le rétroviseur. Les phares des véhicules roulant en sens inverse l'éclairaient régulièrement. La policière mentait, Naomi pouvait le lire sur son visage.

Que s'était-il passé ? Allaient-ils leur annoncer ce qu'ils redoutaient tant : que leurs enfants avaient été retrouvés morts, assassinés par des pédophiles, des Disciples, leurs ravisseurs, quels qu'ils soient ?

John était assis à l'avant, côté passager. Naomi posa une main sur son épaule.

— Tu penses que Reggie sera capable de décrypter les codes ?

John tourna la tête et couvrit délicatement sa main.

— Il va faire tout son possible, ma chérie.

— Je sais, mais va-t-il y arriver ?

John réfléchit. Il ne savait pas trop quoi répondre, conscient que certains codes étaient virtuellement impossibles à décrypter.

— Si quelqu'un est capable de le faire, c'est bien lui.

— En d'autres termes, s'il n'y arrive pas, personne n'y arrivera, c'est ça ?

John glissa ses doigts entre ceux de Naomi. Elle repensa à l'expression qu'ils utilisaient si souvent, autrefois. « L'amour, c'est plus fort qu'un lien entre deux personnes, c'est une forteresse qui protège du reste du monde. »

Leurs doigts entrelacés symbolisaient cette forteresse. Sauf que, normalement, toute la famille devait former une chaîne, non ?

*

Le capitaine Tom Humbolt, qui avait interrogé Naomi la veille, se trouvait dans le bureau du commandant Pelham quand ils arrivèrent, peu après 18 heures. Il portait un costume beige, tout aussi élégant que celui de la veille, et une cravate chic. Il leur adressa un sourire chaleureux. Pelham, quant à lui, semblait préoccupé.

Ils s'assirent à la table.

— OK, monsieur et madame Klaesson, plusieurs événements ont eu lieu ces dernières heures, annonça le commandant, toujours aussi laconique. À 14 h 30, une femme déguisée en infirmière s'est introduite dans la chambre de Bruce Preston, à l'hôpital royal du Sussex, et lui a administré une injection létale. L'équipe médicale n'a pas réussi à le ranimer.

John était trop abasourdi pour réagir. Naomi écarquilla les yeux, sous le choc.

— Cette femme a ensuite attaqué une infirmière avec sa seringue, mais les jours de celle-ci ne sont pas en danger. Au volant de son véhicule, elle a percuté l'officier de police qui montait la garde. Ce dernier est grièvement blessé. Puis elle a trouvé la mort dans une collision frontale avec un camion. Apparemment, elle roulait du mauvais côté de la chaussée.

— Est-ce un suicide ? murmura Naomi.

— Qui… Que… Qu'est-ce que cette femme… ? bafouilla John sans finir sa phrase.

— Elle correspond à la photo retrouvée dans le portefeuille de Preston, celle que je vous avais montrée.

— Ce doit être Lara. Il répétait son prénom quand on l'a trouvé devant chez nous, se remémora John.

— Nous ne savons rien sur elle ni quelles étaient leurs relations, dit Humbolt. Elle voyageait avec un passeport américain, sous l'identité de Charlotte Feynman. Le FBI vient de nous informer que le numéro de passeport est celui d'une femme de vingt-sept ans morte d'une méningite à l'hôpital de Columbus, dans l'Ohio, il y a dix-huit mois.

Il marqua une pause, puis reprit :

— Ce que je vais vous dire doit rester entre nous. N'en parlez ni aux journalistes ni à vos proches, OK ?

John et Naomi acquiescèrent.

— Nous avons trouvé trois éléments dignes d'intérêt dans le sac à main de cette femme. Le talon d'une carte d'embarquement d'un vol Athènes-Londres, ce matin ; un reçu de bar, non identifié, avec la conversion en drachmes, daté d'hier ; et, plus intéressant, le numéro d'une consigne de l'aéroport d'Athènes, daté de 6 h 16, ce matin. J'ai faxé le document à la police d'Athènes, en leur demandant d'ouvrir le casier et de nous détailler son contenu. Comme c'est souvent long et compliqué, avec la police grecque, si la coopération n'est pas immédiate, un policier britannique sautera dans le prochain avion pour Athènes, avec l'original.

— Elle l'a tué ? demanda Naomi. Elle est entrée dans la chambre et l'a tué ?

— Nous ne le saurons qu'après l'autopsie, mais il semblerait que ce soit le cas.

— N'était-il pas sous surveillance policière ?

— Si, dit-il en indiquant, d'un geste, qu'il était désolé pour ce loupé. Cela étant dit, les recherches à votre domicile sont terminées.

— Vous avez trouvé quelque chose ? demanda John.

— Très peu pour le moment. Des empreintes de pas. Et un mégot de cigarette, jeté sur le parking de l'école, a été envoyé au laboratoire pour recherche d'ADN. Concernant le jet privé, un Gulfstream, nos homologues français ont vérifié, à l'échelle nationale et internationale : il n'a été enregistré nulle part. Ils essaient désormais d'obtenir des détails sur le propriétaire de l'avion, mais il semblerait que plusieurs sociétés soient impliquées, dont six au Panama. Quelqu'un s'est donné du mal pour brouiller les pistes.

— Excusez-moi de redemander, mais pensez-vous

qu'il s'agisse d'un réseau pédophile ? dit Naomi, en regardant Pelham, puis Humbolt.

Leurs visages restèrent de marbre.

— Nous n'excluons aucune piste pour le moment, madame Klaesson, mais, si ça peut vous rassurer, le type d'appareil et l'ensemble de l'opération nous paraissent trop sophistiqués pour des organisations pédophiles telles que nous les connaissons.

— Et du côté des Disciples du Troisième Millénaire ? enchaîna John.

Le commandant jeta un coup d'œil au capitaine, puis se tourna vers John et Naomi.

— Si j'ai bien compris, le FBI tient une piste.
— Quelle piste ? le pressa Naomi, pleine d'espoir.
— Ils ne veulent pas nous le dire.
— Super, lâcha-t-elle, dépitée.
— Ce que je ne comprends pas, reprit John, c'est comment vous pouvez être sûrs que Luke et Phoebe ont emprunté le tunnel sous la Manche et embarqué dans cet avion. Vous avez l'air certains...

Tom Humbolt prit la parole.

— Je suis allé jusqu'à Folkestone aujourd'hui, afin d'interroger le douanier qui affirme les avoir vus. Il m'a parlé d'un échange assez musclé avec le couple qui voyageait avec des passeports américains et prétendait faire le tour de l'Europe. Quand il leur a fait remarquer que, avec les enfants à l'arrière, ils ne devaient guère disposer de place pour les bagages, dans cette petite voiture de sport, l'homme, qui se faisait passer pour le père, a répondu, en plaisantant, que leur voiture était si rapide qu'ils pouvaient voyager léger.

— Et le douanier ne s'est pas posé de questions ? s'étonna John.

— Après coup, il a senti que quelque chose clochait, sans pouvoir dire quoi, précisa Humbolt.

— Et il a aperçu les enfants ? dit Naomi.

— Il est absolument certain que c'étaient votre fils et votre fille.

— Comment les a-t-il trouvés ? Stressés, anxieux, mal à l'aise ?

— Il n'a rien dit.

— Quel imbécile, pesta-t-elle. Il se doute de quelque chose et les laisse filer ? Il sert à quoi ?

Personne ne répondit.

— Étant donné les circonstances, dit Pelham, ce serait mieux que vous ne retourniez pas chez vous, du moins jusqu'à ce que nous ayons identifié la femme qui a tué Bruce Preston. J'aimerais vous proposer un appartement sécurisé, sous surveillance policière. Nous en avons quelques-uns au quartier général de la police du Sussex. Ce n'est pas luxueux, et vous m'en voyez désolé. Juste un studio avec une salle d'eau et un téléviseur. Mais cela me rassurerait de vous savoir là-bas, jusqu'à ce que je sois convaincu que vous n'êtes pas en danger. Qu'en dites-vous ?

— Personnellement, tout me va, affirma Naomi.

Pelham se leva et s'appuya contre son bureau, les mains dans le dos.

— Monsieur et madame Klaesson, j'ai quelque chose à vous demander, et j'aimerais que vous me répondiez honnêtement, même si c'est difficile. Vous nous avez raconté toute la vérité, n'est-ce pas ?

— Que voulez-vous dire ? s'exclama Naomi en prenant la mouche.

— Vous n'avez pas été contactés par les ravisseurs, par exemple ? Personne ne vous a demandé de rançon ? Vous ne communiquez pas avec les kidnappeurs ?

— Mais bien sûr que non ! protesta John.

— Pourquoi voudriez-vous que l'on vous cache quelque chose ? s'emporta Naomi.

— Je sais, par expérience – ce n'est pas contre vous –, que les gens soumis à une telle pression font parfois n'importe quoi pour retrouver leurs enfants – et c'est tout à fait compréhensible. Souvent, quand les ravisseurs demandent de ne rien dire à la police, les gens obtempèrent. C'est du vécu, je me mets à votre place, mettez-vous à la mienne.

Naomi prit son temps avant de riposter.

— Commandant Pelham, si j'étais à votre place, j'aurais une vie, avant et après mes journées de travail. Tant que je n'aurai pas retrouvé mes enfants, qu'ils ne seront pas sains et saufs dans mes bras, je n'en ai pas, et mon mari non plus. Est-ce clair ?

110

La chambre, située dans l'annexe du quartier général de la police du Sussex, avait été redécorée récemment. Elle était légèrement humide et froide, comme peuvent l'être les endroits inhabités plusieurs mois par an.

Naomi s'assit sur l'un des lits jumeaux et croisa les bras pour se réchauffer, tandis que John tentait d'allumer le chauffage électrique. Les murs avaient été peints en jaune pastel, les rideaux taillés dans une toile épaisse aux motifs floraux, et il y avait deux reproductions de paysage : une vue du château de Lewes et une des bords de l'Ouse. Il y avait aussi un petit canapé, un bureau et un téléviseur, que John avait allumé. Une porte donnait sur une minuscule salle d'eau.

Dans le hall, devant la chambre, deux officiers armés montaient la garde. Leur présence, au lieu de rassurer Naomi, l'angoissait. Elle se sentait encore plus déconnectée de la réalité.

Son téléphone bipa, lui indiquant qu'elle avait reçu un ou plusieurs messages : Rosie, sa mère et sa sœur. Elle consulta le répondeur de leur téléphone fixe et écouta les messages. Il y en avait vingt – des amis et voisins de Caibourne, plusieurs journalistes, deux collègues de John. Elle nota ceux-là sur le dos d'un reçu déniché dans son sac à main.

— C'est quand même mieux avec le chauffage, dit John.

Elle lui communiqua les messages à caractère professionnel.

— Ce n'est pas urgent, ça peut attendre demain.

Demain... songea-t-elle.

Demain lui semblait dans un million d'années.

Luke et Phoebe pouvaient être vivants ce soir et morts demain.

« Demain » était un luxe qu'ils ne pouvaient pas s'offrir. Tout ce qu'ils avaient, c'était « tout de suite et maintenant ».

— Tu veux bien appeler Reggie Chetwynde-Cunningham, pour savoir s'il a avancé ?

— Il m'a promis de le faire dès qu'il aurait du nouveau.

— Peut-être qu'il n'arrive pas à nous joindre.

— Chérie, il a nos deux numéros de portables, voyons...

L'un des officiers, un homme jovial, trente-huit ans environ, leur apporta leur dîner – des lasagnes, une salade et un crumble à la rhubarbe, avec crème anglaise. Il avait lui-même trois enfants en bas âge, leur confia-t-il, il pouvait imaginer leur souffrance.

Par politesse, Naomi résista à l'envie de lui rétorquer que non, il ne pouvait pas, personne ne pouvait comprendre, à moins d'imaginer le pire et de le multiplier par dix millions, et encore.

Un peu plus tard, ils reçurent un coup de fil d'un médecin qui, à la demande de Pelham, leur proposait un calmant ou un somnifère. Naomi refusa – elle voulait être en pleine possession de ses moyens au cas où il y aurait du nouveau dans la nuit.

Ils regardèrent tous les journaux télévisés, dans l'espoir d'apprendre quelque chose que la police ne leur aurait pas dit. Le premier et le deuxième sujet étaient consacrés à leur affaire. Les journaux s'ouvraient sur l'assassinat de l'homme hospitalisé, la mort accidentelle de la femme non identifiée, voyageant avec un faux passeport américain, les spéculations sur les réseaux pédophiles, les Disciples du Troisième Millénaire, ainsi que les différents trafics d'adoption. Ils virent des extraits de leur appel à témoins, diffusé la veille. Des photos de Luke et Phoebe. Un bref rapport du commandant Pelham.

Entre les journaux du début de soirée et ceux de 22 heures, Naomi avait appelé sa mère et sa sœur, tandis que John répondait à quelques mails. Ensuite, ils avaient regardé « Qui veut gagner des millions ».

John avait réussi à se concentrer sur la première question, puis il s'était replongé dans ses pensées. Il se sentait terriblement coupable. S'il ne s'était pas vanté auprès de cette journaliste, Sally Kimberly, ils n'auraient jamais eu cette couverture médiatique. Peut-être que personne ne se serait intéressé à eux. D'une façon ou d'une autre, il se sentait responsable de l'enlèvement. Il ne savait pas quoi dire à Naomi et ne savait quoi faire.

Pour la première fois de sa vie, il se disait que, s'il venait à mourir, ce serait un soulagement. Il le méritait. Ce qui le faisait tenir, c'était la conviction qu'il devait être fort pour Naomi, et continuer à mettre la pression sur la police. Après le journal du soir, Naomi dit :

— Tu penses qu'ils les retrouveront un jour ?
— Absolument.
— Vivants ?
— Oui.

Puis elle se leva et se dirigea vers une fenêtre qui donnait sur un mur.

— Nos gamins sont trop malins, trop intelligents. Si les ravisseurs pensent avoir enlevé deux jolies têtes blondes, ils vont tomber de haut. Quand Luke et Phoebe comprendront que ces gens sont des monstres, ils résisteront. Et que se passera-t-il ? Comment ces pervers réagiront-ils ? Que ferais-tu à leur place ?

John s'approcha de sa femme et la prit dans ses bras.

— Peut-être que Luke et Phoebe seront suffisamment intelligents pour s'échapper. Peut-être que les qualités qu'on leur a offertes leur serviront, cette fois.

Elle le dévisagea.

— Tu le penses vraiment ? Dans ce cas-là, peux-tu m'expliquer comment ils ont pu être suffisamment naïfs pour s'enfuir avec ces gens ?

111

— Vous avez réussi à dormir ? demanda Pelham à John et Naomi.
— Oui, un petit peu, merci.

Assise face au commandant, Naomi avait les yeux rougis et un mal de crâne lancinant, comme si son cuir chevelu s'était rétracté dans la nuit. Pelham était accompagné de Tom Humbolt et d'un troisième officier, mince, bel homme, un Américain vêtu d'un costume sombre, que le commandant présenta comme l'agent spécial Dan Norbert, FBI, basé à l'ambassade américaine de Londres.

— Merci de vous être déplacé un dimanche, dit John.

L'agent spécial s'exprimait avec un débit de mitraillette et un léger accent du Sud, sans bouger les lèvres.

— Pas de problème, on a déployé toutes nos ressources pour cette affaire. Désolé pour vos jumeaux. On va les retrouver dans les meilleurs délais.

Son assurance redonna espoir à Naomi.

— Que s'est-il passé ? Y a-t-il du nouveau ? Savez-vous où ils sont ?

— On pense le savoir, lui répondit-il.

— J'ai préféré ne pas attendre la collaboration des autorités grecques et j'ai envoyé un officier à l'aéroport d'Athènes, hier soir, dit Pelham. Dans le casier, il a trouvé un sac contenant des billets de banque dans différentes devises, la carte de visite d'un taxi de Thessalonique et le véritable passeport de la femme décédée, cousu dans la doublure du sac. Elle s'appelait Lara Gherardi. Cela vous dit quelque chose ?

— Non, répondit John.

— Lara Gherardi ? Non, confirma Naomi en secouant la tête.

— Selon le FBI, elle est portée disparue, à Chicago, depuis trois ans et demi, reprit Pelham. Sa famille pense qu'elle a rejoint une secte. Plus jeune, elle a souffert de maladies mentales et d'instabilité. Adolescente, elle a fugué à deux reprises, pour rejoindre des sectes. Sa famille parvenait alors à communiquer avec elle, mais, depuis trois ans et demi, plus rien, comme si elle s'était évanouie dans la nature.

— Où pensez-vous qu'ils sont, nos enfants ? demanda Naomi à l'agent américain. Vous avez retrouvé la trace de l'avion ?

— Rien d'intéressant du côté du Gulfstream pour le moment, mais nous tenons une autre piste. L'homme retrouvé devant chez vous vendredi matin, qui a été assassiné hier, nous pensons qu'il s'agit de Timon Cort, membre des Disciples du Troisième Millénaire.

— Ils existent vraiment ? s'étonna John.

— Les Disciples ? Oh oui, croyez-moi, ils existent bel et bien, dit l'agent en inclinant la tête. Nous sommes quasiment sûrs d'avoir localisé leur base, et nous interceptons tous leurs signaux électroniques depuis plusieurs mois, par satellite. Nous suivons ce Timon Cort grâce aux mails qu'il envoie et qu'il reçoit – des extraits de la Bible, un langage crypté –, et ce depuis dix-huit mois. Nous l'avons localisé dans l'Iowa, où une famille qui avait consulté le docteur Dettore a été assassinée, puis à Rochester, dans l'État de New York, où une autre famille a été massacrée. Nous avions perdu sa piste, jusqu'à ce qu'il refasse surface en Angleterre, devant chez vous.

— Qui a tiré le coup de feu ? demanda Naomi, la gorge serrée.

— Je n'ai pas la réponse, confessa Dan Norbert. Dans ce genre de secte, certains sont fous à lier. Il suffit parfois de deux groupuscules en désaccord...

— Et vous savez où ils vivent ? répéta-t-elle.

— Grâce aux documents retrouvés dans le casier de Mlle Gherardi, oui, dit-il en mâchant son chewing-gum. Notre agence à Athènes s'est rendue auprès de la société de taxis. Ils ont affirmé avoir chargé cette femme hier. Sa photo était dans le portefeuille de Timon Cort. Elle a été envoyée pour le tuer, sans doute pour éviter qu'il ne parle, mais ça ne nous intéresse pas. On a désormais la preuve irréfutable qu'ils étaient connectés, c'est tout ce qu'il nous fallait.

— Je pensais que les Disciples tuaient, qu'ils avaient pour mission d'éradiquer les enfants conçus à la clinique de Dettore, dit John. Pourquoi les kidnapper ?

— Il semblerait qu'ils aient changé leur fusil d'épaule. La semaine dernière, rien qu'aux États-Unis, trois paires de jumeaux conçus par Dettore ont disparu. Les parents ont encore moins d'indices que vous.

— Trois paires de jumeaux ? Ils ont kidnappé six enfants la semaine dernière ?

— Nous ne sommes pas certains qu'ils aient été enlevés, mais c'est probable. Ces enfants se sont volatilisés.

— Vous pensez qu'ils se trouvent tous au même endroit que Luke et Phoebe ? demanda Naomi.

— Nous allons le vérifier rapidement.

— Quand ?

— Eh bien, madame, on blinde le budget et on verrouille les garanties de procédure – hors de question de leur laisser la moindre marge de manœuvre, à ces bâtards, on est d'accord ?

— On est d'accord, répéta-t-elle, même si elle n'avait pas compris grand-chose à ce qu'il venait de débiter.

— Je suis désolé, mais je vais devoir tout reprendre depuis le début, vous poser sans doute les mêmes questions que mes dévoués collègues.

— Pas de problème, nous vous remercions pour votre intervention, dit John.

L'agent spécial termina l'interrogatoire à 15 heures. Le commandant Pelham l'escorta ensuite jusqu'à sa voiture.

112

John et Naomi attendirent en silence le retour de Pelham. Lessivée, Naomi se tourna vers Tom Humbolt, qui faisait la moue, d'un air de dire : *Pourquoi l'agent spécial traite-t-il ceux qui ne font pas partie du FBI comme s'ils étaient nés de la dernière pluie ?*

— Trois autres paires de jumeaux ? répéta Naomi. Pourquoi les ont-ils enlevés ?

— Peut-être pour les protéger, suggéra John.

— Ou pour leur faire subir un lavage de cerveau, osa Humbolt.

— Le point positif, précisa Renate Harrison, c'est que, s'ils avaient l'intention de leur faire du mal, à Luke, à Phoebe et aux autres, ils ne prendraient pas tant de précautions pour les enlever.

Son téléphone portable sonna. Elle décrocha, puis dit :

— Un instant, monsieur. J'aimerais que tout le monde entende ce que vous avez à nous dire. Puis-je vous rappeler d'une ligne fixe, avec haut-parleur, dans deux minutes ? Merci.

Après avoir raccroché, elle déclara à Naomi et John :

— C'était le professeur Chetwynde-Cunningham. Je vous propose d'attendre le retour du commandant Pelham.

Quelques minutes plus tard, un téléphone de conférences était placé au centre de la table, et Renate Harrison composait le numéro du linguiste, à Morley Park.

— Je suis avec M. et Mme Klaesson, le commandant Pelham et le capitaine Humbolt, annonça-t-elle.

— Splendide ! Bonjour tout le monde, dit-il d'une voix éreintée.

Tous le saluèrent en retour.

— Je suis désolé, mais je n'ai pas de bonnes nouvelles à vous annoncer. Pour le moment, c'est assez décevant. Nous travaillons jour et nuit sans faire de progrès. John, tu sais sans doute que les techniques de cryptage ont progressé, ces dernières années, et que des sommes considérables sont investies pour créer des codes impossibles à *cracker*, pour sécuriser les échanges sur Internet, n'est-ce pas ?

— Absolument, confirma John.

— Nous sommes en présence d'un code beaucoup plus sophistiqué que celui que vos jumeaux utilisaient il y a quelque temps, quand ils parlaient à l'envers, en enlevant la quatrième lettre. Nous nous retrouvons face à quelque chose que personne n'a jamais rencontré jusqu'à présent. Dans l'état actuel des choses, ce n'est pas déchiffrable. Peut-être que cela le sera un jour, mais il nous faudrait des mois, voire plus. Sans les clés, nous sommes bloqués.

Pelham se pencha en avant.

— Bonjour, professeur, ici le commandant Pelham.
— Bonjour.
— Seriez-vous disposé à poursuivre vos recherches ?
— Bien sûr, mais je ne vous promets rien.
— Nous apprécions votre franchise, professeur.
— Avec votre permission, j'aimerais envoyer des copies des disques durs à l'un de mes anciens collègues, qui travaille désormais au quartier général des

communications du gouvernement, à Cheltenham. Il est d'accord pour demander à son équipe de se pencher sur la question.

Après avoir consulté John et Naomi du regard, Pelham déclara :

— Vous avez notre aval pour explorer toutes les pistes que vous considérerez intéressantes.

— OK, je n'ai pas grand-chose à ajouter.

— Nous vous remercions pour votre travail.

— Merci, Reggie, ajouta John.

— Peut-être que je peux vous offrir un peu de réconfort, John et Naomi. Si vos enfants sont suffisamment intelligents pour communiquer avec ce code, alors ce sont de vrais petits prodiges.

— Que veux-tu dire par là ? demanda John.

— Eh bien, seulement ça. Peut-être que leur instinct de survie est tout aussi développé.

— Mais ils n'ont que trois ans, professeur, protesta Naomi.

— Certes, mais ils ont plus de jugeote que la plupart des adultes que je côtoie.

Après un long silence, John déclara :

— Merci, Reggie, merci pour tout ce que toi et ton équipe faites pour nous.

— Je vous tiens au courant.

Tous le remercièrent, puis Pelham raccrocha.

— Je pense qu'on devrait faire une pause, conclut-il. Un peu d'air frais nous fera le plus grand bien.

113

C'était une nuit parfaite. Ils auraient pu attendre ces conditions pendant des semaines, voire des mois. Pas de lune, une épaisse couverture nuageuse, une légère houle. Ils éteignirent les moteurs et dérivèrent quelques secondes. Toutes les montres avaient été synchronisées. Les autres hors-bord, vingt en tout, coupèrent les gaz en même temps.

Le silence se fit, rythmé par les remous d'un noir profond, le clapotis des rames, le grincement des dames de nage, les respirations saccadées et le frottement des vêtements.

Stationnés douze milles marins au sud, les deux porte-avions étaient invisibles. Posés sur l'horizon, ils s'étaient mis à la cape. L'un appartenait à la marine grecque, l'autre aux États-Unis. Tous deux étaient en alerte maximale. Des hélicoptères étaient prêts à décoller.

Après avoir éteint tous les appareils électroniques et interdit toute conversation, les équipes parcoururent les trois derniers milles marins en silence.

*

À 1 h 30 du matin, Harald Gatward s'agenouilla à côté de son lit, le visage enfoui dans ses mains, en communion avec l'Éternel, et pria avec une intensité qu'il n'avait pas connue depuis des mois.

Il se heurtait à un mur, le mur de la foi. Le genre de mur que rencontrent les marathoniens après les premiers kilomètres. Un mur de douleur et de désespoir qu'il faut avoir la force de dépasser, car, au-delà, le corps s'adapte, et tout devient plus facile.

Satan avait dressé ce mur et il avait besoin de Dieu pour le surmonter.

L'abbé Yanni était venu dans sa cellule la veille au soir et lui avait dit, de sa voix sage, un peu traînante, que les autres moines avaient remarqué qu'il ne priait plus aussi bien que d'habitude. Surtout ces deux derniers jours. Le père Yanni se demandait si l'Américain se faisait du souci pour quelque chose ou s'il doutait.

— Celui qui a des doutes au sujet de ce qu'il mange est condamné, parce qu'il n'agit pas par conviction. Tout ce qui n'est pas le produit d'une conviction est péché, avait répliqué Harald Gatward.

L'abbé lui avait dit que les moines prieraient pour sa foi, puis il avait récité une courte prière et s'était éclipsé.

Gatward ouvrit les yeux et observa sa cellule plongée dans l'obscurité. Bientôt, ce serait l'heure des matines, tous verraient son visage décomposé. Ce serait peut-être mieux qu'il reste dans sa chambre, ce matin. Il devait réfléchir à ses problèmes, des problèmes qu'il ne pouvait pas, qu'il n'osait pas, partager avec l'abbé ni avec aucun autre religieux.

Timon Cort. Lara Gherardi. Quel désastre ! Timon Cort avait-il parlé avant de mourir ? Lara Gherardi avait-elle avoué quelque chose ? Portaient-ils, sur eux, des éléments susceptibles de renseigner l'Ennemi ?

Cela avait été une erreur que d'envoyer Lara – il regrettait amèrement, à présent. Ce n'était pas la bonne personne. Il avait agi dans la précipitation, sans réfléchir, et il ne lui avait pas laissé le temps de tout planifier. Ç'aurait été plus judicieux d'envoyer quelqu'un sans lien affectif avec Timon Cort. L'amour de la jeune femme pour le Disciple avait dû affecter son jugement.

En cinq ans, grâce à une discipline implacable et à des plans méticuleux, en suivant rigoureusement les ordres de Dieu, aucun de ses Disciples n'avait fait le moindre faux pas. Et là, en moins de quarante-huit heures, deux d'entre eux étaient morts.

Il plaqua ses mains contre son visage et récita le psaume 73.

Seigneur, lorsque mon cœur s'aigrissait, et que je me sentais percé dans les entrailles, j'étais stupide et sans intelligence ; j'étais à Ton égard comme les bêtes.

Dehors, il entendit un roulement de tambour, bois contre bois, léger d'abord, puis plus intense, dans un crescendo frénétique qui résonnait sur les dalles et entre les murs du monastère. De plus en plus fort. Comme si un gong en bois faisait écho dans sa tête.

J'arrive, oui, les matines, oui, oui, j'arrive.

Le bruit s'intensifia.

Sa porte s'ouvrit brusquement. Choqué, il regarda droit dans la lumière blanche, aveuglante. Il entendit un crissement, puis sentit une odeur âcre, comme un parfum rance, avant d'être enveloppé d'un nuage humide.

Comme aspergé d'acide. Pleurant de douleur, il ferma les yeux, pressa ses paumes contre son visage et eut soudain l'impression d'avaler des flammes.

Il essaya de se souvenir de ses années dans l'armée. Rester calme. Ne pas paniquer. Analyser la situation avant d'agir. Mais il suffoquait. Son gosier était en feu, tout comme ses narines et ses poumons. Il tenta, en vain, de distinguer autre chose que la lumière aveuglante. Il ne comprenait pas ce qui se passait.

Il se cogna contre la table et tomba, emportant quelque chose dans sa chute, sans doute son ordinateur portable. Il se mit en boule et roula – *toujours présenter une cible mouvante face à l'adversaire.*

Il heurta quelque chose de dur. Le pied du lit. Puis le mur. Et arrêta de bouger. Il toussa. Il avait de plus en plus de mal à respirer.

Il entendit des voix, inconnues. Le roulement de tambour avait cessé, remplacé par d'étranges bruits de pas et toutes sortes de sons inédits. En contrebas, il entendit quelqu'un protester. Père Yanni, sans doute.

Il essaya de s'asseoir et d'ouvrir les yeux. À travers un rideau de larmes, il distingua une silhouette sombre et floue, qui le surplombait.

Sa toux avait cessé. Le nuage acide commençait à se dissiper. Il respira à fond, mais eut de nouveau l'impression d'avaler des flammes.

— Qui êtes-vous ? demanda-t-il, paniqué, en clignant des yeux.

L'Américain avait un léger accent du Kansas. Sa voix lui parvint, étouffée.

— Où sont les enfants, fils de pute ?

Ébloui, Gatward se protégea les yeux.

— Mets tes mains sur la tête, l'une sur l'autre, fils de pute.

Harald Gatward hésita, puis obéit. Qui pouvait bien être cet homme ? Il avait si mal aux yeux et à la gorge que la réponse ne lui importait guère. Il était prêt à mourir, pour mettre un terme à son supplice.

— Où sont les enfants ?

— Quels enfants ? répéta-t-il avant de tousser.

— On peut la jouer à la cool ou à la dure, comme

tu préfères, gros tas de merde. Je me ferai un plaisir de la jouer à la dure. Où sont les enfants ?

Gatward secoua la tête.

— Quels enfants ?

Quelques secondes plus tard, quelqu'un lui attrapait les mains et les lui plaquait dans le dos. Il résista vaguement, mais une nouvelle quinte de toux l'empêcha de se libérer.

— Quels enfants ? réussit-il à bredouiller.

Un bruit métallique claqua à son poignet droit, puis gauche. Il était menotté.

— Qui êtes-vous ?

— Je suis l'agent spécial Norbert, FBI. Nous sommes ici en présence de la police grecque et de l'armée américaine.

L'air dans la pièce était devenu plus respirable. L'officier baissa son masque à gaz, sortit une pièce d'identité de sa poche intérieure et la lui tendit. Le gaz lacrymogène empêchait Gatward de lire quoi que ce soit.

L'agent spécial portait un gilet pare-balles, un treillis, un passe-montagne, et avait calé son pistolet-mitrailleur sous son bras.

— Colonel Harald Edgar Gatward, vous êtes suspecté de meurtre et d'enlèvement. Au nom de la loi, je vous arrête. Vous avez le droit de garder le silence. Vous rentrerez aux États-Unis avec nous, aujourd'hui. À l'heure où je vous parle, les autorités grecques signent vos papiers d'extradition. Elles ne veulent pas d'une raclure comme vous sur leur territoire.

Retrouvant en partie ses moyens, Gatward déclara d'un ton solennel :

— Mais j'ai sauvé leur monastère.

— Vous avez sauvé leur monastère ? C'est marrant, ça. Pour qui l'avez-vous sauvé ?

Gatward garda le silence.
— Pour les enfants ? C'est pour eux que vous l'avez sauvé ?
— Mais quels enfants ?
Quelque chose dans la voix de Gatward mit l'agent spécial très mal à l'aise.

114

— Je suis désolé, monsieur et madame Klaesson, dit le commandant Pelham. J'espérais avoir de bonnes nouvelles pour vous. Je sais que vous devez être très déçus. Nous le sommes aussi.

En ce lundi matin, tous avaient pris place à la table ronde de son bureau, aux côtés du capitaine Humbolt et de Renate Harrison. Le commandant avait l'air lessivé. Les autres aussi.

John et Naomi le fixaient en silence.

— Vous voulez dire que ce ne sont pas les Disciples qui ont enlevé nos enfants ?

— Le QG des Disciples du Troisième Millénaire a été la cible d'un raid, très tôt ce matin, par la police grecque, escortée par la marine grecque, une unité des forces spéciales de la marine américaine et une unité des forces spéciales de l'armée britannique. L'agent spécial Norbert m'a appelé il y a une heure. Ils sont quasiment certains d'avoir arrêté le leader de la secte et la majorité de ses membres. Tous se trouvent en détention en Grèce, en attendant leur transfert vers les États-Unis, dès que les papiers seront en règle.

— Mais ils n'ont pas retrouvé Luke et Phoebe, conclut Naomi.

— Non, désolé.

Elle plongea son visage dans ses mains et sanglota.

— Ils sont morts, n'est-ce pas ? Ils doivent les avoir tués.

Il y eut un long silence gêné.

— Pas nécessairement, dit Tom Humbolt. Peut-être que...

— Pas nécessairement ? s'emporta Naomi. C'est tout ce que vous avez à nous dire ? Pas nécessairement ?

Humbolt leva les mains au ciel.

— Nous n'avons aucune raison de croire que vos enfants sont en danger.

— Ah bon ? dit Naomi. Ils ont été enlevés au milieu de la nuit, deux personnes sont mortes, et vous n'avez aucune raison de croire qu'ils sont en danger ? Sur quelle planète vivez-vous, capitaine ?

— Chérie ! la calma John en passant un bras autour d'elle. Écoute ce qu'il a à nous dire.

— Je suis tout ouïe. Que savez-vous sur ces Disciples ?

— Pour le moment, nous n'en savons guère plus que ce que vous avez pu lire dans les journaux.

— Guère plus que ce que les Américains veulent bien vous dire ?

Ignorant le coup bas, Pelham reprit :

— Nous savons qu'il s'agit d'une secte religieuse ayant pour mission d'empêcher les progrès de la science. Son leader est en détention, ainsi que quarante autres membres.

— Ils étaient tous sur cette île ? demanda John.

— Peut-être que les ravisseurs n'étaient pas encore revenus, lors du raid. Peut-être qu'ils retiennent vos enfants quelque part en chemin.

— Et que pensez-vous qu'ils vont leur faire,

maintenant que leur organisation a été démantelée ?
Les emmener à Disneyland Paris ?
— Toutes les personnes arrêtées sont interrogées en ce moment. Si l'une d'elles a des informations, je vous les transmettrai.
— Qu'ils les torturent à mort, dit-elle.

115

Deux heures plus tard, dans le cabinet de Sheila Michaelides, John tenait la main de Naomi. Renate Harrison, qui les suivaient comme leur ombre, dans son élégant tailleur et son chemisier blanc impeccable, se trouvait à leurs côtés.

Naomi regardait la cour fleurie, par la fenêtre, tandis que la policière résumait les derniers rebondissements, à l'intention de la psychologue. Naomi enviait la vie relativement calme que devait mener Sheila Michaelides.

— Je suis désolée pour vous, John et Naomi, dit-elle, quand Renate Harrison eut terminé. J'ai vu deux policiers samedi après-midi, et je leur ai communiqué toutes les informations dont je disposais.

Elle portait un beau pull en cachemire blanc, qui ne masquait pas son épuisement. Elle était trop maquillée, avec des cernes très marqués. Même ses cheveux semblaient avoir perdu de leur vigueur.

— La dernière fois, vous étiez sur le point de contacter certains parents, dit John. Avez-vous réussi ?

— Oui, fit-elle en consultant son ordinateur. Et je reçois des mails en permanence. De plus en plus depuis hier matin. Il se passe quelque chose, je ne sais pas quoi, peut-être êtes-vous au courant ? demanda-t-elle à Renate Harrison.

— Au courant de quoi, exactement ? demanda la policière spécialisée dans l'aide aux familles.

— Ces cinq derniers jours, sept paires de jumeaux conçus dans la clinique de Dettore se sont volatilisées.

— Sept ? s'exclama John.

— J'attends la confirmation d'une huitième famille, à Dubaï. Et j'imagine qu'il y en a beaucoup plus.

Naomi se tourna vers la policière.

— Le commandant Pelham a parlé de trois, hier. Comment est-il possible qu'il y en ait sept ou huit aujourd'hui ?

— Vous dites « volatilisées », intervint John, mais quelqu'un doit avoir vu quelque chose, non ?

— Apparemment pas.

— Ont-ils tous le même âge ? demanda-t-il.

— Ils ont entre trois et cinq ans.

— Et Naomi et moi sommes les seuls à avoir des preuves de la disparition de leurs enfants ?

— Aussi incroyable que cela puisse paraître, oui. J'ai discuté avec cinq parents, cette nuit, aux quatre coins de la planète. Chaque fois, ils me disent que leurs enfants se sont littéralement évanouis dans la nature. Aucun témoin, aucune caméra de vidéosurveillance, nulle part.

— Et pourquoi est-ce que nous, nous avons des preuves ? demanda Naomi.

— Il semblerait qu'il n'y ait pas eu de violence ailleurs, dit Sheila Michaelides.

— Qui sont ces gens qui ont abattu un Disciple devant chez nous et qui ont enlevé Luke et Phoebe ? Le bon Samaritain et sa meilleure amie ? ironisa Naomi. Se promenaient-ils dans les champs par hasard, armés jusqu'aux dents, avec des lunettes de vision nocturne ?

S'ensuivit un silence gêné. Personne n'avait de réponse.

— Naomi, j'espère m'entretenir avec d'autres parents au cours de la journée, déclara la psychologue. Je ne veux pas croire à une coïncidence, il doit y avoir un lien. Il va finir par apparaître.

— Pourrions-nous parler à ces parents ? demanda John.

— Je peux organiser un appel groupé, avec leur permission, dit-elle, tandis que Renate Harrison acquiesçait. Je pense que ce serait une très bonne idée.

Se tournant vers la policière, elle ajouta :

— Que vont faire vos collègues américains, maintenant ?

— Je pense que, pour le moment, ils sont aussi désemparés que nous, avoua-t-elle.

Renate Harrison les reconduisit chez eux. John et Naomi n'échangèrent que quelques mots. Ils étaient dans leur monde, cherchant, en vain, un sens à tout ce qu'ils venaient d'apprendre.

Le commandant Pelham les autorisait à regagner leurs pénates. Il suggérait que Renate Harrison, relayée par une autre collègue, vivent chez eux jour et nuit, et qu'ils bénéficient d'une surveillance policière, tant que le budget le permettrait.

Ils tournèrent à droite et s'engagèrent sur leur chemin. Naomi sentit une boule dans sa gorge. Ils arrivaient à leur maison.

Leur maison vide.

Il faisait beau, l'herbe humide étincelait. Mais elle n'y prêta que peu d'attention, tout comme elle remarqua à peine la petite voiture de police banalisée marron garée à côté de sa Subaru et de la Saab de John, ainsi que le policier qui semblait trop costaud pour rentrer dedans.

Des journaux et des lettres gisaient sur le carrelage de l'entrée.

Naomi regarda l'heure et, en mode pilotage automatique, déclara :

— Presque 13 heures, je vais préparer quelque chose à manger.

— Vous voulez que je m'en occupe ? proposa Renate Harrison. Montrez-moi vos placards et dites-moi ce dont vous avez envie.

John posa leurs affaires, ramassa le courrier, fit une pile distincte pour leur propriétaire, puis se rendit dans son bureau. Il posa son ordinateur et retourna chercher celui des enfants dans le coffre.

Puis il alluma son ordinateur, se connecta et vit qu'il avait soixante-deux nouveaux messages. Il s'affala dans son fauteuil et les survola.

Et s'arrêta, tétanisé.

Il se pencha en avant, les mains suspendues au-dessus du clavier, n'en croyant pas ses yeux.

Il y avait un mail de Luke et Phoebe.

116

De : Luke & Phoebe Klaesson
Objet : Sécurité

Chers parents,
Ne vous en faites pas pour nous. Nous sommes partis parce que nous vous considérons incapables de nous protéger contre les Disciples du Troisième Millénaire, et autres dérives sectaires. Et parce que vous n'êtes pas en mesure de nous fournir le degré de stimulation et le niveau d'éducation dont nous avons besoin. Nous savons que vous avez fait de votre mieux – et nous vous en sommes reconnaissants.

Ne perdez pas votre temps à essayer de déterminer d'où ce message a été envoyé. Comme n'importe quel informaticien vous le dira, cela vous prendrait des années. Nous sommes en sécurité, en bonne santé et heureux, pour la première fois de notre vie. Vous n'avez pas besoin d'en savoir davantage.

Vous ne pourrez pas répondre à ce message. Si vous voulez nous voir, nous vous accorderons une visite, parce que nous pensons que, dans la mesure où vous êtes nos parents biologiques, nous vous devons cette politesse. Nous savons que c'est peut-être difficile à croire, mais nous vous aimons. À notre façon, c'est pourquoi il vous est difficile de le comprendre.

Deux sièges ont été réservés pour vous sur le vol Alitalia 275 pour Rome, au départ de l'aéroport d'Heathrow, à 18 h 10 aujourd'hui. À Rome, vous prendrez un taxi jusqu'à l'hôtel Anglo Americano et attendrez les instructions dans la chambre réservée à votre nom. Venez seuls, ne prenez pas d'appareil photo. Si vous êtes accompagnés ou suivis, vous n'aurez aucune instruction à Rome.

Pour vérifier que nous allons bien, visionnez la petite vidéo ci-jointe.

                                      Vos enfants, Luke & Phoebe

117

Ils visionnèrent la vidéo sur un ordinateur du quartier général de la police du Sussex. Debout côte à côte, bras dessus, bras dessous, Luke et Phoebe se trouvaient dans un petit studio gris – impossible de savoir où ils avaient été filmés.

Luke portait un sweat-shirt, un jean et des baskets, Phoebe un jogging violet et des baskets. Derrière eux, en évidence, défilaient les titres du journal télévisé du matin même, sur CNN.

Naomi devait se rendre à l'évidence : ses enfants semblaient heureux et détendus.

« Bonjour, les parents ! dit Luke. Vous voyez, tout va bien pour nous !

— Bonjour, les parents ! reprit Phoebe. Tout va très bien ! »

À la fin du clip, l'image se figea. Naomi était en larmes.

Mes enfants, Luke et Phoebe, mes bébés...

Puis, elle ferma les yeux, incapable d'en voir davantage.

Dieu, faites que je me réveille de ce cauchemar.

Pelham, Humbolt, Harrison et Cliff, l'informaticien, étaient assis à la même table que John et Naomi.

— Quels sont les chances de tracer ce message, Cliff ? demanda le commandant.

L'informaticien, qui était toujours aussi mal fagoté, semblait aussi fatigué en ce lundi après-midi que le samedi matin. Il coiffa ses cheveux en arrière, du bout des doigts.

— Quand on veut rester anonyme, et qu'on sait ce qu'on fait, ce n'est pas un problème.

— Tu peux nous expliquer ? poursuivit Tom Humbolt.

Le spécialiste éclata d'un rire nerveux, puis cligna plusieurs fois des yeux, avant de se lancer :

— Il y a plusieurs façons, mais, en général, il suffit d'utiliser différents serveurs, aux quatre coins du monde, et des logiciels conçus pour effacer le passage du mail au fur et à mesure. Si je ne me trompe pas – c'est ainsi que j'aurais procédé –, il faudrait que je fasse *physiquement* le tour du monde, pour retrouver sa trace dans chaque serveur.

— Combien de temps cela prendrait-il ? demanda Naomi.

— Si tant est que l'on identifie chaque serveur... Je ne sais pas ! dit-il en riant. Des mois.

Il cligna de nouveau des paupières.

— Ce n'est pas ce que vous vouliez entendre, n'est-ce pas ?

Dave Pelham mit les coudes sur la table, pressa ses doigts les uns contre les autres et posa son menton dessus.

— Le labo a une copie de ce fichier ?

— Oui, chef.

— Ils sont en train d'améliorer le son pour chercher des indices relatifs au lieu de l'enregistrement, expliqua le capitaine à John et Naomi.

John regarda sa montre, puis son épouse. Ils allaient bientôt devoir se rendre à l'aéroport.

— Je pense vraiment que vous devriez être accompagnés, *incognito*, dit Pelham.

Naomi secoua la tête.

— Vous avez entendu les instructions, commandant. On ne peut pas prendre de risques.

— Ils ne nous laissent pas beaucoup de temps pour nous organiser, fit remarquer John.

— C'est volontaire, dit Pelham. Nous n'avons pas le temps de nous déployer. Si on ne vous accompagne pas, je veux la coopération de la police italienne.

— Non ! s'écria Naomi. Laissez-nous faire comme ils nous le demandent.

— Madame Klaesson, je vais être franc avec vous. Nous ne cédons jamais aux exigences des ravisseurs.

— Quelles exigences ? Ils n'exigent rien. Ils disent « si vous voulez nous voir ». Ce n'est pas une exigence, que je sache ?

— Les gens qui ont enlevé vos enfants sont, de toute évidence, des professionnels très bien organisés. Si vous faites ce qu'ils vous demandent, sans le soutien de la police, vous prendrez des risques inconsidérés.

— Mes enfants passent avant tout, rétorqua-t-elle. Je me moque des risques, je ferais n'importe quoi pour les récupérer. Avec tout le respect que je vous dois, procéder autrement qu'indiqué nous ferait courir des risques que je qualifierais d'inconsidérés.

118

L'avion entamait sa phase d'atterrissage. Naomi attrapa une bouteille d'eau minérale vide sur sa tablette encore baissée. Elle ferma les yeux de douleur – les deux cachets de paracétamol qu'elle avait pris ne parvenaient pas à la soulager.

John avait ouvert un magazine scientifique, mais n'avait pas tourné une page de tout le voyage.

Comment auraient-ils pu se concentrer sur quoi que ce soit ?

Une hôtesse s'empressa de ramasser la bouteille et de rabattre la tablette. Quelques minutes plus tard, l'avion atterrit. Naomi eut l'impression d'être lacérée par la ceinture de sécurité, jusqu'à ce que l'appareil se mette à rouler normalement vers le terminal.

Rome. Quelques heures plus tôt, ils étaient chez eux. Ils s'étaient ensuite retrouvés au QG de la police, puis dans une voiture avec gyrophare, escortés par une moto, et, maintenant, ils étaient à Rome.

— Ça va, ma chérie ? s'enquit John.

Elle esquissa un sourire triste.

Dans une chambre d'hôtel de la ville, ils recevraient de nouvelles directives. Ils retrouveraient Luke et Phoebe. Ils espéraient rentrer tous ensemble à la maison, tirer un trait sur ce cauchemar.

Ils pénétrèrent dans le hall moderne et animé d'un bâtiment ancien. Ils laissèrent passer une horde de touristes japonais qui rejoignaient, au pas de course, leur autocar, puis se dirigèrent vers la réception. John remplit les formulaires, tendit leurs passeports et une carte de crédit, et refusa qu'on porte leurs bagages – ils n'avaient qu'un sac, en plus de l'ordinateur de John et du sac à main de Naomi.

Le réceptionniste arborait un badge à son nom : VITTORIO.

— Voyager léger, c'est bien, très bien !

Il leur fit un grand sourire, qui resta lettre morte. Il leur donna le pass pour entrer dans leur chambre et la clé du minibar.

— Avez-vous des messages ou des mails pour nous ? lui demanda Naomi en regardant autour d'elle, cherchant des yeux la personne censée les contacter à leur arrivée.

— Un moment, je vous prie. Je vérifie.

Vittorio contourna le comptoir, regarda dans les casiers, puis dans l'ordinateur central.

— Monsieur et madame Klayassion, pas de mail, pas de message, non. Quelque chose arrive, pas de problème, directement dans votre chambre ! Bon séjour à Rome !

La chambre était petite et sinistre. Même éclairée, elle paraissait sombre. Naomi s'assit sur le lit et regarda sa montre. Il était 22 h 30, heure locale, soit 21 h 30 en Angleterre.

— Tu penses vraiment qu'ils vont nous contacter, John ?

— Oui.

— Pourquoi ne l'ont-ils pas encore fait ? Pourquoi n'y a-t-il pas de message pour nous ?

— Ma chérie, ils savent qu'on vient juste d'arriver. Laisse-leur le temps.

— Le commandant Pelham a contacté la police italienne, c'est ça ? Je parie que c'est ça.

— Il s'est engagé à ne pas le faire, à condition qu'on lui envoie un mail avant minuit pour lui assurer que tout va bien.

— Je ne lui fais pas confiance. Je pense qu'il a appelé ses homologues et qu'on n'aura pas de nouvelles de Luke et Phoebe, ni de leurs ravisseurs. Pelham a tout foutu en l'air.

— Laisse-leur le temps de se retourner.

Il se dirigea vers la fenêtre, immense, lourde, à double vitrage, donnant sur une rue très passante. Il l'ouvrit. Un courant d'air frais entra, ainsi que le vacarme assourdissant des Vespa, mobylettes et voitures, dans une cacophonie de Klaxon – la folle symphonie des nuits romaines.

Il referma la fenêtre et installa son ordinateur sur le petit bureau, avant de sortir son adaptateur. Après deux essais infructueux, il réussit à se connecter.

Il avait vingt-sept nouveaux messages. Il les survola et cliqua sur le neuvième, surexcité.

— Chérie, viens voir.

De : Luke & Phoebe Klaesson
Objet : Voyage

Chers parents,
Vous avez des réservations sur le vol Alitalia 1050 pour Dubaï, Émirats arabes unis, départ à 13 h 45, demain. Retirez vos billets au comptoir international d'Alitalia. Un chauffeur vous attendra à l'arrivée.

Nos mises en garde sont toujours valables.

Vos enfants, Luke & Phoebe

— Qu'est-ce qu'on va trouver, à Dubaï ? s'interrogea Naomi.

— Je n'en sais pas plus que toi, chérie. Si ça se trouve, ce n'est même pas notre destination finale.

— On dirait, pourtant, s'ils viennent nous chercher en voiture...

John nota les détails sur un bloc-notes de l'hôtel, ouvrit le précédent mail de Luke et Phoebe et regarda une nouvelle fois la vidéo.

Naomi passa un bras autour de son épaule.

— Je sais que ce ne sont pas les enfants dont on a rêvé, qu'ils ne sont pas parfaits, mais je ne sais pas si je tiendrais le coup, s'il leur arrivait quelque chose. Tu crois qu'ils sont encore vivants, n'est-ce pas ?

— Oui, absolument, dit-il en masquant ses doutes.

Ils doivent être vivants, songea-t-il. *Dans cette vidéo, datée du jour, ils le sont. Quels que soient leurs ravisseurs, quelles que soient leurs intentions, Luke et Phoebe doivent être vivants en ce moment. Tout ce qu'on peut faire, c'est leur obéir. Et y croire.*

Pour éviter que le commandant Pelham n'implique la police italienne, il lui envoya le mail suivant :

Nous avons été contactés par Luke et Phoebe. Ils nous informent que nous serons sous surveillance les prochaines vingt-quatre heures. Nous devons rester à l'hôtel, attendre les consignes.

Vingt minutes plus tard, il se reconnecta. Pelham lui avait répondu.

Je ne contacterai pas la police italienne si je reçois un mail de votre part avant 15 heures, chez nous, demain, me garantissant que vous êtes tous les deux sains et saufs.

John se déconnecta, puis appela la réception et commanda un taxi pour l'aéroport, le lendemain matin.

119

Un million de pancartes, certaines au nom d'un hôtel, d'autres au nom de loueurs de véhicules, certaines en anglais, d'autres en arabe, tendues par une horde d'employés criant à la cantonade, se dressèrent devant John et Naomi lorsqu'ils eurent passé la douane, à leur arrivée dans le hall d'aéroport climatisé. Ils regardèrent autour d'eux, de plus en plus anxieux : AVIS, HILTON, HERTZ, NOUJAIM, THOMAS COOK, DR HAUPTMAN.

Et ils virent la leur : KLAESSON.

Un homme trapu, typé du Proche-Orient, dans un costume gris, avec des auréoles sous les bras, une chemise blanche mal coupée et une cravate noire, les accueillit avec effusion, dans un anglais approximatif.

— Moi, Elias. Moi conduire vous.

John résista, mais l'homme lui arracha des mains son sac de voyage et sa sacoche d'ordinateur, et leur fraya un passage à travers la foule. Dehors, la chaleur était moite.

Il était 19 heures et il faisait presque nuit. Quelques rayures rouge sang zébraient le ciel. Ils suivirent leur chauffeur sur le parking, jusqu'à une Mercedes blanche.

— Où nous emmenez-vous ? le pressa John.

Le chauffeur se retourna vers lui et lui fit un sourire idiot.

— Moi désolé, pas parler bon anglais, désolé !

Il mit les bagages dans le coffre et s'empressa de leur ouvrir les portières arrière. Cinq minutes plus tard, ils quittaient l'aéroport et s'engageaient sur une route très fréquentée, longeant une double voie ponctuée d'hôtels modernes, qui n'était pas sans rappeler celles menant à l'aéroport de Los Angeles.

Se penchant en avant, John interrogea de nouveau le chauffeur, assis sur une housse en perles :

— Où allons-nous ?

L'homme leva les deux bras en l'air, puis se retourna complètement :

— Non-xactement ! dit-il avant de faire de nouveau face à la route, au grand soulagement de John.

Ils quittaient la ville. John décida de ne plus poser de questions. Ils se retrouvèrent bientôt sur une autoroute très mal éclairée, avec peu de circulation – le chauffeur roulait à vive allure. Pour la première fois depuis le début de ce voyage, John s'inquiéta sérieusement. Jusqu'à présent, il n'avait pas osé envisager le pire : et si tous les Disciples n'avaient pas été arrêtés lors du raid orchestré par l'agent spécial Norbert ? Et si Luke et Phoebe n'étaient que des appâts ?

Avait-il été si malin en dupant le commandant Pelham ?

Comme si elle lisait dans ses pensées, Naomi lui chuchota à l'oreille :

— Je ne le sens pas du tout. À ton avis, on va où ?

— Je ne sais pas.

Il sortit son téléphone et regarda l'écran. Cinq barres, la connexion était bonne. Ils avaient au moins un moyen de communiquer, en cas de nécessité. Il le rangea dans sa poche. Malgré la climatisation, il transpirait avec son jean épais, son col roulé et sa veste en cuir. Il retira son blouson et le plia sur ses genoux.

— Tu n'as pas chaud ? demanda-t-il à Naomi, avant de remarquer que la voiture ralentissait, clignotant allumé.

Ils quittèrent l'autoroute et s'engagèrent sur une longue ligne droite qui semblait mener au désert. Il regarda par la lunette arrière avec anxiété. Derrière eux, c'était l'obscurité la plus totale. Devant aussi.

Après cinq minutes à grande vitesse, ils ralentirent de nouveau, et John vit un complexe de bâtiments industriels, protégés par de hauts grillages en fils de fer barbelés, très éclairés. Une usine ou un entrepôt, songea-t-il.

Ils s'arrêtèrent devant un poste de sécurité et un portail métallique. Le chauffeur baissa sa vitre et s'adressa à un gardien armé. Quelques secondes plus tard, le portail s'ouvrait, et ils s'engageaient sur une route, contournant les bâtiments. John, qui tenait la main de Naomi, était désormais très tendu. Était-ce là que Luke et Phoebe se trouvaient détenus ?

Ils s'éloignèrent des bâtiments, roulant de nouveau vers le désert. Et, soudain, il sentit une bouffée de kérosène et comprit où ils se trouvaient. Quelques centaines de mètres devant eux, il distingua, d'abord une silhouette, puis les phares d'un jet presque aussi gros qu'un avion de ligne.

— J'ai l'impression que le Magical Mystery Tour n'est pas fini, dit-il, pince-sans-rire.

La présence de l'avion était rassurante, elle semblait indiquer qu'ils n'avaient pas été conduits jusque-là pour être froidement exécutés.

Était-ce le jet dans lequel Luke et Phoebe avaient embarqué au Touquet ? La cabine était allumée, les hublots éclairés et la porte ouverte. L'odeur de kérosène était désormais beaucoup plus prononcée.

La Mercedes s'arrêta. La portière arrière s'ouvrit, et une lampe torche l'éblouit. Il entendit quelques voix. Une dispute, apparemment, puis le calme revint.

— Suivre moi, s'il vous plaît ! dit Elias.

Ils descendirent. Le fond de l'air était frais ; John enfila son blouson. Le chauffeur ouvrit le coffre et lui tendit leur sac de voyage et son ordinateur. Un Arabe gesticula pour leur montrer la direction à suivre.

John gravit la passerelle, puis, une fois dans l'avion, découvrit un jeune homme et une jeune femme dans l'entrée, immobiles comme des sentinelles. Grands, vêtus d'un jogging et de baskets d'un blanc immaculé, ils avaient une vingtaine d'années et étaient tous deux d'une beauté remarquable. L'homme avait de magnifiques cheveux blonds, une peau légèrement hâlée, et les pommettes saillantes de certains top models masculins que l'on voit dans les pages mode des magazines. La femme, blonde aussi, avait une allure impeccable et la grâce naturelle des mannequins. Ils notèrent sa présence avec un léger mépris.

John, qui attendait Naomi, fut intimidé par leur prestance.

— Bonjour, dit-il en essayant de briser la glace.

— Bienvenue à bord, monsieur et madame Klaesson, dit le jeune homme avec un accent pointu de la Nouvelle-Angleterre, sans la moindre chaleur dans la voix.

— Vous pouvez choisir n'importe quel siège, ajouta la jeune femme avec un accent similaire, encore plus froid.

— Où allons-nous ? demanda John.

— Ne nous posez aucune question, dit le jeune homme, nous ne sommes pas habilités à vous répondre.

— Pouvez-vous juste nous dire si vous nous conduisez bien jusqu'à Luke et Phoebe ? insista Naomi.

— Je vous recommande les sièges du fond, dit la jeune femme. Ce sont les plus éloignés des moteurs. Les moins bruyants, ajouta-t-elle, impassible.

Naomi faillit s'énerver, mais réussit à contrôler ses émotions. Il fallait qu'elle reste calme, ils ne devaient prendre aucun risque. Il ne leur restait qu'une chose à faire, espérer.

À leur gauche se trouvait la porte fermée du cockpit, à leur droite un petit salon avec une table de conférences ovale et huit chaises rivées au sol, puis une kitchenette, suivie d'une cabine comportant vingt sièges confortables en cuir, avec une place incroyable pour les jambes, dix sur chaque aile. Les deux derniers étaient les seuls côte à côte, car l'habitacle était plus étroit au fond.

Sans tarder, le jeune homme ferma la porte de la cabine.

John entendit les moteurs démarrer. Un voyant lumineux lui indiqua qu'il était temps d'attacher sa ceinture. Il regarda par le hublot à sa gauche. Il vit son reflet pâle, tourmenté. Des petites lumières blanches clignotaient dans l'obscurité. Il reconnut les feux de navigation de l'appareil. Quelques instants plus tard, les feux de la piste de décollage apparurent d'un seul coup.

Puis il entendit un bruit métallique, et toutes les lumières extérieures disparurent. Sa stupeur trouva écho dans le cri que poussa Naomi.

Des volets métalliques venaient de se baisser. Tous les hublots étaient désormais aveugles.

120

Après le décollage, l'hôtesse leur apporta un plateau-repas, comme ceux servis dans les avions de ligne. Une salade César aux crevettes, du saumon poché brûlant, sous sa feuille d'aluminium, un gâteau au chocolat et au caramel, un morceau de fromage triangulaire et des biscuits secs. Le steward leur offrit un verre de chardonnay chacun et de l'eau minérale.

John mangea quasiment tout son repas, mais Naomi se contenta de picorer. Ensuite, ils essayèrent de dormir un peu.

Naomi se posait des questions sur le steward et l'hôtesse. Leur attitude hautaine n'était pas sans rappeler celle de Luke et Phoebe à leur égard. Comme s'ils étaient leurs grands frère et sœur.

Cinq heures plus tard, ils leur apportèrent un nouvel en-cas – des sandwichs et un fruit. Une heure après, l'avion entama sa phase d'atterrissage.

Le voyant lumineux ATTACHEZ VOS CEINTURES se ralluma.

Le steward et l'hôtesse avaient passé la totalité du vol hors champ, à part pour leur apporter à boire et à manger.

Ils perdaient de l'altitude. Puis les volets métalliques se relevèrent aussi brutalement qu'ils avaient été baissés. Il faisait tout juste jour. La matinée s'annonçait magnifique.

John et Naomi regardèrent chacun par leur hublot.

Ils volaient déjà bas, à mille mètres au-dessus d'un paysage vallonné, couvert d'une végétation tropicale luxuriante. John ne voyait que la terre ferme et le soleil se levant dans un ciel parfaitement dégagé. Naomi découvrit une immense plage de sable blanc et la mer, bleu cobalt. Ils entendirent un bruit sourd, suivi de plusieurs grincements – le train d'atterrissage avait été sorti. L'excitation gagna Naomi, qui se sentit énergisée, malgré la fatigue.

Je vais voir mes enfants. Je vais retrouver Luke et Phoebe. Ils sont ici, dans cet endroit paradisiaque ! Ils vont bien. Personne ne leur a fait de mal. Je vais les voir et nous rentrerons tous à la maison, dans cet avion.

— Tu as une idée d'où on peut être ? demanda-t-elle à John.

Celui-ci regrettait de ne pas avoir de notions de botanique, pour identifier la végétation et découvrir où ils se trouvaient. Il secoua la tête.

— Je ne sais pas à quelle vitesse on s'est déplacés ni dans quelle direction. Je sais juste que neuf heures se sont écoulées depuis notre départ de Dubaï. Si c'est le même type d'avion que celui qu'ont pris Luke et Phoebe, sa vitesse de croisière devait être de six cent cinquante kilomètres heure, si mes souvenirs sont bons. On a dû parcourir cinq mille six cents kilomètres environ. On peut être absolument n'importe où.

Il regarda de nouveau à travers le hublot. Le soleil se levait, ce qui voulait dire qu'ils avaient dû voyager vers l'ouest. À une vitesse moindre que celle calculée, ils devaient se trouver sur la côte ouest de l'Afrique ; s'ils avaient volé plus vite, ils pouvaient tout aussi bien être sur la côte est de l'Amérique du Sud.

— On a décollé de Dubaï vers 19 h 30, il est donc 4 h 30 du matin là-bas. Minuit et demi en Angleterre.

Il avait besoin de prendre un bain, de se raser, de se changer. Il se sentait sale et épuisé. Naomi aussi avait l'air mal en point. Cela lui faisait de la peine de la voir souffrir ainsi, presque autant que de savoir que leurs enfants avaient été enlevés. Il s'en voulait, il était frustré de ne pas pouvoir l'aider. Tout ce qu'il pouvait faire, c'était accepter le semblant d'hospitalité offert par ces jeunes gens à l'allure glaciale.

Les collines disparurent pour céder la place à une vallée de trois kilomètres de large et plusieurs kilomètres de long. Une vallée secrète, songea-t-il, creusée au milieu des montagnes, sans doute formée par une explosion volcanique, remontant à plusieurs milliers d'années.

Tandis que l'avion perdait de l'altitude, il eut l'impression que quelqu'un réglait la mise au point. Une seconde plus tôt, il pensait voir une vallée couverte d'une végétation luxuriante, et à présent, il distinguait un complexe de bâtiments, qui avaient surgi de nulle part. Des petits immeubles plats et bas, pour la plupart, reliés par des sentiers – une sorte de campus universitaire, camouflé par des toits-terrasses végétalisés, pour être invisible d'en haut.

L'avion volait désormais à très basse altitude, à une trentaine de mètres au-dessus des bâtiments. John tenta de distinguer des gens ou des véhicules, mais il n'y avait aucun signe de vie.

Il avait l'impression de survoler une ville fantôme.

— C'est quoi, cet endroit ? lui demanda Naomi.

— La résidence secondaire de Luke et Phoebe. Celle que nous avons achetée plusieurs millions, en boursicotant discrètement sur Internet, tu ne te souviens pas ?

Sa blague la laissa de marbre.

121

Ils atterrirent sur une piste couleur sable. L'avion roula au pas sur plusieurs centaines de mètres, puis, sans ralentir, entra dans un hangar dont le toit était, lui aussi, couvert de végétation. L'endroit était très éclairé, complètement désert.

— Par ici, je vous prie, dit, d'un ton officiel, l'hôtesse qui se tenait devant eux.

John détacha sa ceinture et lui demanda :

— Dans quel pays sommes-nous ?

— J'ai pour ordre de ne pas répondre à vos questions. Veuillez sortir, maintenant.

John et Naomi la suivirent, avec leurs bagages, passèrent devant le steward, debout devant la porte, puis s'engagèrent sur la passerelle. Le sol en béton était peint en bleu. L'air était chaud et humide, ça sentait le kérosène, et des turbines tournaient au ralenti.

John regarda autour de lui, extrêmement curieux. Il vit un petit jet et un hélicoptère, un portique sur rails, un chariot élévateur, des douzaines de gros containers et des palettes empilées jusqu'au plafond, sur plus de trente mètres.

Pas de pilote, pas de membre d'équipage, personne ne semblait travailler ici.

John sortit subrepticement son portable de sa poche, l'alluma et regarda l'écran. Pas de réseau.

L'hôtesse appuya sur une télécommande, et les portes d'un ascenseur en acier s'ouvrirent, non loin d'eux.

— Monsieur et madame Klaesson, veuillez entrer, leur intima le steward.

L'ascenseur descendit, puis déboucha sur un quai de métro immaculé. Un wagon unique en forme d'obus, sur monorail, les attendait. Naomi et John montèrent, comme dans un rêve, en échangeant un regard blasé. À cet instant, plus rien ne pouvait les surprendre. Ils en avaient trop vu pour remettre en cause quoi que ce soit. Ils marchaient à l'adrénaline, à l'espoir.

Ils s'assirent, et leur escorte s'installa face à eux. Les portes se fermèrent et le train accéléra en silence, sans aucune vibration, s'enfonçant dans un tunnel sombre.

Deux minutes plus tard, ils arrivaient dans une station identique et ils suivirent leurs guides dans un autre ascenseur. La montée leur sembla longue. John sentit son estomac tomber dans ses talons, puis une poussée inverse compressa ses mollets, et, avant qu'il n'en soit vraiment conscient, l'ascenseur s'arrêta. Les portes s'ouvrirent sur un beau couloir large, comme on en trouve dans les grandes banques ou les sièges des compagnies internationales.

Naomi fronça les sourcils, l'air de dire : *C'est quoi, cet endroit ?*

John haussa les épaules en guise de : *J'en sais pas plus que toi.*

Puis il regarda discrètement son portable. Toujours pas de réseau.

On les conduisit tout au bout du couloir, et l'hôtesse les fit entrer dans une salle de réception. Une jeune fille brune magnifique, la petite vingtaine, cheveux courts et visage impassible, se trouvait derrière un bureau. Elle aussi portait un survêtement blanc.

— Voici M. et Mme Klaesson, annonça l'hôtesse.

La jeune fille leur sourit aimablement, se leva et se dirigea vers une double porte, qu'elle poussa.

— Après vous, dit-elle avec un accent de Boston distingué, en reculant pour leur céder le passage.

John s'effaça devant Naomi. Ils découvrirent un immense bureau avec une moquette blanche et des meubles ultra-modernes, au centre duquel trônait une table ovale en ardoise grise. Une silhouette se redressa.

Un homme svelte et bronzé, dans une tenue d'un blanc éblouissant, cheveux bruns coiffés en arrière, avec d'élégants fils argentés aux tempes, contourna le bureau et traversa la pièce, un bras tendu, pour les saluer. Il n'avait pas pris une ride depuis leur dernière entrevue, quatre ans plus tôt – à croire qu'il avait rajeuni.

— Bonjour, John, bonjour, Naomi ! dit-il avec son chaleureux accent de Californie du Sud et cet air toujours sûr de lui.

Naomi recula d'un pas, comme si elle venait de voir un fantôme.

Tous deux observèrent longuement le médecin, dans un silence de plomb.

122

— Mais qu'est-ce qui se passe ? s'exclama John. Vous voulez bien nous expliquer ?

Ignorant la question, Leo Dettore leur serra la main, radieux.

— Je suis tellement content de vous revoir, les amis !

Il leur fit signe de s'installer à la table basse, mais John et Naomi refusèrent. Derrière le généticien, une immense baie vitrée donnait sur le campus et les montagnes, au loin.

— Vous êtes mort, bafouilla Naomi. Vous êtes mort, c'était à la télévision, dans les journaux, vous…

— Asseyez-vous, je vous prie. Vous devez être sur les rotules. Je vous offre quelque chose à boire ? De l'eau ? Un café ?

— Je ne veux rien, dit Naomi, qui avait retrouvé ses esprits. Je veux voir mes enfants.

— Laissez-moi d'abord vous expliquer, et ensuite…

— Je veux voir mes enfants ! hurla-t-elle, quasi hystérique.

— Où sommes-nous ? enchaîna John. Commencez par nous dire où nous sommes, bordel !

— Ce n'est pas important, dit le docteur Dettore.

— Quoi ? explosa Naomi. Pas important ? Nous

avons voyagé pendant vingt-quatre heures, et ce n'est pas important ?

John s'avança vers le généticien, le poing levé.

— Nous voulons nos enfants. Nous voulons Luke et Phoebe. Si vous leur avez fait du mal, je vous tuerai de mes propres mains, je vous le jure, espèce de connard !

Le médecin leva les deux bras, faisant mine de se rendre.

— John, je vais vous conduire à eux tout de suite. Ils vont très bien, OK ?

— C'est ça, tout de suite.

Imperturbable, Dettore continua :

— Vous pensez que je me serais donné autant de mal pour vous faire venir jusqu'ici, sans vous laisser les voir ?

— Nous ne savons pas ce qu'il y a dans votre tête de malade mental, dit John. Vous avez mis en scène votre propre mort, de quoi êtes-vous capable ?

— Où sont nos enfants ? ! s'égosilla Naomi.

Dettore attendit quelques instants.

— Vos enfants sont venus ici pour être en sécurité, dit-il le plus calmement du monde. C'était le seul moyen, pour moi, de garantir leur sûreté. Vous savez tous les deux qu'une secte de fanatiques religieux s'est donné pour mission d'exterminer tous les enfants participant à mon programme. Je n'ai pas eu le choix. Mais, suivez-moi bien : je vous ai permis de venir ici, parce que, en tant que parents de Luke et Phoebe, vous avez tout à fait le droit de voir vos enfants et de repartir avec eux si vous le voulez. S'ils veulent bien rentrer avec vous.

— S'ils le veulent bien ? Que voulez-vous dire ? s'exclama John. Vous les avez kidnappés, Dieu sait quelles sont vos intentions. S'ils veulent bien rentrer avec nous ? Mais quelle impertinence ! Nous sommes leurs parents !

Dettore retourna à son bureau et attrapa un épais document.

— L'un de vous a-t-il lu le contrat que vous avez signé à bord du *Serendipity Rose* ?

John se sentit soudain mal à l'aise.

Dettore le lui tendit.

— Vous l'avez signé et avez paraphé chaque page.

Il y eut un instant de flottement.

— Que ce soit bien clair, reprit Dettore. Luke et Phoebe ont été conduits ici, en sécurité, à leur demande. Vous pouvez bien sûr les voir, et passer autant de temps avec eux que vous le souhaitez. Mais je pense que, dans votre intérêt, vous devriez d'abord relire la clause 26, paragraphe 9, sous-section 4 de ce contrat. Vous la trouverez page 37.

John posa le document sur la table et l'ouvrit page 37. Naomi et lui se penchèrent, trouvèrent le paragraphe 9, écrit en petit, puis la sous-section 4, en caractères microscopiques. Elle disait :

Les parents biologiques s'engagent, à une date que le ou les enfants détermineront, et à la demande expresse de ces derniers, à céder tous les droits d'autorité parentale au docteur Dettore, celui-ci bénéficiant alors du droit plein et entier d'adopter lesdits enfants. En cas de différend, la volonté souveraine des enfants prévaudra.

En haut et en bas de la page, John et Naomi avaient apposé leurs initiales à l'encre bleue.

— Ceci ne peut pas être légal, dit Naomi. Nous ne pouvons pas être ainsi liés. Ils ont trois ans ! Comment un enfant de trois ans peut-il avoir le droit de choisir ses propres parents ? C'est n'importe quoi ! Aucun tribunal au monde ne prendrait en compte une telle clause.

— Que ce soit bien clair, répéta Dettore en s'asseyant face à eux. Je n'ai pas pris la peine de vous conduire jusqu'ici pour vous montrer une clause dans un contrat que vous avez signé il y a quatre ans. Je veux que vous compreniez que vos enfants n'ont pas été enlevés, ni kidnappés, qu'ils sont ici en toute légalité, c'est tout.

— En toute légalité...

Il leva une main pour interrompre Naomi.

— Écoutez-moi bien. Si vous voulez qu'ils rentrent avec vous, je ne vous en empêcherai pas. Ce sont vos enfants, peu importe le contrat qui nous lie. Je ne suis pas un monstre, contrairement à ce que disent les journaux. Si vous insistez pour les reprendre, non seulement vous êtes libres de le faire, mais je mettrai mon jet privé à votre disposition, on est bien d'accord ?

— J'imagine qu'il y a un *mais*, intervint John.

— Non, il n'y en a pas.

— Tout cela n'a aucun sens, dit Naomi. Nous vivons un cauchemar éveillé depuis vendredi matin.

Dettore la dévisagea quelques secondes avant de répliquer :

— Depuis vendredi *seulement*, Naomi ?

Elle lui jeta un regard glacial.

— Qu'est-ce que vous insinuez par là ?

— Je pense que vous voyez très bien ce que je veux dire.

123

Ils parcoururent deux stations de métro.
— C'est quoi, cet endroit ? demanda John à Dettore. Un campus de recherches gouvernementales ? Et pourquoi circuler en métro ? Je n'ai pas l'impression qu'il y ait des embouteillages, si ?
— Je vous expliquerai tout ça plus tard.
Une fois à quai, ils se dirigèrent vers un ascenseur, dont sortirent un garçon et une fille, dix-sept ans environ, grands et beaux, vêtus d'un survêtement bleu foncé.
— Bonjour, Brandon, bonjour, Courtney.
— Bonjour, docteur Dettore, dirent-ils chaleureusement, comme s'ils saluaient un ami cher.
Ils s'exprimaient avec un accent américain, comme tous les gens croisés jusqu'à présent.
— Des Entités Parentales sont venues nous rendre visite, aujourd'hui, indiqua Dettore en souriant à John et Naomi.
— Bonjour, Entités Parentales ! s'exclama Brandon.
— Nous vous souhaitons une bonne visite ! ajouta Courtney.
Dans l'ascenseur, Naomi questionna Dettore.
— Vous avez dit : « Entités Parentales » ?

— C'est ainsi que nous désignons les gens comme vous, répondit-il.

Les portes s'ouvrirent, et ils suivirent le généticien dans un couloir large, à la moquette gris foncé et aux murs gris clair. D'un côté se trouvaient des fenêtres d'observation, de l'autre des téléviseurs à écran plat, affichant des formules mathématiques qui changeaient toutes les cinq secondes.

Ils croisèrent plusieurs enfants, âgés de trois à dix-sept ans environ. Tous se déplaçaient par deux, un garçon et une fille, et portaient un survêtement et des tennis. Ils discutaient gaiement en marchant. Tous étaient d'une beauté fascinante et saluèrent le docteur, qui les connaissait personnellement, les appelant par leur prénom.

Naomi les observa, espérant croiser Luke et Phoebe. Elle se demandait si le bonheur apparent des enfants n'était pas feint, à la demande de Dettore... Mais ils avaient l'air vraiment bien dans leur peau. Malgré sa colère, elle ne croyait pas à l'hypothèse d'une mise en scène. Leur comportement était naturel. L'atmosphère était étrange : il n'y avait aucune tension entre les enfants, personne ne se chamaillait, l'harmonie semblait irréelle.

Dettore s'arrêta devant une fenêtre. Naomi et John le rejoignirent et virent un match de basket énergique, mais *fair-play*.

Ils regardèrent par une autre fenêtre, qui donnait sur un immense complexe aquatique. Dans l'une des piscines, des ados faisaient des longueurs. Dans une autre, ils pratiquaient la plongée. Dans une troisième, ils jouaient au water-polo.

Ils parcoururent une centaine de mètres, jusqu'à la fenêtre suivante, et Naomi attrapa soudain la main de John.

C'était une salle de classe. Vingt élèves étaient assis, deux par deux, à des bureaux doubles, un ordinateur devant eux.

Au troisième rang se trouvaient Luke et Phoebe.

Naomi sentit son cœur chavirer, et les larmes lui montèrent aux yeux. Ils étaient là ! Ils étaient vivants ! Magnifiques, dans leur survêtement blanc, parfaitement coiffés. Elle les vit taper quelque chose sur leur clavier. Leurs minuscules visages se levaient régulièrement, attentifs, vers le professeur.

L'enseignant, un homme aux traits fins, d'une trentaine d'années, se trouvait sur une estrade, comme n'importe quel professeur, mais, à la place d'un tableau blanc, il disposait d'un immense tableau électronique, sur lequel figurait un algorithme complexe. Ils le virent s'approcher de l'écran avec un pointeur, et l'algorithme changea.

Luke leva la main.

Il posait une question !

Naomi observa la scène avec une excitation qu'elle ne pouvait pas s'expliquer, consciente que John ressentait la même chose.

Le professeur parla, et Luke éclata de rire, entraînant toute la classe dans son sillage.

L'enseignant hocha la tête et se tourna vers l'écran. Puis, à la surprise de Naomi, il corrigea son algorithme à l'aide de son pointeur.

— Vos gosses sont intelligents, dit Dettore. Ici, il y a beaucoup d'enfants brillants, mais Luke et Phoebe sortent du lot.

— Pouvons-nous entrer dans la classe ? J'aimerais les voir tout de suite, dit Naomi.

Dettore consulta sa montre.

— Il y a une pause dans deux minutes.

Il les guida jusqu'au bout du couloir.

— C'est quoi, cet endroit ? redemanda John. Qui sont ces enfants ? Qu'est-ce que vous leur faites, ici ?

Dettore descendit un escalier qui menait à un réfectoire animé. Là aussi, d'adorables bambins bavardaient gaiement, assis deux par deux.

Il les conduisit dans un couloir similaire à celui qu'ils venaient de quitter, puis ils s'arrêtèrent devant une porte.

— Voici la classe numéro deux, dit-il à John et Naomi.

Quelques instants plus tard, la porte s'ouvrit. Un garçon et une fille sortirent, puis d'autres, qui se dirigeaient vers la cafétéria. Luke et Phoebe émergèrent enfin. Ils riaient de bon cœur à une plaisanterie.

Quand ils virent leurs parents, ils se figèrent.

Leurs rires cessèrent, remplacés par de vagues sourires forcés.

Naomi s'approcha d'eux, bras ouverts.

— Mes chéris ! Luke ! Phoebe !

Ils laissèrent leurs parents les prendre dans leurs bras, les embrasser, et, quoique gênés, ils firent preuve d'un semblant d'affection réciproque. Quand John et Naomi les reposèrent par terre, ils restèrent immobiles, comme des statues de cire.

Les deux derniers enfants sortirent, suivis de l'enseignant.

Dettore fit les présentations.

— Voici Adam Gartner, notre professeur principal d'informatique. Je te présente M. et Mme Klaesson.

— Ravi de vous rencontrer ! dit-il en leur tendant la main. Vos enfants sont incroyables ! C'était notre premier cours ensemble, et ils m'apprennent déjà des choses que j'ignore.

Il regarda les jumeaux. Leurs visages s'éclairèrent avec une telle passion que John et Naomi s'en émurent.

Le professeur prit congé et se dirigea vers la cafétéria.

— OK, j'imagine que vous avez envie d'un peu d'intimité, dit le docteur Dettore. Accompagnez vos parents dans une salle, et discutez de ce que vous voulez. Si, à la fin de la visite, ils décident que vous devez rentrer avec eux en Angleterre, vous obéirez. Compris ?

Les enfants gardèrent le silence.

124

Ils s'installèrent sur des canapés confortables, dans une pièce climatisée, avec vue sur le campus ; les stores chromés étaient partiellement fermés pour tamiser la lumière. John et Naomi prirent place. Luke et Phoebe s'assirent face à eux, tout en buvant une bouteille d'eau minérale à la paille.

John regarda l'horloge murale et s'excusa. Naomi aussi avait envie d'aller aux toilettes. Luke et Phoebe leur montrèrent le chemin.

John entra dans des WC immaculés. Il urina, puis fit couler de l'eau pour couvrir d'éventuels bruits. Il ouvrit la fenêtre, regarda le soleil et consulta sa montre, qui était toujours réglée à l'heure anglaise. Il avait prétexté une envie soudaine à midi pile, 2 heures du matin en Angleterre. Ils avaient donc traversé dix fuseaux horaires. Plissant les yeux, il constata que le soleil était presque au zénith. Un mois à peine s'était écoulé depuis le solstice d'hiver, jour où le soleil avait été à son zénith au-dessus du tropique du Capricorne, 23° sous l'équateur. Tout lui laissait penser qu'ils se trouvaient un peu au nord du tropique du Capricorne, dans le Pacifique Sud. La ville la plus proche pouvait tout aussi bien se trouver à mille six cents kilomètres de là. Ses calculs n'étaient pas exacts, mais ils lui donnaient une idée générale.

De retour dans la pièce, il vit Naomi verser du lait dans son café. Elle avait du mal à y croire. *On ne peut pas être là, John et moi, en rendez-vous officiel avec nos enfants, comme pour discuter de l'acquisition d'un bien immobilier, de la vente d'une voiture d'occasion ou d'un prêt bancaire.*

Luke, qui tenait sa bouteille d'eau minérale dans ses minuscules mains, prit la parole en premier :

— Je ne comprends pas tout à fait pourquoi vous tenez tant à ce que l'on retourne en Angleterre avec vous.

— Parce que nous sommes vos parents ! s'exclama Naomi. Les enfants grandissent chez leurs parents. C'est comme ça que ça marche, la vie !

— Ici, ça ne marche pas comme ça, répliqua Phoebe. Seuls quelques enfants ont des Entités Parentales. Tous les autres sont d'authentiques Entités Nouvelles.

— Quelle est la différence ? demanda John.

— Sérieusement, vous ne comprenez pas ? s'étonna Luke. Eux ne sont pas lestés de « bagages ».

— Ils n'ont pas été obligés de se développer dans l'utérus d'une femme, précisa Phoebe.

Naomi vit que John avait du mal à encaisser le coup.

— Votre passage dans mon utérus vous a laissé de mauvais souvenirs, mes chéris ? répliqua-t-elle, en plaisantant à moitié.

Phoebe répondit avec le plus grand sérieux :

— Cette méthode est totalement archaïque et sans intérêt, sans compter que les enfants courent des risques inconsidérés. La reproduction par le biais de parents biologiques n'est pas à même de protéger notre espèce à long terme.

John et Naomi étaient abasourdis.

Puis l'expression de Luke s'adoucit un peu.

— Avec Phoebe, on ne veut pas que vous pensiez que nous ne sommes pas reconnaissants de ce que vous avez fait. Nous nous sentons très privilégiés.

Naomi profita de cette accalmie pour déclarer :

— Et nous sommes très fiers de vous. N'est-ce pas, mon chéri ? ajouta-t-elle en se tournant vers John.

— Immensément fiers ! Je pense que vous étiez conscients d'être beaucoup plus intelligents que les autres, en Angleterre, mais que vous ne nous aviez rien dit. Maintenant qu'on le sait, on peut vous aider à réaliser votre potentiel. Il y a des écoles spécialisées absolument fantastiques, on a une liste de…

Phoebe l'interrompit :

— Tous les enfants issus d'Entités Parentales sont, tôt ou tard, confrontés à ce problème…

— Vous attendez peut-être beaucoup de nous, dit Luke, mais nous ne sommes pas là pour satisfaire vos ambitions.

John et Naomi écarquillèrent les yeux.

Luke reprit :

— Nous avons analysé le monde, et, franchement, il ne tourne pas très rond. Il y a beaucoup de changements à opérer, il faut aborder les problèmes dans un état d'esprit complètement différent, et dessiner un nouveau paradigme pour l'avenir, sinon, il n'y en aura pas.

— Pas d'avenir ? répéta John. Qu'est-ce que tu veux dire ?

— Vous n'avez même pas réussi à nous protéger des Disciples. Il a fallu qu'on demande une aide extérieure.

— Pourriez-vous nous expliquer ce qui s'est passé, mes chéris ? demanda Naomi d'une voix blanche.

— Je pense qu'il y a des sujets plus importants

à aborder, dit Phoebe, autoritaire. Il faut que vous compreniez nos fondamentaux.

Naomi regarda John. Mentalement, ils avaient mûri de plusieurs années, ces derniers jours. Elle avait du mal à accepter que ses enfants soient capables de tenir un discours aussi adulte. Du mal à accepter cet endroit. Elle avait l'impression de vivre un cauchemar.

— Quels sont ces fondamentaux ? demanda John.

— Eh bien, dit Phoebe, pour commencer, nous savons que vous avez fait des choix génétiques pour nous, parce que vous vouliez que nous soyons meilleurs que les autres enfants. Vous vouliez que l'on devienne des enfants parfaits, dit-elle avec un air de défi.

— Votre mère et moi... dit John.

Mais Naomi l'interrompit :

— Écoutez-moi bien, vous deux. Vous devez connaître nos raisons. Après avoir perdu votre frère, Halley, votre père et moi voulions être sûrs que vous ne connaîtriez pas le même sort. Nous voulions que vous soyez en bonne santé, porteurs d'un minimum de maladies. Est-ce un tort ?

— Non, votre démarche était plutôt raisonnable, reconnut Luke, alors, quel est votre problème ?

— Notre problème ? s'exclama Naomi. Notre problème, c'est que nous voulons que vous rentriez à la maison avec nous.

— Pourquoi, exactement ? demanda Phoebe.

— Parce que... dit Naomi sans trop savoir où tout cela allait les mener. Parce que nous vous aimons.

— Même si vous êtes très intelligents, intervint John, vous êtes encore des enfants. Vous avez besoin de l'amour et des conseils de vos parents, et votre mère et moi avons très envie de vous les offrir.

— Vous savez ce que vous êtes, Entités Parentales ?

leur demanda Luke. Vous n'êtes qu'une génération de plus dans une chaîne ininterrompue, sur plusieurs milliers d'années, d'êtres humains détruisant la Terre. Des *Homo sapiens* ! ironisa-t-il. *Sapiens*, ça veut dire sage. Votre espèce manque cruellement de sagesse. Le monde vous échappe. Vous avez créé des armes de destruction massive, nucléaires et chimiques, accessibles à n'importe qui. Vos scientifiques ont apporté la preuve que Dieu n'existe pas, mais la planète est mise à feu et à sang par des fanatiques religieux, et vous laissez faire. Vous détruisez l'écosystème, parce que vous n'arrivez pas à décider d'une politique commune. Chaque semaine, vous imprimez plus d'informations qu'aucun être humain ne sera capable d'en lire dans sa vie entière. Et vous voudriez nous donner des conseils ? Je trouve cela présomptueux de votre part.

— Les autres espèces animales ne s'accrochent pas à leur descendance, ajouta Phoebe. Les petits partent dès qu'ils savent voler, nager ou chasser. Pourquoi vous accrochez-vous désespérément à nous, pourquoi nous retenez-vous ? Vous avez déjà bien vécu, mais, pour Luke et moi, la vie ne fait que commencer. Si vous ne procédez pas à des changements rapides et radicaux, il n'y aura pas d'avenir sur cette planète – pour personne. Rentrez à la maison. Reprenez vos vieilles habitudes et laissez-nous, Entités Nouvelles, nous occuper de l'avenir.

John essayait de garder son calme, pour leur prouver qu'ils étaient capables de comprendre.

— Et quel est votre plan pour l'avenir, exactement ?

Phoebe se radoucit et leur sourit.

— Ce n'est vraiment pas la peine que j'essaie de vous expliquer. Ce n'est pas quelque chose que vous, ou n'importe quelle autre Entité Parentale, seriez en mesure de comprendre. Je ne dis pas ça pour vous blesser, c'est la vérité, c'est tout.

— Les enfants, dit John, les gens qui ont essayé de vous tuer ont tous étés arrêtés par les autorités. Vous ne risquez plus rien, maintenant. Nous pouvons garantir votre sécurité. Si vous voulez changer le monde, et vous avez prouvé que vous en êtes capables, vous devriez sortir de l'isolement. Nous vous soutiendrons.

Phoebe répondit :

— Nous allons en discuter, Luke et moi. Merci de nous laisser seuls quelques instants.

Dettore, qui était entré dans la pièce sans qu'ils le voient, déclara :

— John et Naomi, allons nous dégourdir les jambes.

125

Dehors, la lumière était aveuglante, il faisait incroyablement chaud, et des parfums d'hibiscus et de bougainvillées flottaient dans l'air. John et Naomi suivaient le docteur Dettore le long des sentiers peints en vert, à travers l'immense campus. Le généticien désignait chaque bâtiment, en leur indiquant son nom, mais ils ne prêtaient guère attention à la visite guidée.

Ils étaient traumatisés par leur rendez-vous avec Luke et Phoebe. Les yeux mi-clos, John regrettait de ne pas avoir pris ses lunettes de soleil et une tenue plus légère. Il se sentait sale, et sa barbe de trois jours le grattait. Mais, à cet instant précis, c'était le cadet de ses soucis. Tout ce qui leur importait, c'était d'obtenir des réponses aux questions qu'ils avaient toujours voulu poser à Dettore, des réponses que, jusqu'à aujourd'hui, ils pensaient ne jamais obtenir.

Et l'essentiel était de trouver un moyen de convaincre leurs enfants de rentrer à la maison, en les prenant par les sentiments. Si tant est que Dettore tienne sa promesse et les laisse repartir.

Le silence était angoissant, comme dans une ville fantôme, ou sur la clinique flottante.

— Pourquoi camoufler les bâtiments ? Pourquoi avoir peint les sentiers en vert, docteur Dettore ?

— Pourquoi tenez-vous à rester invisible ? De quoi avez-vous peur ? renchérit Naomi.

Le docteur Dettore marchait avec assurance, comme un lion conscient de ne pas avoir de prédateur. Le roi de la jungle, le roi de l'île, invincible. John le détestait un peu plus chaque seconde. Il détestait sa vanité, lui en voulait de les avoir dupés, d'avoir détruit leur vie, d'avoir enlevé leurs enfants. Mais il ne pouvait s'empêcher d'être impressionné par certaines de ses qualités.

Dettore s'arrêta et écarta les bras.

— Je vais vous le dire, pourquoi. Vous avez entendu parler de l'Inquisition qui, en France, en Italie et en Espagne, a terrorisé les libres penseurs pendant cinq siècles, au Moyen Âge ? Vous vous souvenez d'un certain Galilée, professeur de mathématiques à Pise, qui a perfectionné la lunette astronomique au point de voir les satellites de Jupiter ? En 1632, il a publié un livre soutenant la théorie de Copernic, selon laquelle la Terre tournait autour du Soleil, et non l'inverse. L'Inquisition l'a obligé à renier cette thèse absurde en le menaçant de mort.

John et Naomi ne trouvèrent rien à répondre à cela.

— À l'instar de Hitler et de Staline, l'Inquisition ne faisait pas dans le détail. Elle condamnait à mort aussi bien l'intelligentsia que le prolétariat. Mais elle n'a jamais été inquiétée, parce que tout était fait au nom de Dieu. La religion donne un cachet, une légitimité.

Dettore fit une pause.

— Vous vous demandez pourquoi nous devons nous cacher ? La raison est simple. Tôt ou tard, des religieux animés par des convictions n'ayant pas évolué depuis des siècles me trouveraient et me tueraient. Si ce n'est pas celle des Disciples du Troisième Millénaire, ce serait une autre secte.

— Et ça vous étonne ? dit John. Vous exploitez des enfants, vous prônez la manipulation génétique, et vous êtes surpris que des gens puissent vous haïr ?

Dettore leva les yeux au ciel.

— Là-haut, il y a des satellites – américains, russes, chinois, entre autres – qui photographient chaque mètre carré de notre planète, toutes les heures. Ils identifient toute aspérité, toute structure ou installation nouvelle, tout périmètre autrefois inoccupé. Ils enregistrent, examinent, évaluent.

— Est-ce pour cela que votre système de transports est souterrain ? demanda John.

— Bien sûr. Nous sommes invisibles, ici, et nous avons l'intention de le rester aussi longtemps que nécessaire.

— C'est-à-dire ? demanda Naomi.

— Jusqu'à ce que le monde soit prêt.

— Prêt à quoi ?

— Prêt à la sagesse et à l'humanité que nous professons. Aucun des enfants ayant grandi ici ne posera de bombe dans un pub de Londres, aucun ne commettra d'attentat à la voiture piégée dans un marché fréquenté par des femmes et des enfants. Vous voulez que ce grand n'importe quoi, cette prétendue « civilisation », continue pour toujours ? Le monde n'a fait que passer entre les mains de despotes. Néron, Attila, Napoléon, Staline, Hitler, Hirohito, Mao Tsé-toung, Pol Pot, Saddam Hussein, Milošević, Ben Laden, Mugabe... Comment tout cela va-t-il se terminer ? Par une grande fête avec ballons et pétards, où tout le monde se serrera la main en disant : « Écoutez, les gars, désolés, les deux mille dernières années n'ont pas été terribles, réconcilions-nous pour que nos enfants puissent avoir un bel avenir » ? Je ne pense pas.

— Qui finance tout ceci, docteur Dettore ? demanda John, impassible.

Sans ralentir, le scientifique répondit :

— Des gens qui s'inquiètent pour notre avenir. Des philanthropes qui ne veulent pas que la civilisation tombe entre les mains de fanatiques religieux et de despotes. Des gens qui veulent un avenir basé sur une science solide.

— J'aimerais savoir quelque chose, dit Naomi. Nous vous avions demandé un garçon. Pourquoi nous avoir trahis, pourquoi avoir implanté deux embryons ?

Dettore s'arrêta et se tourna vers elle.

— Parce que vous n'auriez jamais compris. C'est aussi simple que ça.

— Compris quoi ? demanda John.

Il les dévisagea l'un après l'autre.

— Votre enfant aurait été terriblement seul, sans personne avec qui partager sa supériorité intellectuelle. Il se serait senti trop différent des autres. En concevant des jumeaux, je leur permettais de tisser des liens, et d'avoir une perspective sur le monde.

— Vous ne pensez pas que *nous* aurions dû décider de cela ? s'indigna Naomi.

— Je pense que vous n'étiez pas prêts, répliqua-t-il.

John sentit la colère monter en lui.

— C'est incroyablement prétentieux de votre part.

Dettore haussa les épaules.

— La vérité est parfois difficile à entendre.

— Non, mais je n'y crois pas ! Nous avions déterminé, vous, Naomi et moi, une liste de caractéristiques, pour notre enfant. En avez-vous ajouté à notre insu ?

— J'ai ajouté d'autres caractéristiques importantes sur lesquelles vous faisiez l'impasse.

— Et de quel droit ? s'emporta Naomi.

— Retournons à mon bureau, trancha Dettore. Vous devez avoir chaud. Vous devriez prendre une douche, vous changer, manger, vous reposer. Vous avez fait un long voyage, vous êtes fatigués. Allez vous rafraîchir et vous détendre, nous reparlerons de tout cela plus tard.

— Je n'ai pas besoin de me rafraîchir, dit Naomi. Je ne veux pas me reposer, je veux monter dans un avion et rentrer à la maison avec mes enfants. C'est tout. Ne me dites pas ce dont j'ai besoin.

Le visage de Dettore se durcit.

— Il y a beaucoup de gens intelligents, ici, Naomi. Et nous avons tous un intérêt commun : l'avenir de l'espèce humaine. Nous avons ici trois prix Nobel, huit prix MacArthur, et vingt-huit scientifiques nommés pour un Nobel. Je vous dis ceci pour que vous ne me preniez pas pour un charlatan, une petite voix, un peu perdue, dans la jungle scientifique.

— Vous pouvez avoir la vision que vous voulez, docteur Dettore, mais vous n'avez pas le droit de kidnapper des enfants et de les monter contre leurs parents, assena Naomi.

— Restons-en là, acceptons le simple fait que nos opinions divergent.

Il sourit et reprit sa marche.

John le suivit, furieux contre le généticien, furieux contre lui-même, contre son impuissance.

Puis il entendit un bruit sourd.

L'espace d'un instant, il crut qu'une partie du crâne de Dettore avait été pulvérisée. Un petit morceau s'en détacha, flanqué d'un bout de chair et de quelques cheveux. Une pierre, réalisa-t-il. Il se retourna pour constater, horrifié, que Naomi, le bras tendu, arborait un sourire de satisfaction.

Il vit Dettore tomber à genoux au ralenti, puis s'effondrer de tout son long. Pendant quelques instants, la chair à vif prit une teinte gris pâle, puis le sang afflua rapidement et se mit à se propager dans ses cheveux.

126

Naomi, qui avait fait demi-tour, courait comme une dératée. John entendait le bruit de ses chaussures, les battements de son propre cœur et des bourdonnements dans ses oreilles. Rien d'autre.

Il se précipita vers Dettore et s'agenouilla à côté de lui, du sang lui coulait dans le cou et sur les épaules.

La panique l'envahit. Il se lança à la poursuite de Naomi. Arrivé à son niveau, il cria :

— Naomi ! Stop ! Où vas-tu ?

— Chercher mes enfants, dit-elle sans se retourner.

Il l'attrapa par le bras et l'obligea à s'arrêter.

— Naomi ! Ma chérie !

Elle était dans un tel état qu'elle avait du mal à le regarder dans les yeux. Elle tremblait, hystérique.

— Lâche-moi !

— Tu l'as peut-être tué.

— Je te tuerai, toi aussi, et je tuerai tous ceux qui m'empêcheront de ramener mes enfants à la maison.

John regarda par-dessus son épaule et vit la silhouette immobile.

Puis il leva les yeux vers les fenêtres des bâtiments alentour : d'une minute à l'autre, des portes allaient s'ouvrir, des gens allaient fondre sur eux. Il fallait qu'ils se cachent, c'était leur priorité. Il n'avait pas d'autre idée, pas de plan précis. Instinctivement, il savait que Dettore était leur seul interlocuteur bienveillant, sur cette île. La problématique, ce n'était plus de ramener, ou non, les enfants à la maison, mais d'essayer de survivre.

Il tentait de reprendre ses esprits. Il vit une structure en briques rouges que Dettore avait désignée comme le département d'astrophysique. À côté se trouvaient la bibliothèque et le centre de documentation. Il ne se souvenait plus où ils avaient rencontré Luke et Phoebe. Ça pouvait être dans n'importe lequel de ces six immeubles. Une voix, à l'intérieur de sa tête, hurlait : *Rentrez à l'intérieur ! Aux abris ! Ne restez pas dehors ! Cachez-vous !*

Le département d'astrophysique était le plus proche. Il prit la main de Naomi et la tira, trébuchant à moitié.

Où pouvait bien se trouver la porte ?

Ils longèrent la façade, passant devant d'immenses vitres teintées, des parterres de fleurs et un étang. Ils tombèrent sur une petite porte vitrée, avec les mots ISSUE DE SECOURS. John essaya de l'ouvrir, mais il n'y avait pas de prise, pas de poignée extérieure, et il n'arrivait à glisser ses doigts nulle part.

— Ils sont là ? demanda Naomi. Luke et Phoebe sont là ?

— Peut-être. Il faut bien commencer quelque part.

Elle sanglotait.

— John, je veux les enfants. Je veux rentrer avec Luke et Phoebe.

— On va les retrouver.

Il l'entraîna de l'autre côté et trouva l'entrée principale. Ils virent deux enfants en tenue blanche, un garçon et une fille de six ans environ, s'avancer main dans la main vers une vitre, au centre du bâtiment. Quand ils arrivèrent à quelques centimètres de celle-ci, elle se leva.

John entraîna Naomi vers la porte-fenêtre, et ils les imitèrent. Ils débouchèrent dans un immense atrium désert, climatisé, avec un sol en marbre et un imposant pendule de Foucault suspendu au plafond. L'endroit ressemblait à s'y méprendre au hall d'un grand hôtel, sauf qu'il n'y avait ni réception ni personnel. Juste deux ascenseurs, au fond. Les enfants avaient disparu.

Où étaient-ils passés ?

Avaient-ils pris l'ascenseur ? C'était la seule possibilité, se dit John, qui, sans lâcher la main de Naomi, l'attira dans cette direction. Il n'y avait pas de bouton. Rien pour l'appeler. Il devait pourtant y avoir un moyen !

Il se retourna. L'endroit était toujours désert. Il y avait sûrement une cage d'escalier, une sortie de secours. Quelques instants plus tard, ils entendirent une clochette, et une lumière s'alluma au-dessus de l'ascenseur de droite.

John serra la main de Naomi. Les portes s'ouvrirent.

La cabine était vide. Ils entrèrent. John appuya sur le bouton du bas.

Puis, à l'autre bout de l'atrium, ils entendirent un cri. Des silhouettes en survêtement blanc – des adolescents – couraient vers eux. D'autres arrivaient par la porte vitrée.

Paniqué, John appuya frénétiquement sur le bouton. Les portes se fermèrent au moment où les premiers enfants arrivaient devant.

Il les entendit cogner contre la paroi.

Naomi dévisagea John comme un zombie. L'ascenseur descendait. John sortit son téléphone et regarda l'écran. Toujours aucun réseau.

Il y avait un téléphone fixe dans le bureau de Dettore – il fonctionnait sans doute par satellite. Les ravitaillements devaient arriver par avion ou par bateau, peut-être les deux. Il devait trouver une solution pour s'échapper.

Mais laquelle ?

Les portes s'ouvrirent sur un quai de métro désert. John tira Naomi, puis regarda à droite et à gauche. Deux tunnels sombres. Une plate-forme métallique étroite permettait d'accéder à chacun d'eux. Ils s'enfoncèrent du côté gauche, courant aussi vite que possible dans l'obscurité.

Quand ils eurent parcouru quelques centaines de mètres, ils entendirent des cris derrière eux. John se retourna et vit plusieurs faisceaux lumineux. Naomi trébucha et se rattrapa. Il y avait une faible lumière à l'autre bout du tunnel, très loin. Les torches derrière eux se rapprochaient. John avait les poumons en feu, Naomi le suivait en silence, sans lâcher sa main. Il accéléra.

Ils étaient sur le point d'être rattrapés quand ils rejoignirent un autre quai. Il y avait un ascenseur, et, à côté, une issue de secours. Il ouvrit la porte et entama l'ascension à toute allure – deux, trois marches à la fois. À bout de souffle, Naomi n'arrêtait pas de tomber. John la tirait littéralement à bout de bras. Il entendit des voix au pied de l'escalier. Puis ils arrivèrent en haut et ils se retrouvèrent dans un long couloir très éclairé, carrelé, avec des murs recouverts d'aluminium brossé. Tout au bout, ils aperçurent une double porte avec hublots, comme souvent à l'entrée des urgences.

Ils foncèrent, mais, un peu avant les portes, deux silhouettes surgirent.

Luke et Phoebe.

D'autres silhouettes se regroupèrent derrière eux.

127

Luke prit la parole.

— Votre geste est horrible, Entités Parentales. Vous avez appliqué vos méthodes ancestrales. Vous nous faites honte. Cela ne fait que quelques heures que vous êtes sur cette île, et vous l'avez déjà pervertie. Ici, personne n'a jamais eu recours à la violence. Les Entités Nouvelles ne savaient même pas ce que c'était, jusqu'à ce que vous le leur montriez. Êtes-vous fiers de vous ?

— Nous... balbutia John, sans trop savoir quoi répondre.

Naomi semblait choquée par son propre geste.

— Où sommes-nous ? demanda-t-elle d'une voix blanche. Que se trame-t-il, ici ?

— Vous ne seriez pas capables de le comprendre, même si nous vous l'expliquions.

— Pourriez-vous nous dire pourquoi vous nous avez mis au monde ? interrogea Luke.

— Oui, insista Phoebe, quelle était votre intention ?

— Nous voulions un enfant en bonne santé, sans les gènes dont votre mère et moi-même sommes porteurs. C'était ça, notre intention, dit John, qui avait du mal à croire qu'il était en train de se justifier auprès de ses propres enfants.

— Très bien, vous avez réussi, nous sommes en bonne santé, déclara Luke. Voulez-vous voir nos dossiers médicaux ? Ils sont exemplaires. Nous sommes en bien meilleure santé que le monde dans lequel vous nous avez fait naître.

— La génétique en effraie beaucoup, dit Phoebe. Certains pensent que Dame Nature est la meilleure des alternatives. Mais sur quelle planète vivez-vous ? Dame Nature domine l'homme depuis cinq cent mille ans, et pour quel résultat ?! Si c'était un dirigeant politique, elle aurait été exécutée pour génocide ! Si elle était P-DG d'une multinationale, elle aurait été licenciée pour incompétence. Pourquoi ne pas donner sa chance à la science ? Entre de bonnes mains, elle ne peut pas faire de mal, si ?

— Qu'entendez-vous par « entre de bonnes mains » ? demanda John.

— On veut parler de l'homme que tu viens d'essayer de tuer, dit Luke à Naomi. Le docteur Dettore. Le plus grand visionnaire de tous les temps.

— Maintenant, il faut que vous partiez, Entités Parentales, assena Phoebe d'un ton menaçant, avant que trop de gens ici ne découvrent ce que vous avez fait. Nous allons vous reconduire à votre avion. Sur cette île, tout est filmé. Si vous partez maintenant, nous effacerons la vidéo sur laquelle on te voit commettre une tentative de meurtre, mère. Tu ne mérites pas vraiment notre clémence, mais vous êtes nos parents.

— Nous ne voulons pas vous tuer, dit Luke. Nous ne voulons pas nous abaisser à votre niveau. Nous voulons que vous partiez. Oubliez que vous êtes venus ici. Oubliez-nous, oubliez tout ce que vous avez vu.

— Je ne pourrai jamais vous oublier, dit Naomi.

— Pourquoi ? demanda Luke.

Naomi était en larmes.

— Parce que vous êtes nos enfants et que vous le serez toujours. Notre maison sera toujours la vôtre. Peut-être qu'un jour, quand vous serez plus grands, vous aurez envie de nous rendre visite, dit-elle d'une voix de plus en plus faible. Peut-être que vous aurez des choses à nous enseigner.

John hocha la tête et ajouta :

— Notre porte sera toujours ouverte. Vous serez toujours les bienvenus, si vous avez envie de nous voir, si vous avez besoin de nous.

— C'est noté, répondit Phoebe.

128

Journal intime de Naomi

Il était une fois une femme qui faillit tuer un homme. Je l'écris ainsi, parce que cela me semble moins réel. Ce qui est bien, avec le cerveau, c'est qu'il révise constamment le passé, enlève certains passages, en ajoute d'autres, pour le rendre plus présentable, plus conforme à ce que nous aurions voulu qu'il soit.

Kierkegaard a écrit, un jour, que la vie ne se comprend que par un retour en arrière, mais qu'elle ne se vit qu'en avant.

Je me repasse tout le temps ces images dans la tête. D'abord la mort de Halley. Puis cette décision que nous avons prise, John et moi, de consulter le docteur Dettore et d'aller dans sa clinique. Je repense à ce moment – il y a huit ans ! – où, sur ce sentier, sous ce soleil écrasant, je me suis baissée pour ramasser une pierre et la jeter. Je me repasse ces images en boucle, j'essaie de comprendre. Est-ce que je voulais le tuer ou est-ce que je voulais juste me libérer de quelque chose ?

J'aimerais bien que la deuxième hypothèse soit la bonne, mais ma conscience me dit le contraire. Comme nous l'ont expliqué Luke et Phoebe, c'est l'un des défauts des Entités Parentales. L'un des défauts de notre espèce. Nous avons échoué à évoluer émotionnellement, au rythme de nos avancées technologiques. Nous serons bientôt capables de voyager à la vitesse de la lumière, mais nous ne savons toujours pas comment gérer la colère qui nous anime. Notre seule réponse aux problèmes, c'est la violence. Que répondre à cela ? Chaque matin, je lis l'actualité dans le monde. Comment pourrais-je persuader mes enfants qu'ils se trompent, que nous savons gérer les conflits différemment ?

Cela faisait longtemps que je n'avais pas écrit dans ce journal. J'avais perdu l'envie. L'envie de tout. Après des années de thérapie, je me sens un peu plus forte. Peut-être vais-je un peu mieux. John et moi parlons très rarement du passé, comme si nous avions pris la décision tacite de nous concentrer uniquement sur l'avenir.

Enfant, on nous explique que les parents ont raison, qu'il faut les écouter. Quand on devient parent, on nous dit qu'il faut transmettre ce que l'on sait à ses propres enfants. Tout se complique quand on se rend compte que rien ne se passe comme prévu.

Personne ne sait de quoi l'avenir sera fait. Peut-être deviendrions-nous fous si nous le savions. Nos rêves nous permettent de nous échapper. Les rêves que nous portons dans notre cœur. Dans mes rêves, Halley est vivant, bien portant, il a grandi, et nous faisons des choses à trois, nous sommes heureux. Nous partons en vacances, visitons des parcs d'attractions, nous allons au musée, nous jouons sur des plages de sable blanc, au bord de l'océan, et nous rions beaucoup. Et puis je me réveille.

Parfois, quand ma mémoire est indulgente, la pierre que je jette n'est qu'un rêve. Mais, en général, je vis avec chaque jour, chaque heure. Je prends des cachets pour dormir la nuit. Quand ils le veulent bien, ils me laissent dormir, et quand ils sont vraiment gentils avec moi, ils me laissent faire une nuit sans rêve.

Ce sont les rares fois où je me réveille reposée. Les rares fois où je suis heureuse de me lever, où je me réjouis de la journée à venir, où j'espère autre chose qu'échapper simplement au passé.

De temps en temps, je vais sur Google et je rentre les noms Dettore, Luke et Phoebe Klaesson. Mais il n'y a jamais aucun résultat. Pour le monde extérieur, le docteur Dettore est mort dans un accident d'hélicoptère, point final. L'endroit mystérieux où nous sommes allés est toujours secret. À notre retour, John a passé des mois sur Google Earth, à chercher l'île – en vain.

La police aussi a essayé de la localiser, sans succès. Il faut dire que nous ne les avons pas beaucoup aidés. Nous n'avons dit à personne que Dettore était toujours vivant, car, tôt ou tard, une secte le retrouverait, et tous les habitants de cette île seraient en danger. Malgré tout, nous aimons nos enfants. Nous sommes leurs parents, nous les aimerons toujours. Je me fais du souci pour eux. Je me demande comment ils se portent, j'ai toujours peur pour eux, car, s'il leur arrivait quelque chose, nous ne le saurions probablement jamais.

Nous avons décidé de ne pas avoir d'autres enfants. John se consacre à son travail. Je fais du bénévolat dans plusieurs associations caritatives locales dédiées aux enfants. Nous avons deux chiens, deux labradors noirs : Brutus et Néron. Ils sont adorables, et ce sont de bons chiens de garde. Nous ne nous sentons plus en danger, mais nous sommes encore obsédés par la sécurité. Sans doute le serons-nous toute notre vie.

Aujourd'hui, c'est l'un de ces rares jours où je me

sens heureuse. Sans raison, peut-être parce que le passé me semble loin. J'ai lu cette citation, dans un livre sur la sagesse amérindienne, qui résume bien notre point de vue à l'égard de Luke et Phoebe :

« *Même si vous et moi sommes dans différentes embarcations, vous sur votre navire et nous dans notre canoë, nous descendons ensemble la même rivière de la vie.* »

129

Chaque soir, en rentrant, John se préparait un verre. L'alcool apaisait sa douleur. La perte de ses enfants l'accompagnait partout, ainsi qu'une autre perte très importante, pour lui : la passion pour son travail. À la vérité, depuis qu'il avait quitté l'île de Dettore, c'était un autre homme.

Il embrassa Naomi, se servit un double whisky *on the rocks*, puis se retira dans son bureau pour lire ses mails. Dehors, des moutons bêlaient dans les champs. C'était le printemps, la vie reprenait ses droits. Il commençait à faire doux le soir, et le week-end serait ensoleillé. Il avait prévu de sortir le barbecue, la table et les chaises de jardin. Peut-être que cette année, exceptionnellement, ils auraient un bel été.

Puis il se raidit en parcourant le premier de ses nouveaux messages. Incrédule, il le relut, courut vers la porte et appela Naomi.

Debout derrière lui, les mains sur ses épaules, celle-ci fixait les mots à l'écran :

Arrivée à 15 h 30 demain, samedi, à l'aéroport de Gatwick, terminal nord, vol British Airways 225 en provenance de Rome. Merci de venir nous chercher.

Vos enfants, Luke et Phoebe.

130

Naomi s'agrippa à John. Ses pupilles brillaient de joie, malgré les doutes.

— C'est vrai, mon chéri ? Ce n'est pas une blague ?

— Le mail est bien réel, mais je ne sais pas qui l'a envoyé.

— Tu ne peux pas remonter à la source ?

— Il a été envoyé par un compte Hotmail. N'importe qui peut en créer un en deux minutes, dans un café Internet, n'importe où dans le monde. Autant dire qu'il est intraçable. Dieu seul sait si c'est un vrai – dans le cas contraire, ce serait une blague de très mauvais goût.

— Tu penses qu'ils rentrent à la maison pour de bon ?

— Je n'en ai pas la moindre idée.

Il relut le message attentivement.

— Ils vont sur leurs douze ans. Je me demande ce qu'ils ont en tête. Peut-être sont-ils trop intelligents pour leur campus, peut-être veulent-ils aller à l'université ici ? Peut-être sont-ils curieux de nous voir, ou ont-ils des choses à nous transmettre sur la marche du monde ?

— Je vais devoir préparer deux lits. Ils sont sans

doute beaucoup trop grands pour leurs lits d'enfant. Je leur propose quoi, à manger ?

— Tu leur demanderas quand on les verra. Peut-être qu'ils voudront autre chose que la nourriture saine qu'on leur servait sur l'île. Du McDo, par exemple.

Elle l'embrassa sur la joue et passa les bras autour de son cou.

— Oh, mon Dieu, j'espère tellement qu'ils reviennent vivre avec nous ! Former de nouveau une famille, ce serait incroyable, non ?

John serra son bras.

— Ne te monte pas trop la tête, on ne sait pas comment on va les retrouver ni quelles sont leurs intentions. Leur ton est plutôt froid. Pas de « bises » ou « affectueusement ».

— Nous n'avons jamais reçu d'amour de leur part.

— Exactement.

— Mais je pense qu'ils nous aiment à leur façon, aussi bizarre soit-elle.

John ne répondit rien.

— Pourvu que ce ne soit pas une mauvaise blague, je ne le supporterais pas. Je suis folle de joie. Je n'arrive pas à y croire !

— Attendons de les voir.

Elle lui caressa le front.

— Tu n'es pas impatient ?

— Si, mais je suis sous le choc, je crois. Et, en même temps...

— Quoi ?

— Je suis inquiet. Je ne sais pas ce qui nous attend. Peut-être qu'ils ont juste besoin d'argent. C'est souvent pour ça que les enfants rendent visite à leurs parents, non ? Ils arrivent à un âge où ils vont sans doute avoir envie de trucs – des disques, des fringues...

— Mais ce ne sont pas encore des adolescents, dit Naomi.

— Selon Dettore, ils grandissent plus vite, physiquement et intellectuellement. Peut-être n'ont-ils encore que onze ans, mais, à mon avis, ils auront l'apparence de jeunes de seize ou dix-sept ans.

Naomi relut à son tour le message.

— Ils écrivent comme si... Comme si on ne s'était pas vus depuis quelques jours seulement. Comme s'ils revenaient de vacances. C'est tellement étrange d'envoyer un message aussi laconique huit ans plus tard.

John esquissa un sourire désabusé.

— Le pire, c'est que je ne trouve pas cela étrange du tout. Ils ont toujours été ainsi. Ils n'ont toujours pas appris les bonnes manières.

— Va-t-on les reconnaître ?

— Bien sûr. Et si, pour une raison ou une autre, on ne les reconnaît pas, eux nous reconnaîtront, c'est certain.

131

Naomi serrait la main de John, tandis qu'ils quittaient le parking pour rejoindre le hall des arrivées. Ils avaient trente minutes d'avance. Comme tout bon Suédois, John était extrêmement ponctuel, et, aujourd'hui, ils ne voulaient prendre aucun risque.

Ils avaient les nerfs à vif. John avait la gorge nouée et la bouche sèche. Naomi jeta un regard circulaire, au cas où les jumeaux seraient déjà arrivés, tout en sachant que c'était peu probable. Elle regarda les gens assis au café, ceux dans la librairie, puis partout autour d'elle. Elle consulta sa montre : 15 h 02. L'arrivée était prévue pour 15 h 30 – ils savaient qu'il n'y avait pas de retard, ils avaient lu les dernières informations, en temps réel, sur l'ordinateur de la Saab. Les enfants n'arriveraient pas avant une demi-heure, voire plus, s'ils avaient enregistré des bagages.

Ils se demandaient s'ils voyageraient seuls ou accompagnés – peut-être avec Dettore. Ils s'arrêtèrent derrière les gens agglutinés devant la barrière, à la porte des arrivées. Naomi avait la nausée tellement elle était tendue. Elle se posait tant de questions... À côté d'eux, des hommes en costume brandissaient des pancartes. Des chauffeurs de taxi et de limousine attendaient leurs clients. Elle lut quelques cartons, au cas où. Au cas où quoi ? Au cas où il y en aurait un au nom de Dettore ? Stannard. M. Faisal. Frank Newton. Mme Appleton. Ostermann plc.

Elle tremblait. Elle était à la fois excitée et terrifiée. Et impatiente. Les minutes semblaient interminables. John n'arrêtait pas de regarder sa montre, et elle aussi. Mais elle avait surtout les yeux rivés à la porte. Elle dévisageait chaque personne qui la passait – un homme d'affaires sûr de lui, tirant une valise-cabine, un couple d'Indiens d'un certain âge, poussant un chariot plein à craquer, une femme avec des jumelles, suivie d'un homme qui lui parlait, poussant lui aussi un chariot...

Encore vingt minutes avant qu'ils puissent réellement s'attendre à voir leurs enfants.

Les vingt minutes passèrent, puis dix autres. Le flot de voyageurs était dense, comme si plusieurs avions avaient atterri en même temps. Dix minutes supplémentaires s'écoulèrent.

— John, j'espère vraiment qu'ils étaient dans ce vol.

Il hocha la tête. Puis ils virent deux silhouettes élancées et reprirent espoir : un garçon de dix-huit ans environ et une fille du même âge. Le garçon était beau, avec ses cheveux blonds en bataille, et la fille était mince et jolie. Ils poussaient un chariot rempli de bagages de luxe. Naomi et John avancèrent d'un pas. Le garçon passa un bras autour de la fille et l'embrassa sur la bouche. Puis il fit signe à quelqu'un dans la foule, et ils se précipitèrent vers lui.

Ce n'étaient pas leurs jumeaux.

Un employé de l'aéroport poussait une jeune femme en anorak dans un fauteuil roulant. Jambe plâtrée, elle voyageait avec une autre femme qui manœuvrait un chariot chargé de valises et de skis. Derrière eux apparut un petit groupe originaire du Proche-Orient – les femmes portaient la burqa. Des employés de l'aéroport poussaient deux personnes âgées en fauteuil roulant. John et Naomi les regardèrent à peine et se concentrèrent sur les passagers suivants.

Les employés s'arrêtèrent. Les deux petits vieux avaient un sac sur les genoux. John leur jeta un bref coup d'œil. Il pensa d'abord qu'il s'agissait de deux hommes, mais il remarqua que l'un portait un tee-shirt orange, un short bleu et des baskets, tandis que l'autre personne était vêtue d'un chemisier blanc, d'une jupe en jean et de baskets à paillettes. Un homme et une femme, comprit-il, soudain oppressé.

Leurs têtes étaient disproportionnées par rapport à leurs corps minuscules. Leurs crânes étaient gonflés comme des cerneaux de noix et les os saillaient sous leur peau fine, tachetée. Tous deux étaient en grande partie édentés.

John et Naomi ne reconnurent que leurs yeux. De grands yeux bleus, tout ronds, qui les fixaient.

La femme les montra du doigt. Les employés hochèrent la tête et se mirent à les pousser vers John et Naomi, s'arrêtant juste devant eux. John et Naomi baissèrent les yeux, sans trop comprendre ce qui se passait. Puis Naomi observa, horrifiée, les deux visages. Ils semblaient avoir quatre-vingt-cinq ans, voire plus. L'homme avait quelques cheveux blancs épars, la femme était complètement chauve.

Cette dernière esquissa un sourire embarrassé qui brisa le cœur de Naomi. L'homme fit de même.

— Bonjour, maman, bonjour, papa, dit Luke.

Sa voix était jeune. C'était celle de l'enfant qu'il était.

Phoebe sourit, l'air penaude.

— Vous nous avez dit qu'on pouvait rentrer à la maison n'importe quand, qu'on serait toujours les bienvenus.

En larmes, Naomi s'agenouilla. Elle serra Phoebe, puis Luke, dans ses bras.

— Bien sûr, mes chéris, rien ne pourrait nous faire plus plaisir. Notre promesse tient toujours. Bienvenue chez vous !

John se tourna vers les deux hommes, derrière les chaises roulantes.

— Ont-ils des bagages ?

L'un d'eux secoua la tête.

— Non, pas de bagages. Juste leurs petits sacs.

— On n'a pas besoin de grand-chose, dit Phoebe. On ne restera pas longtemps.

— Pourquoi ? Où allez-vous ensuite ? demanda Naomi d'une voix mal assurée.

Elle se tourna vers John et découvrit son visage fermé, blafard.

Et, dans le silence de plomb qui suivit, luttant contre les sanglots, elle comprit.

Remerciements

Quand j'ai commencé les recherches pour ce roman, il y a un peu plus de dix ans, les gens me disaient que les bébés sur mesure relevaient de la science-fiction. Ce n'est plus le cas aujourd'hui.

Il y a dix ans, un généticien de renom m'a expliqué que les parents pourraient bientôt choisir le degré d'empathie de leur enfant. Voulaient-ils un enfant doux et attentionné, qui se ferait peut-être marcher sur les pieds ? Ou un dur à cuire, qui finirait peut-être sociopathe ? Ce genre de choix est cornélien. Mais l'avenir se rapproche à grands pas.

Comme chaque fois, je tiens à remercier un très grand nombre de personnes, à savoir toutes celles et tous ceux qui ont porté ce livre à bout de bras, pendant son long voyage, avec ses hauts et ses bas, de la conception à la publication. Mon agent formidable, Carole Blake, qui y a cru, alors que l'idée n'était que balbutiante. Mon éditeur superstar, Wayne Brookes, qui, avant tout le monde, s'est passionné pour ce roman. Tous ceux qui m'ont apporté leur aide littéraire, ceux qui ont émis des critiques constructives, notamment Anna-Lisa Davies, Susan Ansell, Susan Opie, Martin et Jane Diplock, Nicky Mitchell et ma fantastique assistante, Linda Buckley.

Dave Gaylor, ma source d'inspiration pour le personnage de Roy Grace, que j'ai eu la chance inouïe de rencontrer il y a longtemps, alors qu'il n'était que commandant, a été d'une grande aide pour ce livre, et je lui adresse tous mes remerciements.

Mille mercis au docteur Steven D. Goodman, professeur associé, du département de sciences biomédicales de l'université de Californie du Sud, qui a rigoureusement vérifié chaque passage consacré à la biologie, et à David J. Anderson, docteur depuis 1983, diplômé de l'université de Rockefeller, en dissection génétique des circuits nerveux contrôlant les comportements émotifs, professeur de biologie Seymour Benzer, chercheur à l'Institut médical Howard Hughes, qui m'a donné tant de matière.

Un immense merci au docteur Penelope Leach et à son ouvrage de référence *Your Baby and Child*, à Robert Beard, membre du RCS, à Anthony Kenney, membre du RCS et du *Royal College of Obstetricians and Gynaecologists* ; à Paul Tanner ; à Raymond Kurzweil, au département de sciences cognitives de l'université du Sussex et au laboratoire Rutherford Appleton, à Dave Chidley, des croisières Royal Caribbean, et à Leif Karlsson, capitaine de l'Azamara Quest.

Merci beaucoup à Geoff Duffield, dont la passion visionnaire pour ce livre a largement contribué à son écriture, et à toute l'équipe de Macmillan.

Comme toujours, je dois beaucoup à Chris Webb, chez MacService, qui est tellement doué pour réparer mon ordinateur que j'en suis venu à me demander s'il ne s'était pas fait implanter des gènes d'informaticien !

J'ai la chance incroyable d'avoir comme agence de presse Midas, et aucun auteur ne pourrait avoir une meilleure équipe que celle formée par Claire Richman, Sophie Ransom, Steven Williams et Tony Mulliken.

Il m'est arrivé de penser que ce roman était trop compliqué à écrire, le sujet étant trop complexe, mais Helen m'a inlassablement soutenu et encouragé, même quand j'avais le moral en berne.

Et mes derniers mots vont, comme d'habitude, à Coco et sa bonne humeur légendaire, à l'adorable Phoebe et à l'imperturbable Oscar. Ils ne me laissent jamais travailler trop longtemps sans me rappeler qu'il y a autre chose, dans la vie, que mon ordinateur, et que je ferais bien de sortir me dégourdir les jambes.

Peter James
Sussex, Angleterre
scary@pavilion.co.uk
www.peterjames.com
Suivez-moi sur http://twitter.com/peterjamesuk

La traductrice souhaiterait remercier David Nichols, traducteur, Sourour Mansour, chercheuse en psychiatrie génétique, José Gonzales, infirmier, et Anne-Sarah Hozé, avocate.

Composition et mise en pages
Nord Compo à Villeneuve-d'Ascq

Imprimé en Espagne par
Liberdúplex
à Sant Llorenç d'Hortons (Barcelone)
en février 2016

POCKET – 12, avenue d'Italie – 75627 Paris cedex 13

Dépôt légal : juin 2015
S25852/03